上海国家会计学院 CFO 丛书

思维、问题与决策

Systematic Thinking, Problems Solving and Decision

上海国家会计学院　主编

经济科学出版社

图书在版编目（CIP）数据

思维、问题与决策/上海国家会计学院主编．—北京：经济科学出版社，2011.6

（上海国家会计学院 CFO 丛书）

ISBN 978－7－5141－0687－9

Ⅰ．①思…　Ⅱ．①上…　Ⅲ．①思维方法－研究　Ⅳ．①B804

中国版本图书馆 CIP 数据核字（2011）第 089362 号

责任编辑：白留杰　张占芬

责任校对：王肖楠

技术编辑：李　鹏

思维、问题与决策

上海国家会计学院　主编

经济科学出版社出版、发行　新华书店经销

社址：北京市海淀区阜成路甲 28 号　邮编：100142

教材分社：88191354　发行部电话：88191540

网址：www.esp.com.cn

电子邮箱：bailiujie518@126.com

北京中科印刷有限公司印装

787×1092　16 开　20 印张　500000 字

2011 年 5 月第 1 版　2011 年 5 月第 1 次印刷

ISBN 978－7－5141－0687－9　定价：70.00 元

编委会名单

本书编写组

项目负责人：孙健敏
本书负责人：周文霞
本书参编人员：徐世勇　刘松博　穆桂斌
王　梦　邵　懿　焦海涛

总　序

我国会计人才占全国人才资源总量的近10%，广泛分布在各行业、各领域、各单位，在经济社会发展中发挥着不可替代的作用。深入贯彻实施人才强国战略和《国家中长期人才发展规划纲要（2010－2020）》，努力为经济社会发展培养造就一大批道德优良、业务精湛、作风过硬的会计人才尤其是高层次、复合型、国际化领军人才，是财政部一直高度重视、着力推动的重大战略和重点工作。

近年来，财政部采取了一系列措施大力推进会计人才建设，在财政系统、会计领域乃至全社会引起广泛关注和较好反响。主要包括：

科学制定一个规划。规划是引导和推动工作开展的战略构想。在总结改革开放以来特别是"十一五"期间我国会计人才队伍建设做法经验的基础上，适应"十二五"时期经济社会发展对会计事业、会计人才提出的新任务新要求，结合学习贯彻党中央、国务院《国家中长期人才发展规划纲要（2010－2020年）》，财政部于2010年9月制定发布了《会计行业中长期人才发展规划（2010－2020年）》，明确了会计人才队伍建设的指导方针、发展目标、主要措施等，强调以培养高端会计人才为突破口，着力抓好会计领军人才、大中型企事业单位总会计师、具有国际认可度的注册会计师、会计名家、应用型高级会计学科带头人、现代农村会计人才等六大重点工程，统筹推进会计人才队伍建设，提高会计人才队伍整体水平，努力为经济社会科学发展提供坚实的人才保障和智力支撑。

推进两手考评人才。人才考评机制是科学引导人才成长的基础性制度安排。财政部以两个抓手为重点不断加强完善了会计人才的考评机制建设：一手抓考试工作的巩固完善，健全了由从业资格、会计员、助理会计师到会计师、高级会计师的较为完备的考试、晋升制度，并全力争取正高级会计师评审由点及面尽早实施；一手抓评价工作的开拓创新，创建了考试成绩"金银榜"发布制度，建立了会计人才信息库，加强了人才市场调研和需求分析，打通了会计人才与用人单位之间的信息通道，促进了会计人才的合理流动和人才资源的有效配置。

建设三大培训基地。国家会计学院是培育会计人才特别是高中级管理人才的重要基地。瞄准“国内一流、国际知名”的发展目标，以市场开拓、课程开发、师资队伍、科研工作和内部管理为主抓手，全面加强北京、上海、厦门三所国家会计学院建设。经过多年辛勤耕耘，国家会计学院已经发展成为我国财会人才继续教育和素质提升的主阵地，成为在经济管理人才教育培训领域的一张靓丽的名片。国家会计学院开发、承办的总会计师、会计领军人才、注册会计师等在职培训，坚持名师名家与名优课程相结合，赢得了广泛盛誉，为各行各业强化财务管理和会计审计监督输送了一大批领导人才和业务骨干。近日，国务院学位委员会第28次会议作出决定，批准国家会计学院为硕士专业学位授予单位，这一国家会计学院发展进程中具有里程碑意义的大事，为今后一个时期实现跨越式发展赋予了新机遇，注入了新活力。

打造四类领军人才。是否培养出人才、培养出多少人才、培养出什么样的人才，是检验人才工作成效的关键。着眼培养一批在市场化、信息化、国际化快速发展中勇立潮头、有效发挥引领带动作用的优秀会计人才，自2005年9月起，财政部相继启动了企业类、行政事业单位类、注册会计师类和会计学术类等四个类别的全国会计领军人才培养工程，并积极推动各省、自治区、直辖市和中央有关主管单位组织实施了本地区、本部门会计领军人才培养项目。会计领军人才培养引入国际先进经验，注重制度机制创新，坚持脱产培训与在职跟踪相结合、会计教学与能力培训相结合、案例教学与交流碰撞相结合、分类培训与联合培训相结合、学员使用与考核淘汰相结合，在国家级专业领军人才培养中闯出了一条新路，成为了一个社会认可度较高、影响力较强的知名品牌。截至2010年底，全国会计领军班共招收学员730名，其中领军一期的50名学员率先完成6年一个周期的系统学习培养，满怀收获、自信和期待迈上新的奋斗征程。

贯穿上述工作的一条红线是加快培养高端会计人才，而与上述各方面工作关联交汇的根本点则是科学界定高端会计人才的知识结构和能力框架。这不仅是一个重要的理论问题，更是一个指导高端会计人才健康成长、更好地发挥会计职能作用的重要实践命题。早在2002年，财政部就委托上海国家会计学院开展了“CFO能力框架”重大课题研究。上海国家会计学院历经近4年艰苦攻关，形成了高质量的研究报告《CFO能力框架》。呈现在大家面前的这套CFO丛书，就是上海国家会计学院依托《CFO能力框架》研究成果，借助世界银行的资金支持，采用国际公开招标方式，委托各专业领域的名师名家编写的。这套丛书以各学科前沿理论指导为基础，运用大量案例探讨各学科的应用实践，较好地回答了为什么要培养高端会计人才、什么是高端会计人才、怎么样培养高端会计人才等问题，是对我国高级经济管理人才培养的一次有益探索和积极创新。

当今世界，经济全球化深入发展，企业跨国经营、资本跨境流动日益频繁，科技进步日新月异，知识经济方兴未艾，会计人才尤其是高端会计人才在经济社会发展中的基础性、战略性、关键性作用将越发凸显。与此同时，不同国度、不同地域、不同经济水平、不同发展阶段、不同经营管理实际可能都会对高端会计人才提出不同的需求和要求。因此，高端会计人才的培养将是一项长期的战略任务和系统工程，对高端会计人才培养、选拔、评价、使用的研究和思考更非一劳永逸。在对这套 CFO 丛书面世给予祝贺和期待的同时，希望籍此引导和推动更多的人来研究它、发展它、完善它，让它吸收更多的养分、汲取更多的智慧、汇聚更多的力量，为推进我国会计人才建设增添新动力，为我国会计事业乃至经济社会发展进步作出新贡献。

是为序。

财政部副部长

2011 年 4 月

前　言

在中国的经济改革大潮中，企业的CFO们是一个特殊的群体，他们既要努力克服几十年来中国计划经济传统模式对当今企业运行的影响，又要积极面对市场经济激烈竞争环境对企业生存发展的挑战；他们既掌控与管理着成千上万亿的巨额资产和财富，但又较少参与和主导企业的战略和经营决策。中国的CFO们是一个充满着机会和希望，但还没有被人们充分认识的群体，包括CFO们自己。

怎样充分发挥中国CFO们的价值和作用，有人提出可就CFO或总会计师的地位进行新的制度安排，修改总会计师条例，将中国总会计师提到与西方CFO一样高的地位，即仅次于CEO。尽管这种可能性是存在的，但我们更关注的是CFO们是否具备了这种能力。能力是决定CFO们价值和发展空间的关键要素。为此，财政部在2002年就确立了《中国CFO能力框架》课题，并委托上海国家会计学院进行研究。我们组织了精干的团队，对课题的研究持续了三年多时间，在国务院国资委、证监会、银监会等中央部委和上交所、深交所等单位的支持下，课题组走访了我国36个城市的165家公司的CFO和33家公司的CEO，就CFO的工作环境、工作内容、存在的问题和改进想法等一系列的问题进行了较全面的面对面的访谈，从而获取了大量第一手的资料，整理出近百万字的文档；在此基础上，又设计了较为科学完备的问卷，包括了24个大问题、190个小问题，抽样发放了全国5 300多家企业，回收了610份，在480份有效问卷的基础上，结合国际CFO培训经验和中国CFO的现实状况，在2006年初完成了这一课题，并出版了《成为胜任的CFO》的研究报告。

研究报告的完成，使我们对CFO的能力需求有了一个较全面的认识。研究报告认为，一个CFO要能胜任企业最高财务负责人的角色，并成为CEO的得力伙伴，必须具备决策能力、战略规划能力、分析能力、领导能力、协作能力、控制能力和资源管理能力，而决定这些能力的最基本要素是职业知识、技能和职业价值观。其中职业知识是指胜任的CFO必须拥有的与其职能相关的知识，最核心的包括战略管理、公司治理、财务战略、财务报告、成本管理、风险管理、购并与重组、税收筹划、价值管理与全面预算、审计与内部控制、财务分析与预测、财务信息系统、经管责任与资产管理等13个模块；技能是指为支持CFO感知环境、综合运用知识、形成职业能力的软性特长，核心的技能包括沟通与协调、领导与团队建设、系统思维与问题解决；CFO的核心价值观主要是CFO的职业道德。这些认识的取得为我们思考怎样提升CFO的能力及怎样开展培训指明了方向。

在《成为胜任的CFO》研究报告完成的基础上，我们在财政部的大力支持下，决定利用世界银行对“中国会计改革与发展”项目的支持，开发上述与CFO能力相关的全部17门课程教材，这是一项十分繁重和艰巨的任务。上海国家会计学院采用全球公开招标的形式招标课程开发单位，并按照研究能力、实际培训经验（包括MBA与EMBA的教学经验）和低成本的标准评标，最终南开大学、中山大学、同济大学、北京交通大学、中国人民大学、东北财经大学、西南财经大学、上海财经大学等国内知名院校中标。又经过近4年的努力，完成了CFO能力框架指引下的全部17门课程的培训教材，这就是呈现在我们面前的这套丛书。丛书的编写，注重以国际经济环境为视野，以学科理论体系为基础，以解决实务问题为导向，通过大量的案例来帮助理解理论、解决实际问题。丛书的编写得到了各课题负责人和编写人员的高度重视，教材内容经过试讲和反复研讨修改后才最终定稿。

丛书的出版是无数领导、专家、学者和编委会成员共同智慧和努力的结晶，虽然还存在不尽如人意的地方，但这至少是一个开创性的工作，为我国CFO的培训提供了一个较为系统并且适应中国企业环境的知识体系，也为落实财政部《会计行业中长期人才发展规划（2010－2020年）》的战略奠定了基础。

衷心感谢所有为丛书的编撰、出版作出贡献的人们！

衷心感谢财政部王军副部长在百忙之中始终关注这项工作并为丛书热情作序！

也衷心希望所有的读者对丛书的内容和形式提出批评和改进建议，以便今后不断提高完善！

编委会

2011年4月

目　录

思维篇

决策篇

创新篇

思维篇

第一章 思维导论

☞ 学习目标

本章是对思维及其相关知识的一个概述，主要介绍思维的概念、特征、形成基础、分类方法和基本形式，期望读者能够在生活工作中灵活运用常见的思维方式。

开篇案例 麦道克的债务危机

麦道克子承父业，经营导报公司以后，多有建树，创造了一个每年营业收入达60亿美元的报业王国。他控制了澳大利亚70%的新闻业，45%的英国报业，又把美国相当一部分电视网络置于他的王国统治之下。

1988年，他施展铁腕，一举集资20多亿美元，把美国极有影响的一座电视网买到手。麦道克和他的家族对他们的报业王国有绝对控制权，掌握了全部股份的45%。

西方的商界大亨无不举债立业，向资金市场融资。像滚雪球一样，债务越滚越大，事业也越滚越大。麦道克报业背了多少债呢？24亿美元。他的债权遍布全世界，美国、英国、瑞士、荷兰，连印度和中国香港的钱他都借去花了。那些大大小小的银行也乐于给他贷款，他的报业王国的财务架构里共有146家债主。

正因为债务大，债主多，麦道克对付起来也实在不容易，牵一发动全身，投资风险极高。若是发生财务管理上的失误，或是一种始料未及的灾难，就可能像多米诺骨牌一样，把整个事业搞垮。但多年来麦道克经营得法，一路顺风。

1990年西方经济衰退刚露苗头，麦道克报业王国就几乎在阴沟里翻船，而且令人难以置信，仅仅是1 000万美元的一笔小债务。

对麦道克说来，年收入达60亿美元的这一报业王国，区区1 000万美元算不了什么，对付它轻而易举。谁知这该死的1 000万美元，弄得他焦头烂额，正应了中国“一文钱逼死英雄汉”的这句古话。

事情是这样的：美国匹兹堡有家小银行，前些时候贷款给麦道克1 000万美元。原以为这笔短期贷款，到期可以付息转期，延长贷款期限。也不知哪里听来的风言风语，这家银行认为麦道克的支付能力不佳，通知麦道克这笔贷款到期必须收回，而且规定必须全额偿付现金。

麦道克毫不在意，筹集1 000万美元现款轻而易举。他在澳洲资金市场上享有短期融资的特权，期限一周到一个月，金额可以高到上亿美元。他派代表去融资，结果大出意外，麦道克的特权已冻结了。为什么？对方说日本大银行在澳大利亚资金市场上投入的资金抽了回去，头寸紧了。麦道克得知被拒绝融资后很不愉快，东边不亮西边亮，他亲自带了财务顾问飞往美国去贷款。

到了美国，却始料不及，那些跟他打过半辈子交道的银行家，这回像是联手存心跟他过不去，都婉言推辞，一个子儿都不给。麦道克又是气恼又是焦急，悔不当初也去当上个大银行家，不受这份罪。他和财务顾问在美洲大陆兜来兜去，弄到了求爷爷告奶奶的程度，还是没有借到1 000万美元。而还贷期一天近似一天，商业信誉可开不得玩笑。若是还不了这笔债，那么万一起连锁反应，就不是匹兹堡一家闹到法庭，还有145家银行都会像狼群一般，成群结队而来索还贷款，具有最佳支付能力的大企业都经受不了债权人联手要钱。这样一来，麦道克的报业王国就得清盘，被24亿美元债券压垮，而麦道克也就完了。

麦道克有点手足无措，一筹莫展。但他毕竟是个大企业家，经过些风风雨雨。他强自镇定下来思考，豁然开朗，一条主意出来了，决定回头去找花旗银行。花旗银行是麦道克报业集团的最大债主，投入资金最多，如果麦道克完蛋，花旗银行的损失最高。债主与债户原本同乘一条船，只可相帮不能拆台。花旗银行权衡利弊，同意对他的报业王国进行一番财务调查，将资产负债状况作出全面评估，取得结论后采取对策行动。花旗派了一位女副经理——加利福尼亚大学伯克莱分校出身的女专家带了一个班子前往着手调查。

花旗银行的调查工作班子每天工作20小时，通宵达旦，把一百多家麦道克企业一个个拿来评估，一家也不放松，最后完成了一份调查研究报告，这份报告的篇幅竟有电话簿那么厚。

报告递交给花旗银行总部，女副经理写下这样一个结论：支持麦道克！原来这位女银行专家考察麦道克报业王国的全盘状况后，对麦道克的雄才大略，对他发展事业的企业家精神由衷敬佩，决心要帮助他渡过难关。

她向总部提出一个解救方案：由花旗银行牵头，所有贷款银行都必须待在原地不动，谁也不许退出贷款团。以免一家银行退出，采取收回贷款的行动，引起连锁反应，匹兹堡那家小银行，由花旗出面，对它施加影响和压力，要它到期续贷，不得收回贷款。

已经到了关键时刻，报告提交到花旗总部时距离还贷最后时限只剩下10个小时。麦道克带着助手飞到伦敦，花旗银行的女副经理也在伦敦等候纽约总部进一步的指示。真是千钧一发，麦道克报业王国的安危命运此时取决于花旗银行的一项裁决了。

女副经理所承受的压力也很大，她所作出的结论关系到一个报业王国的存亡，关系到24亿美元贷款的安全，也关系到她自身的命运。她所提出的对策，要对花旗银行总部直接承担责任。如果146家银行中任何一家或几家不接受原地不动这项对策的约束，那么花旗银行在财务与信誉上都会蒙受严重损失，而她个人的前程也要受到重大挫折。她虽然感到风险很大，内心忐忑不安，可她仍保持着镇静，谈笑自若，这样就使屋子里的所有人都能够放轻松一些。

时间在一小时一小时地过去，最后的10小时已所剩无几，到了读秒的关头了！花旗银行纽约总部的电话终于在最后时刻打来了：同意女副经理的建议，已经与匹兹堡银行谈过了，现在应由麦道克自己与对方经理直接接触。

麦道克松了一口气，迫不及待地拨通越洋电话到匹兹堡，不料对方经理避而不接电话，空气一下又紧张起来。麦道克再挂电话，电话在银行里转来转去，最终落到贷款部主任那里。麦道克听到匹兹堡银行贷款部主任的话音，他发觉这位先生一改先前拒人于千里之外的冷淡口气，忽而和悦客气起来："你是麦道克先生啊，我很高兴听到你的声音呀，我们已决定向你继续贷款……"

麦道克渡过了这一关，但他在支付能力上的弱点已暴露在资金市场上。此后半年，他仍然处在生死攸关的困境之中。由于得到了花旗银行牵头的146家银行都不退出贷款团的保证，他有了充足的时间调整与改善报业集团的支付能力，半年后，他终于摆脱了财务的困境。渡过难关以后，麦道克又恢复了最佳状态，进一步开拓了他的报业王国的领地。

资料来源：《牛津管理评论》，2006年10月8日。

亚里士多德曾经说："思维是从疑问和惊奇开始的。"可见，思维就是要解决问题。管理世界中，每个管理者都面临着无数的问题，管理者的思维也就成为我们必须要关注的重点课题。在这个案例中，麦道克怎么会陷入危机？他又怎么最终找到花旗银行？女副经理又是出于什么考虑帮助他？匹兹堡的小银行负责人以及其他的银行家又是怎么想的？这种种的管理思维问题都值得我们思索。本章将对思维进行总体上的介绍，使读者对于思维的概念、形成、形式和方法有基本的了解。

第一节 思维及思维的形成

一、思维与思维科学

思维是心理活动过程的组成部分，是人脑对客观事物本质属性的反映，是一种具有间接性和概括性的高级的复杂认识过程，是人类认识的高级形式。作为一种意识功能，思维是人类特有的精神活动，可以看做人的本质特征，是人类巨大的精神财富。思维是借助语言、表象或动作实现的。

著名科学家钱学森在20世纪80年代初提出创建思维科学技术学科，认为思维科学是处理意识与大脑、精神与物质、主观与客观的科学，是现代科学技术的一个重要组成部分。他把思维科学划分为思维科学的基础科学、思维科学的技术科学及思维科学的工程技术三个层次。思维科学的基础科学是研究人有意识的思维规律的学问，也称为思维学。在技术科学这一层次，包括结构语言学和数理语言学、模式识别、情报学和科学方法论等。思维科学中直接改造客观世界的学问属于工程技术层次，如人工智能、计算机软件工程、密码技术、情报资料库技术、文字学和计算机模拟技术等。

在当代信息社会里，知识、智力、智慧的重要性越来越得到凸显，思维对于知识的产生，对智力和智慧的形成起着关键性作用，因此人们对思维科学的关注也日益增多。思维科学具有广阔的发展前景和指导实践的应用性。本教材将重点放在思维科学的第一个层次，即基础科学之上，力求探讨思维活动的基本规律和基本形式，帮助职业经理人在"软"技能方面，即管理思维能力方面得到提高。

二、思维的特征

人类的思维大体上有以下四个特征：

1. 间接性。思维与感觉不同。思维是建立在媒介之上的，或建立在大量的知识经验基础之上的对客观事物的反应，所以是间接的。比如，早上看到树上的叶子落了一地，可以间接地判断出昨天晚上刮了大风。再比如，看到一家上市公司的财务报表，可以推断其经营和管理状况。正是由于这个特征，思维才帮助人类超越感觉而得到更多的信息，认识那些并没有直接作用于人的感官的事物的属性，从而了解其本质和规律，并能够预测未来的情况。也正是由于这个特征，保证了个体的经验可以被复制、传递和学习，思维在间接反映客观事物的过程中，能够实现对客观事物属性的认识与改造，从而创造出新的事物来。

2. 概括性。概括性是指在大量感性材料的基础上，把一类事物共同的特征和规律抽取出来，加以概括。比如，人民币、卢布、美元、英镑、欧元、日元等各种货币种类众多，但是我们可以概括出它们是购买商品的通行媒介；再比如，轮船、飞机、自行车、小汽车、大货车这类东西可概括为交通工具。概括的水平在一定程度上表现了思维的水平，是形成概念的前提，也是思维活动得以进行的基础。思维的这个特征使得人们的认识活动摆脱了具体事物的局限性，扩大了人类认识的范围，加深了人类认识的深度。

3. 与语言的相关性。思维和语言是紧密联系的，思维的上述两个特征都是凭借语言得以实现的。借助语言来思维也是人类思维与动物思维最大的区别，人类思维的发展是随着人类语言的发展而逐渐进步的。当然，人类思维的实现也可以借助表象和动作。

4. 与知识的相关性。人类的思维是建立在知识经验的基础之上的，知识是思维的载体和原材料。没有基本的财务知识，一个财务专业人士很难对该领域的问题进行专业思考，并提出解决问题的方案。反过来，思维也促进着知识的不断更新与深化。思维常常表现出一种探索和发现新事物的心理过程，常常涉及事物的新特征和新关系。

三、思维的形成

人类为什么会进行复杂的思考？人类思考的物质基础是什么？这类问题困扰了人类几千年。根据西方圣经的观点，人类是由上帝创造的，人的思维没有任何的物质基础，它是“灵魂”的功能，人类的肉体和灵魂是可以分离的。在我国古代，也有很多人相信“灵魂”的存在。当然，朴素的唯物主义者认为，人类的思维功能是有其物质基础的，即思考是通过心脏来实现的。我们平时所说的“用心思考”、“用心工作”等与“心”有关的说法大致来源于此。然而，随着人类认识的不断进步，人们渐渐认识到，大脑才是人类思维的核心器官。尽管人类对思维的形成还没有彻底搞清楚，但是，思维并不是神秘莫测的，它具有相应的物质基础。

人类大脑通过并行分布加工的方式对信息进行加工，是一个异常复杂的信息接收、信息加工和信息输出系统。现在人们已经认识到，人脑的左右半球分别负责着不同的思维活动。大体上，左脑是控制右侧躯体活动的，负责抽象思维、分析、推理、语言等，而右脑是控制左侧躯体活动的，负责艺术活动、形象思维、直觉等。

由于大脑左右半球分工较为明确，所以通过外在动作的观察和分析可以从某种程度上了解一个人的思维状态及其思维的习惯，并进而可以判断一个人的综合思维能力。对于我们管理工作的启示是，他人的行为举止、动作大小、面部表情、声调变化等，都可以为我们提供判断的依据。很多人际交往的高手都在这方面有着自己的独特智慧。

需要说明的是，大脑只是思维形成的物质基础，它决定了人类的基本思维规律，但是思维能力的高低除了跟大脑本身有关外，还取决于环境所提供的思维材料的属性。也就是说，外部环境对于思维的形成也有着重要的影响。比如，轻松舒缓的音乐可以使人得到心理上的宁静，这时人们往往是思维清晰，能够进行深入思考，而嘈杂刺激的音乐就可能让人情绪不稳定，思维混乱，什么都想不清楚。个体所处的环境必定会影响其思维的方向、层次和水平。比如，孩子看到电脑可能会想到打电子游戏，公司白领看到电脑可能会想到当天的报告还需要继续加工，废品厂的工人看到电脑可能会想到电子垃圾的价钱是涨了还是跌了。从某种意义上说，思维环境可以决定一个人的行为，甚至成就。

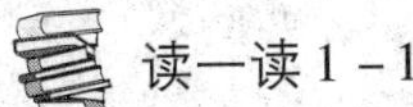

读一读 1－1

CFO 的职场智慧

正如本节内容所讲述的，个体所处的环境必定会影响其思维的方向、层次和水平。下面四则小故事在我们生活中随处可见，有的人读完一笑而过，有的人却从 CFO 的职场环境出发，总结出了六条 CFO 的职场智慧。

职场智慧一：事实取决于看待事物的角度

场景模拟。有一位独眼瘸腿的国王找了三位画师给他画像。第一位画师按他本来的样子画，结果国王震怒，画师被拉出去砍了头；第二位画师一看写实派的风格有性命之虞，就擅自把国王的形象改造为四肢健壮、容貌俊朗的帅哥，结果被国王认为是恶毒讽刺，不仅被砍了头，还被抄了家；第三位画师见此情景焦急万分，想了半天，创作了一幅国王狩猎的场景，一条瘸腿踩在石头上，一个盲眼紧闭在瞄准目标射箭。结果国王龙颜大悦，重赏了这个画师。

CFO 思维解读：上面这个故事说的其实并不是如何拍好马屁。由于时常面临老板的问询，CFO 很可能要对某些经营问题和人事问题进行定性和定量的分析和描述。这个时候，如何从不同的角度来解说一个冷冰冰的真实数字，就是一门艺术了，这门艺术特别是对于从内心中不愿意说谎的 CFO 来说尤其重要。

职场智慧二：多说低信息量的真话

场景模拟。一架直升机在美国上空迷路了，飞行员靠近一幢大楼向里面的人喊："我现在在哪里?" 里面的人抬头看了一眼说，"你在飞机里"。飞行员不仅没有当即昏倒，反而马上就判断出这是微软位于西雅图的技术支持中心——因为只有微软的技术支持工程师才会说这种货真价实的废话。

CFO 思维解读：有时候真实的表达反而是更安全的。对于那些经常要在公开场合接受采访或者在机构投资者面前表态的 CFO 来说，面对的提问大多数都是极其尖锐的，而且往往也是老板不愿意说的。那么既不破坏谈话气氛又能降低职业风险的最佳办法就是降低答案中的有效信息含量，因为真话不是最危险的，信息量大的话才是最危险的，尤其是信息量大的假话。

职场智慧三：指鹿为马，意在长远

场景模拟。有一次，一家旅馆公开招聘侍者，由于经济衰退，前来应聘的失业人员众多。老板灵机一动想了个歪点子做考题："有一天当你走进客人的房间，发现一女客人正在裸浴。你应该怎么办?"众人都抢着回答，有的说："对不起，小姐，我不是故意的。"有的说："小姐，我什么都没有看见。"老板听后不停地摇头，这时一个小伙子走上前说："对不起，先生!"结果他被录用了。

CFO 思维解读：我们在全世界最著名的企业里也很难看到个性张扬的 CFO，究其原因无外乎 CFO 这一职位所背负的巨大责任早已经将这类人群训练得保守而沉静，套用一句俗语是"茶壶煮饺子——心里有数"。如何读懂老板的意图，的确是一门大学问。比如老板名义上准备推行全面预算管理，实际上真实的目的是借助这一手段强化集权管理，在这种情况下，预算的过程并不重要，而预算达到的约束和集权的效果才是最重要的。所以 CFO 们不妨抓住时机，指鹿为马地配合老板的管理意图。

职场智慧四：后发而不制于人

场景模拟。有一次，销售员、秘书和老板一起出去吃午餐。在路上，却意外发现了一个古董油灯。他们像阿拉丁一样摩擦油灯，结果果然有一个精灵从一团烟雾中蹦了出来！精灵说："我通常都给别人三个愿望，所以给你们每人一人一个。""我先！我先!"不甘寂寞的女秘书抢着说："我要到巴拿马，开着游艇，自在逍遥!"噗！她消失了。"换我！换我!"正在郁闷中的销售员说："我要在夏威夷，和我的女朋友躺在沙滩上，有享受不尽的生命之爱！噗！他也消失了。"好了现在该你了!"精灵对老板说。愁眉苦脸的老板于是说："我只希望他们两个立刻回到办公室，赶紧把手头的工作干完。"

CFO 思维解读：由于 CFO 很难处于一个公司政治中的强势攻击地位，因此应主要加强防守能力的养成。如何做到"后发而不制于人"，的确是在高层会议中屡屡成为焦点的财务负责人纵横捭阖的核心能力之一。

资料来源：改编自《CFO 不可不知的六大职场智慧》，《首席财务官》，2006 年第 5 期。

有了物质基础和环境基础，影响思维质量高低的就是思维的形式和基本的思维方法了。

第二节 思维的基本形式

思维是人类实践的产物，是客观性与主观性的有机结合。从客观性方面来看，具体的实践对象和环境复杂多变，具有不同的层次和种类；从主观性方面来看，实践主体的需求、价值观和知识背景等因素的差异，使得思维活动丰富多彩，成为人类多重智慧的结晶。所以，思维活动并没有单一而固定的形式。

学术界对于思维形式的分类是多种多样的，应该说都有一定的道理，但是却并没有取得统一的看法。本节将根据前人的论述，选取具有相对意义的典型分类，从不同的侧面来探讨多种形式的思维类型及其规律。

从思维活动的现实过程来看，思维可以分为感性思维和理性思维；从思维活动的思想载体来考察，思维有抽象思维和形象思维之分；从思维活动的角度和范围来着眼，思维有非系统思维和系统思维两种；从思维活动所受的定式作用来看，则可以把思维分为常规思维和创造性思维。需要指出，不同的分类方法只是从不同的角度出发所得到的，其中所提到的思维形式并非界限分明，在一定程度上可能存在着重合，本节并不过多地涉及这些重合，而是将重点放在同一组思维形式的区别之上。了解这些具有相对意义的思维形式划分，有助于我们综合性地把握思维的外延，从而可以更加全面地认识“思维”这一复杂的概念。

一、感性思维与理性思维

感性思维有两个层次：狭义上仅指思维中的感性认识，而广义上则泛指思维中的所有非理性因素。

感性认识是思维的第一步，也是思维的初级阶段。它是指感官对于客观事物最直接的反应，也可以说是在实践中客观事物直接作用于人的耳、鼻、舌、眼、身这五个感官的结果。人类的一切认识首先都是从这些感官获得的，或者说如果不能从感官中得到刺激，也就不会形成理性的认识。

天然感官的能力是有限制的，我们的眼睛只能看到一定范围内的物体，只能分别一定光谱范围的颜色；我们的耳朵只能听到一定范围内的和一定频率的声波等。但是，这种限制可以通过现代化的工具和仪器得以克服。比如，最先进的望远镜可以帮助人类看到两百亿光年外的星体，而借助于显微镜，人的眼睛可以看到原子，还可以观察到细菌和病毒。人的感官能力正在随着现代工业技术的发展而不断地扩大。因为人类技术的发展是无限的，所以这种感官能力扩大的过程也可以说是无限的。

既然感性认识是通过人的感官来实现的，那么，感性认识所感知的必然是现实中的具体事物，而不会是抽象的事物，自然也不会反映事物的本质。本质是隐藏在现象背后的，是感官无法直接看到、听到和摸到的，而且是必须通过大脑的思维才能达到的。虽然感性认识无法直接反映本质，但却可以帮助人类接近本质。作为思维的必经之路，感性认识的发展会经历三种形式：感觉、知觉、表象。

感觉是人类认识外部世界的最初起点，是客观世界的主观映像，反映事物的个别特征。比如，眼睛可以帮助我们感知对象的大小、颜色和形状，舌头可以让我们辨别酸、甜、苦、辣等。

从感觉发展而来的知觉则将对于同一事物的不同感觉有机地联系起来。比如，对于一个香蕉，眼睛看到的是黄颜色和弯的形状，鼻子闻到的是香味，舌头品尝到甜味，触觉感觉到硬度和光滑等特性，但这些感觉都是孤立的。而知觉则把各个感觉联系起来，形成一个完整的香蕉的形象。

表象是感性认识的最高形式，可以不与客观对象发生直接的联系。它是对客观对象的反应在人们的记忆中保存下来的映像。所以，表象就是以前曾被我们直接感知的对象的再现映像，或者说是记忆中的感觉和知觉。

感性认识所获得的信息要经过思维主体整理，凭借已有的认知结构、方式和方法进行深度加工，透过客观事物的表象，把握事物的内在规律和本质。这是人类认识运动中的一个巨大的飞跃，是从感性认识阶段向理性阶段的跨越。而帮助人类完成这一“飞跃”的，正是理性思维。理性思维也就是科学思维，是本书所要重点论述的思维形式。

丹麦天文学家第谷（1546～1601年）花了30年的时间仔细地观察，精确地记录了行星的运动，掌握了大量的一手资料，对行星的位置测定得十分准确，成为当时著名的“星学之父”。然而，第谷穷其毕生精力也没有从浩瀚的观察材料中发现天体运动的规律。他的学生开普勒在思维结构上与之形成了很好的互补。开普勒反应敏捷，数学基础扎实，善于思考和总结。在第谷去世之后，开普勒在老师积累的丰富材料的基础之上，总结出了著名的行星运动三大定律，为后来的牛顿创立万有引力定律奠定了理论基础。

开普勒的成就告诉我们，感性认识和理性思维是我们认识事物本质的两大武器，必须结合使用。如果人们只停留在感性直观阶段，只能表象地、零散地、经验地把握个别事物或个别现象，是不可能深刻地、完整地、正确地认识自然和把握事物的本质的。

人的思维是复杂的，这种复杂表现为除了逻辑的、理性的因素外，非逻辑的、非理性的因素也在其中发挥着巨大的作用。这些非理性因素很难把握，是感性思维的重要体现。

此处的“非理性”（Irrationality）并非是一个贬义词，也不是一个价值判断词。“理性”一词来自于希腊文“逻格斯”（后来中国人将此词译为“逻辑”），具有规律、思想、言词等含义，柏拉图又将之发展成理念、思想。“非理性”正是相对于“理性”而言的。我们所说的思维中的非理性因素是一切理性因素之外的因素总合，包括灵感、直觉、顿悟、潜意识、情感、欲望和意志等。

需要明确的是，尽管上述非理性因素表现出非逻辑性、无意识性和本能性，但并不意味着它们就完全脱离客观实际。思维中的非理性因素正是以客观实际材料，甚至以理性逻辑思维为基础的。下面我们就以灵感思维和直觉思维为例来说明这一点。

灵感一词是从英文Inspiration意译过来的，其酝酿过程是不可知的，也是不可控的。灵感思维体现为一种短暂的闪念，是具有高度创造性的突破性思维。这种思维主要表现为文艺、科学、决策等过程中以完全没有预料到的方式突然获得了解决问题的方案，其结果具有高度的独创性、不可模仿性和不可重复性。

所谓直觉，就是对于一些新出现的现象或者事物，没有经过严密的逻辑程序，直接地认识到其内在的本质或规律的思维活动。与灵感一样，它也是一种认识过程的飞跃和升华。直觉与灵感的不同主要体现在：直觉一直在显意识中，是具有理智性的，并且可重复的。不仅同一个人可以重复出现关于同一事物的直觉认识，而且两个人也可以产生关于同一事物的本质、规律大致相同的直觉认识。汉语中的“英雄所见略同”就表达了类似的意思。这与灵感是完全不同的。

任何直觉的产生，都是主体综合运用相关知识与经验的结果。比如，高明的棋手之所以能够在棋局上瞬间想出最佳的杀招，正是由于他平时对棋艺研究的日积月累在思维中形成了直觉的能力。

1930年，德国物理学家玻特和他的学生本来发现了中子，居里夫妇在1931年重新做玻特的实验时也发现了中子，但是由于他们缺乏有关中子的知识和经验，没能辨别出来，从而失去了科学发现的机会。而英国物理学家查德威克看到他们1932年1月18日发表的实验结果后，由于从其老师卢瑟福那里早就知道了关于中子的假说，并且已经寻找了10年未获结果，所以一开始他就凭直觉断定，居里夫妇所观察到的那种新奇的东西很可能就是中子。经过不到一个月的努力，他就弄清这种粒子正是中子，并因此荣获1935年诺贝尔物理奖。对此，不仅查德威克自己说，“这不是偶然的”，就连居里夫妇也承认失去发现中子的机会是因为“没有注意到卢瑟福的假设”。

企业家在经营企业中也经常使用直觉思维。比如，世界第二富豪巴菲特说过：“要充分相信自己的直觉”。曾有人就直觉这个问题去请教过巴菲特，他告诉人们，他的投资决定完全取决于自己的直觉，凡是自己感觉能够获得利润的股票，都大胆地投资。事实上，巴菲特的直觉并不是凭空而来，而是源于他对所投资的企业详细的了解和研究。巴菲特说，只要他对企业进行了详细的研究，发现这家企业的经营令自己感到满意，他根本就不会去理会所谓的股市行情，直觉就能告诉自己这只股票值得自己投资。

巴菲特还强调，一个人的直觉往往是非常准确的，对于股票投资来说，这一点特别重要。巴菲特说：“自己的直觉，是自己对即将购买的股票和企业的第一感觉，这种感觉是建立在对企业的充分了解之上的，但是，这种感觉很容易受到所谓的股市行情的干扰，特别是对于那些对股票投资不熟悉的投资者，往往会受到这种干扰的影响，改变原本是正确的投资决定，使结果适得其反。所以我对自己的直觉特别有信心，几乎所有的投资决定都是来自于自己的直觉。这一点也不夸张。”

需要注意的是，获得成功的直觉的事例很多，但是失败的直觉的事例更多。这是因为直觉缺乏论证的力量，只具有或然性，猜测所占的比重很大。很多科学家都曾经表示过，他们的大部分直觉后来都被证明是错的，现在也已经忘记了。全面地认识直觉的优点和缺陷，有助于我们正确地使用直觉思维。

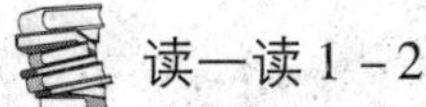

读一读1-2

踏破铁鞋无觅处

一个重要的灵感故事发生在1869年2月，它关系到化学王国的“宪法”——元素周期律。当时，人类已经发现了63种元素，科学家不可避免地想到，自然界是否存在某种规律，使元素能够有序地分门别类、各得其所？彼得堡大学35岁的化学教授门捷列夫（Dmitry Mendeleyev）一直苦苦思索着这个问题的答案。有一天，他在疲倦中进入梦乡。在梦里，他看到一张表，元素们纷纷落在合适的格子里。醒来后，他立刻记下了这个表的设计理念：元素的性质随原子序数的递增而呈现有规律的变化。门捷列夫在他的表里为未知元素留下了空位，此后，新发现的元素不断将之充实，科学现实与他的预言有着惊人的吻合。

科学研究中不乏这样看似神秘的故事：阿基米德（公元前287-212年）洗澡时，盆中的水外溢使他久思未决的关于“测量皇冠是否为纯金”的难题得到了解决，从而形成了阿基米德定律；笛卡儿在1613年10月11日晚上的一场梦中创立了解析几何学，后人把这一天定为解析几何学的生日；俄国数学家莱蒙索夫曾在梦中解决了一个思考多年的微分方程难题，据说是梦中的一个老头告诉他的，醒来后他画出了这个老头的头像，人们认为他画的正是对数的发明人纳比尔，至今这个画像还在普希金博物馆里展出着；关于灵感思维更为著名的例子就是牛顿看到苹果坠地而总结出了万有引力定律，凯库勒在马车上梦到蛇而画出了苯的首尾相连的分子结构式。

心理学实验表明，灵感不仅人人都有，甚至在其他高等动物中也存在，只是灵感思维的结果不一定都是发明或发现。不同层次和不同职业的人，他们的灵感所获得的意义也会有所不同。对于企业家而言，灵感也是获得成功的法宝之一。20世纪20年代，一只可爱的小老鼠给了饥寒交迫的青年人沃特·迪士尼灵感，迅即产生了长着一对大招风耳、活泼、善良、温柔的米老鼠形象，并由此带来一个巨大的产业；1975的冬天，比尔·盖茨从MITS的Altair机器得到了灵感的启示，看到了商机和未来电脑的发展方向，创立了微软帝国。

分析：从上面的材料可以看到，当思维主体对某个问题苦思冥想达到一定程度时便转入一种潜意识活动之中，直到其突然被激发进入人们的显意识时才被认识到，这就形成了灵感的突发性特征。这种突发性赋予了灵感以神秘色彩，但实际上它正是对现实材料进行思维的一种特殊形式，可以说，不经过对现实材料的长时间理性思考是不可能出现灵感的。从这个意义上说，灵感只偏爱那些“有准备”的人。

二、抽象思维与形象思维

抽象思维与形象思维是最经典的思维分类形式，是人类理性认识中的两种不同方式，它们都是在感性认识的基础上开始的，只是其思想载体有所不同。抽象思维以概念作为思想载体，并在概念的基础上作出判断，进行推理，从而把握事物的本质和内在关系，在很大程度上就等同于前面提到的理性思维。而形象思维则以形象为思想载体，通过物像、景象、图像、表象、意象等手段进行思考，用形象材料来比拟和概括事物的本质，用空间形式来描述事物的特征。

研究抽象思维的科学称为逻辑学，所以抽象思维也被称为“逻辑思维”。它包括三种基本形式：概念、判断和推理。

概念是抽象思维的“细胞”。动物没有概念，因此很多高等动物虽然有复杂的心理活动，但是没有抽象思维的能力。例如，实验证明猴子可以模仿人类学会用盆里的水灭火，但是却不知道湖里的水同样可以灭火，所以总是舍近求远，去远处的盆中取水。人类思维的过程，就是概念的产生、深化及此概念向彼概念转化的过程。任何概念都有着某种程度的概括作用，即通过一定的词语来反映事物的本质。本质是对现象而言的，它是现象内在的、必然的联系。比如，我们用“生物”这个词表示一切具有新陈代谢和自我更新能力的东西，用“商品”这个词来表示一切用于交换的劳动生产物，这两个词就是概念。正是由于有了这些概念，我们可以在思维中对各种各样的自然和社会现象作出分类整理，并由此及彼，触类旁通，理解它们的本质和规律。

任何概念都有内涵和外延两个方面，都是这两个方面的对立统一。概念所反映的同类对象的总和就是概念的外延。像“地球”、“中国”等，其外延只有一个，这类概念叫做单独概念或个别概念；而像“行星”、“国家”这样的概念所反映的对象有许许多多，因而它们的外延也就广泛得多，这类概念叫做普遍概念或类概念。概念所反映的客观对象的属性或本质就是概念的内涵。比如“人”这一概念，就反映了能制造和使用工具进行劳动，能思维，会使用语言，生活在一定的社会关系之中等这些对象的属性或本质，这就是该概念的内涵。概念的内涵和外延是成反比的，也就是说，概念的外延越大，其内涵就越少。比如“人”、“管理者”和“财务总监”这三个概念，其外延是依次减少的，但其内涵却依次增加。

判断是对由两个或两个以上的概念按照一定方式联系起来而构成的思维形式。判断是由概念构成的，在语言形式上，概念表现为一个词，而判断则表现为一个句子。比如，“他是财务总监”这句话就是个判断，肯定了他这个人是一个财务总监，揭示了“他”和“财务总监”这两个概念之间的关系。任何判断都要作出肯定或否定的规定，表明对象是什么或不是什么，具有或不具有某种属性。判断不仅是以概念为基础的，而且判断本身就是概念的判断，是概念的展开形式，作出判断就是对概念作出说明或规定，所以说，概念的形成就是以一定的判断为前提的。就人类的认识进程而言，关于对象的认识从个别判断，经过特殊判断，再过渡到普遍判断，是认识发展的规律性的反映。

推理是判断的运动。从形式上来看，推理就是从已有的判断（前提），依据一定的逻辑规则，推出新的判断（结论）。推理绝不仅仅是形式的推导，而是人类复杂的认识过程的集合。结论的产生，绝不仅仅是纯逻辑的结果，而首先是认识的结果，是变革现实的实践活动及其在此基础上人类认识深化的结果。推理是客观事物的复杂联系及其发展趋势在思维中的再现。客观事物的各种联系，尤其是它们之间的间接联系，以及事物的发展趋势，只有通过推理才能把握。各种推理规则，正是客观事物之间的联系和发展趋势的逻辑形式，它们是人类在长期实践活动中总结出来的。人们在实践活动中，逐渐形成了对于客观事物的关系及其发展的规律性认识，这些认识在头脑中多次重复，于是就以逻辑规律的形式被固定下来。

当然，推理的作用也是有限的。凡带有必然性的推理，其结论必定是以某种方式包含在其前提之中的。因此，凡前提中没有的东西，也不可能出现在结论之中。从这个意义上来说，推理又不能够给我们提供新知识。一切知识从根源上来看都是来自实践经验，但实践经验本身是狭隘的、片面的、不深刻的，推理的作用正在于把这种狭隘的、片面的、不深刻的认识加以发展、提高，从中发现规律性的东西，从而形成真正的知识，扩大人类的知识领域。

形象思维与感性认识的不同在于：在形象思维的过程中，原始的客体形象只是认识的起点和开端，作为形象思维，形象已经不是原始的客体，而是以客体原型为基础，提炼出了能概括事物本质特征的新形象。虽然形象思维不是以概念、判断和推理的形式来表达思想内容，但它同样是借助理性来把握特征形象，具有深刻的思想内容。早期人们普遍认为形象思维是与艺术思维联系在一起的，但其实形象思维并不是艺术创作的专利，它是人类在一切活动中普遍使用的一种思维方式。

形象思维活动主要包括三种：

第一，特征概括。既然通过概念可以获得对有关事物的一般属性和本质特征的认识，那么通过感性形象也可以。比如画家笔下的山水、花鸟等，都是通过对形象的筛选、过滤、概括所得的特征形象进行再度加工的成果。

第二，特征判别。由于这类特征形象超越了感性形象，具有不同程度的概括性、普遍性，因此，人们对有关事物的认识就可以不通过判断，而是通过将当下感受的具体形象与先前获得的相应的理性形象进行组合、比较，迅速作出判别。人们不仅在文学艺术作品中广泛地使用特征来塑造和认识形神相似或相异的各类角色，而且在日常牛活和企业管理活动中也普遍地使用它辨别各种各样的人和物。

第三，特征推导。正是基于这种特征判别，依托理性形象，因此人们对有关事物的系列性认识也就可以不通过推理，而通过头脑中一幕幕有连锁关系的特征对象的持续和多途径的展现，来推导得出。特征推导包括联想和想象。

联想是特征推导的初级方法，但却广泛存在于形象思维之中，甚至在抽象思维中也十分常见。联想方法就是由对一个事物的认识想到对其他一些事物的认识的思维方法，具体有接近联想（如，天安门——人民英雄纪念碑）、相似联想（如，苹果——小孩子的脸）、对比联想（如，黑暗——光明）和关系联想（如，部分与整体、因果关系等）等形式。

苏联心理学家格罗万斯和斯塔林茨曾证明，任何两个形象或概念都可以通过联想，经过四、五个阶段建立起联系。比如，足球和木头本来是风马牛不相及的，但可以通过联想作媒介，使它们联系起来：木头——树林——田野——足球场——足球。因为通过联想，每个词可以同将近10个词发生联系，那么第一步就有10次联想的机会，而第五步就有100 000次机会。因此，联想有助于人们打开思路，为人们在创新思维活动中提供有效的启示。

相对于联想，想象是特征推导的高级方法，是人脑对原有形象的加工改造形成新形象的思维方法，这是形象地反映客观事物的内在本质和规律的主要方法。想象通过调动知识储备，对原有形象进行创造性综合，将原有形象的各个方面、各种成分加以分解和重组，建立起新的联系，从而创造出新的完整的形象。联想与想象的不同主要在于，联想并不产生新的形象。

从以上活动形式来看，形象思维同样属于理性认识的范畴，并且是一种比抽象思维更生动、更直观、更简便的思维类型。但是需要明确的是，抽象思维是人类思维中最主要的思维形态，是人类区别于其他动物的主要特征之一，没有抽象思维也就没有人类的今天。在企业运行中，各级领导者制订各项大政方针、战略决策，各级管理人员制订各种计划、方案、规章、制度，以及各级员工分析、论证、整理、总结企业文本资料都必须以抽象思维为最主要的思维形态，没有依据的方案和“拍脑袋”产生的政策是无法服众的，并很可能为企业带来危险。

三、非系统思维和系统思维

非系统思维泛指除系统思维外的其他思维形式，主要体现为空间性和时间性非系统思维。空间性非系统思维就是，根据局部信息推断整体情况时，将整体视为局部的比例放大，经典例子就是“盲人摸象”的故事。时间性非系统思维就是，根据阶段性信息推断全过程整体情况时，特别是根据过去和现在推断未来时，将未来视为近期变化趋势的自然延伸，而看不到未来存在的变数。非系统思维指的就是这样一些局部的、片面的、短视的、排他的和简单的思维形式，这一概念的提出，主要是为了突出系统思维的必要性和重要性的。在有些文献中，这种非系统思维还被称为“线性思维”，并且被广为接受。但是在系统科学中，线性关系其实也是一种系统的关系，为了严格起见，此处不使用线性思维这一概念。

在日常生活中，当面对局部和短期的事件时，由于非系统思维的简便易为，我们经常使用这种思维方式来解决问题。但是归根结底，这个世界是系统的。系统的思想和观点由来已久。中国传统的自然观点就是有机整体论思想，认为自然界是个活的有机体，天、地、人，物质和精神，人与自然环境之间没有严格的界限，它们是相互依赖，相互融合的。自然界不是各个组成部分机械的叠加。有机整体论本质是一种朴素的系统思想和方法。但是这种思想在中国始终没能够上升为理论，再由理论来指导实践。系统科学和理论最终还是由西方人完整地提出和创立的，主要包括了控制论、信息论、系统论和耗散结构论等，这些理论为系统思维的发展提供了有力的工具。

系统是由相互作用和依赖的若干要素组成的具有确定功能的有机整体，其中包括了系统、要素、结构和功能四个概念，涉及了要素与要素、要素与系统、系统与环境三方面的关系。而系统思维的本质就是运用系统思想的基本观点，把研究对象作为系统来看待，从要素、系统、环境之间的相互作用和结构与功能之间的相互联系综合考察对象，以揭示其规律，达到最佳地处理问题的目的。

彼得·圣吉的畅销力作《第五项修炼》是一本专题研究系统思维的著作，中译本中将这个概念翻译成了“系统思考”。作者没有给系统思维作正面的概念界定，有的只是一些简短的评价，“系统思考是‘看见整体’的一项修炼”，“系统思考是一项看清复杂状况背后的结构，以及分辨高杠杆解与低杠杆解差异所在的一种修炼”等。作者针对企业管理的大量案例，总结西方国家企业的经营管理经验，从不同侧面生动而深入地阐述了系统思维，是企业管理理论和实务工作者研究系统思维的极佳的参考文献。

圣吉以企业经营管理为背景，把系统思维与非系统思维进行了多方面的对比，并认为非系统的思维会导致组织的学习智障，他举出了七项智障的表现：

1. 组织的成员把自己的责任局限于职务范围内，没有整体目标，对所有职务互动产生的结果没有责任感；一旦系统出现问题就认为一定是有人搞砸了。

2. 出了问题时总是倾向于归罪于外，即把“系统”切割，以至于永远无法认清存在于“内”与“外”之间互动关系中的问题及其解决之道。

3. 勇于主动积极地解决问题，但由于缺乏整体思考，效果适得其反，越努力后果越糟糕—尤其当面对动态复杂性问题时。

4. 专注于个别事件、短期事件，无法学会如何创造。

5. 对缓慢而来的致命威胁习而不察，直到情况已经无法扭转，就像沸水煮青蛙的故事一样。

6. 仅从经验中学习。

7. 管理团队在学习中效果不佳，大部分管理者害怕在团体中互相追根究底的质疑求真所带来的威胁。

圣吉还提出，具有系统思维的成员，胸怀整体目标，不仅关心本职工作，而且对所有职务互动所产生的结果有责任感，当系统出现问题时，注意从不同职务的互动关系中寻找原因。他们认为系统没有绝对的内外之分，当人们扩大系统的范围时，原先的“外”就变成了“内”，故系统思维有时将造成问题的“外因”变成“内因”来处理。他们注重考察不同局部、片断、事件之间的互动关系，关注事件序列或者网络，能以较长远的眼光看待事件背后变化的形态，有防止由缓慢、渐进、无法觉察的过程所形成的致命威胁的自觉性，防患于未然。他们会在整体观点指导下采取前瞻性的主动行动，分析行动计划可能带来的一连串后果，排除会产生反效果的行动。

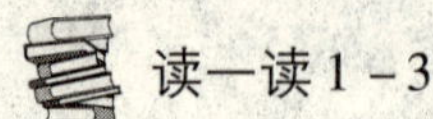
读一读 1－3

第三只“眼”

中国台湾一家报纸的一位记者奉命到北京采访著名画家李可染。当他到了李家后才知道，李老已经去世，而这一消息尚未公布。

这位记者敏感地意识到，这可能是碰上了一个发财致富的好机会。他立即赶往北京寄售著名书画家作品的荣宝斋。一走到悬挂李可染作品的店堂，他不禁大喜。李可染的作品，包括李老的绝笔书画，都依然照原来的标价挂在那里。

他当机立断电告台湾的家属立即将家中的全部存款电汇到北京。电汇款到后，他买下了荣宝斋内悬挂的李可染的全部作品。时隔一个月后，港台及海外人士才知道李老已经去世，当他们纷纷赶到北京去购买李老的作品时，早已无处可买了。而购买到了李老作品的这位台湾记者转眼之间便成了巨富。

美国《纽约时报》的著名记者泰勒谈到过他的一次沉痛的教训。

事情是这样的，有一次他奉命去采访一个著名演员的首场演出。当他赶到剧场时才知道，这场演出已经取消了，于是他就回家睡觉了。

半夜过后，报社的值班总编给他打来电话，怒气冲冲地责备他：“你还在睡大觉！你知道今天早上各家报纸将要刊出的头版头条新闻是什么吗？就是我叫你去采访的那位名演员自杀的消息。”

分析：台湾记者以小见大，从商业的角度全面而长远地考虑名画家李可染去世可能带来的影响；泰勒则是以小见小，仅仅从演出的角度考虑著名演员取消演出的消息，只关注细节。这就是系统思维和非系统思维的差别。

资料来源：《证券日报》，2010 年 4 月 22 日。

可以看到，系统思维是一种整体的、全面的、长远的、兼容的和复杂的思维，是将整体与局部辩证统一起来的现代思维方式，也是我们认识世界本质所应该采用的主要思维形式。

四、常规思维和创造性思维

常规思维的产生，与心理活动过程中思维定式的作用直接相关。人们在长期重复地从事某一类工作，解决某一类问题的过程中，容易形成自己特定的思维方式和路径，这种不要求提出新的创造性地解决办法的思维就是一种常规思维，这种思维不具有创见性。我们思维活动中的学习、记忆和逻辑迁移过程，一般都属于常规思维。

常规思维不仅是人类生存和发展的必要条件，也是创造性思维的前提条件。没有常规思维所提供的大量知识信息，创造也就成了无源之水，无从产生。从定式作用的积极方面来看，它在使思维模式化的过程中，将思维活动简约化了。说某人处理一项工作驾轻就熟，其实就是由于这种简约化的常规思维，能较好地反映处于相对稳定状态下的对象，并能够较准确和迅速地作出解决相关问题的方案。常规思维最主要的局限在于，它抑制了自由创造的生机，使思想缺乏创造性、变动性和灵活性。创造性思维正好与之形成了很好的互补。

创造性思维堪称人类思维形式中最精彩和最有价值的部分，为人类社会的发展提供了永不枯竭的动力。这种思维不受或很少受思维传统和定式的束缚，超越常规思维，摆脱成见，构筑新意，独树一帜，具有创新性、突破性和综合性的特征。

创新性。这是创造性思维的充分必要条件：有创新性的思维就是创造性思维，没有的就不是。在创造出新思路、新方法、新产品、新概念、新理论的过程中都体现着创造性思维的巨大作用。这种创新性主要体现为独创性和新颖性两层含义。所谓独创性，就是独立于前人、他人，没有现成规律和方法可循。所谓新颖性，就是在方法或结果上不同于前人与他人。

20 世纪初，美籍奥地利经济学家熊彼特首次将“创新”视为经济增长的内生变量，并且特别强调组织创新、管理创新、制度创新、社会创新和技术创新之间的联系。他认为企业家的天职就在于创新，如果不能创新就不是真正的企业家。当然，没有以创新为天职的企业家，社会经济也就不会发展。从此观点类推，企业家一定要具有创造性思维才是真正的企业家，而不具备创造性思维的人是不应该被称为企业家。

突破性。创造性思维的突破性体现在：突破已有成规、理论权威、思维定式等框框的约束，实现认识上的质的飞跃；突破现有的领域，进入人类尚未认识和征服的领域，其中既包括由于受事物自身发展、暴露程度的局限和人类认识水平的局限尚未涉及的领域，也包括虽有一定认识，但认识得还不完全、不深刻的事物。当然，这些突破都不是自封的，而是被后来认识、实践所证明的。一个创造性思维的伟大意义，往往是经历的时间越久，才能越看得清楚。而且，创造性思维的成果并不一定都是成功的，即便失败了，只要它确实为人类的认识、实践开辟了新的领域，为后人提供了宝贵的经验教训，也就具有非凡的意义。

综合性。这种综合性首先体现在，许多创造性思维都是对已有成功的综合。在人类的历史上，任何脱离已有成果的完全创新是不存在的。例如，牛顿经典力学体系的建立就是在吸收、综合了开普勒和伽利略的相关理论基础上实现的。牛顿说过：“我能够了解得比别人更远些，那是因为我站在巨人的肩膀上。”美国阿波罗登月计划的总指挥韦伯也表示过，“（阿波罗计划）没有一项新技术，都是已有技术，关键在于综合”，这一综合的结果是前无古人的壮举。

综合性更为重要的体现在于，创造性思维往往是多种思维形式和方法的综合。在一个创造性思维中，我们常常可以看到抽象思维和形象思维、系统思维和非系统思维、感性思维和理性思维的并存，我们可以发现灵感、直觉、顿悟甚至情感的巨大作用，我们可以找到联想、想象、分析、综合、演绎、归纳等多种思维方法，我们还可以看到求同思维、求异思维、发散思维、聚敛思维、横向思维、纵向思维、动态思维、静态思维、正向思维、逆向思维等思维手段的使用。任何创造性思维都很难通过单纯地运用某一种思维方式、方法就可以得到。

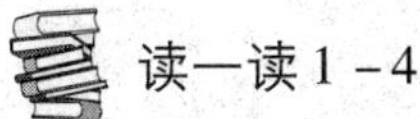

读一读 1－4

CFO 的创造力从何而来

如果将财务工作的结构比作是一颗“洋葱”，那么拨开洋葱的过程就是对财务工作由浅入深的理解过程。最外层是外界都能看得到的财务信息和报表数据；往里是企业财务管理职能；最内层是准确定位企业财务管理价值取向、创新财务技术、支持和激活企业的运营和决策等 CFO 财务工作的真谛。

“为了做账而做账”是大多数从事财务工作的人都经历过的。如果想要成为创新型、价值型 CFO，必须要学会创造性的思考，CFO 可以从以下几个方面着手，学会创造性思维。

花时间思考。点子大多是在非工作状态下想出的。思考未必正襟危坐，放松状态下往往“才思泉涌”。例如，上、下班时选择步行，进办公室前，保持兴奋状态和身体活力。进入工作状态前清理一下思路和回忆发生过的事情，说不定差异性的思维就在其中产生。

换环境。人在办公室的时候往往思维最麻木。适时选择离开办公室一段时间，换一个地方重新思考该问题。例如，选择离公司不远的一家 BAR，听听音乐，放松一下紧张的神经，再看文件，重新审视老问题时新思路或对原问题不一样的看法可能会奇迹般地出现。待思考成熟后，重新回到办公室布置具体方案。

扩大交流界面。财务的特点之一是“张力”非常大，从其他领域中得到某种启发往往激活 CFO 的思路。多同其他领域，如销售、IT 技术、市场策划、管理咨询、商业传媒等交流，可以有效提高 CFO 的知识结构、知晓最新的商业信息和趋势，助推财务创新。

触类旁通。财务中使用的语言是最枯燥、最缺乏想象力、相对生硬和刻板的，而培养人对事物的感性认识，从非专业领域获得远比从专业领域中获得要更直接和更有效果。例如，人在旅游中得到的信息远比从书本中得到的信息要形象和生动得多，这正符合中国传统文化中的“读万卷书不如行万里路”，往往会收到“无心插柳”的效果。例如，在德国等部分北欧国家旅游时，只要细心就会发现这些国家的工业元素同该国的气候有相似之处，冷色调的工业品占主流。相反在南欧国家，如法国、意大利等国，暖色调的消费品、奢侈品是商业主流。这些看似无意中的发现和体会能提升 CFO 们从不同角度思考、感觉到差异化的跨国商业文化、人文文化的存在。当面对跨国财务管理时就能从这些差异中找到新的答案。

资料来源：选自《做有创造力的 CFO》，《首席财务官》，2007 年第 4 期。

创造性思维是非常复杂的思维形式，并且在实际问题解决中有着重大的意义。本书第八章将专门对该思维进行阐述，并就如何训练创造性思维加以介绍。

小测试 **普林斯顿创造力自我评价量表**

本表由美国普林斯顿“人才开发公司”设计，适用于成人。被测试者应结合本人实际情况和观点，忠实而又迅速地回答“是”或“否”。测试时间不超过 5 分钟。

1. 我的兴趣总比别人发生得慢。 (　　)
2. 我有相当的审美能力。 (　　)
3. 有时我对事情过于热心。 (　　)
4. 我喜欢客观而又有理性的人。 (　　)
5. “天才”与成功无关。 (　　)
6. 我喜欢有强烈个性的人。 (　　)
7. 我很注重别人对我的看法和议论。 (　　)

8. 我喜欢一个人独自深思熟虑。 ( )
9. 我从不害怕时间紧促、困难重重。 ( )
10. 我很自信。 ( )
11. 我认为既然提出问题，也就要彻底解决。 ( )
12. 对我来说，作家使用华丽辞藻只是为了自我表现。 ( )
13. 我尊重事实，不去想那些预言中的事情。 ( )
14. 我喜欢埋头苦干的人。 ( )
15. 我喜欢收藏家的性格。 ( )
16. 我的意见常常令别人厌恶。 ( )
17. 无聊之时正是我某个主意产生之时。 ( )
18. 我坚决反对无的放矢。 ( )
19. 我的工作不带有任何的私欲。 ( )
20. 我常常在生活中碰到一些不能单纯以是或否判断的问题。 ( )
21. 挫折和不幸并不会使我放弃热衷的工作。 ( )
22. 一旦责任在肩，我会排除困难完成。 ( )
23. 我知道保持内心镇静是关键的一步。 ( )
24. 幻想常给我提出许多新问题、新计划。 ( )
25. 我只是提出新建议，而不是说服别人接受我的新建议。 ( )

分析：普林斯顿人才开发公司认为，答完这25个问题，如果答“是”的题目有20题，那么被测试者是个富有创造力的人；大约只有0.7%的人能够达到这个水平；如果不足20题，你可要多加学习，丰富自己的创造力了。

第三节 常见的逻辑思维方法

逻辑思维也就是本章第二节提到的抽象思维，是科学研究人类活动中的重要方法。今天，我们对逻辑有多种含义的解释。例如，逻辑是关于思维形式及其规律的科学，即逻辑学；逻辑是思维的规律和规则；逻辑是客观事物的规律和过程，是一种精确和必然的东西。人类要正确思维，就必须使思维过程合乎逻辑。

几千年的发展和锤炼已经使得逻辑思维方法十分成熟，并被认为是科学的、严谨的。逻辑思维能力既能在日常生活和工作中养成，也可以通过研究和学习逻辑思维方法的特点和规律中提高。下面我们就来简单地介绍一些常见的逻辑思维方法，包括：分析和综合，抽象和具体，比较和分类，归纳和演绎。

一、分析和综合

分析是指在人的思维中把认识对象的整体分解为各个部分、各个方面、各个时段、各个要素，对它们分别进行考察。比如，对于企业管理活动，可以将之分解为计划、组织、指挥、协调、控制五大部分来进行考察，这就是对企业管理活动的分析。客观事物总是复杂多变、矛盾交织，而人们的认识过程一般总是从简单到复杂，从低级到高级，从局部到整体，由静态到动态，逐步深入和不断展开的过程。对复杂事物进行简化和分解的分析并不是目的，而是一种手段，目的是要透过现象洞察事物的本质。可见，分析方法的特点就是从事物的各种现象和属性中，深入到事物的内部，弄清其内部结构，了解其基本特征，把握其内在关系，从而揭示事物的本质和规律。

分析的主要类型有：（1）定性分析，即确定被研究对象的各个部分是否具有某种性质的分析方法；（2）定量分析，即确定被研究对象的各种成分的数量，揭示这些成分之间的数量关系，研究其数量变化的规律性的分析方法；（3）功能分析，即确定研究对象所具有的各种不同功能的分析方法；（4）因果分析，即确定引起某一现象变化原因的分析方法。

分析方法的局限性主要体现在这是一种以整体模糊为代价的局部清晰的思维方法，容易使人们的研究着眼于局部，割裂事物之间的联系。黑格尔曾经用剥洋葱来生动地说明分析方法的不足："用分析方法来研究对象就好像剥洋葱一样，将葱皮一层层地剥掉，但洋葱已经不存在了。"我们的认识不应该停留在分析阶段，或孤立地运用它，应该由分析发展到综合阶段，把分析方法与综合方法结合起来。

综合与分析的路径正好相反，是指在思维中把认识对象的各个部分、各个方面、各个时段、各个要素以某种方式组织起来，从而形成对对象的整体印象。比如，对一个企业的管理活动，在分析了它的各个方面，即计划、组织、指挥、协调、控制五大部分的情况后，把各个方面的情况组合起来，就可以得到对于该企业管理水平的整体性的认识。可见，综合方法所对应的思维形式是系统思维。

为了综合，就必须把事物的各个方面联系为一个整体。然而，这种联系不是把事物各个方面机械地拼凑起来，而是要确定它们的内在关系，确定事物的各方面在事物发展中的地位和作用，并找出决定事物发展过程的主要矛盾和矛盾的主要方面，以及矛盾双方互相联系和转化的条件、方式，从而确定事物的本质，找出事物发展的主要趋势、趋向。

分析是由整体走向部分，由合到分；而综合则是由部分走向整体，由分到合。这是两者的区别。但是从两者的作用来看，它们又是互相联系，不可分割的，二者互为条件、互为前提，并且可以互相转化。在解决问题的过程中，分析方法和综合方法应该结合使用，二者的统一是人类认识世界和改造世界的强大武器。

二、抽象和具体

分析与综合相统一的过程，是与思维从感性认识上升为抽象，又从抽象上升到具体的过程相联系的。本章第二节提到过的感性认识是逻辑认识的起点。在感性认识的基础上，使用分析的方法，把统一的事物分解为它的各个方面，并把其中的某些部分相对地孤立起来进行研究，从而形成对于事物的某些方面的本质的认识，这个过程就是从感性认识上升到抽象的过程。

抽象既是一种思维方法，又是认识发展的一个特定阶段。对作为思维方法的抽象可以从以下两个方面来加以理解：第一，把事物从它周围环境的总联系中抽取出来，从而在一种纯粹的形态下加以考察。客观事物本来是普遍联系、相互影响的，但是为了认识事物，必须把联系割断，把各种外部的影响和作用排除。第二，把一个事物内部的某些或某种要素、方面，从事物的整体中割取出来，做相对孤立的考察。客观事物本来也是内部各个要素和方面有机联系的整体，但是为了研究，必须把这种联系暂时割断。比如，我们考察一个生物体，可以用解剖的办法把它的某个器官从整体中分离出来；我们要认识一个企业，也可以把这个企业的财务状况或者人力资源状况单独抽取出来加以研究等。

如同分析不是任意分割的一样，抽象也不是任意抽取的。科学的抽象必须抓住事物的本质方面，抓住事物的发展和联系中具有决定意义的环节。但是，所谓事物的本质或事物发展过程具有决定意义的环节并不是单一的、静态的，而是活生生地发展着的。科学的抽象也必须根据这种客观条件，根据社会实践的具体要求来进行。事实上，对同一个对象，往往可以从不同的方面来进行抽象，从而形成不同的概念、不同的认识，甚至建立不同的学科。

随着抽象过程的发展，事物越来越多方面的本质逐渐被揭露出来，于是，抽象就转化为它的反面——由抽象上升到思维中的具体。

所谓具体，就是在思维中再现事物的整体。与以知觉和表象的形式存在于人的认识中的模糊的感性具体不同，思维中的具体已经撇开了事物的具体形象，而以概念和规律的形式存在于人的认识之中。所以，思维中的具体同时又是一种抽象的认识，它是抽象发展的结果。抽象越是深入发展，也就越是走向具体。反过来，任何具体的认识也并不是对于客观对象的一切方面的本质的穷尽。与抽象的认识相比较，具体是全面的。但这种全面又具有相对的意义，随着认识过程的深化，又会有事物的新的本质要素被揭露出来，于是又会形成对客观事物的一些新的抽象规定。

从感性认识到抽象的过程离不开分析，不分析就无法抽象；从抽象到具体的过程也离不开综合，不综合就无法实现具体。因此，分析与综合的方法和抽象与具体的方法是密切联系的。但是抽象不等于分析，而是在分析的基础上对事物的本质作出单独的规定。同样，具体也不等于综合，而是在综合基础之上形成对事物的真理性认知。

三、比较和分类

比较是人们在思维中最常用的思维方法之一，是指把相互关联的或同质的事物或事物的方面拿来对比，以便发现它们的差别所在。世界上的万事万物没有完全相同的，并且总是动态变化的，这就是比较的客观基础。实际上，“同”总是相对的，“同”中总包含着“异”，比较正是揭示同中之异。有差别就有比较，有比较才有鉴别。所以，我们对事物进行空间结构、形态的比较，可以区分或认证各种不同的事物；对事物进行时间前后、阶段的比较，可以发现同一事物在其历史演化的过程中的各种变化特征和规律。

比较是揭示事物之间内在的、本质的差异的逻辑方法。越是同质的东西越是需要比较。黑格尔说：“假如一个人能看出当前即显而易见的差别，比如，能区别一支笔和一只骆驼，我们不会说这人有了不起的聪明。”但如果他能够区分小麦和水稻、寺院和教堂，那这个人的认识能力就强得多。

比较是认识的起点，要认识一个事物就必须首先把这个事物同其他事物区别开来。没有区别就没有认识，而要区别，就需要进行比较。运用比较法，必须防止简单化和片面性的错误。所谓简单化，就是不懂得比较是一个历史的发展过程，而仅仅根据一两次的比较，就作出绝对肯定或否定的简单结论。所谓片面性，就是把事物某些方面的差别绝对化，把片面当作全面。这样的比较，必然得出错误的结论。

比如，某副食品商店实行了裁员，我们如果把裁员后的三月份的销售量同裁员前的二月份的销售量拿来比较，发现三月份低于二月份。若是我们由此得出结论说，正是由于这次裁员导致了销售量的下降，这可能就是一个错误的结论，因为二月份是春节期间，是副食品销售的高峰期，而三月份则是销售淡季。如果我们不考虑这种实际情况，那就是犯了简单化和片面性的错误。科学的比较应该是历史的、全面的。在上一事例中，我们应该把今年三月份与去年三月份比较，还可以把今年二三月份的销售差额与上年的销售差额加以比较，或把与这一商店的情况和条件基本相同，但尚未实行改革的商店的情况加以比较等。

分类是根据研究对象的共同点，将对象归为一类的逻辑方法。分类必然是以比较为基础的，不同种类之间的差别必须要依靠比较才能够识别。根据共同点将事物集合为较大的类，逻辑学上称之为母类，即属。又根据事物的差异点，将较大的类型划分为较小的类，逻辑学上称之为子类，即种。分类方法也就是将事物区分为具有一定种属关系的不同等级的系统的方法。

在人类认识过程中，分类总是先从现象分类开始的，这种分类只能反映事物的现象而非本质。当然，这种分类方法有着重大的实用意义。比如为了便于检索而进行的图书分类、商品分类、邮件分类、药物分类等。但是，为了进一步认识和改造世界，从现象分类走向本质分类是必然的。比如，按照生物物种之间的亲缘关系进行分类，确定其内在联系，这就是本质分类。无论是现象分类还是本质分类，都要找到合适的分类标准，这就要求对具体情况具体分析，将事物的各种特征看做一个有相互联系的特征体系，研究它们内在的、复杂的因果关系，以揭示出事物之间的规律性，建立起科学的分类体系。

四、归纳和演绎

这是两种运用最为广泛的逻辑思维方法，逻辑史上对之进行过大量的研究。归纳方法的产生迟于演绎方法。早在古希腊，亚里士多德就提出过“三段论”，这就是一种演绎方法。直到17世纪，英国哲学家培根才在对演绎方法的批判中对归纳方法作了系统的研究，确立了归纳方法的逻辑地位。

归纳就是从关于个别经验事实的知识概括出一般性知识的逻辑思维方法，也就是一个从个别到一般的过程。它的一般形式可以表示为：

S_1——P

S_2——P

⋮

S_n——P

————

S——P

根据归纳推理所列举的事例是不是该类事物的全部，一般把归纳推理区分为完全归纳和不完全归纳。完全归纳就是把同类对象的全部一一列举出来，指出它们都具有某种属性，从而得出所有这类事物都具有这种属性的结论。例如，我们在一一考察了直角三角形、锐角三角形、钝角三角形的三个内角之和都是180度以后，就可以得出“所有三角形的三个内角之和都是180度以后”的结论。但在大多数情况下，我们无法将一类对象的全部都一一列举出来，而只能找出其中的部分，并依此作出结论，这就叫做不完全归纳推理。由于不完全归纳在归纳方法中占有主导地位，以至于人们提到归纳时，基本上都是指不完全归纳。

由于没有穷举，不能保证在没有考察的对象中出现例外，所以不完全归纳所推出的结论带有或然性，即它可能是正确的，也可能是错误的。例如，欧洲人曾经根据他们所见到的天鹅都是白色的，从而得出“所有天鹅都是白色的”这一结论。后来，在澳大利亚发现了黑色的天鹅，从而推翻了原来的结论。这里的问题在于，必须正确地理解归纳的实质。归纳绝不仅仅是一种形式的推导，而必须以对个别事物的本质的认识为前提，而为了认识事物的本质，就需要对事物作出认真的分析。在对事物进行分析的基础上，形成对于个别事物的本质的认识，然后把这种本质的认识从个别上升为一般，这就是科学归纳的本质。我们平时所谓抓典型、总结典型经验，就是科学归纳推理的应用。典型经验必须是反映事物本质的经验，这样的经验才具有普遍的指导意义。

演绎是用一般性知识去认识和说明个别的经验事实的逻辑思维方法，也就是一个从一般到个别的过程。如果说归纳法在多数情况下只能产生或然真理，而演绎推理只要前提是真的，那么结论必然也是真的。演绎推理的最简单、最经典的形式就是三段论：

M——P

S——M

————

S——P

比如：企业家具有创新精神。

　　　盖茨是企业家。

所以，盖茨具有创新精神。

这就是三段论的一个具体的推理过程，可以看到，“盖茨具有创新精神”这一个结论，已经包含在“企业家具有创新精神”这一大前提和“盖茨是企业家”这一小前提之中了。所以只要前提是真的，它的结论也就是真的。与归纳推理不同，演绎推理被看做是必然性的推理。演绎方法能够帮助我们对假说或理论进行严格的逻辑检验，以发现假说的错误或理论的谬误。

很多学者认为，演绎所得到的结论都超不出大前提的范围，因而不可能给人们提供新的知识，只是一种证明工具而已。实际上，演绎也是有着创造性的作用的。比如，最简单的“三段论”中，小前提并不是大前提中演绎出来的，它有自己独立的内容和特性，通过演绎把大前提和小前提两个内容联系起来，就不只是前提的简单重复了，往往会带给人们新的认识。所以说，演绎过程并不是不能产生新知识和新认识的。

读一读1－5

七喜是一种柠檬口味的饮料，自1929年上市以来，产品定位一直摇摆不定。20世纪30年代是“消除胃部不舒服的良药”；1942年开始换成“清新的家庭饮料”；1966年又推出新主题的系列广告。在这些混乱的宣传下，消费者对七喜到底是什么饮料一直没有一个统一的印象。有的消费者认为七喜是调酒用的饮料，有的认为是药水。直到1968年，这种情况终于发生了变化。

当时的饮料市场被两大饮料巨头牢牢占据，美国人在口味上也已经习惯了碳酸饮料，而且在思维方式上也拘泥于只有可乐才是饮料。如何打破可乐在消费者心目中的统治地位呢？七喜扬弃了传统的逻辑习惯和思维方式，选择到饮用者的头脑中去找本产品的位置。他们大胆地提出了“非可乐”的产品定位，这一语破天惊的口号被美国广告界称为“辉煌的口号”。也正是“非可乐”这一简单有力的口号，才使七喜避开硝烟弥漫的可乐竞争圈，以清新的口味和形象赢得了消费者。这个策略口号打出的第一年，七喜的销量上升了15%。之后，其销量更是扶摇直上，跃居饮料市场第三位，仅次于传统的可口可乐和百事可乐。

资料来源：根据 http：//wenku. baidu. com/view 整理而成。

思考题：

1968年后的七喜之所以成功，其主要原因是什么？主要使用了哪些思维形式和方法？

在人的认识过程中，归纳和演绎是对立统一的关系。这具体表现在：第一，归纳是演绎的基础，演绎以归纳得出的结论作为前提。演绎法是一种从普遍到特殊、从一般到个别的思维方法，它只能揭示共性与个性、一般与个别的统一关系，不能揭示共性与个性的对立关系。单纯用演绎法不能揭示个别事物多样化的属性。而要做到这一点，就必须运用归纳法。此外，演绎的结果也必须再运用归纳法来证实与丰富。第二，归纳法必须以演绎为指导。演绎法为归纳提供一般性的理论原则，规定归纳活动的方向与目标。同时，归纳所得到的结论不一定可靠，它必须靠演绎来修正与补充。

本章小结

1. 思维是心理活动过程的组成部分，是人脑对客观事物本质属性的反映，是一种具有间接性和概括性的高级的复杂认识过程，是人类认识的高级形式。

2. 思维科学可划分为思维科学的基础科学、思维科学的技术科学及思维科学的工程技术三个层次。

3. 思维的特征有间接性、概括性、与语言的相关性和与知识的相关性。

4. 大脑是思维形成的物质基础，人脑的左右半球分别负责着不同的思维活动。

5. 外部环境对于思维的形成也有着重要的影响。

6. 从思维活动的现实过程来看，思维可以分为感性思维和理性思维。前者有两个层次：狭义上仅指思维中的感性认识，而广义上则泛指思维中的所有非理性因素。而后者就是指科学思维，是本书将要重点论述的内容。

7. 从思维活动的思想载体来考察，思维有抽象思维和形象思维之分。前者以概念作为思想载体，并在概念的基础上作出判断，进行推理，从而来把握事物的本质和内在关系，在很大程度上就等同于前面提到的理性思维。而形象思维则以形象为思想载体，通过物像、景象、图像、表象、意象等手段进行思考，用形象材料来比拟和概括事物的本质，用空间形式来描述事物的特征。

8. 从思维活动的角度和范围来着眼，思维有非系统思维和系统思维两种。非系统思维泛指除系统思维外的其他思维形式，主要体现为空间性和时间性非系统思维。系统思维的本质就是运用系统思维的基本观点，把研究对象作为系统来看待，从要素、系统、环境之间的相互作用和结构与功能之间的相互联系综合考察对象，以揭示其规律，达到最佳地处理问题的目的。系统思维是一种整体的、全面的、长远的、兼容的和复杂的思维，是将整体与局部辩证统一起来的现代思维方式，也是我们认识世界本质所应该采用的主要思维形式。

9. 从思维活动所受的定式作用来看，则可以把思维分为常规思维和创造性思维。我们思维活动中的学习、记忆和逻辑迁移过程，一般都属于常规思维。这种思维不产生新的质，不具有创见性。创造性思维不受或很少受思维传统和定式的束缚，超越常规思维，摆脱成见，构筑新意，独树一帜，具有创新性、突破性和综合性的特征。

10. 逻辑思维能力既能够在日常生活和工作中养成，也可以通过研究和学习逻辑思维方法的特点和规律不断提高。本章第三节简单地介绍了一些常见的逻辑思维方法，包括：分析和综合，抽象和具体，比较和分类，归纳和演绎。

讨论案例　　鲁克西：以技术提升运营绩效

鲁克西是一家基于研发的国际药品公司，致力于发现和开发创新的、具有高附加值的药品，以改善世界各地患者的生活质量。为了实现这一愿景，鲁克西坚信产品与快节奏的药理学变革相适应是十分重要的。因此，当 CFO 提出他们迫切需要拥有一个高效的商务职能软件来协助其发展的议题时，得到了大多数高管的支持。

商业报表是企业的语言，财务数据是企业各项经营活动的数字表现，但制作商业报表通常意味着要花费很长时间来取得大量的数据，并且通过人工分析和整合这些数据以得出所需的商业标准。这种方法要耗费大量的时间和人力，且欠缺弹性，若想要经常掌控大量的数据更是困难。此外，不同的领域需要的报表有很大的不同，这给鲁克西的高级经理们制作报表带来了极大的工作负担。如何制作一个具有实时性、与商业变化的节奏相适应的报表是一个长期的挑战。

经过对公司的全面分析，CFO 提出鲁克西面临的主要技术挑战是：既要求每个部门都有独立的解决方案，又要求为高级管理人员实现基于网络的配置，以保证在任何情况下，报表发布和传达都能保持统一。终端使用者的工具不但必须能够对相关的、多维的数据有一个综合完整的视角，而且一定程度上还要支持独立性和网络工作。

CFO 与 IT 项目管理委员会在对公司运营状况详细分析之后，决定引用 PSI Factory 项目来提供一个商务智能系统，从而自动整合多种数据来源，并且能够以多维的视角来查看企业运营的报表和分析。

经过长期对所有全球领先的商务智能厂商进行评估后，鲁克西选择了 Hyperion Intelligence 作为 PSI Factory 计划的报表和分析平台。因为海波龙（Hyperion）提供的解决方案能够在大量数据和复杂的数据仓库环境中处于独立的、基于 Web 的状态，同时还拥有必需的灵活性和绩效管理的软件平台。因此，海波龙能够立即实施 PSI Factory，并且成功达到鲁克西公司短期和长期的业务要求。

PSI Factory 的第一阶段是充分利用 Hyperion Intelligence 支持多种配置的能力和高度客户定制化的能力。事实证明海波龙是一款具有弹性的平台，也是一个能够满足从区域经理到总部高级职员的各层用户广泛需求的工具。今天，PSI Factory Hyperion Intelligence 仪表盘既可以胜任在线工作，也能够在线下服务。在这两种不同的应用中所使用的软件是一样的。此外，尽管有很多数据以独立的模式被统一整合在 Hyperion Intelligence 仪表盘中，但从它们的在线类似版本中几乎不能识别出来。

通过自动化的提取—转换—加载的程序，每个月都会有大量的数据被整合后输入 PSI Factory 数据库内。每个月，有超过一千万行数据通过 PSI Factory 的 ETL 架构进行处理，这些数据来源于相关的（Oracle）和多维的数据库（Hyperion Essbase）中。PSI Factory 现在包含有大约 5 000 亿字节的数据。

定制化的 Hyperion Intelligence EIS - style 仪表盘被用来存取数据库中两种类型的数据，Hyperion Intelligence 能够很容易地与 Oracle 和 Hyperion Essbase 相整合，以提供给 PSI Factory 针对相关的 OLAP 数据形成统一观点的性能，同时，对于还没有实施 Hyperion Intelligence 的客户来讲，海波龙的输出功能与微软 Office 系统能够很好地整合以生成报表。

PSI Factory 获得数据的种类包括每天的销售资源的配置和活动、来自于内部和第三方的销售数据、来自第三方的法规制定者的统计信息。一些典型的 EIS—style 仪表盘包括：销售趋势、市场和市场份额趋势、区域性的活动、市场潜力和产品销售绩效。通过经整合的多维数据而呈现出的绩效评估仪表盘，包括每月的区域活动、销售数量和法规规定，例如销售额增长数量和比率、满足配额所需要的增长、顾客达到率、投诉率以及与竞争对手相比的合规情况等信息。

大约有 100 名决策制订者经常使用 PSI Factory，其中包括了所有的分区经理、总部的高级经理、内部的商业分析师和商业技术数据库操作员，另外还有 500 名各分区的职员和外部销售与市场人员，他们经常都需要察看或者使用 PSI Factory 的分析结果。通过 Hyperion Intelligence 直观的用户界面和高度客户订制化的 EIS 特征，它所需要的训练可以很容易地与所有的终端使用者的工作日程相统一。

“拥有 Hyperion Intelligence 仪表盘的 PSI Factory 极大地缩短了我们获得原始数据的循环周期，能够快速将数据与信息和产品分析相整合，这在过去是非常耗时费力的，而现在则是优化的、自动的实施过程。” Michael O'Shaughnessy 表示，他是鲁克西的市场部、研发部和电子策略部的高级项目经理。“PSI Factory 和 Hyperion Intelligence 最大限度地提供了从单一的视角来整合数据的功能，而在这之前由于时间和资源的限制人工很难做到。”

作为 PSI Factory 的主要部分，Hyperion Intelligence 仪表盘允许销售部门经理在相互独立的环境下察看和应用绩效分析。而这些独立的解决方案提供了更为宽广范围内的可获取信息，包括含有竞争分析的报表。它改善了决策的质量，为销售部门提供了弹性的报表工具，能包含更多的相关信息。

由 CFO 或财务总监主导的 IT 战略在连接企业运营，提升决策质量和速度方面功不可没。而选择和驾驭好的 IT 工具使之为企业发展所用，既是 CFO 或财务总监面临商业竞争的必备能力，也是他们在信息时代必须应对的巨大挑战。

资料来源：改编自《决策与商业变奏同步》，《首席财务官》，2006 年第 8 期。

思考题：

1. 随着企业面临的竞争环境的变化，CFO 的思维决策领域也有了新的变化，请结合本章的内容分析鲁克西公司 CFO 的思维基本形式是什么？

2. 在引入商务职能软件的过程中，CFO 所使用的逻辑思维方式有哪些？

推荐书目

1. ［英］博赞著，叶刚译，《思维导图》，中信出版社 2009 年版。
2. 鲍健强：《科学思维与科学方法》，贵州科技出版社 2002 年版。
3. 陈泽河、孟令君：《创新思维训练与自测》，山东人民出版社 2002 年版。
4. 高隆昌等：《思维科学概论》，西南交通大学出版社 2004 年版。
5. 卢明森：《思维奥秘探索》，北京农业大学出版社 1994 年版。
6. 钱学森：《关于思维科学》，上海人民出版社 1986 年版。
7. 张晓芒：《创新思维训练》，企业管理出版社 2005 年版。
8. 赵光武：《思维科学研究》，中国人民大学出版社 1999 年版。

第二章　思维工具

☞ 学习目标

本章分别介绍了一般思维工具和系统思维工具，每种思维工具都有自己的原则、适用条件、步骤和方法。希望读者通过本章的学习，掌握一般思维工具的六个类别，即 5W1H 法、鱼骨图法、决策树法、力场分析法、矩阵法和雷达图法；另外还要掌握头脑风暴法、德尔菲法、思维导图和六顶思考帽等系统思维工具。

开篇案例　老王的烦恼

老王是一个大型企业的财务总监，作为一个承担繁重工作的职业经理人和承担家庭责任的父亲，老王每天都要面临大量的事情，这让老王感到十分疲惫。又一个周一，老王决定把这一天将要面临以及想做的事情列一个清单，具体如下：

一、公务活动

1. 新投资项目的风险评估分析和资本预算。
2. 参加 CFO 财务论坛。
3. 阅读文件、整理通信。
4. 与下属小李讨论上个月绩效达标情况。
5. 接待税务局访客。
6. 向总经理汇报上一季度公司财务状况。
7. 部门晚上聚会、准备发言稿。

二、个人活动

8. 整理仪容。
9. 饮食。
10. 睡觉。
11. 修车。

三、家庭活动

12. 打扫房屋。
13. 买孩子明天的生日礼物。
14. 接孩子放学。
15. 其他家庭活动。

四、休闲活动
16. 听广播与音乐。
17. 看电视剧。
18. 休闲阅读。
19. 观看篮球比赛。
20. 运动。
21. 邀请一个朋友吃饭。
五、可能面临的其他突如其来的事情
如此多的事情，让老王十分头疼，他接下来该怎么办呢？

思维是复杂的，现实的管理世界也是复杂的。为了能够在这种复杂的状态中梳理出思路并解决问题，人类发明了很多的管理工具和管理技术。这些工具让思维工作变得缜密有序，易于把握，推动了有价值的思考，为管理者从不同的角度找到发现、分析和解决问题的切入点，轻松、迅速、准确地决策提供了莫大的帮助。本章将对一些已经被实践证明很有实用价值的管理思维工具进行描述。其实这种工具非常之多，本章选取的是相对来说最具代表性的。在这些工具中，有一些是简单的、零散的一般管理思维工具，还有一些是较为系统的、有明确使用步骤或原则的结构化管理思维工具，通过这些工具，我们可以更有效地发挥自身的形象思维、系统思维、发散思维、创造性思维等多种思维方式。案例中的老王就可以应用其中的工具来解决自己面临的难题。下面本章会对这两类工具分别加以介绍。

第一节 一般思维工具

本节涵盖的小工具虽然原理简单、操作容易，但却在管理的各个领域发挥着巨大的作用，它们包括：5W1H 法、鱼骨图法、决策树法、力场分析法、矩阵法和雷达图法。

一、5W1H 法

这个方法也叫六何分析法，最早是由美国陆军兵器修理部提出的，其优点是非常简单，利于抓住问题的关键从而找到解决问题的办法。它是从六个方面，即从 What（何事）、Who（何人）、Where（何地）、When（何时）、Why（何因）、How（何法）这几个角度提出问题进行全面系统地思考，并最终形成解决方案。

5W1H 法的应用范围很广，不仅可以用于改善管理，还可用于提高日常生活中思维的水平。因为 5W1H 法是从客体的性质、主体的本质、物质存在的最基本形式（地点、时间）、事物发生的原因、方法等角度提问的，这些方面属于事物存在的根本方面，其中任何一个方面出现问题，都会影响到这一事物的运动和发展。抓住事物存在的根本方面和制约条件来分析问题，往往会迅速找到发生问题的根本原因。

如果现行的做法或经过这 6 个问题的回答后已经没有缺陷，便可视为这一做法可取。如果 6 个问题中有某一个答复不能满意，则表示这方面还有改进的余地。如果某方面的答复有创新点，则可以扩大这方面的效用。5WIH 法后来又发展为 5W2H 法，即把 How 分成怎样（How To）和多少（How Much）两个提问，7 项提问视问题性质不同，发问的内容也不同，例如：

1. 何事（What）：任务的对象是什么？需要解决或克服的困难是什么？目的是什么？重点是什么？与什么相关？材料是什么？规范是什么？等。

2. 何人（Who）：谁是生产者？谁是顾客？谁来办这件事最合适？谁不可以办此事？谁被忽略了？谁是决策人？谁会受益？等。

3. 何地（Where）：何地建厂？何地研究？何处试验？从何处买？何地可作销售点？何地安装？何地有相关资源？等。

4. 何时（When）：何时完成？何时安装？何时销售？何时是最佳时间？何时最不合适？何时效率最高？需要多长时间才算合理？等。

5. 何因（Why）：为什么必须要做？为什么要这样做？为什么别人没有做成？为什么用这种颜色？为什么要做成这个形状？为什么要经过这个环节？等。

6. 怎样（How To）：怎样做最省力？怎样做速度最快？怎样做效率最高？怎样改进？怎样避免失败？怎样扩大市场？怎样使产品更加美观大方？怎样克服关键难题？等。

7. 多少（How Much）：功能指标达到多少？销售额多少？成本多少？输出功率多少？效率多高？尺寸多少？重量多少？

5W1H 法可以有效地用在管理工作上。例如，某航空公司经理在机场候车室二楼设了小卖部，生意相当冷清，她用 5WlH 法检查为何如此，发现错在 Who、Where 和 When 这三个问题上。

（1）Who？谁是顾客？机场小卖部应当把出入境的旅客当主要顾客才对，而这些顾客并不需要上二楼，都在一楼就上飞机了。在二楼流连徘徊者大部分是送客或接客的人，这些人有的是时间在市里大商场挑肥拣瘦，不必到机场买东西，所以机场小卖部没有顾客。

（2）Where？小卖部设置在何处？原来出入境的人，经海关检查后，都从一楼左侧或右侧走了，根本不需要走二楼，小卖部没有设在旅客必经之路，哪里还会有顾客呢？

（3）When？何时购物？出境旅客只有当行李送到海关检查并交付航空公司后，才有闲情去购买纪念品，由于机场安排临上机前才能将行李交付航空公司，这样自然而然就挤掉了旅客买东西的时间。

针对这三点，航空公司研究了改进的措施：首先，就是要把旅客当主顾。其次，将出入境旅客的海关检查路线改为必经二楼小卖部。最后，服务办法改为旅客随时可把行李交给航空公司，“无箱一身轻”使顾客有了买东西的时间，正好买些小纪念品。这样一来，小卖部的生意就兴隆起来了。

5W1H 法属于抓住主要矛盾进行分析的方法，实用性强。当然有些技术问题在进行 6 个方面的分析后，还要使用具体的技术方法和手段，才能最终解决问题。

二、鱼骨图法

这个方法最早是由日本质量管理大师、东京大学教授石川馨提出来的，故又叫石川图，就是将造成某项结果的众多原因，以系统的方式图解，即以图来表达结果（特性）与原因（因素）之间的关系。根据其形状，又叫鱼刺图、树枝图，还有一个名称叫特性要因图。这是一种典型的发散思维工具。

一个问题的发生往往不是单纯一种或几种原因的结果，而是多种因素综合作用的结果。要从这些错综复杂的因素中理出头绪，抓住关键因素，就需要利用科学方法，从出现的问题这个“结果”出发，依靠群众，集思广益，由表及里，逐步深入，直到找到根源为止。因果图就是用来根据结果寻找原因的一种工具，可使用在一般管理及工作改善的各种阶段，特别是树立意识的初期，易于使问题的原因明朗化，从而设计步骤解决问题。它具备的优点有：

（1）允许探讨各种类别的原因。

（2）将重点放在问题的原因上，而非症状上。

（3）鼓励通过自由讨论，发挥创造性。

（4）提供问题与各类原因的清晰的直观图。

我们下面就用一个例子来说明如何画出和使用鱼骨图法：

第一步，描述图表最右边的问题。这可能是一个征兆，也可能是一个值得研究的实际问题。比如，某公司发现虽然花了大把的钱对员工进行了各方面的培训，但是培训的效果并不理想，培训成果的转化率极低。我们就可以把这个问题作为“鱼头”，并朝着“鱼头”划出一条水平的长而粗的箭头。这个箭头将作为图的骨干，其他主要或次要原因通过它联系或分类（见图2－1）。

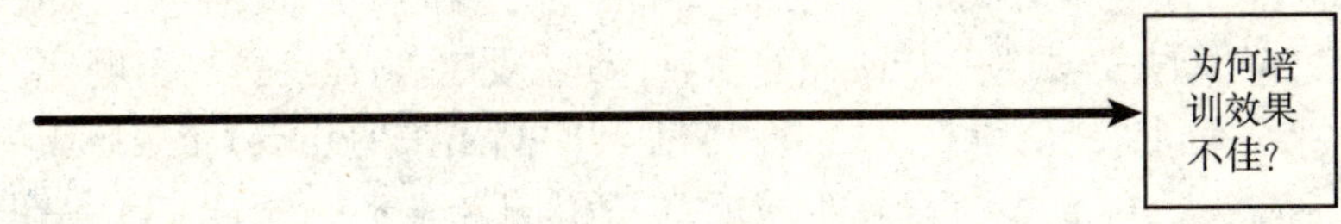

图2－1 鱼骨图示例一

第二步，确定可能的原因，沿着鱼骨图的“骨干”将它们分类为主要类别。主要类别的确定需要充分吸收不同的见解，可以采用自由讨论的形式。一个类别是否有潜在的原因，你不用担心存在不同意见，只要将它们列出来就行。需要注意的是，此时要保证在图表上的主要类别之间留有足够的空隙，以便稍后可以增加次要的详细原因。例如，对于第一步中提出的问题，经过讨论后，这个公司的培训部发现了在6个方面可能存在问题，从而导致培训效果不佳（见图2－2）。

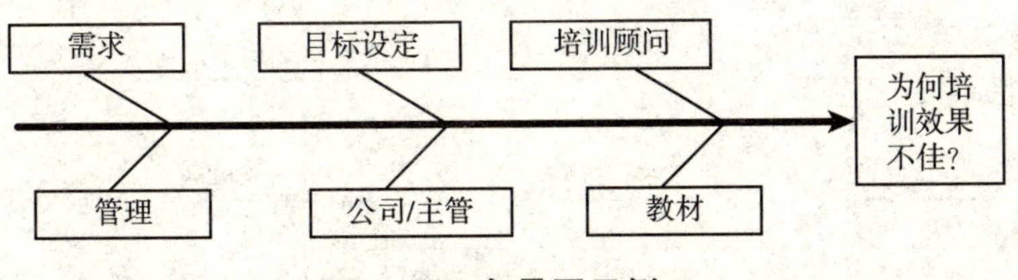

图2－2 鱼骨图示例二

第三步，了解上面确定的主要原因类别的更加详细的解释，继续进行自由讨论，找出这些更小的“鱼刺”。有时候，详细原因可能包含其他更为琐碎的问题。如果是这样，在详细原因线上连接其他的线。一般来说，三层细节是这个图表的实际限制。上面提到的公司培训部在经过充分讨论后，找到了培训效果不佳的更为详细的原因（见图2－3）。

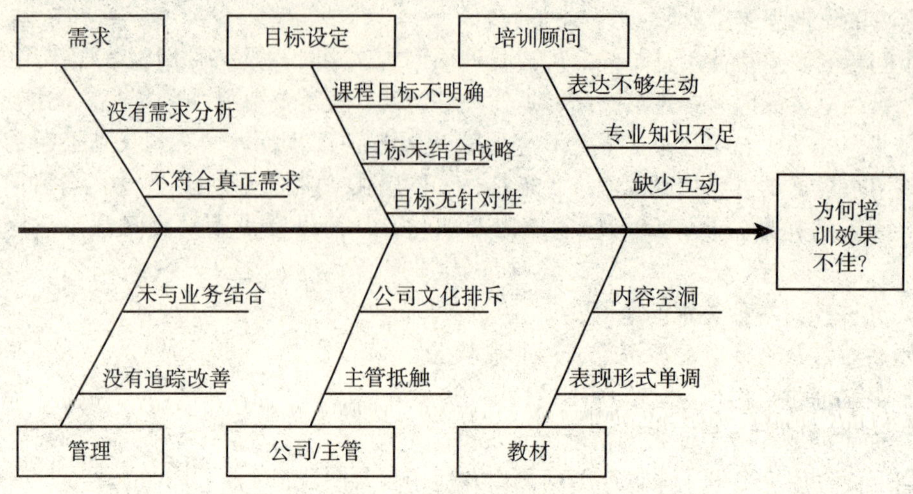

图2－3 鱼骨图示例三

第四步，在完成对主要原因以及更为详细的原因的自由讨论后，可以开始对信息进行分析。有了这样一份主次分明、思路清晰的问题分析图，我们在解决问题时就会顺手很多。在这一步骤中，我们要评估每个主要原因及与其相关的潜在详细原因。记住，原始图是通过包括所有观念的自由讨论编辑而成的。现在，我们必须决定哪一项最有可能是原因（或原因之一）。圈出最有可能并需要进一步研究的项目，并按照影响程度排列出顺序。该公司培训部经过仔细分析后找到了最值得重视的原因（即圆圈圈出来的几点），按照顺序，这几个原因的重要性顺序如下：（1）不符合真正需求；（2）未与业务结合；（3）课程目标不明确（见图2－4）。

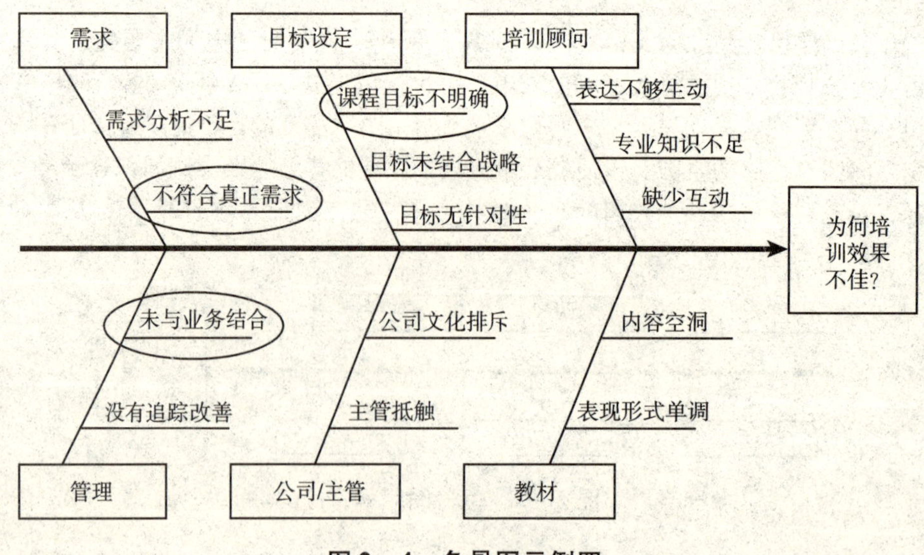

图2－4 鱼骨图示例四

如果就研究的首要领域没有取得明显的一致意见，则要应用某种投票机制，通过最大成功率来缩小首要选择。针对每个圈定的项目，讨论它们如何对问题产生影响。

第五步，一旦圈定了最有可能的原因，我们就应该着手制订一个处理这些原因的行动计划，力争最终解决“鱼头”所提出的问题。该公司培训部针对现有培训不符合真正需求这一最重要原因，调整了培训调查分析的方法，变问卷调查为当面调查，根据调查结果再次设计了培训体系，并注重培训课程与业务相结合，将课程目标明确化，从而极大程度地解决了培训效果不佳的问题。

使用这个方法时需要注意如下事项：

（1）实质上是枚举法，所以要走群众路线，集中讨论。

（2）参与讨论的人必须熟悉所要讨论的问题。

（3）原因要具体，以便采取措施。

（4）设定问题解决的优先级别。

（5）争取达成共识，并要拿出问题解决的最终方案。

三、决策树法

人类日常生活和管理活动的复杂性很大程度上体现在许多决策都是在不确定的条件下作出的，从而使得人类思维的有效性面临挑战。决策树就是为了减少决策结果的不可靠性采用的一种方法，它因直观、易懂而得到普遍接受和广泛使用。决策树法使我们有可能从各种行为的决策点和与将来行为有关的决策点中，看清行为的发展方向。决策树指明了未来的决策点和可能发生的偶然事件，还常用记号表明各种不确定性事件可能发生的概率，为精确的量化分析提供了基础。

决策树的结构如图 2－5 所示。图中的方块代表决策节点，从它引出的分支叫方案分支。每条分支代表一个方案，分支数就是可能的方案数。圆圈代表方案的节点，从它引出概率分支，每条概率分支上标明了自然状态及其发生的概率。概率分支数反映了该方案面对的可能的状态数。末端的三角形叫结果点，表明各方案在相应状态下的结果值。

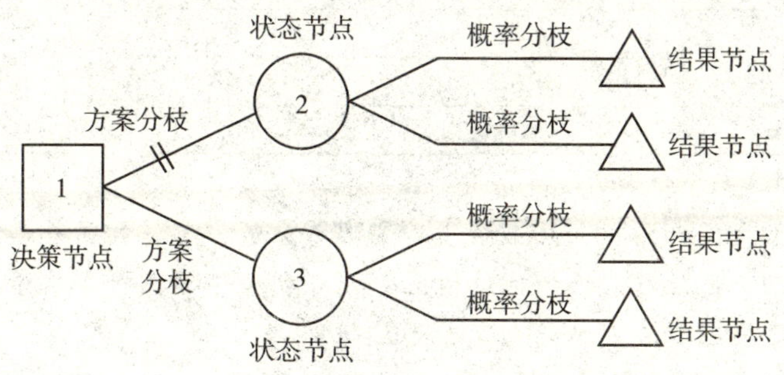

图 2－5 决策树结构

应用决策树来做决策的过程，是从右向左逐步后退进行分析。根据右端的损益值和概率，计算出期望值的大小，确定方案的期望结果，然后根据不同方案的期望结果作出选择。方案的舍弃叫做修枝，被舍弃的方案用“≠”的记号来表示，最后的决策点留下一条树枝，即为最优方案。

当所要的决策问题只需进行一次决策就可解决，叫做单阶段决策问题。如果问题比较复杂，而要进行一系列的决策才能解决，就叫做多阶段决策问题，多阶段决策问题采用决策树的方法比较直观容易。

下面我们来简单地举一个生活中的例子来解释上述抽象的过程。

案例2-1

老刘的胃肠炎又犯了，这一回医生建议他做手术。但是一直用药物治疗的老刘更相信一种刚出的新药，而这种新药与手术治疗有一定的排斥作用。当然，手术也许更有效，但这要冒更大的风险。家人和医生都很着急，老刘在面对药物治疗还是手术治疗的抉择中脾气变得越来越糟，已经有了抵触治疗的情绪。无奈之际，老刘求助心理医生，在心理医生协助下，老刘一步步地作出了决策。

首先，心理医生考察了老刘对两种方案的合意程度，用数字表示对合意程度的评定，-6到+6表示由最不合意到最合意，所有分数都是老刘自己评出的（见表2-1）。

表2-1

选　择	合意性
新药	+6
手术	+4
都不做	-6

然后，心理医生请老刘估计两种方案获得成功、失败的可能性，列出下面这个优先选择的表格。其中每个方案的成功、失败之和都是1（见表2-2）。

表2-2

选择	可能性		
优先选择	成功	失败	合计
新药	0.6	0.4	1
手术	0.8	0.2	1

接着，心理医生问老刘，如果上面任一方案都失败，要转向另一个方案治疗时，他对第二次治疗成功和失败可能性的估计值又如何，列出下面这个二次选择的表格。其中每个方案的成功、失败之和也都是1（见表2-3）。

表2-3

选择	可能性		
二次选择	成功	失败	合计
新药	0.3	0.7	1
手术	0.6	0.4	1

最后，心理医生为老刘建立了决策树，见图 2－6。

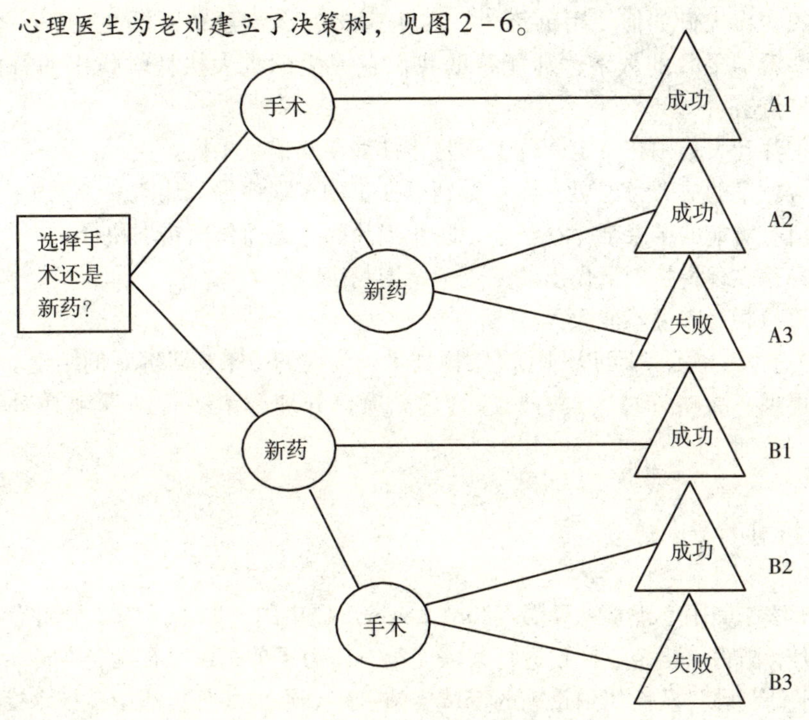

图 2－6 治疗方案的决策树

计算及思考过程如下：

先计算出每个结果的期望值（合意性×可能性）：

A1：4×0.8＝3.2

A2：6×0.3×0.2＝0.36

A3：－6×0.7×0.2＝－0.84

B1：6×0.6＝3.6

B2：4×0.6×0.4＝0.96

B3：－6×0.4×0.4＝－0.96

然后我们再进行"修枝"工作，计算出每个方案的决策值：

手术：A＝3.2＋0.36－0.84＝2.72

新药：B＝3.6＋0.96－0.96＝3.6

最后，我们得到决策结果，即修剪掉决策值偏小的"手术"这一枝，选择新药方案。

资料来源：陈芝蓉，2004。

从决策树来看，虽然对成功、失败概率的估计是一个复杂过程，但是两种方案的思路及结果已经在图式中清晰显现了。更重要的是，通过可能性和合意性的数值估计运算，我们最终得到了决策结果——新药为 3.6 分，手术为 2.72 分，这个结论虽然与老王当初的选择倾向相吻合，但它却是在心理医生的指导下作出的，更具科学性。当然，通过这个例子只是想告诉人们如何使用决策树，至于病该怎么治还得听医生的。一个看似普通的图形，一些看似平凡的数字，却能帮助我们在人生的重大抉择时作出明智的选择。决策树技术的特点有：

（1）能把注意力集中在特定问题上，防止被繁杂的信息干扰。

（2）对各方案的成败考虑更全面，做到了真正的客观评价，从而减少了焦虑。

（3）把所有可能的结果都写在纸上，防止因片面考虑而作出错误抉择。

（4）抉择是在理智控制下作出的，受情绪影响少。

（5）计算量相对来说不能太大。

任何一次重大的决策都可以利用决策树技术，为我们带来相对客观的结论。实际上，决策树在质量管理、战略管理、人力资源管理、项目管理等诸多管理领域都得到了广泛的应用。

四、力场分析法

力场分析法是美国心理学家勒温（Kurt Lewin）提出的，原来是为了分析企业变革中所遇到的推动力和阻力。当企业计划进行某项变革时，力场分析可以帮助企业分析所有影响变革的外力，平衡利弊，从而找到正确的变革实施策略。在力场分析法中，推动变革的外力叫做“推动力”，阻碍变革的外力叫做“限制力”。

力场分析遵循了物理学中的一个原理，即每个运动物体都受到大小相等、方向相反的两个力的作用，体现出人类思维的平衡性。推而广之，在面对复杂问题时，我们可以通过这种方法来分析问题的积极因素和消极因素，所以，力场分析法也广泛适用于在日常生活和管理活动中梳理思路，全面地看待问题，从而找到解决问题的方法。

运用该法的步骤如下：

第一步，明确要分析的问题，以及要达到的理想目标；

第二步，在纸上写上一个大大的字母T；

第三步，在T的左臂上写“推动力（或积极因素）”，右臂上写“阻力（或消极因素）”，上方写上要分析的问题或要达到的目标，这样就绘制出了一个力场分析图（见图2-7）。

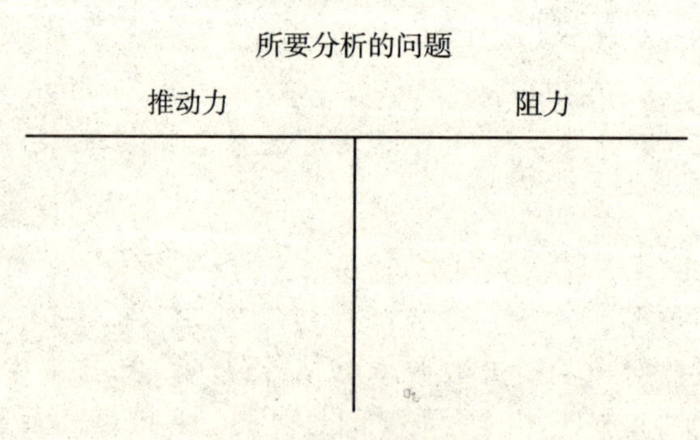

图2-7 力场分析图

第四步，集中讨论出争取理想目标的内在或外在推动力，将它们依次写在T的左下方；

第五步，集中讨论出争取理想目标的内在或外在阻力，将它们依次写在T的右下方。在这两步中需要注意的是，提出的阻力不能是把推动力反过来就了事，比如，如果推动力是“有风险”，那么阻力中就不能包括“低风险”。我们来看一个例子，用力场分析图来分析某财务总监是否应该投资某项目（见图2－8）。

是否可以投资该项目？

推动力	阻力
预期收益率高	不熟悉该行业
竞争对手相对较弱	属于非核心业务
合作方资质优秀	缺乏专业人才

图2－8 投资项目力场分析图

第六步，发掘解决问题的办法，即是否能采取措施来强化推动力，削弱或者消除阻力。在此步骤中，仅从推动力方面来争取目标有时可能适得其反，而从排除阻力方面去考虑往往会有真正的突破。

第七步，作出决策，可以根据推动力和阻力的强度等级大小来作出。

在力场分析法的基础上，约根森（Jorgenson）和福茨克（Fautzko）提出了QUID分析法（Quantified Intra－personal Decision Making，即数量化个人内省决策），对与决策相关的作用力进行量化分析，以帮助作出优良的决策。两者的不同在于，“力场分析法”侧重于分析问题，对决策的推动力和阻力进行客观分析；而“QUID法”则侧重于对决策者偏好的定量化分析，通过主观评价来选择和确定最终的决策方案。

使用QUID分析时，在采用“力场分析法”列出正反两方面的原因之后，可以为列出的每一个原因打分。分数等级可以自己设定，也可参考以下标准进行。

- 特别重要 8分
- 很重要 7分
- 重要 6分
- 很有意义或影响 5分
- 有意义或影响 4分
- 有些意义或影响 3分
- 值得考虑 2分
- 值得稍加考虑 1分
- 不值得考虑 0分

然后，计算推动力（积极因素）一边和阻力（消极因素）一边的平均分数，然后对两个平均值进行比较。根据差值大小判断是否可以形成相关的决策。

如果赞同采取行动一方的平均分数与反对一方的平均分数之差是1或小于1，那么就需要返回前面步骤，进一步收集相关信息。如果差值大于1，那么就可以决策了。最好让两人或多人分开来打分，最后合起来计算平均值。凡是决策涉及的人员，均可以参与进来。

当然，并不一定要画出T字来才能画力场分析图和QUID图，比如表2－4也是一种QUID分析的方法，经过计算分析后可以得出自己应该跳槽的结论。

表2－4　　决定自己是否跳槽的QUID分析

推动力	阻力
新公司有更高的薪酬，但高出部分相对不是太大（1）	需要建立新的共事关系（1）
新公司老板属于开拓性的，自己的工作能放开手脚（3）	上班的路程比原来多了半个小时（2）
新公司提供新型的福利包，例如每年一次出国度假（4）	新公司的工作虽然与原工作有部分相似，但还需要做些适应（1）
总计（8）	总计（4）

五、矩阵法

矩阵法就是从二维或多维问题的事件中，找出成对的因素，排列成矩阵图，然后根据矩阵图来分析问题，确定关键点的方法，它是一种通过多因素综合思考，探索问题的好方法。这种方法最早也是应用在质量管理中，现在已经广泛地流行于管理活动的各个领域，并可以应用在日常生活的思考之中。

在复杂的管理问题中，往往存在许多成对的因素。矩阵法就是将这些成对因素找出来，分别排列成行和列，其交点就是其相互关联的程度，在此基础上再找出存在的问题及问题的形态，从而找到解决问题的思路。这种方法的优点主要在于：

（1）通过多因素综合思考来探索问题，体现出系统思维。

（2）各因素之间的关系清晰明了，方便进行比较，便于确定重点。

（3）在比较中可以帮助快速取得一致意见，找到解决问题的办法，提高决策质量。

案例2－2

矩阵图法在应用上的一个重要特征，就是把应该分析的对象表示在适当的矩阵图上。因此，可以把若干种矩阵图进行分类，表示出他们的形状，按对象选择并灵活运用适当的矩阵图形。常见的矩阵图有以下几种：

（1）L型矩阵图。即把一组现象用矩阵的行和列排列的二元表的形式来表达的一种矩阵图，它适用于两组因素之间进行相互比较，或者一组因素进行自我比较。表2－5是一个L型矩阵的示意。

表 2-5 L 型矩阵示意表

		B				
		1	2	3	4	……
A	1					
	2					
	3					
	4					
	……					

(2) T型矩阵。是A、B两因素的L型矩阵和A、C两因素的L型矩阵图的组合矩阵图。

(3) Y型矩阵。是把A因素与B因素、B因素与C因素、C因素与A因素三个L型矩阵图组合在一起而形成的矩阵图。

(4) X型矩阵。是把A因素与B因素、B因素与C因素、C因素与D因素、D因素与A因素四个L型矩阵图组合而形成的矩阵图，这种矩阵图表示A和B、D，B和A、C，C和B、D，D和A、C这四对因素间的相互关系。

(5) C型矩阵。是以A、B、C三因素为边作出的六面体，其特征是以A、B、C三因素所确定的三维空间上的点为“着眼点”。

T、X、Y、C型矩阵不过是L型矩阵的组合运用，此处主要介绍L型矩阵的应用。比如，为了使新员工熟悉公司环境，公司内部不同的部门和成员要一起配合，其任务就可以通过矩阵图法来分配（见表2-6）。

表 2-6 L 型矩阵应用示意表

任务 部门	参观并熟悉生产设备	学习公司章程和安全规定	介绍本公司业务	向其他员工做介绍
人力资源部		○	△	
部门经理			⊙	
直接主管	△	⊙	○	○
同事	⊙	△	△	⊙

一般而言，在成对因素的交叉点上可以有三种关系程度，如表2-6所示。

- 关系密切，表示符号为⊙；
- 关系较为密切，表示符号为○；
- 关系一般，表示符号为△。

可以看出，直接主管和同事对新员工熟悉环境负有主要责任，接下来我们就可以根据矩阵所表示出来的意思来具体地、针对性地、高效率地分配相应的任务。

资料来源：管新潮、唐卫峻等，2006。

其实，这些符号的潜在含义是非常丰富的，除了表示关系程度外，还可以表示很多意思，比如，影响关系（积极的、消极的、没有影响的）、用途（主要用途、有些用处、新的可能用处）、责任关系（重要责任、一般责任、没有责任）等。使用者也可以不拘泥于这些符号，而直接在交叉点处填上自己想要填上的内容，比如，交叉点处所代表的市场机会、战略措施、实施办法、具体任务或活动、责任主体等不一而足。换句话说，只要帮助我们系统地、多元思维地思考了有关的问题，矩阵法就完成了它的任务。

2×2 矩阵是最简单的 L 型矩阵形式，在管理的各个领域中很多流行的工具都是这种看似简单，但却非常有力量的矩阵，比如 SWOT 矩阵、波士顿矩阵、安索夫矩阵、时间管理优先矩阵等，我们下面就来大概了解一下这些著名的管理工具，体会一下矩阵法在解决管理问题中的作用。

1. SWOT 矩阵。SWOT 分析矩阵是伦德（Learned）等学者提出的一种全面分析组织外部环境变化和内部资源条件，从而寻找适宜外部环境变化和内部资源条件的满意战略组合的一种分析工具。其分析的两个维度就是外部环境和内部资源，外部环境变化带来机会和威胁，内部资源条件则具有其优势和劣势（见图 2-9）。

- 环境变化的机会 O（Opportunities）。
- 环境变化的威胁 T（Threats）。
- 内部资源的优势 S（Strengths）。
- 内部资源的劣势 W（Weaknesses）。

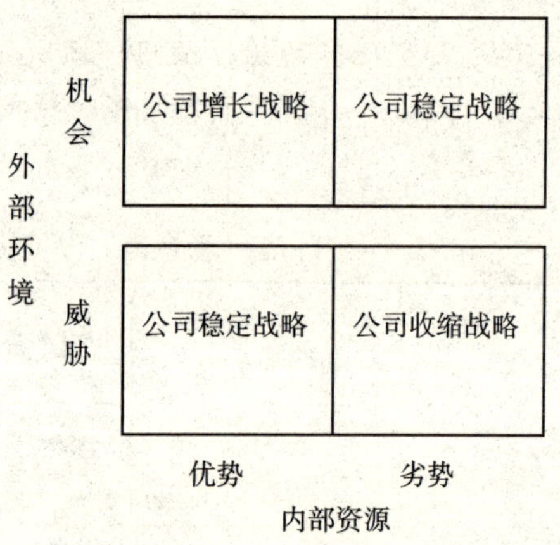

图 2-9 SWOT 矩阵

在对 S、W、O、T 这四个方面进行罗列和分析之后，企业就可以找到符合自己的相应的公司层战略。

2. 波士顿矩阵。波士顿矩阵是波士顿咨询集团创立并推广的多元化企业制定战略的有效工具。它通过把企业生产经营的全部产品或业务组合作为一个整体进行分析，以便确定哪项业务可以提供较高的潜在收益，哪项业务在消耗公司的资源。其分析的两个维度是市场增长率和相对市场份额，根据评估的结果，一项业务可能落在下述四个象限之一（见图 2-10）。

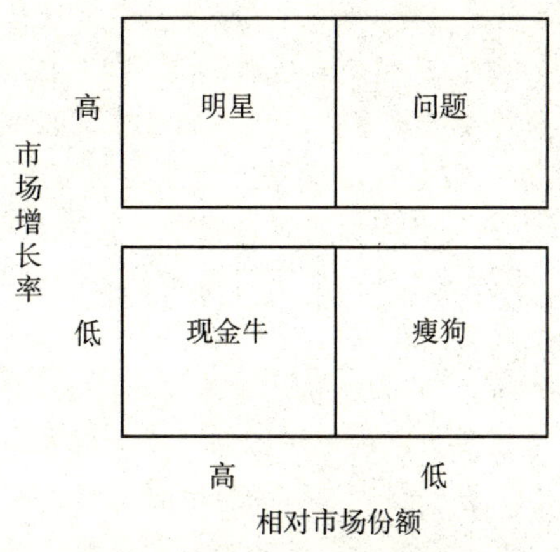

图2－10 波士顿矩阵

(1)“明星”业务：这类业务处于高增长——强竞争的地位，具有很大的市场份额。在企业的全部业务当中，“明星”业务的增长和获利有着极好的长期机会，但它们是企业资源的主要消费者，需要大量的投资。为了保护和扩展“明星”业务在增长市场上的主导地位，企业应在短期内优先供给它们所需的资源，支持它们继续发展。

(2)“问题”业务：这类业务处于高增长——低竞争的地位，现金流量状态通常很差。一方面，所在产业的市场增长率高，企业需要大量的投资支持其生产经营活动；另一方面，其相对份额地位低，能够生成的资金很小。因此，企业对于“问题”业务的进一步投资需要进行分析，判断使其转移到“明星”业务所需要的投资量，分析其未来盈利，研究其是否值得投资等问题。

(3)“现金牛”业务：这类业务处于低增长——强竞争的地位，市场地位有利，所占市场份额大，盈利率高，本身不需要投资，反而能为企业提供大量资金，用以支持其他业务的发展。

(4)“瘦狗”业务：这类业务处于低增长——弱竞争的地位，竞争激烈，可获利润很低，不能成为企业资金的来源。如果这类经营业务还能自我维持，则应缩小经营范围，加强内部管理；如果这类业务已经彻底失败，企业应及早采取措施，清理业务或退出经营。

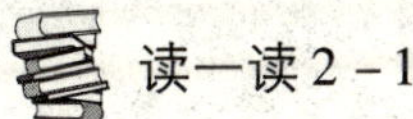

读一读2－1

波士顿矩阵业务特征及财务政策选择

波士顿矩阵根据相对市场份额和市场增长率将企业的业务单元分为问题业务、明星业务、现金牛业务和瘦狗业务。不同的业务在财务政策的选择上有所不同。

1. 问题业务的主要财务特征。问题业务是公司向高速增长的市场推出新产品。此时，公司的新业务刚刚进入市场，其核心竞争力尚未形成，产品在技术上还不成熟，消费者对其接受程度还是未知数，产品销售量少。同时，由于生产阶段的各个环节都处于“磨合”状态，导致产品成本较高。为了开拓市场，企业在产品开发、市场调研、产品试销和推广等诸多方面投入较大，使得利润较小，甚至亏损，现金净流量为负，公司的经营风险较高。问题业务的财务政策：(1) 筹资政策。因问题业务的经营风险高，盈利状况不佳，发生财务风险的可能性较大，因此难以获得中长期银行借款，融资应以权益融资为主，如风险资本家购买公司股份向公司注入资金等。(2) 投资政策。企业应将筹集的资金集中用于生产设备等固定资产投入，在问题类产品的研究开发、市场推广、工艺设计等领域，加大内部投资力度，增强其竞争力。(3) 股利分配政策。由于问题类产品的净利润很低甚至为负，现金净流量也为负值，不进行股利支付是可行的。

2. 明星业务的主要财务特征。明星业务是高速增长市场中的领导者。消费者对产品逐渐接受，销售量快速提高，占据了大量的市场份额，市场增长率也维持在了高增长水平。此外，明星类产品生产经营的各个环节逐步进入了良性循环状态，机器设备和人力资源得到有效的利用，原材料的消耗也逐渐降低，产品成本逐渐下降，现金流量逐渐平衡，公司利润得以快速增长。明星业务的财务政策：(1) 筹资政策。明星业务作为高速增长市场中的领导者，虽然其经营风险降低，但仍处于较高水平。一方面是因为产品面临着替代品出现及众多竞争者加入的威胁，另一方面则是快速增长的经营现金流量缺乏稳定性。因此，在保持总风险水平不变的情况下，应降低财务风险。公司融资仍以权益融资为主，包括维持较高的收益留存比率或吸收新的权益资本。也可进行少量的短期债务融资，但应将长期债务保持在较低水平。(2) 投资政策。公司应增加生产设备等固定资产投入，扩大生产规模；加大营销费用等投入，树立品牌形象，以提高产品知名度及消费者对产品的信任和认同。(3) 股利分配政策。明星业务利润的绝对数仍然不大，还需要大量资金投入，因此可采用较低的现金股利支付政策，股票股利的使用较为普遍，大部分盈余留存下来用于进行再投资。

3. 现金牛业务的主要财务特征。明星业务变为现金牛业务，一般就意味着这项业务进入了成熟阶段。此时，现金牛类产品成功地占领了市场并取得了优势地位，产品的品牌形象得以树立，销售量和市场份额均已达到很高的水平且处于稳定状态。公司的经营风险逐步降低，产品继续盈利并被完善或改进，现金流量也逐步趋于稳定。利润率趋于社会平均利率。现金业务的财务政策：(1) 筹资政策。现金牛业务的经营风险已大大降低，从而提高了企业防范财务风险的水平。这时候的筹资应逐渐降低权益融资的比重，而以债务融资尤其是长期债务融资为主，谋求财务杠杆效应，满足公司发展对长期资金的需求。(2) 投资政策。为了维持现有的市场地位，对抗竞争者，公司可将——资金更多的投入到工艺设计、设备更新、营销费用中去。此外，公司也应将多余的资金投入到问题、明星、瘦狗三类需要资金支持的业务中去。如果企业还有充足的资金，也可将其转化为有价证券或对外股权投资，以获取投资收益。(3) 股利分配政策。此时，企业已积累了大量的留存收益，又有较多现金流入，应该支付较高的现金股利。

4. 瘦狗业务的主要财务特征。由于消费者需求偏好发生变化以及替代产品的出现，市场对瘦狗类产品需求逐渐降低，销售量急剧下降，产品出现积压。企业几乎无利可图，现金流量也很小，面临着是否放弃该产品的选择。瘦狗业务的财务政策：(1) 筹资政策。由于企业的经营风险仍在降低，在保持总风险水平不变的情况下，财务风险可适当提高，公司主要进行债务融资。由于负债融资的成本小于权益融资，公司可通过高股利支付让权益资本逐渐退出，尽可能用贷款来取代抽出的资金。(2) 投资政策。公司应对产品的最佳退出时机作出预测。如果产品能提供边际贡献就维持生产，以便迅速清出积压产品，减少亏损；否则停止生产，对业务进行清理，出售特种资产；将厂房、设备等资源转移到其他三类业务中去。多余的现金可用于清偿债务和支付股利以维持企业经营的稳定性，实现企业持续、健康的发展。(3) 股利分配政策。公司应将债务融资产生的现金净流量尽快支付给股东，所以股利分配上可采用高股利支付政策，而其中一部分实际上是对股东股本的返还。

资料来源：引自张颖颖：南京大学《财会通讯·综合》，2008 年第 5 期。

分析：制定公司层战略最流行的思维方法之一就是波士顿矩阵。利用这种思维工具可以迅速地将公司各业务单元根据市场增长率和相对市场份额划分至不同象限，然后依据各象限的财务特征，制定出符合该业务单元的财务政策。

---

3. 安索夫矩阵。安索夫矩阵是著名战略学者安索夫（Ansoff）提出的，根据产品和市场的分类组合进行战略选择的管理工具。其分析的两个维度就是产品和市场（见图 2 – 11）。

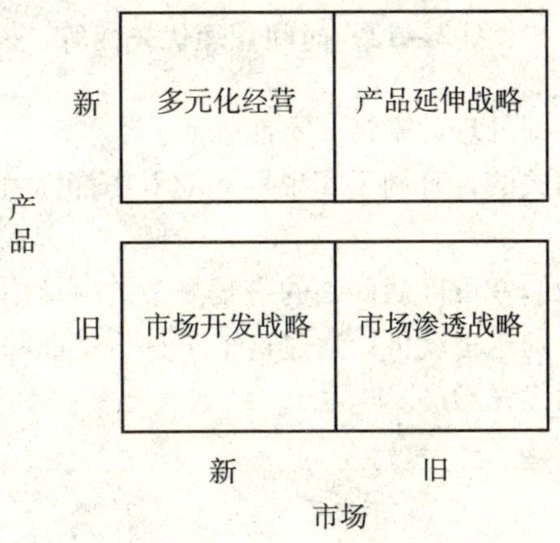

图 2 – 11 安索夫矩阵

（1）市场渗透（Market Penetration）——以现有的产品面对现有的顾客，以其目前的产品市场组合为发展焦点，力求增大产品的市场占有率。采取市场渗透，借由促销或是提升服务品质等方式来说服消费者改用不同品牌的产品，或是说服消费者改变使用习惯、增加购买量。

（2）市场开发（Market Development）——提供现有产品开拓新市场，企业必须在不同的市场上找到具有相同产品需求的使用者顾客，其中往往产品定位和销售方法会有所调整，但产品本身的核心技术则不必改变。

（3）产品延伸（Product Development）——推出新产品给现有顾客，采取产品延伸的策略，利用现有的顾客关系来借力使力。通常是以扩大现有产品的深度和广度，推出新一代或是相关的产品给现有的顾客，提高该厂商在市场上的占有率。

（4）多元化经营（Diversification）——提供新产品给新市场，此处由于企业的既有专业知识能力可能派不上用场，因此是最冒险的多角化策略。

4. 时间管理优先矩阵

时间管理优先矩阵是史蒂夫·柯维推广开来的一个时间管理的工具，用于在诸多行动方案中选取最要优先付诸实施的方案。其分析的两个维度是事情的重要性和紧迫性，我们可以将所面临的事情分别放到下面四个象限之中（见图2－12）。

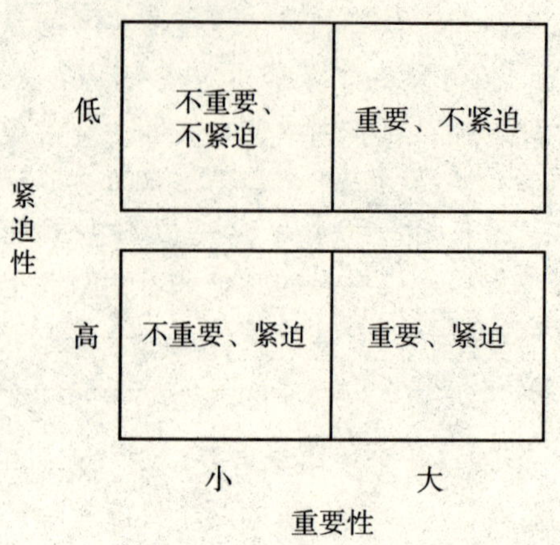

图2－12 时间管理优先矩阵

紧迫性高就是指必须立即处理的事情，不能拖延。

重要性与目标是息息相关的，有利于实现目标的事物都称为重要，越有利于实现核心目标，就越重要。

通过上面的矩阵图，我们就可以从面临的纷繁复杂的事情中理出头绪，找到重点，从而能够应付自如。开篇案例中的老王就可以通过这个工具，将面临的工作分类放到这四个象限之中，从而决定所做事情的优先顺序。

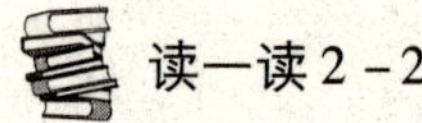

读一读2－2

CFO的时间管理

在一次CFO的培训课上，培训师在桌子上放了一个装水的罐子。然后又从桌子下面拿出一些正好可以从罐口放进罐子里的鹅卵石。当培训师把石块放完后问接受培训的CFO道："你们说这罐子是不是满的？""是"。所有的CFO异口同声地回答说。"真的吗？"培训师笑着问。然后再从桌底下拿出一袋碎石子，把碎石子从罐口倒下去，摇一摇，再加一些，再问CFO："你们说，这罐子现在是不是满的？"这回CFO们不敢回答得太快。最后有个声音犹豫地回答道："也许没满。""很好！"培训师说完后，又从桌下拿出一袋沙子，慢慢地倒进罐子里。倒完后，于是再问班上的CFO："现在你们再告诉我，这个罐子是满的呢？还是没满？""没有满。"大家这下学乖了，一同有信心地回答说。"好极了！"培训师再一次称赞这些"孺子可教也"的CFO们。

称赞完了后，培训师从桌底下拿出一大瓶水，把水倒在看起来已经被鹅卵石、小碎石、沙子填满了的罐子。当这些事都做完之后，培训师正色问接受培训的财务官们："我们从上面这些事情得到什么重要的启示？"班上一阵沉默，然后一位CFO回答说："无论我们的工作多忙，行程排得多满，如果要逼一下的话，还是可以多做些事的。"这位CFO回答完后心中很得意地想："这门课其实讲的是时间管理啊！"培训师听到这样的回答后，点了点头，微笑道："答案不错，但并不是我要告诉你们的重要信息。"说到这里，这位培训师故意顿住，用眼睛向所有在座的CFO们扫了一遍说："我想告诉各位最重要的信息是，如果你不先将大的'鹅卵石'放进罐子里去，你也许以后永远没机会把它们再放进去了。"

资料来源：改编自：http：//www. zitn. com/case/class. cfm？classID = C34ABB14 智通社。

分析：CFO在企业中从事的是一项复杂的对资金运动的计算和规划，一个好的CFO，应当不仅是一个好的财会专家，而且应当成为一个优秀的时间管理者。面对工作中林林总总的事件应该按重要性和紧急性的不同组合确定处理的先后顺序，做到鹅卵石、碎石子、沙子、水都能放到罐子里去：要事第一。只有这样，CFO们才能更好地明确自身的责任和使命，利用有限的时间和精力为企业提供最大化的效益。

六、雷达图（Radar Chart）

雷达图，根据其形状也称"蜘蛛图"，可以在多个维度上比较两个以上对象的差异，最早在质量管理中更多地用于描绘现有状况与目标之间差距的大小程度。同样，雷达图也早已广泛地应用于各个领域中。其意义在于既可以全面客观地分析某主体的现有状况，也可以多角度多因素地进行组合分析比较。

具体应用雷达图可分为如下步骤：

1. 确定评定的对象；
2. 根据每个评定对象确定关键指标并进行维度上的分类，将这些维度平均分布在整个圆周上；
3. 确定轴向上的水平等级，并且各等级都与一个数字相关联，以反映不同的能力水平；
4. 然后连接各点构成一个雷达图；
5. 解释并运用结果。

以雷达图在财务管理中的应用为例，其维度可以分为五类：收益性、安全性、流动性、成长性和生产性（见图2－13）。

这个雷达图的绘制方法是：首先，画出三个同心圆，同心圆的最小圆圈代表同行业平均水平的1/2值或最低水平，中间圆圈代表同行业平均水平，又称标准线，最大圆圈代表同行先进水平或平均水平的1.5倍；其次，把这三个圆圈分成五个扇形区，分别代表收益性、安全性、流动性、成长性和生产性指标区域；再次，从5个扇形区的圆心开始以放射线的形式分别画出相应的财务指标线，并标明指标名称及标度，财务指标线的比例尺及同心圆的大小由该经营比率的量纲与同行业的水平来决定；最后，把客户同期的相应指标值用点标在图上，以线段依次连接相邻点，形成的多边形折线闭环，就代表了客户的现实财务状况。

当指标值处于标准线以内时，说明该指标低于同行业水平，需要加以改进；若接近最小圆圈或处于其内，说明该指标处于极差状态，是客户经营的危险标志；若处于标准线外侧，说明该指标处于较理想状态，是客户的优势所在。当然，并不是所有指标都处于标准线外侧就是最好，还要具体指标具体分析。

图2－13所分析的只是一个企业的经营状况，如果有多个企业需要分析，则可依照以上方法在同一个雷达图中再画出几条封闭曲线来，这样就可以非常直观清晰地进行比较了。

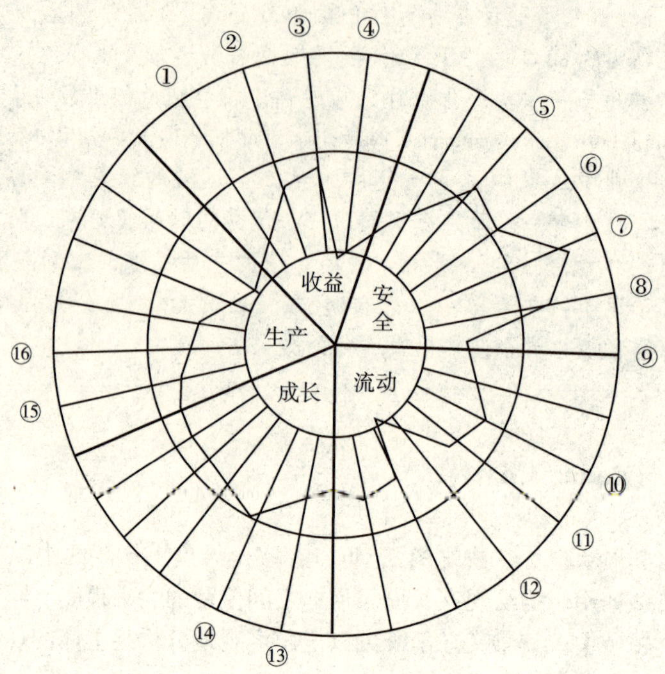

图 2-13 雷达图分析法

注：收益性：①资产报酬率；②所有者权益报酬率；③销售利税率；④成本费用率。

安全性：⑤流动比率；⑥速动比率；⑦资产负债率；⑧所有者权益比率；⑨利息保障倍数。

流动性：⑩总资产周转率；⑪应收账款周转率；⑫存货周转率。

成长性：⑬销售收入增长率；⑭产值增长率。

生产性：⑮人均工资；⑯人均销售收入。

读一读 2-3

东方贸易公司是由理查德·古兰德森学生时代在印度度过了一个暑假之后创办的。理查德·古兰德森毕业于孟买大学财务管理专业。他在孟买期间所认识的熟人成了他进口生意的供货商。理查德开始时主要搞服装纺织品生意，后来扩展到毛毯、家具和家庭用品。他把绝大部分的商品直接出售给 3~4 个大型零售连锁集团，但有几种产品他只与一家大型家庭用品连锁店交易，它就是家庭用品有限公司。

两年前，理查德与一位老朋友合伙组建了一家直销贸易公司——东方直销，并负责市场和财务工作。东方直销公司在全国性报纸和杂志上促销自己和别家的商品。但直销生意的运转比理查德预期的要慢，并且需要大量的资本来建立两座大型仓库。现在生意开始慢慢赢利了，即便如此，直销公司所欠的债务也让公司的所有人烦得要命。

这也是理查德决定不了是否接受孟买一家代理商最近供货的原因，这是一项非常特别的手编地毯生意。这批地毯的单价很低，但运费却比较高。这意味着，如果理查德通过常规的零售渠道来销售，他赚取的利润就要取决于该商品的销售情况。销售量高将会给东方贸易公司带来大约 90 000 英镑的利润。理查德跟他在家庭用品店和其他零售连锁店的熟人探讨了一番，以了解他们对地毯交易吸引力大小的看法，但由于时间的限制，他不能试探出他们全部的观点。理查德得到的唯一反馈是来自一家主要的家庭用品客户，他对该商品的热情不高，并暗示他开始应该少进一些货，先看看产品在商店销售状况如何。

如果地毯在常规零售渠道的销售不理想，那另一种方法就是通过东方直销贸易公司，但这需要大笔促销费。在与合伙人商讨之后，他们认为通过直销贸易公司销售所有地毯的成功概率是50:50，但是促销费用将会使该项生意的总利润削减到40 000万英镑。但如果地毯仍不畅销，他们将不得不将这些商品抛售给小的折扣店和市场同行，这会给他们带来巨大的损失，整项计划可能会亏损30 000英镑。当然，如果他们在大型连锁集团的销售不成功，他们根本不用由东方直销来促销商品，而是立即将地毯倾销给折扣店，这会规避一部分风险，他们估计损失会下降到10 000英镑。

理查德将这一困境总结如下：

我必须立即制定的决策是，接受整批地毯，还是婉言相拒？虽然我平常都会对优质商品的销售情况有些精明的看法，但问题是我不能肯定这种特殊商品会怎么样，我只能说它最多有50:50的成功率，或许只有30%，这就是说将有70%的可能性要通过直销贸易来销售了。最后，公司有可能损失30 000英镑！

资料来源：根据http//www. quanq. com的资料修改而成。

思考题：

结合本节介绍的决策工具分析，分析理查德是否应该接这笔交易？

第二节 系统化思维工具

本节介绍的思维工具与上一节比较起来，具有较为明确的使用原则或程序，可以被称为系统化思维工具。这些工具自产生之日起就在全球范围流行开来，被广泛应用于人类生活的各个领域，包括管理领域。下面选取的代表性工具有：头脑风暴法、德尔菲法、思维导图和六顶思考帽。

一、头脑风暴法

在群体决策中，经常会出现屈服于权威或大多数人意见的现象，形成所谓的“群体思维”。群体思维削弱了群体的批判精神和创造力，损害了决策的质量。为了保证群体决策的有效性，提高决策质量，管理者们开发了一系列改善群体决策的方法，头脑风暴法是较为典型的一个。

头脑风暴法，又叫脑力激荡法、BS法，是由美国人亚里克斯·奥斯本发明的一种激发创造性思维的方法。这种方法通过一种小型会议的组织形式，让所有参加者在自由愉快、畅所欲言的气氛中，自由交换想法或点子，并以此激发与会者的创意及灵感，使各种设想在相互碰撞中激起脑海的创造性“风暴”。这种方法的适用范围很广泛，甚至连上一节鱼骨图中“鱼刺”的形成，雷达图中不同维度的确定等，都可以通过这种办法完成。总体而言，在管理活动中，它适合于解决那些相对不算特别复杂、能够严格确定的问题，比如研究产品名称、广告口号、销售方法、产品的多样化研究等，以及需要大量的构思、创意的行业，如广告业。

头脑风暴法大体上可以按照如下的程序进行：

1. 准备阶段。负责人应事先对所要解决的问题进行一定的研究，弄清问题的实质，找到问题的关键，设定解决问题所要达到的目标。同时选定参加会议人员，一般以5～15人为宜，人数过多反而会有麻烦。然后将会议的时间、地点、问题、可供参考的资料、初步设想和需要达到的目标等事宜一并提前通知与会人员，让大家做好充分的准备。

2. 热身阶段。这个阶段的目的是创造一种自由、宽松的氛围，让与会者得以放松，进入一种无拘无束的状态。主持人宣布开会后，先说明会议的规则，然后随便谈点有趣的话题或问题，让大家的思维处于轻松和活跃的境界，为接下来的讨论做好铺垫。

3. 明确问题。主持人扼要地介绍有待解决的问题。介绍时须简洁、明确，不必过分周全，否则，过多的信息很可能会限制人的思维，干扰想象力的发挥，使得创新力降低。

4. 畅谈阶段。畅谈是头脑风暴法的创意阶段，也是最主要的阶段。大家畅所欲言，不受拘束地各自发表见解。主持人或书记员要记录大家的发言，并对发言记录进行整理。通过记录的整理和归纳，找出富有创意的见解，以及具有启发性的表述。

5. 筛选阶段。会议结束后的一二天内，主持人还可以向与会者了解大家会后的新想法和新思路，以此补充会议记录。然后将大家的想法整理成若干方案，再根据预先确定的一般标准进行筛选。经过多次反复比较和优中择优，最后确定1～3个最佳方案。这些最佳方案往往是多种创意的优势组合，是大家的集体智慧综合作用的结果。

作为一个群体决策时所使用的思维工具，必须考虑到如何增进效率，减少摩擦和扯皮，并且要最大程度的得到创造性结果，于是奥斯本为参加头脑风暴法的人们制定了如下的原则：

（1）不评价和批评他人的发言。

（2）鼓励狂热的、夸张的，甚至如白日梦般的观点。

（3）追求数量而非质量，每个观点都具备同等价值。

（4）在他人提出的观点之上建立新观点。

头脑风暴法的所有参加者，都应具备较高的联想思维能力。主持工作则最好由对决策问题的背景比较了解，熟悉头脑风暴法的处理程序和处理方法，并能够调节气氛的人担任。专家的人选应严格限制，便于参加者把注意力集中于所涉及的问题；具体应按照下述三个原则选取：

（1）如果参加者相互认识，要从同一职位（职称或级别）的人员中选取。领导人员不应参加，否则可能对参加者造成某种压力。

（2）如果参加者互不认识，可从不同职位（职称或级别）的人员中选取。这时不应宣布参加人员职称，不论成员的职称或级别的高低，都应同等对待。

（3）参加者的专业应力求与所论及的问题相一致，这并不是专家组成员的必要条件。但是，专家中最好包括一些学识渊博，对所论及问题有较深理解的其他领域的专家。

实践经验表明，头脑风暴法可以排除折衷方案，对所讨论问题通过客观、连续的分析，找到一组切实可行的方案。例如，在美国国防部制订长远科技规划中，曾邀请50名专家采取头脑风暴法开了两周会议，参加者的任务是对事先提出的长远规划提出异议。通过讨论，得到一个使原规划文件更为协调一致的报告，在原规划文件中，只有25%~30%的意见得到保留，由此可以看到头脑风暴法的价值。

案例2-3

有一年，美国北方异常严寒，大雪纷飞，电线上积满冰雪，大跨度的电线常被积雪压断，严重影响通信。过去，许多人试图解决这一问题，但都未能如愿以偿。后来，电信公司经理应用奥斯本发明的头脑风暴法，尝试解决这一难题。他召开了一种能让头脑卷起风暴的座谈会，参加会议的是不同专业的技术人员，要求他们必须遵守以下原则：

第一，自由思考。即要求与会者尽可能解放思想，无拘无束地思考问题并畅所欲言。

第二，延迟评判。即要求与会者在会上不要对他人的设想评头论足，不要发表“这主意好极了！”“这种想法太离谱了！”之类的“捧杀句”或“扼杀句”。至于对设想的评判，留在会后组织专人考虑。

第三，以量求质。即鼓励与会者尽可能多而广地提出设想，以大量的设想来保证质量较高的设想的存在。

第四，结合改善。即鼓励与会者积极进行智力互补，在增加自己提出设想的同时，注意思考如何把两个或更多的设想结合成另一个更完善的设想。

会后，公司组织专家对设想进行分类论证。专家们认为设计专用清雪机，采用电热或电磁振荡等方法清除电线上的积雪，在技术上虽然可行，但研制费用大，周期长，一时难以见效。那种因“坐飞机扫雪”激发出来的几种设想，倒是一种大胆的新方案，如果可行，将是一种既简单又高效的好办法。经过现场试验，发现用直升机扇雪真能奏效，一个久悬未决的难题，终于在头脑风暴会中得到了巧妙地解决。

随着管理活动的复杂化和课题涵盖的多元化，单枪匹马式的冥思苦想常常软弱无力，而“群起而攻之”的战术则可能显示出攻无不克的威力。

当然，头脑风暴法实施的成本（时间、费用等）是比较高的，另外，头脑风暴法要求参与者有较好的素质。这些因素是否满足会影响头脑风暴法实施的效果。

资料来源：根据http//baike. baidu. com/view修改而成。

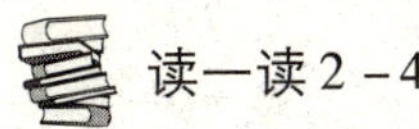

读一读2-4

关于麦肯锡的头脑风暴

在麦肯锡，头脑风暴是进行战略咨询的必要条件。它才是客户真正花钱购买的东西，因此一定要正确对待。麦肯锡提供了一套新的思路，一种不局限于“本公司思路”的行事方法。这就是当问题无法在其企业内部解决时客户所需要的东西，而其开端就是在会议室里摆张桌子，几把椅子，一沓本子、铅笔和钢笔，几把记号笔，还有一块干净的“白板”。

以下是麦肯锡进行成功的头脑风暴的几条准则：

1. 没有坏主意。在召开头脑风暴会议时，不应该有人因为害怕获得“这是个坏主意”的指责而在发表意见时考虑再三。如果这个主意的确一般，而你又有不同意见，最好花一点时间解释一下原因。观点的争论本身就是头脑风暴的一个组成部分。谁知道呢？经过几分钟的讨论，也许大家不再认为它是坏主意了也未可知，至少得给它一个机会。当然了，与手头的问题没有直接关系的主意是不包括在内的，比如，像“把问题忘到脑后吧，咱们玩飞碟去”这样的问题（除非你认为团队有可能从这样的小游戏中获益）。

2. 没有不值得回答的问题。就像没有坏主意一样，对任何问题都要考虑其价值。千万别害怕对事物本身或做事情的方式刨根问底。对于做任何事情而言，“嗨，我们一直都是这么干的”这样的回答往往都不是说得过去的理由。

3. 千万别低估对那些似乎是显而易见或是简单的问题进行探究的价值。例如，有一次，我参加一个资金管理公司的项目，在我们的第一次头脑风暴会上，我们小组的一位刚参加工作的新同事提了这样一个问题：“世界上有多少钱？”我们没有简单地说一声：“不计其数。”而是花了45分钟考虑国际资金管理的机制，并且从中得出了一些有益的启示。

4. 准备好扼杀自己的婴儿。这个令人瞠目结舌的概念源自于好莱坞的剧作家，它的意思是，无论你的主意有多奇妙，如果在会议结束时没有作为问题答案的一部分，那就得忍痛割爱。把你自己的假设仅仅视为是投进头脑风暴搅拌机中的一种原料，把它交给自己的队友，让他们去推敲。它也可能“正确”，也可能“错误”，但重要的是它应该有助于团队去思考解决手头的问题。不要在自己的假设上投入那么大的热情，不要带着一种誓死捍卫它的情绪去参加会议。

5. 知道什么时候说什么话。头脑风暴是要花费一点时间的，但如果你开这样的会议的时间太长，那么收益就会急剧下降。对前麦肯锡顾问的调查发现，在气氛转变之前，团队可以忍受的头脑风暴的时间是两个小时。在我看来，在夜里开会时尤其如此。除非团队是全部由夜猫子组成的，否则，人们会随着夜色的加深而变得疲惫、暴躁、迟钝。当然，事情往往有例外。有时候，轮到你的时候，在肾上腺素的激发下，你可以做到在后半夜仍然思维活跃。有时候，你盯着同事盘子中的剩饭获得了灵感。但是，一般而言，最好还是在团队开始困乏之前叫暂停。总还有第二天，总还有周末嘛。

6. 如果必须整天开会，那你就必须做好后勤保障工作以保持参与者的精力。可以让谈话跑跑题，准许人们开开玩笑，但片刻之后就要调动他们以保持注意力的集中。要不时地休息一会儿，不要仅仅在午饭、晚餐和有生理需要时才让休息。如果可能的话，让大家有半个小时的时间散散步。这是大家整理思维、舒展筋骨的大好机会。

7. 好记性不如烂笔头。与通常的会议不同，通常的会议有专人做记录，头脑风暴本身不允许进行详细的记录。各种各样的主意就像时刻都会殒命的小飞虫一样充满了会议室。在任何情况之下，你都不能在没有对结果做永久性记录的情况下关上灯就离开会议室。在奇思妙想如泉喷涌的情况下，不要以为你永远也不会忘记它。一旦你的肾上腺素用光，疲惫降临，你就会把它给忘了。

麦肯锡采用了一套非常不错的装置保存头脑风暴会议的结果。虽然实际上每间会议室都有白板以及可以用擦子或纸巾擦干净的记号笔，但有些白板可以把写在上面的任何东西都备份下来。要得到那些奇妙主意或已经被擦掉的你在凌晨两点所画的草图，这是很不错的一种方法。

资料来源：改编于《麦肯锡方法》。

思考题：

结合本节关于头脑风暴的介绍，你认为一个有效的头脑风暴需要注意哪些方面？

二、德尔菲法

德尔菲是古希腊地名。相传太阳神阿波罗在德尔菲杀死了一条巨蟒，成了德尔菲主人。阿波罗对未来有很高的预见能力。在德尔菲有座阿波罗神殿，是一个预卜未来的神谕之地，于是人们就借用此名，作为这种方法的名字。该法最早是源于美国为了预测其在“遭受原子弹轰炸后，可能出现的结果”。后来，美国兰德（RAND）公司的赫尔默（Helmer）和戈登（Gordon）发表了“长远预测的研究报告”，首次将德尔菲法用于技术预测中，之后便迅速地流行于美国和世界各地。

德尔菲法是又一个典型的群体决策时所使用的思维工具，指依据系统的程序，采用匿名发表意见的方式，即专家之间不得互相讨论，不发生横向联系，只能与调查人员发生关系，通过多轮次调查专家对问卷所提问题的看法，经过反复征询、归纳、修改，最后汇总成专家基本一致的看法，作为预测的结果。德尔菲法作为一种主观、定性的方法，不仅可以用于预测领域，而且可以广泛应用于各种评价指标体系的建立和具体指标的确定过程。

例如，我们在考虑一项投资项目时，要对该项目的市场吸引力作出评价。我们可以列出同市场吸引力有关的若干因素，包括整体市场规模、年市场增长率、毛利率、竞争强度、对技术要求、对能源的要求、对环境的影响等。市场吸引力综合指标就等于上述因素的加权求和。每一因素在构成市场吸引力时的重要性（即权重）和该因素的得分，需要由管理人员的主观判断来确定，这时，我们就可以采用德尔菲法。

这种方法的优点主要是简便易行，具有一定科学性和实用性，可以避免会议讨论时害怕权威产生的随声附和，或固执己见，或因顾虑情面不愿与他人意见发生冲突等弊病；同时也可使大家发表的意见较快集中，参加者也易接受结论，具有一定程度综合意见的客观性。

德尔菲法在使用中需要遵循三个原则：

（1）匿名性。匿名是德尔菲法的极其重要的原则，从事预测的专家彼此互不知道其他有哪些人参加预测，他们是在完全匿名的情况下交流思想的，这样可以避免他们之间相互交流和影响。

（2）多次有控制的反馈。小组成员的交流是通过回答组织者的问题来实现的。它一般要经过若干轮反馈才能完成。

（3）小组的统计回答。如果是对某个数量进行预测，典型的小组预测结果往往是反映多数人的观点，少数派的观点至多概括地提及一下，这并没有表示出小组的不同意见的状况。德尔菲法的统计回答却不是这样，它一般会报告一个中位数和两个四分点，所有专家的意见中一半落在两个四分点内，一半落在两个四分点之外，使得专家非常明确自己的意见在所有意见中的位置，从而帮助他做下一轮决策。

德尔菲法的一般程序可以概括如下：

（1）确定调查目的，拟订调查提纲。首先必须确定目标，拟订出要求专家回答问题的详细提纲，并同时向专家提供有关背景材料，包括预测目的、期限、调查表填写方法及其他希望要求等说明。

（2）选择一批熟悉本问题的专家，一般至少为20人左右，包括理论和实践等各方面专家。

（3）以通信方式向各位选定专家发出调查表，征询意见。

（4）对返回的意见进行归纳综合、定量统计分析后再寄给有关专家，每个成员收到一本问卷结果的复制件。

（5）看过结果后，再次请成员提出他们的方案。第一轮的结果常常是激发出新的方案或改变某些人的原有观点。

（6）重复（4）、（5）两步，直到每个专家都不再修改自己的意见。

（7）对专家的意见进行综合处理。

这种方法的缺点是由于专家一般时间紧，回答可能比较草率，同时由于决策主要依靠专家，因此归根到底仍属专家们的集体主观判断。此外，征询意见的时间较长，对于快速决策难以使用。还有就是在选择合适的专家方面有时较困难。尽管有上述缺点，德尔菲法因简便可靠，仍不失为一种人们常用的群体决策的有效方法。

三、思维导图

思维导图是由英国人东尼·博赞（Tony Buzan）所创。他首先将其应用于训练一群被称为"学习障碍者"、"阅读能力丧失"的族群，这些被称为失败者或曾被放弃的学生，很快就变成好学生，其中更有一部分成为同年级中的佼佼者。之后，博赞开始将他的研究成果集结成书，慢慢形成了思维导图的概念。

每一种进入大脑的资料，不论是感觉、记忆或是想法——包括文字、数字、符号、食物、香气、线条、颜色、意象、节奏、音符等，都可以成为一个思考中心，并由此中心向外发散出成千上万的分支，每一个分支代表与中心主题的一个联结，而每一个联结又可以成为另一个中心主题，再向外发散出成千上万的分支……这些分支联结可以视为你的记忆，也就是你的个人数据库。人类从一出生即开始累积这些庞大且复杂的数据库，大脑惊人的储存能力使我们累积了大量的资料，经由思维导图的发散思维方法，除了加速资料的累积量外，更将数据依据彼此间的关联性分层分类管理，使资料的储存、管理及应用因更系统化而增加了大脑运作的效率。按照博赞的说法，思维导图"是一种新的思维模式"，"它同时运用大脑皮层的所有智能，包括词汇、图像、数字、逻辑、韵律、颜色和空间感知"，"它可以运用于生活的各个层面，帮助你更有效地学习，更清晰地思维，让你的大脑得到最佳表现"。

具体来说，思维导图就是用画图的方式把自己的思想画出来。我们可以把我们要学习的主题画个圆或者方框来代表，然后以此为中心，画出多条放射状的曲线，而在每条曲线的末端，又可以像枝丫一样伸出更多的曲线；我们可以在这些线上任意发挥，写上自己所能想到的对分析对象的任何认识，并且可以用一些关键词和各种图像来标示，也可以将这些枝枝丫丫随意勾连……这样，整个思维经过发散、扩大之后，就被一张色彩斑斓、呈网络状的、宛如沟壑纵横的大脑的图像所代替了。

简单地说，思维导图源自脑神经生理的学习互动模式，并且发展了人人生而具有的发散思维能力和多感官学习特性。在它的身上有前面提到过的鱼骨图、头脑风暴等工具的影子，是一个综合性的思维工具。

博赞发明的思维导图，与我们的神经网络有着异曲同工之妙。思维导图与神经网络相比，二者不仅“形似”，而且“神似”。从形状上来说，都是由一个中心点（关键点）开始，向其周围发散出很多分支到达下一个中心（另一个关键点），由下一个中心（关键点）开始，再继续、任意地向任意方向、任意点发散出去。从功能上来说，二者都有“四通八达、畅通无阻”的特性。

图 2 - 14 是一个关于应用思维导图的非常简单的小例子。

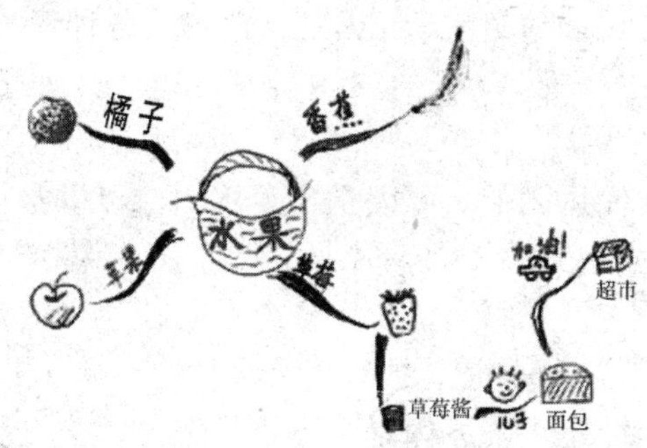

图 2 - 14 关于水果的思维导图

资料来源：东尼·博赞（Tony Buzan），2005。

当你想到“水果”时，你立即会联想到你喜欢的橘子、香蕉、苹果和草莓，说到草莓，其实你现在最想吃的是草莓酱；提到草莓酱，你又会想起你儿子明天早上要吃面包片和草莓酱；因此你想到家里已经没有面包片了，必须去超市；去超市这件事情又让你想起如果你要开车去超市的话必须先去加油站加油……这么一堆既没有逻辑线路又难以记忆的乱七八糟的东西，如果我们用思维导图来表示，那么就会梳理出思路并且容易记忆了。

思维导图的作用主要体现在：

（1）思维导图结合了全脑的概念，包括左脑的逻辑、顺序、条例、文字、数字，以及右脑的图像、想象、颜色、空间、整体等。博赞说：“图像才是大脑的语言。”因而透过思维导图，可以提升注意力与记忆力，进而促进左右脑的平衡发展。

（2）思维导图允许人们自由联想，不像传统教育那样，要求人们遵从由概念到概念的“线形思维”，而是按照大脑思维的结构进行放射性的“网状思维”，这就极大地促进了人们的想象力和创造力。

（3）思维导图的绘制过程也就是一个人阅读资料、分析问题和解决问题的过程，从中既能享受到理智沉思的乐趣，也能享受到游戏的乐趣。现在市面上有很多绘制思维导图的软件，一个好的思维导图软件是可以和 Word 文本、PowerPoint 以及 internet 相沟通的，因此整个绘制过程是相当有趣的。

（4）绘制成功的思维导图将是一个人所面对问题的一个全景图，它涉及该问题的各个层面，包括该问题的缘由、对自己的重要性、解决的途径和困难等，可以说涉及所能想到的一切细枝末节。面对这样一幅全景图，人们可以同时把握全局和细节，从而极大地提高自己的观察能力和思维能力。

绘制思维导图的基本步骤如下：

（1）将中心主题置于中央位置，整个思维导图将围绕这个中心主题展开。

（2）大脑不要受任何约束，围绕中心主题内容进行思考，连接中心图像和主要分支。

（3）连接主要分支和二级分支，接着再连二级分支和三级分支，以此类推。

（4）在上述过程中及时记录下瞬间闪现的灵感，并注意留有适当的空间，以便随时增加内容。

（5）整理各个分支内容，寻找它们之间的关系，并且要善于用连线、颜色、图形等表示。

在绘制思维导图的过程中，应该遵循如下原则或技巧：

（1）绘图时尽可能地使用多种颜色。原因是，色彩是各种形式思想的最主要的刺激物，尤其是在增加创造力和记忆力方面。色彩也要有美感，这会在画思维导图时增加大脑的愉悦感，提高回顾、复习、使用思维的兴趣。

（2）在整个导图中都要使用图像。原因是，运用图像可以把记忆力和形象思维能力大大增强，让创造性思考的效率大大提高。

（3）用曲线连接，而非直线。原因是，大脑会对直线感到厌烦。曲线和分支，就像大树的枝杈一样，更能吸引眼球。要知道，曲线更符合自然，具有更多的美的因素。

（4）每条线上注明一个关键词。原因是，思维导图并不完全排斥文字，它更多地是强调融图像与文字的功能于一体。一个关键词会使你的思维导图更加醒目，更为清晰。每一个词都是自由的，这有利于新创意的产生。而短语和句子却容易扼杀这种火花效应，因为它们已经成为一种固定的组合。

（5）在整个导图中使用代码和符号。原因：运用了各种形状如有色彩和箭头的个性化代码为思维导图添加了第四维度。他们常会加强思维导图作者的分析力、说服力、构造力、组织力和推理能力。

（6）形成个人风格。原因：在上述的基础上，每个人都能够画出自己的思维导图，逐渐就可以形成个人风格。具有个性的思维导图显示的是思维导图创造者的大脑工作成果。在每一个关键词旁边，画一个能够代表它、解释它的图形。使用彩色水笔以及想象力。它不一定非要成为一幅杰作，甚至不一定特别的漂亮。我们需要记住的是，绘制思维导图并不是一个绘画能力测验过程。

四、六顶思考帽

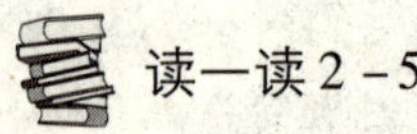
读一读2－5

沟通中的六顶思考帽

以下是一个培训师自述的亲身经历：

一次我和同事在绵阳做培训，结束后主持人和我沟通，希望我给他指出主持中的不足，加以改进。我采用六顶思考帽沟通术，在整个过程不断发问，深度解决了他的问题；现将整个过程简单介绍如下：

第一步 明确沟通的目的。帮助主持人自我分析找出不足，不断完善主持能力。我归结一句话就是：认识不足，寻求改进方法。

第二步 建立六顶帽序列。其实建立六顶帽序列是有技巧和原则的，大家可以通过后面的问题了解到我采用的是长序列（六顶帽都用上了）；即：红白黄黑绿蓝。大家不要小看这个序列，它是一个非常实用的逻辑链，在这里我把它习惯命名为教练式序列或者咨询式序列。该序列在某种意义上可以称之为一种教练术，只是更讲究章法和技巧而已。

第三步 六顶帽序列之问题转换。整个过程沟通对话如下：

(1) 你能做一个简单的自我评价吗？你这次主持自我感觉如何？(红帽思维)

答：感觉还可以，感觉大家还是比较满意，比较认可的。

(2) 你能举些例子，或者数据来证明你的感觉是对的吗？试举出3个出来好吗？(白帽思维)

答：第一，有2个同事下来后鼓励，表扬了我比以前好；第二，我有好几次把学员逗笑了，我看得出来他们笑得很自然；第三，结束时，还有6~7名学员主动和我握手呢，有的还主动和我交换了名片。

(3) 你觉得这次主持，对你个人来说产生了什么样积极的因素（好处），对你有哪些帮助？(黄帽思维)

答：好处很多了，比如锻炼了我的语言组织能力、即兴演讲能力、控场能力，还有情绪控制能力。

问：你觉得表现好的地方在哪里，换句话说，哪些地方是可以传承和发扬的？（黄帽思维）

答：首先，我设计的主持活动流程很有系统性，可以拷贝；其次，我采用的热场活动和破冰游戏，很快让学员放松，拉近了距离，效果超出了我的意料；还有，我精心设计的开场白，起到了很好的塑造老师价值，挖掘学员需求的作用，调动了他们的积极性和参与性。

(4) 同样的，你觉得还有哪些地方是欠妥的，或者说是需要改进的？你不妨好好回忆一下！(黑帽思维)。

答：(思考了大概5分钟) 我觉得自己不足的地方，主要是激情度还不够，不够兴奋，没有达到巅峰状态；还有休息的时候，没有有意识地主动和学员接触（其实，这是一个很好地和学员建立联系的机会)。还有……还有……

我看他大概说不出来了，我就把我看到的缺点给他指了出来，就又问了一句：你知道老师为什么会拖堂半个小时吗？

答：喔，我知道了，下午的时候，我主持的时间太长了，连续做了2个破冰游戏，占了老师的时间。

问：这样会给学员造成什么感觉？如果你是学员，你有什么感觉？(黑帽思维)

答：我可能感觉这个主持有点喧宾夺主，其次是时间管理不善。

(5) 那以上问题如何来改进呢？你有什么好的方法吗？(绿帽思维)

答：激情方面，我要学习一下自我激励的方法，再找一个学习的榜样。第二个很好解决，下次主动出击，积极沟通时间管理方面，我不能自以为是，主持前演练一遍，在流程上把时间分配好。

(6) 如果时光可以倒流，这个培训可以重来的话，你认为如何做才能做得更好？(蓝帽思维)

答：我会建议培训经理，在开课之前开个会，把分工再明细一点，尤其要注意细节。我把我主持的流程告诉大家，希望大家多给我提一些宝贵意见，我想我们培训的整体服务品质就会更好！

我想大家应该看出来了，以上1~6个问题，就是按红白黄黑绿蓝的顺序提问，产生逻辑的，这样思路清晰，有利于解决问题；大家要掌握的一种能力，就是六顶帽思维如何通过问题进行有效转化。

资料来源：赵述松，2005。

六顶思考帽是英国人爱德华·德·波诺（Edward De Bono）发明的一个快速产生结果的高效能的平行思维工具，可以帮助团队或个人更有成效、更集中的使大脑充分参与思考活动。六顶思考帽是一项看起来很简单的思考技能，当它作用于决策、沟通、创新、设计、评估时，人们很容易看到它强大的效能。

波诺认为，“思考的最大障碍在于混乱，我们总是试图同时做太多的事情。情感、信息、逻辑、希望和创造性都蜂拥而来，如同抛耍太多的球”。“没有建设性的结果”，使得“西方直线式的逻辑思维”，将焦点放在“对与错”的辩论中，纠缠于“逻辑上正确”的细枝末节，陶醉于“胜负成败”的结果中。“在传统思维中，如果两个人互相争论，那么每一方都企图证明对方是错的”。由于没有认真思考过“思考的游戏规则”，人们总是习惯于按照自己的方式说话。常常是花费很长的时间，彼此才能弄清楚对方到底讲了些什么。基于此，六顶思考帽的概念就非常容易让人理解，同时，使用起来也非常简单。

六帽思考法的核心，就在于代表六种不同思维的“六顶帽子”的运用。现在，让我们来看看这六顶帽子分别指的是什么。

白色思考帽：白色是中立而客观的。代表着事实和数据。我们有什么信息？我们需要得到什么信息？

红色思考帽：红色是情感的色彩。直指我们的感觉、直觉和预感，代表了感性的看法。现在你感觉这个怎么样？但你不必刻意去证明你的感觉。

绿色思考帽：绿色是春天来到时，争奇斗艳的美妙色彩。绿色指向的是创造性和新观点。有不同的想法？新的想法、建议和假设是什么？可能的解决办法和行动的过程是什么？选择是什么？

黄色思考帽：黄色代表阳光和价值，是乐观、充满希望的积极的思考。为什么这个值得做？利益是什么？为什么可以做这件事？它为什么会起作用？

黑色思考帽：黑色是冷静和严肃的颜色。它意味着警示与批判，指出任一观点的风险所在。这是真的吗？它会起作用吗？缺点是什么？它有什么问题？为什么不能做？

蓝色思考帽：蓝色是天空的颜色，笼罩四野。蓝色思考帽是对思考过程和其他思考帽的控制和组织。我们为什么在这里讨论？思考的背景是什么？我们走了多远？下一步采取什么？

可以看到，这六顶帽子其实就是对一个事物的不同角度的思考，这也是波诺所提出的“平行思考”的意义所在。在使用这六顶帽子时，要注意以下的几个原则：

（1）不能同时戴两顶帽子。也就是说，不能同时朝两个不同的方向思考问题，保证思维的明确性。

（2）如果在小组中，则要求成员们在一段时间内戴同一顶帽子。小组所有的人都理解思考问题的方向，也就是说在同一时间非常清楚用哪一种思考方式进行思考，保证思考方向的统一性。

（3）灵活使用。六顶思考帽可以一个接一个的按顺序使用，任意一顶思考帽都可以随需要多次使用，或者干脆不使用。除非能熟练地运用这六顶思考帽，否则不建议使用逐渐形成的顺序，而应该使用预先设定的顺序。这是因为如果预先不设定使用帽子的顺序：第一，讨论组可能会花大量的时间来争论下一步使用什么思考帽；第二，不论是谁来选择下一个帽子，都可能被看做是想促使会议达到他本人预期的效果。当然，如果预先设定了顺序，仍然可以根据具体情况的不同做轻微的变动。具体的顺序设定没有一定的模式，但是蓝色思考帽在讨论开始和结束时都必须使用。

（4）纪律性。只有主持人能够决定什么时间使用什么思考帽，否则又回到了争论的模式。同时，所有参与者都应该是平等的，不管是领导还是下属。虽然在工作中有等级关系（一般来说领导的话更有权威和影响力），但是在这种思维方式下，要求每一个人都是平等的，不管年龄、职务、性别、资历怎样。这个原则非常重要——只有平等、公开，把自己的想法跟小组成员共享，才能把这个方法运用得比较充分。

（5）对每顶思考帽设定较短的时间。波诺认为时间短些可以使人们集中精力，减少要嘴皮子的时间。每顶帽子每个人只用一分钟的时间来表述就足够了。如果在规定时间过后还有很好的意见被提出来，可以延长一点时间。其中，红色思考帽需要的时间最短，因为表达感觉可以简洁明了，不需要过多的解释。

（6）角色扮演。这种思维方式一定要做角色扮演，就是不以自我为出发点，需要做什么事情就必须做什么事情。思维的主要限制就是自我防御，人们很容易局限在自我的各种条条框框中，思维所导致的绝大多数实际错误都是由这种情况造成的。但是这些帽了却允许我们在合理合法的情况下想出和说出任何事情，而在其他情况下这些事情都是我们不敢想和不敢说的。

六顶思考帽这个工具有两个非常明显的优点：

第一个优点是简化思维。它只允许思考者在一个时间里处理一件事情。这样，思考者就没有必要同时照顾到情感、逻辑、信息、希望和创造性等多方面的因素，思考者可以分别地处理它们。例如思考者要通过红帽思路把情感完全表达出来，而用不着去用逻辑来支持一个半伪装的情感。在这以后，黑帽思路可以用来处理其逻辑部分。

第二个优点是允许转换思维。人们总会有自己习惯的思维角度和方式，在解决问题时很可能会变得僵化，并且总是抓住片面的和局部的事情不放手。当使用不同的帽子时，不管愿意不愿意，人们都必须要转换思维方式，这就会带动人们全面地看待问题，从而使用系统思维。

本章小结

1. 5W1H 法：就是从六个方面，即从 What（何事）、Who（何人）、Where（何地）、

When（何时）、Why（何因）、How（何法）这几个角度提出问题进行全面系统地思考，并最终形成解决方案。

2. 鱼骨图法：又叫石川图，就是将造成某项结果的众多原因，以系统的方式图解，即以图来表达结果（特性）与原因（因素）之间的关系。

3. 决策树法：决策树就是为了减少决策结果的不可靠性采用的一种方法，它使我们有可能从各种行为的决策点和与将来行为有关的决策点中，看清行为的发展方向。决策树指明了未来的决策点和可能发生的偶然事件，还常用记号表明各种不肯定性事件可能发生的概率，为精确地量化分析提供了基础。

4. 力场分析法：原来是为了分析企业变革中所遇到的推动力和阻力。推而广之，在面对复杂问题时，我们可以通过这种方法来分析问题的积极因素和消极因素，所以，力场分析法也广泛适用于在日常生活和管理活动中梳理思路，全面地看待问题，从而找到解决问题的方法。

QUID 法：这是建立在力场分析法基础上的一个思维工具。侧重于对决策者偏好的定量化分析，通过主观评价来选择和确定最终的决策方案。

5. 矩阵法：矩阵法就是从二维或多维问题的事件中，找出成对的因素，排列成矩阵图，然后根据矩阵图来分析问题，确定关键点的方法，它是一种通过多因素综合思考，探索问题的好方法。包括 L 型、T 型、X 型、Y 型和 C 型。本章还介绍了几种最简单的 L 型矩阵：

SWOT 矩阵：这是一种全面分析组织外部环境变化和内部资源条件，从而寻找适宜外部环境变化和内部资源条件的满意战略组合的一种分析工具。

波士顿矩阵：是一种多元化企业制定战略的有效工具。它通过把企业生产经营的全部产品或业务组合作为一个整体进行分析，以便确定哪项业务可以提供较高的潜在收益，哪项业务在消耗公司的资源。其分析的两个维度是市场增长率和相对市场份额。

安索夫矩阵：安索夫矩阵是根据产品和市场的分类组合进行战略选择的管理工具。

时间管理优先矩阵：是一个时间管理的工具，用于在诸多行动方案中选取最需要优先付诸实施的方案。其分析的两个维度是事情的重要性和紧迫性。

6. 雷达图法：根据其形状也称“蜘蛛图”，其意义在于既可以全面客观地分析某主体的现有状况，也可以多角度多因素地进行组合分析比较。

7. 头脑风暴法：是一种激发创造性思维的方法。这种方法通过一种小型会议的组织形式，让所有参加者在自由愉快、畅所欲言的气氛中，自由交换想法或点子，并以此激发与会者的创意及灵感，使各种设想在相互碰撞中激起脑海的创造性“风暴”。

8. 德尔菲法：指依据系统的程序，采用匿名发表意见的方式，即专家之间不得互相讨论，不发生横向联系，只能与调查人员发生关系，通过多轮次调查专家对问卷所提问题的看法，经过反复征询、归纳、修改，最后汇总成专家基本一致的看法，作为预测的结果。

9. 思维导图：思维导图就是用画图的方式把自己的思想画出来。按照发明人博赞的说法，思维导图“是一种新的思维模式”，“它同时运用大脑皮层的所有智能，包括词汇、图像、数字、逻辑、韵律、颜色和空间感知”，“它可以运用于生活的各个层面，帮助你更有效地学习，更清晰地思维，让你的大脑得到最佳表现”。在它的身上有前面提到过的鱼骨图、头脑风暴等工具的影子，是一个综合性的思维工具。

10. 六顶思考帽：是一个快速产生结果的高效能的平行思维工具，可以帮助团队或个人更有成效、更集中地使大脑充分参与思考活动。六顶思考帽是一项看起来很简单的思考技能，当它作用于决策、沟通、创新、设计、评估时，人们很容易看到它强大的效能。六帽思考法的核心，就是代表六种不同思维的“六顶帽子”的运用。

讨论案例 瑞莱克家具股份有限公司

瑞莱克家具股份有限公司是由格雷森先生和威尔金斯先生于5年前在英格兰南部创建的。在发行的750 000股股份中，他们各持有35%。公司发展迅速，现在已开始盈利。公司起初只有5人，现在已有32人，其中不包括威尔金斯先生和格雷森先生。该公司在家具行业中已享有盛名，他们制作特色座椅，通过各种销售渠道和少数几个大批发商进行销售。

由威尔金斯先生担任公司的CFO，主要掌管财务和会计，格雷森先生负责营销和生产。在营销方面，有5名推销员与批发商打交道，同时也为零售商提供些帮助。此外，还有3人负责配货、包装和发货。以上两组人员的工作都向格雷森先生汇报。在生产方面，车间有四个工段：切割工段3人，刨工段2人，装配工段8人和精工工段3人，这些工段由2名工头管理。在财务会计方面，有1名处理账务和工资的记账员兼秘书，有3人为记账员，负责开发票和开订单。另外，还有一位秘书为威尔金斯先生和格雷森先生处理日常事务。

公司有年产30 000张椅子的生产能力，目前每年生产并销售28 000张。固定成本包括销售、行政管理和生产管理费用（含12%的贷款利息和折旧）每年为750 000英镑。每张椅子的直接成本为10英镑人工费和30英镑材料费，每张椅子售价70英镑。根据简单的直线保本分析法，由于具有合理的安全界限（指保本点销售量与现有销售量之差额，差额愈大，公司愈安全，如销售量下降，只要存在安全界限，仍属有利可图——译注），公司是盈利的。

格雷森先生很想继续扩大生产，至少要与上年15%的销售增长率持平。“我知道，如果我们的生产超出了30 000张的限度，我们就需要投资增加设备，这样我们的年固定成本将增加100 000英镑（这笔款项必须借贷）——这将使我们每年的生产能力至少扩展到50 000张椅子。如果我们要使公司真正成功，我们就必须求得发展。嗨，如果我们像现在这样发展下去，过几年公司就会成为该领域最大的公司之一。我真希望过过所谓‘巨头’的瘾。我们的供应商说，如果我们在一年内买下价值超过30 000张椅子的原材料，他们将在所有的原材料价格上给我们10%的大宗购买折扣。由于使用新的机械设备会提高生产率，人力成本将减少5%。”

而公司的CFO威尔金斯先生对扩展不是那么有把握。某一天在吃午餐时，他对格雷森先生说道：“过度扩展的棘手问题之一是我们似乎不能完全控制所发生的一切。我们花了很多时间来管理公司，但我们从未去车间动过手。我曾经很喜欢我们一起开车床的时光，刨锯木头几乎是一种娱乐。如今你管销售和生产，而我的大部分时间则花在处理账目、支付账单、追讨欠款，以及与我们的开户银行经理约翰·菲利普的谈话中，这些都没多大意思。我明白，增加我们的市场份额是有好处的，而且也完全可能。前几天我跟约翰谈到扩展计划时，他提到家具市场需求的平均价格弹性为3。我们是能够扩展，但是否值得扩展呢?”

对此进行了一番讨论之后，威尔金斯先生说他要准备一份损益表，前提是在原有的生产能力下，提高15%的销售额（附表为截至2008年5月30日的损益表）。威尔金斯先生已收到一家家具连锁店的订单，询问瑞莱克家具公司是否愿意以这位零售商自己的牌子专门设计制作椅子，20 000 英镑的设计费将由瑞莱克家具公司承担。其他单位直接成本与公司自己的产品成本一致。这家家具连锁店计划第一年购买 20 000 张椅子，每张 55 英镑。此后，如果首批订单在连锁店销路看好，将扩大销售量并增加新产品。

格雷森正在考虑的一个计划是打入办公家具市场，他看好了几个市场空缺。办公家具市场有竞争，但价格弹性不大，顾客十分信任现有品牌。对于瑞莱克家具公司来说，一旦能够在这个市场站稳脚跟，其利润要比家用家具市场高得多。他打算建立一个有新工厂和新厂房的分公司。他没有计算建立新工厂和新厂房的成本，但他认为大约需要1 000 000 英镑。

威尔金斯先生得知计划的事情时，格雷森先生还没有时间和他谈整个打算。初步考虑之下，威尔金斯先生对这一计划的结果没有把握，他也不敢肯定是否能筹集到这笔必备的资金。某天在吃午餐时，威尔金斯先生对格雷森先生说："我们要当心，事先没有完全考虑清楚各种牵连关系时，不要陷得太深。我们不希望有任何麻烦，因为我们各自做自己的事，不了解对方是如何工作的。接下来是扩展的资金问题，尤其是我们是否要发行更多的股票。目前我们掌管公司，因此不必担心被人吞并，但是我们的负债率已很高，你希望进入的专业市场又充满了各种风险，如果我们把事情弄糟了，那将有多荒唐！我知道你已经做了些市场调查，但调查的精确度有多少？在我们进入这个市场之前，你必须拿出一份像样的营销方案，以免使我们面临过高的财务风险。"

格雷森先生非常清楚进入办公家具市场可能牵涉的财务问题。他知道在英格兰北部有一家同等规模的公司在这一市场上非常成功，并且有很广的销路，格雷森先生认为他们的经济实力可使合并有利可图。他想如果以某种形式合资联营，他们的闲置生产力就可被利用起来。

威尔金斯先生不赞成与其他公司联合的计划，他确信这样的计划会遭到全体员工的反对。的确，谣言已开始流传，说公司的经营方式和人事都要变动。不错，这样做确实能取得规模经济效应，瑞莱克家具公司的工厂内部目前的某些职能也必须改变。让全体员工完全明了可能的发展动态是重要的，不过在目前环境下，这样做会引起情绪波动。人们不愿意接受兼并，因为本地有一家公司在被另一家大公司兼并后，解雇了 48 名员工，最近又倒闭了。由于这个地区失业率较高，找到新工作的前景黯淡，而合并的另一家公司往往不考虑原公司股东的需要，对公司的经营管理没有很大的热情。

附表 **瑞莱克家具公司损益表**

（截至 2008 年 5 月 30 日） 单位：千英镑

销售额		1 960
可变成本		
原材料	840	
工资	280	
固定成本		
生产管理费用	290	
销售与行政管理费用	338	
折旧	50	

续表

利息	72	1 870
税前利润		90
40%税金		36
股利		30
留存利润		24

资料来源：改编自 http：//www.westgain.com/management/training/dispwgm.asp?id=537 维金商务资讯。

思考题：

1. 请归纳本案例中的决策问题？
2. 回顾本章内容，何种思维工具更适合解决案例中的决策问题？
3. 如果由你出任瑞莱克的 CFO，你的解决方案是什么？

推荐书目

1. ［英］博诺著，冯杨译：《六顶思考帽》，山西人民出版社 2008 年版。
2. 姜艳萍、樊治平：《基于判断矩阵的决策理论与方法》，科学出版社 2008 年版。
3. ［法］爱德华·德·波诺著，冯杨译：《六顶思考帽》，北京科学技术出版社 2004 年版。
4. 管新潮、唐卫峻：《决策与分析工具箱》，上海远东出版社 2006 年版。

第三章　思维误区

☞ 学习目标

思维的路径依赖可以使决策者节省决策资本，但是面对选择和变革时很有可能会影响我们作出正确的判断。期望读者通过本章的学习掌握思维的路径依赖的具体表现以及应对方法；同时读者还应该掌握常见的十一种思维误区，详细了解它们发生的背景、原因和具体表现，避免类似思维误区发生在自己身上。

开篇案例　张君的苦恼

张君刚刚升任一家大型企业的财务总监。在任职之初，张君为此兴奋不已。作为财务专业出身的他，经过十几年的个人不懈努力，终于做到了自己专业所能达到的顶峰。这带给了他极大的满足感和成就感。在上任之前，他也自信满满地勾画着自己未来职业发展的蓝图。

然而，在新工作岗位上工作不久，他就发现很多事情没有原来想象的那么顺利。首先，他发现自己原来的每天待在办公室中，类似工作狂的工作方式根本不能完成自己既定的工作任务，因为有很多人不停地向他请示问题，这在之前是根本不会发生的事情。他很讨厌参加一些无聊的工作会议，认为这是浪费时间。还有，他更不愿意在饭桌上谈论工作的事情，在这样的地方谈论工作往往会失去原则。更为可怕的是，张君发现自己的身体已经大不如以前了。尽管他还坚持每天工作10个小时，可是效率很低。

看到和自己处于同一管理级别的，但比自己年龄大几岁的同事在各自的工作岗位上干得有声有色，张君开始怀疑自己的能力和素质。这样的念头让张君十分沮丧。

看到上述的案例，很多人会说：这样的案例司空见惯了。张君不适合做领导，他不具备这样的能力与素质。但管理学者另外的一种解释是，并非张君的能力和个人素质不好，而是他陷入了自己设定的思维误区。每个人内心深处都有一些所谓不能打破的原则，这些原则限制了个人的发展。只要张君稍微改变一下自己的思维方式，他也许会成为一个优秀的CFO。本章将对一些已经被实践证明了的、具有普遍意义的思维误区进行描述和分析。通过这些分析，可以帮助管理者认识自我思维的局限，以便更有效地开发自身的潜能，提升工作绩效。

第一节 思维的路径依赖

本节主要介绍阻碍个人职业发展的一种固化的思维模式——思维的路径依赖。思维的路径依赖是在成功经验基础上渐渐形成的一种思考问题的模式。它帮助个体节省了判断资源，但是对于时刻面临着选择和变革的管理者，却是一个正确思维的天敌。

案例3-1

有好事者做了这样一个小游戏。拿一只很大的玻璃瓶子，瓶子没有盖子。瓶子底部朝向有强烈光线的一面，瓶子的开口部朝向没有任何光线的暗室，通过暗室时有一个弯道，转过弯道就是瓶子的真正出口。把一只苍蝇和一只蚊子囚禁在这样一个瓶子里，看看它们是如何逃生的。开始，蚊子和苍蝇的反应都是一样的：它们都试图从有光线的一面冲出去重获自由，结果都碰壁了。几次尝试之后，蚊子扔下他的难兄难弟苍蝇，开始选择从相反的方向飞行。绕过暗室的弯道重见光明。可怜的苍蝇非常执著而耐心地在瓶底部位搜索着逃生的缝隙，最后力竭而死。

这是一个典型的关于思维路径依赖的寓言故事。对于苍蝇来讲，之前的经验告诉它，有光明的地方，必然是生存的佳境。因此，它非常执著地按照自己的“信念”进行不懈的尝试，这就是所谓的思维路径依赖。然而，在这里成功的经验成了自杀式的思维盲区。也许有的时候，只要反思一下自己的所谓成功经验，可能会很快取得新的成功。

路径依赖原理最早由布赖恩·阿瑟对技术演变过程的自我强化机制进行研究后得出，而第一个使这一理论声名远扬的是道格拉斯·诺思，他用路径依赖理论成功地阐释了经济制度的演进，并因此获得了诺贝尔经济学奖。诺思认为，路径依赖类似于物理学中的惯性，事物一旦进入某一路径，就可能对这种路径产生依赖。

人的思维也会受路径依赖的影响。对于前人或自己曾经思考过或经历过的问题，可能已经存在了一系列有用的概念和方法，这些概念和方法就成为我们所掌握的理论或经验。这些理论和经验对于我们今后所遇到的问题，是一种可以借鉴的思考路径。从积极的一面来说，这符合思维的经济性，面对无限的无知世界，人们在认识过程中总是希望抄“近路”、走“捷径”，如果不借鉴前人或自己以往的经验，那就等于要回到最初的状态去重新做起。但从消极的一面来说，这种“思维经济”正是思维路径依赖的诱因所在：人们一旦形成某种思维方式，就会在惯性下不断强化它，不管是有用的还是无用的、有意识的还是无意识的，而不会轻易改变。

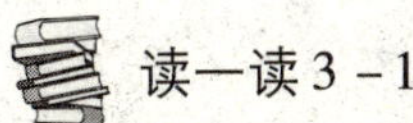
读一读3-1

公司行为财务——行为金融学的新视角

行为金融学不仅对总量股票市场的股票溢价等难题进行研究，而且对微观层面上投资者的非理性行为进行探讨，同时还将研究领域扩展到公司财务方面，并取得了大量的有益成果，形成了行为公司财务。经典的公司财务理论主要是基于微观经济学来研究公司的财务决策行为，这些模型都假设企业管理者与资本市场参与者的行为是完全理性的。而行为公司财务将两种非理性引入到研究当中即投资者及分析家的非理性和企业管理者的非理性，因此对公司财务决策中的许多异常行为非常有解释力。

投资者的非理性行为主要包括损失规避、过分乐观、易于产生系统性的偏差等，其最终的表现是证券的价格偏离其基本价值，即投资者低估或高估企业的价值。在行为公司财务中，管理者的非理性行为主要有两种形式：过分乐观与过分自信。

由于转轨经济的背景，我国股票市场成立的背景和定位是为了对国有企业脱困改革提供融资、解困的工具，种种转轨制度合作博弈的结果是资本市场功能的混乱，寻租现象较多，炒作性和投机性较浓，很难与国外成熟的资本市场相比。这种资本市场的非有效性对我国公司财务研究提出了现实的挑战：即单纯依靠西方经典公司财务理论来指导我国公司财务的研究必然产生似是而非的结果，必须借鉴行为公司财务方面的研究成果。公司财务研究的范畴包括融资、投资、资本结构、股利政策和兼并收购等方面的内容，在具体的研究类型上包括对公司实际财务政策的解释性研究和最优财务决策的设计性研究。在今后针对我国上市公司进行公司财务研究时，应考虑到资本市场非有效性和管理人员非理性的影响，否则研究的结果可能就会偏离实际情况。

资料来源：根据《证券市场异象、行为金融学及投资策略》，《经济研究导刊》，2009，17，61－62. 修改而成。

一、思维路径依赖的具体表现

路径依赖有两种基本的表现方式：自我强化和锁定。

自我强化效应有两种实现形式：第一，使环境成为适合自身生存而不利于其他观念生存的生态场，实现自我增强的良性循环，或设置壁垒以使之后出现的更优的观念陷入困境；第二，对符合自身思维观念的行为予以奖励，对不符合的行为予以惩罚，这样受奖励的行为会进一步得到强化。

案例 3－2

关于自我强化效应，研究人员做过一个试验。将5只猴子关在一个笼子里，笼子的中间吊着一串香蕉，只要有猴子伸手去拿香蕉，试验人员就用高压水教训所有的猴子，直到没有一只猴子再敢伸手。然后，用一只新猴子替换笼中的一只猴子。出于天性，新猴子还会伸手去取香蕉。这一举动竟惹怒了笼中原来的4只猴子，它们代替试验人员对这只违反“规矩”的猴子施行惩罚，将新来的猴子痛打一顿，直到它再也不敢伸手取香蕉为止。试验人员如此不断地将笼中的猴子替换出来，最后笼子里全是没有经历过被高压水“教训”的猴子，但结果还是没有一只猴子敢去碰那串香蕉。

一般地，处于路径依赖中的人们会沿着“前人”的轨迹一直走下去，不问为什么，很少从中跳出来，直到被锁定在某种无效率的状态下而导致停滞，这就是锁定效应。

案例 3-3

关于锁定效应，法国科学家法伯曾做过一个著名的毛毛虫试验。他把若干条毛毛虫放在一个花盆的边缘上，首尾相连，围成一圈，并在花盆周围不到 6 英寸的地方撒了一些毛毛虫最爱吃的松针。毛毛虫开始一个跟着一个，绕着花盆一圈又一圈地走，一小时过去了，一天过去了，又一天过去了，毛毛虫们还是不停地围绕花盆在转圈，一连走了七天七夜，它们终于因为饥饿和精疲力竭而死去。

在组织决策过程中，思维的路径依赖就具体表现为：人们通常按照自己所扮演的角色或以往的成功模式而不假思索地制定决策框架。这可能会为组织带来极大的危害。因为很显然，无效的框架意味着管理者将要着手解决错误的问题；而且，改变人们惯用的决策方法需要付出很大的代价。

角色（Role）是指人们对在某个社会性单位中占有一个职位的人所期望的一系列行为模式，它会影响到人们看待和策划问题的方式。由于角色知觉和角色期待都会对这些特定的思维和行为方式进行自我强化，所以当人们长期地扮演某一角色后，这种方式就会被固化，从而形成路径依赖。一方面，这会导致决策者无法全面地考虑问题。例如，当就销售量下降这一问题展开调查和报告时，销售经理认为问题的原因在于缺乏产品的促销和广告支持；生产和分销部门的经理则归因为销售部门缺乏客户知识、无法准确预测销量；财务部门指责其他部门预算超支；而法律部门指出，公司缺少新的特许经营和许可协议，也就是说公司没有适销的新产品……另一方面，这会导致角色转换十分困难。例如，传统的财务主管作为组织的职能人员，所扮演的角色就是主持日常的财务管理活动。但随着机构投资者的影响日渐增大，股东价值最大化已成为大部分上市公司的首要目标，所以首席财务官（CFO）作为公司财务和会计领域的最终决策人，扮演着更为关键的角色——使股东增值的需要与 CFO 的领导、经营单位战略和财务能力保持一致。CFO 的工作重点不再是主持企业的财会工作，而是转向财务战略、投资管理和业绩评价方面，特别是如何改进企业绩效管理，进而帮助企业提升竞争力。传统财务主管向首席财务官的角色转变面临着很多挑战，比如在进行投资决策的时候需要放弃传统的基于会计的衡量指标，如每股收益、权益回报率、投资回报等，而代之以现金流的方法和经济价值方法；另外，CFO 除了必须从投资者的角度来看自己，还要对雇员进行激励，设计新的价值管理方法，使他们也能像股东一样思考和行动。

许多大型成功企业现行的经营模式会随着时间的推移变得根深蒂固。例如，20 世纪 70 年代，当日本汽车的生产重点是响应顾客的变化、以消费者为导向建立生产框架时，美国的各大汽车制造商仍然高度重视以生产为导向的战略——曾经很奏效的战略。结果导致包括美国本土在内的大片市场份额被日本汽车夺走。当时美国汽车制造商花大量力气研究如何提高生产率、降低成本，然而在顾客需求发生重大变化的时代，这些生产优势都是毫无意义的。所以作为管理者要顺应时代的变化，千万不要过于依赖现行的经营方式或“成功模式”。

总的来说，思维路径依赖对管理决策的危害主要有以下几点：

（1）降低人们对风险和变化的敏感度。
（2）使组织决策过程陷于僵化。
（3）导致对变革的抵制。

二、思维路径依赖的改变

首先，认识自己的心智模式。人的思维经济性导致了一系列的思维误区，使人们偏离理性轨道，常常做不出正确的决策。只有看清楚自己心智模式中存在的误区，才能够采取相应的对策打破它，适时转换思维路径，不至于陷入对以往路径的依赖中。对于管理者来说，人际交往和决策是其两大重要职能，因此，以下两节内容重点对这两方面中可能产生的思维误区进行介绍。

其次，扫平通往新规则的道路。一般地，人们选择与自己“相似”的人交往，以某一模式为中心建立起外在的关系网络，而这些具有相同背景的领导、雇员、同事、朋友和家庭又能够反过来加强当前模式。因此，处于思维路径依赖中的人们通常“身不由己”，有变革之志却迫于环境的压力不得不放弃。由此可见，突破思维的路径依赖不仅仅是个人心智模式的改变问题。但有一点需要明确的是：改变心智模式并不意味着对过去的完全背叛。因此，人们可以采用系统演化的方法，使环境变得更具有支持性。系统演化法的具体步骤如下：
（1）改变别人的期望。
（2）改变基础设施。
（3）减少对现有模式的投资。
（4）调整激励措施。
（5）从细微处着手改变，进行实验。
（6）建立信任。

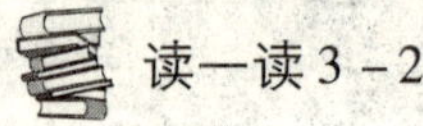
读一读 3－2

被诗意宠坏的企业

姜伟是“文革”之后的第一代大学生，毕业于辽宁省中医学院，担任过辽宁省中药研究院的主任。1990年，当他来到飞龙的时候，飞龙是一家注册资金75万元、员工60名的小工厂，只生产一种叫飞燕减肥茶的保健品。姜伟后来开发出了延生护宝液，才把飞龙引入了飙车跑道。

不得不说，姜伟具有卓越的经营才能。他在延生护宝液中加入了一种浓烈的强心药——广告炸弹。中国消费者的广告意识是与中国企业一起成熟起来的。在太阳神、娃哈哈依靠广告取得成功之后，姜伟开始跟风。他对于广告的投入如同其个性一样：豪爽！不投则已，一投便是整版而且接连数日，同时跟进电视、电台广告，密度相当之高，以便在一定时间内造成声势巨大的广告效应。实践表明，这一战术取得了出人意料的效果，姜伟的广告投放营造了一种让人窒息的炙热氛围，使市场在短时间内迅速启动，在那个时候，姜伟的广告战略可谓战无不胜！

姜伟的这种广告策略屡试不爽，并且大尝甜头：1991年，飞龙的广告投入是120万元，实现利润400万元；1992年广告投入是1 000万元，实现利润6 000万元；1993年、1994年广告投入均上亿元，而利润则达到2亿元，一举成为行业老大。因此，姜伟就将他的宝全部压在了广告上。飞龙在其最鼎盛的时期，不盖工厂、不置资产、不建办公楼，坚持“广告—市场—效益”的营销循环战略。

为什么姜伟的这种广告思想在当时能取得成功呢？姜伟的这种广告思想，正如同东北地区农民种地一样，粗放、广种薄收，而彼时的中国保健品市场正如同东三省一样，消费者广泛且缺乏消费意识，整个市场也处于相对短缺的大氛围中，飞龙这样不讲究科学投放、一味以声势拉动购买的做法便取得了出奇的效果。事实上，飞龙的产品并没有多高的科技含量和技术含量，其旺销全部依靠高频硬性广告来支撑。在3～4年的宝贵时间里，飞龙集团的利润报表高歌猛进，但是其产品始终没有找到一个稳定的消费人群。

但是，飞龙这个时候已经俨然成了行业老大，无人能够与之争锋。甚至飞龙一度有机会在中国香港上市。当然，这次机会也让姜伟看到了飞龙和世界级企业的差距，发现了自身存在的巨大问题，清楚了自己的短板，姜伟慎重考虑后放弃了在中国香港上市的打算。但是这一切，都在固化姜伟的思维：飞龙最初的广告策略是正确的，是成功的。

不在香港上市了，飞龙继续运营着。这个时候。飞龙已经从超常的加速发展阶段进入了持续稳定期。而在飞龙筹划上市的那段时间，国内保健品市场正是风云变幻的时候。1995年，为了实现销售额突破15亿元的大计划，姜伟盲目听从了包销商的承诺，大批向市场压货，但是市场不堪其重。为了完成任务，姜伟亲自出马巡视市场，这期间，他发现了很多管理上的漏洞。其实，作为一个那个年代的私企，管理上的弊端是必定要经历的阶段，并不至于大惊小怪，正确的做法是弊端暴露之后，怎么样迅速安全地渡过这一难关，从而使企业完成一次飞跃和重生。遗憾的是姜伟当时的处理方式过于极端，而且是更不可取的，他决定：飞龙集团进入休整期，改造企业，不成功，毋宁死！

这个决定，无疑将飞龙的内部危机彻底公开化了。所有人开始陷入一种惶惶不可终日的迷茫：一线营业人员不知所措，经销商和零售商不敢进货，消费者不敢购买。没有人知道为什么飞龙要休整。姜伟这次深思熟虑的休整事实上造成了飞龙的直接衰落。

经过三个月休整之后，姜伟认为内部整顿已经大见成效，于是宣布全面出击！但是可惜的是，飞龙初期的广告策略对姜伟的影响太大了，以至于三个月的整顿和以后巨大的代价也不能改变他根深蒂固的想法。此时的保健品市场江山变色，飞龙已经是突然冒出的众多大大小小的保健品公司的首攻目标，姜伟所谓的整顿又将飞龙置于信任危机之地。姜伟没有意识到这一点，或者说即使意识到了，他也不会改变由自己一手创造出来的广告策略。飞龙的全新出击没有拿出一个让人耳目一新的拳头产品，依靠的仍然是陈旧的、急风暴雨式的广告轰炸。

出师不利，姜伟转而学习三株的做法，在农村到处涂标语、挂宣传画、贴居民广告。一场混战，飞龙败北。

之后姜伟的做法更将飞龙一步一步地逼向了绝境。在市场低迷、消费疲软的时候，姜伟不是指引着企业向着重振旗鼓的方向前进，而是开展了所谓的整风运动，将飞龙变成了一个大学校，自己做了所谓的校长，动不动就校长训话，这种脱离了实战的整风效果可想而知。随后，姜伟又抛出了《我的错误》万言检讨，历陈总裁的20大失误，严重地动摇了消费者、家人、政府对飞龙和姜伟的支持和信心。

发表了这篇近乎毁灭性的《我的错误》之后的一年，姜伟又用他的老方式开始了复兴。这次姜伟推出了一种叫“热毒平”的东西，姜伟用他自己那一套狂热的推销方式，不顾事实，大吹大擂，甚至于否定了100多年的青霉素消炎的历史，认为自己的热毒平是中药3 000年历史的突破，有比青霉素还有效的治疗效果。这个时候的飞龙已经越走越远了，吹嘘、夸大、不讲究事实，用骇人听闻的姜氏描述来吸引人们的眼球。还没等这个产品被完全推出，姜伟又被辉瑞制药的VIAGRA吸引了目光。飞龙在全国伟哥热如火如荼的时刻，宣布自己要抢注伟哥商标，声称自己早在12年之前就已经研制出了此类药品，甚至宣称自己的抢注是古老的中药文化与西洋药品的一次世纪决战。围绕着飞龙抢注所表现出来的种种言论和思潮，生动地凸显出中国当代经济生态的道德意识的混乱和淡薄。

终于，在1999年3月28日，灾难降临到了惴惴不安的姜伟身上，国家药品监督管理局发布《关于查处假药伟哥的紧急通知》。时隔不久的4月14日，国家药品监管局再次发出编号为［1999］93号的通知，要求各地药品监督管理部门依法查处沈阳飞龙制药有限公司生产的劣质伟哥开泰。这两个通知，一下子把刚刚准备再一次起飞的飞龙打回了地狱。

终于，飞龙再也没有飞起来……

资料来源：吴晓波：《大败局》（修订版），浙江人民出版社2008年版。

思考题：

请从思维的路径依赖角度分析飞龙最终的陨落。

第二节 判断人的思维误区

本章第一节所讲的路径依赖主要关注CFO的自我行动和自我选择，本节主要关注CFO在进行人事决策时易犯的一些错误。

小测试 **人生经验自我测试：下面的说法你同意吗？**

1. 大胡子的男人聪明睿智。
2. 比较胖的人生性乐观。
3. 山东人勤劳能干。
4. 嘴上没毛，办事不牢。
5. 女性做秘书工作会井井有条。
6. 接受救济的人必然更加懒惰。

如果以上的问题你大部分选择“同意”，那么请你小心，你在判断人的时候或许存在过多的偏见。如果你是一个管理者，这种偏见可能会影响你对人的正确判断。

分析：以上的几个问题都在检验人们在运用个人经验确定选择偏好时，是否会出现某种偏见。绝大多数人都喜欢简单，讨厌复杂。如果某些问题有一个简单的答案，往往会让我们觉得进展顺利，而且信心十足。偏见存在的心理原因是：它让我们节约了大量的心理能量。

在很多情况下，我们无须考虑所有的可能与选择。本节主要讲述在识人时的一些偏见和误区。

以上的六个问题主要测试的是一种重要的偏见——刻板印象，接下里我们将从刻板印象谈起。

一、刻板印象

刻板印象是人们头脑中存在的对另一群体或群体成员的简单化看法和固定印象。

刻板印象具有三个特征：

（1）它是对社会群体或群体成员的一种十分简单化的分类方式。

（2）它在同一社会文化或同一群体中，具有相当大的一致性。

（3）它经常与事实不相符合，甚至有时是十分错误的。

刻板印象虽然常常并不正确，但是它在生活中的存在却十分广泛。比如，人们对属于某一地区的人，通常会有刻板印象。在我国，人们常常认为，东北人比较仗义豪爽；天津人比较世故圆滑；广东人比较精明且敢冒险；苏北地区的人比较热情粗犷等。另外，人们也会对不同职业的人有一定的刻板印象，如认为商人狡猾、虚伪、趋利投机，学者则诚实、严谨、胆小且不通世故。此外还有其他各种不同分类的刻板印象，就相貌方面苏联学者包达列夫的调查表明，72 个人中有 9 个人认为方下巴的人意志坚强，17 人断言前额宽大者生性聪明，5 个人觉得漂亮的女人不是愚蠢就是自私。

刻板印象又被称为定型效应，在人际交往和社会活动中，我们判断人往往是从社会上的宣传、介绍等间接途径不断认识被判断对象，因而所形成的印象逐渐固定，最终形成刻板印象，带来定型效应。但我们并没有全面充分地掌握感性材料，所以会作出不完全的归纳、不科学的概括。人们通常会通过有限的经验对他人作出结论性的判断。最常见的一种思维误区就是轻易地把被判断人划到某一类人中去。比如有些老年人往往认为青年人年轻气盛、办事不牢，这种定型效应会把他所见到的青年人都划到这种印象里去；又如“头发长、见识短”的观念左右了人们的性别意识，认为女不如男，就会不重视女性的看法，即使她们的看法是正确的，也不屑一顾。人们头脑中存在的定型很多，如果满足于这种定型模式，不观察具体个例的个性特征，就会陷入机械论，得到不确切甚至是完全错误的判断。刻板印象反映了群体的共性，有利于我们迅速地从总体上判断人的概貌，但缺点是归类和定型过程往往不符合其特点，从而形成社会偏见、思维僵化、变化不灵活，抹杀人的个性，不能保证适用于群体中的每个人。若根据偏见去判断人，就容易作出错误的判断。

刻板印象既然常常属于不符合事实的偏见，为什么还经常发生呢？我们用一个例子来试着解释这个问题。1933 年心理学家卡兹和布瑞利在美国的普林斯顿大学调查了大学生们对世界各民族和国家公民所持的印象，结果被调查者的看法相当一致。学生们大都认为美国人勤劳、聪明、实用主义；犹太人精明、贪财、勤劳；日本人勤劳、有野心、狡猾。这些学生们可能并未接触过许多犹太人或日本人，但他们作出了相当一致的印象看法。这些印象基本取决于他们平时接触的少量个例以及收到的宣传信息。1984 年，武汉大学的彭高清教授在我国也做了相似的国民刻板印象调查，结果与国外调查高度的一致。比如，被调查的人们大都认为德国人聪明、严谨、有科学精神，这恰恰与德国精良的机械工艺水平以及德国盛产科学家这些现象息息相关。人们正是从这些现象中得出了德国人聪明、严谨且有科学精神这一刻板印象。

于是我们便能解释刻板印象发生的原因——任何一个群体总有着多种变量，即可以从多个角度来对其特征进行描述。然而在群体与群体之间相互作用时，要认识群体的一切变量是不可能的，因为对某群体成员的深入了解和认识都需要时间和条件。因此人们头脑中常常只存有关于某个群体或群体成员的很少的一部分变量。人们常常不由自主地把注意力投向那些自以为可以概括群体特征的少数变量，并把这些变量纳入评价群体成员的参照系中去，于是产生出刻板印象。

对于判断人的社会刻板印象，其产生一般经过两条途径：一是直接与某些人或某个群体接触，然后将其某些人格特点定型化；二是根据间接的资料，比如通过他人的介绍或传媒的宣传等获得的印象。在现实生活中，大多数的刻板印象是通过后一条途径得到的。刻板印象的产生有一定的认识论上的依据，即人的认识总是从一般到特殊，再从特殊到一般。正确的归类方法可以成功地运用这一原则，但如果归类或者定型不当，便会混淆我们的思维，得出错误的结论。

定型效应，即我们的刻板印象常常影响我们的判断，甚至会欺骗我们的思维，从而导致我们不能客观地评价他人。在企业中，管理者要善于利用积极的定型效应，正确的归类定型有助于更好的统筹管理，同时更应该注意的是要努力排除消极的定型效应。管理者对员工、员工对管理者都可能形成一些刻板印象：下级往往觉得上级只抓工作成绩，不为员工着想，上级则往往觉得员工只顾个人利益，有任务后退、有报酬却争先。若双方都把这些刻板印象带到有关的行为决策中，就会产生不好的结果，从而影响人际关系和工作绩效。所以，管理者应及时了解并设法消除员工的消极定型效应，同时善于通过各种途径使员工不断感知到企业和领导者正面的信息，形成定型，如此可以产生积极效应，提高员工的积极性，增强团队凝聚力。

二、第一印象

对于初次接触的陌生人，我们往往通过第一眼的所见来对他（她）进行判断，从而产生第一印象。比如他的微笑让我们觉得他是一个和蔼的人，他的谈吐风趣让我们觉得他是一个开朗的人，他的衣衫不整让我们觉得他是一个做事不仔细、邋遢的人。在面试时，应聘者大都会衣着干净得体，面带阳光般的微笑去见招聘考官，为的就是给招聘者留下一个美好的第一印象。

第一印象是指通过对某人第一次见面所形成的感觉而留下的最初印象，主要是观察对方的仪表、举止、谈吐等产生的自我评价印象，或者是通过其他间接渠道得到的关于某人的信息而得出的最初评价。这种印象有极强的固定作用，一旦形成，很难消退。人们在长期的生活交往中，对某人的评价往往是在第一印象这一基础之上的，现实生活和社会心理学实验研究都表明：人在初次交往中给对方留下的印象很深刻，人们会自觉地依据第一印象去评价一个人，而今后交往中的印象都被用来验证第一印象。即使我们感觉某人的表现已经有了变化，第一印象形成的影响也将是缓慢地滞后地改变。

第一印象在判断人的思维活动中起了重要的定位作用，正是因为这种先入为主的定位作用强烈并且不易改变，所以生活中我们经常会陷入这种根据第一印象去判断人的思维误区。第一印象对人的认识所产生的影响称为首因效应。了解首因效应的意义，对于管理者的工作实践很有帮助。管理人员在评价员工时，要尽量避免受第一印象的影响而产生错误的看法。新上任的领导者应注意给员工留下良好的第一印象，若一开始就留下一个坏印象，以后通过长期交往，即使情况会有某种程度的转变，但是仍会造成一些损失，从而影响上下级关系和工作的正常开展。那么，第一印象是怎样产生首因效应的呢?

关于这一问题，目前有以下几种假说：第一种说法是心理学家安德森（Anderson）等人提出的，他们认为人们通常比较重视前面获得的信息，并由此对人作出判断，而在第一印象形成后，人们对后来的信息就不重视了。如果后来的信息与前面的信息有差距，人们会认为前面的信息更能够显示出被判断对象“真实”的一面，而后来的信息并不能代表这个人的实际情况，因而把后面的信息忽略或者遗忘掉。第二种说法是美国社会心理学家 S. 阿希（Asch）的看法，他认为人对事物的整个印象一般是以第一印象为中心形成的，第一印象比以后得到的信息对于整个印象产生的作用要强，持续时间也要更长久。第三种说法是认为人们最先接受的信息形成的原始印象构成核心的知识或记忆图式，后来的其他信息被整合到这个记忆图式中去，这是一种同化的模型，新的信息被同化到先前信息形成的记忆结构中去，所以新的信息也具有了先前信息即第一印象的色彩。无论哪种说法都旨在说明第一印象的首因效应对于判断人会产生非常重要的影响作用。由于第一印象是不完全的，片面的，甚至可能是虚假的，所以它的影响效果，即首因效应会使人们在认识人、判断人的社会活动中陷入思维误区。

读一读 3 -3

罗德尼·曾普凯是罗德尼高级家具公司的老板，他已经经营这个公司 20 多年了。由于他的努力，公司的效益特别好。当前，平均每年的税后利润达到了 25 000 美元。罗德尼的收入是每年 65 000 美元。

现在，罗德尼的儿子丹尼正在为他工作，丹尼对公司富有热情。但是，罗德尼看得出来，尽管丹尼能把工作做好，他也是一个能吃得苦的人，但是他们的公司还需要经历一些年的奋斗才能和那些更为成功的竞争对手相比。

有一年春天，在纽约的家具会上，罗德尼遇见了库尔特·格拉泽。当时，格拉泽正在大谈家具业的光明前途，口若悬河、滔滔不绝，再加上格拉泽一表人才，相貌堂堂，举止得当，于是其个性魅力给罗德尼留下了深刻的印象。罗德尼认为格拉泽几乎就是他所说的那种辉煌的零售业家，他在家具领域的销售记录几乎是无人能敌的。罗德尼把格拉泽想成了一个天才。他们后来见过几次面，格拉泽又谈到他如何成功地把其他店铺转变为高利润的店铺，讲到了他经营过程中的成功。在听完这些之后，罗德尼问格拉泽是否有兴趣为他工作。格拉泽告诉罗德尼，他现在正在另一家公司工作，但他答应抽时间拜访一下罗德尼，并计划是否可以为罗德尼工作。

几周后，格拉泽来了，罗德尼把公司整个经营情况和财务报表都拿出来给格拉泽看，当时，财务报表情况如下（见表 3 -1 左半部分）。

表3-1 **重要财务指标** 单位：美元

格拉泽接手前		格拉泽接手后	
总流动资产	565 000	总流动资产	2 230 000
总固定资产	215 000	总的固定资产	223 000
总资产	780 000	总资产	2 453 000
总的短期债务	195 000	总的短期债务	2 240 000
总的长期债务	70 000	总的长期债务	77 000
总的债务	265 000	总的债务	2 317 000
普通股票	400 000	普通股票	400 000
留存收入	115 000	留存收入（亏）	（264 000）
总的持股人股票	515 000	总的持股人股票	136 000
总债与净值	780 000	总债务与股票	2 453 000
年净销售	1 200 000（100%）	年净销售	6 000 000（100%）
毛收入	450 000（37.5%）	毛收益	1 400 000（23.3%）
税后收益	24 000（2%）	净损失	（379 000）

格拉泽指出净收益太低了，罗德尼的投资回报率仅有4.7%，这有点可笑。格拉泽认为罗德尼的生意太保守了，他觉得这个地方需要一家新的、生机勃勃的、有很高进取精神的打折家具店，既可以卖殖民地时的家具，又可以卖临时的一些家具。格拉泽说你要挣钱就必须要花钱。他觉得在这里，一年轻易就可卖600万美元，税后净收益可达到6%，若这样经营下去，一年下来，税后净收益可达到300 000美元，那么当前投资的回报率最低可以达到58%。

罗德尼听了之后非常高兴，他把这些数据告诉了他的儿子，并告诉丹尼说格拉泽答应帮助他们做生意。自然，丹尼感到有些难堪，因为公司将来是他的，应由他作出一些决定才是，并且他觉得为一个外来的人工作更不是滋味，特别是这个外来人是格拉泽这样狡猾的人。丹尼仔细听了父亲的建议，他总认为事情不会像格拉泽说得那么简单，但是他也没有反对。无论如何，丹尼还是告诉他父亲格拉泽那一套可能只适合一个大的城市，而不会在他们这样一个小地方发挥作用，这里的人将不会吃他那一套，因为人们不会接受强行推销。丹尼还表示他不完全相信格拉泽。罗德尼没有去管丹尼的看法，认为那是妒忌，仍与格拉泽完成了以下协议：

格拉泽有完全的权力经营和管理罗德尼高级家具公司，并且任命格拉泽为公司副董事长兼所有经营活动的总经理。格拉泽的薪水为75 000美元，外加公司净销售的2%作为红利，条件是：在一年内，公司的总净销售达到500万美元。提供给格拉泽一辆他选择的车，以及住房津贴和经营公司的费用。只要格拉泽保持了公司年销售达到500万美元或者500万美元以上，那么格拉泽就有在公司绝对的权力，公司的所有人不能干涉或者凌驾于他的决定。

本合约无期限，除非发生了以下情况，公司所有人可以任何时候终止合同：年销售量没有达到500万美元，盗用公司财务，以及不合格的管理使公司破产。万一合约被所有人终结，那么所有人也必须支付格拉泽一年的薪水，外加销售收入的2%的红利。如果合约终结了，格拉泽不能以间接或者直接的方式到100英里范围内的其他同样公司去工作。当然更不允许他开办与罗德尼一样的公司。

红利由所有人在每年的1月15日立即支付给格拉泽。如果罗德尼到期不支付，那么格拉泽可以把他的红利转变为公司的普通股份。价格以每年年终时的账面价值来确定。

格拉泽以一种复仇似的心态猛劲开始了经营，整个销售开始突飞猛进。他不仅销往本地，还把家具销往到了其他州。如果格拉泽能保持这个速度，那么销售，第一年就可以轻易地达到600万美元。罗德尼丝毫不怀疑格拉泽，完全信任他。正如罗德尼向丹尼所指出的：格拉泽正在把货发出去，销售在增长，而销售的增长就是利润的增长。

但是，格拉泽使用的是强制推销的办法。格拉泽和金融公司签合约来处理所有有条件的销售合同以及客户签给他的动产抵押。金融公司还退还了一部分货款，这对于罗德尼来说，无不是一笔额外的收益。当地人惊奇地看到罗德尼的变化，于是老客户不再光临，所有的推销人员都在强制推销。

格拉泽当年完成了600万美元的销售并且非常满意。他给罗德尼许诺说明年整个销售还会翻一番。现在，会计正在计算年底总的情况，最终提出这样一份内部报表（见表3－1右半部分）。

当罗德尼收到这个报表后，他难以相信自己在读什么。一年前公司还有留存收入115 000美元，而现在扣除亏损379 000美元，公司还亏损264 000美元，（379 000美元－115 000美元），再抛出部分盈余资本（264 000美元），这样总净值有136 000美元。

当罗德尼把这些数据给格拉泽看并问他为什么会产生这样的情况时，格拉泽回答说：尽管他达到了销售目标，但由于一方面他的薪水太高了，另一方面是销售和管理人员增加了，广告和宣传费用也增加了，所以出现了亏损。但是，格拉泽说要是罗德尼再投入一些个人零散资本，再流入更多的钱，那么他保证明年至少达到总销售6%的利润。罗德尼向格拉泽指出了他上年答应了利润目标的，格拉泽一句话就回答了罗德尼，他说他过高估计了形势，但是这不是他的错。他要达到他的目标，必须改变企业的形象，但是他又发现这样却不能达到利润目标。格拉泽还说他已经为企业打下了基石，但是罗德尼根本不管这些，他现在希望格拉泽带给公司的是利润。而现在格拉泽却要他那2%的红利，即120 000美元，罗德尼告诉他说他没有钱了。格拉泽回答说罗德尼，若没有钱，那么根据合约，他将拿股票或者接管公司。

现在，罗德尼真正处于极大的困境中了。虽然他有个人资本，可以重振企业，但是，他无法确定是否该让格拉泽来全权管理经营……

资料来源：约翰·德·杨著，文柏秋、傅瑜译，《小企业管理案例——问题、思考与解决之道》，内蒙古人民出版社1998年版。

思考题：

1. 罗德尼在雇用格拉泽的过程中犯了什么错误？
2. 应该如何避免这类错误呢？

三、晕轮效应

晕轮效应又称光环效应，是指对一个人的评价过程中，把知觉对象的某些印象不加分析地扩展到其他方面去，从而影响对该人的本质特征的认识和判断的一种心理现象。例如，一个人某一方面优点突出，于是被认为很完美而把他的缺点都掩盖了；而一个人某一方面缺点突出，于是认为他一无是处，浑身上下全是缺点。“情人眼里出西施”说的也是晕轮效应。

晕轮效应最早是由美国著名心理学家桑戴克于20世纪20年代提出的。他认为，人们对人的认知和判断往往只从局部出发，扩散而得出整体印象，也即常常以偏概全。一个人如果被认为是好人，他就会被一种积极肯定的光环笼罩，并被赋予一切好的品质；如果一个人被认为是坏人，他就被一种消极否定的光环所笼罩，并被认为具有各种坏品质，这就像是刮风前月亮周围出现的圆环（月晕）。其实呢，圆环不过是月亮光的扩大化而已。据此，桑戴克为这一心理现象起了一个恰如其分的名称“晕轮效应”，也称作“光环效应”。

晕轮效应在人际交往中常常造成人际认知上的障碍。其错误在于：第一，它容易抓住事物的个别特征、习惯以个别推及一般，就像盲人摸象一样，以点代面；第二，它将并无内在联系的一些个性或外貌特征联系在一起，断言有这种特征必然会有另一种特征；第三，若说好就全都肯定，说坏就全部否定，这是一种受主观偏见支配的绝对化倾向。总之，晕轮效应是人际交往中对人的判断影响很大的认知障碍，我们在交往中要尽量地避免和克服晕轮效应的副作用。

四、近因效应

所谓近因效应，指的是在社会交往过程中最近一次接触给人留下的印象对人的判断的影响作用。

之前我们曾经谈到过首因效应，首因效应一般在对陌生人的判断中起重要作用，而近因效应则在熟悉的人之间起着重要作用。首因效应具有“先入为主”的性质使第一印象起重要作用，而近因效应则是指新近获得的信息对个体的影响作用比以往获得的信息作用更大。在经常接触、长期共事的人之间，彼此之间往往都将对方的最后一次印象作为判断与评价的依据，并常常使彼此的人际交往和人际关系发生变化，这便是近因效应。现实生活中的友谊破裂、夫妻反目、朋友绝交等，都常与近因效应有关。

近因效应使我们仅仅根据人的一时一事去评价一个人或人际关系，割裂了历史与现实、现象与本质的关系，影响我们正确客观地、历史地看待人和客观事实，常常造成人与人之间的心理冲突，同时影响了我们对人和事作出客观、正确的评价和判断，对我们的实际工作和生活都有着消极的影响。比如，当发现一个平时表现不错的员工犯了某种错误后，管理者往往会把错误看得比较严重，以至于否定了他以往一贯的良好表现；又如一个平时表现一般的员工，突然做了件好事，管理者往往会对其刮目相看并肯定他以往的表现，尽管他曾无所作为。这便是近因效应的表现，对熟悉的人，人们往往根据他最近的表现来评判它。这又是为什么呢？为何以前所做的就变得不那么重要了呢？

近因效应产生的主要原因就是近期因素在时间上具有优势。正如对于判断陌生人，首因效应会产生先入为主的深刻的“第一印象”；而对于评判熟悉的人来说，近因即被评判对象最后给人留下的印象是最具有影响作用的。时间上，近因最靠近知觉者，其产生的影响也最大化地作用于知觉者。于是近因效应迷惑了知觉者的思维，掩盖了其对被评判者的一贯了解，最终影响我们对人的全面正确地认识。

对于管理者来说，近因效应也是一种人员管理方面的重要心理因素。管理者在考评员工在一段时间内的工作业绩等方面的有关情况时，常常只看重被考评者近期的工作成绩和表现，而忽视考核时间范围相对较远时期的工作业绩和表现，从而以近期的记忆印象来代替整个考核时间上被考评者的工作成绩和表现，这样就会给考评结果带来错误和误差。这种误差被称为近因效应误差。管理者应努力减少和避免人员考评中的近因效应误差，要做到：

1. 全面获得被考评者在整个考评时期的工作业绩和行为表现的考评材料。人员考评中的近因效应误差，主要是由于考评者淡忘了被考评者在考评期早期的工作业绩或行为表现而造成的。因此，在进行人员考评工作时，了解员工整个被考察阶段的工作业绩和行为表现，是减少和避免近因效应误差的前提条件。

2. 全面分析被考评者的考评材料。管理者必须全面分析被考评者的考评材料，并且采取一些切实可行的措施以保证管理者能根据考评材料对被考评者的工作业绩或行为表现在分阶段考评的基础上再进行综合考评。这样，就可以在一定程度上防止管理者单凭印象来进行人员考评工作，从而达到减少和避免人员考评中的近因效应误差的影响。

五、类我效应

我们在判断人的社会认识知觉活动中，通常在作出判断前会对被判断对象进行分类。一种很常见的对人进行分类的方法是把人分成两类：与“我”有相似之处的一类和与“我”不相似的一类，即“类我”的一类人和“不类我”的一类人。将这种分类方法延伸出去，又可以把人分成两组：即和我在一起的一组以及不和我在一起的一组。例如，我们常常把人分类为我国的和外国的，我的学校的和别的学校的，我的民族的和别的民族的等。经研究发现，当我们把见到的人一分为二时，就会产生一种思维效果：类我效应，扩大到组与组、群与群之间就是组内效应或称为组内偏爱。

类我效应的作用是我们在评判人时，通常偏爱与自己有着共同点、相似点的一类人，而对和自己区别较大的一类人则容易形成不好的印象。组内偏爱也是一种类我效应，它的定义是无论从哪个方面看待自己的组，人们都有将其认为是最好的一组并把奖励分配给自己的组的倾向。

在我国，“类我效应”和组内偏爱效应很是普遍。中国有着很强的地域性，每个地域的文化和经济发展状况都具有很大的差异。同时，中国人也有很强的乡土观念和地方观念，地方保护主义和各种“同乡会”就反映了这一点。在各种招聘以及选拔活动中，招聘人员若对某一地区的人带有偏见或好感，那么他就有可能陷入先前提到的刻板效应和晕轮效应。

类我效应常常迷惑人们的思维。在社会交往中，每个人都具有一定的个性特征，每个人都生活在一定的群组空间中。由于类我效应和组内效应的存在，人们建立社会关系时，常常首先是选择与自己类似的一类人。对于管理者，在选拔人才和使用人才时常常会陷入相近相悦的心理情感误区之中。类我效应在管理者选拔人才工作中的副作用常体现在以下三个方面：一是任用自己人。“自己人”包括与自己有相似经历的人或是同出一处的同乡或同窗等。这是一种判断人上的偏见，完全有悖于任人唯贤的用人原则。二是会导致帮派拉拢。在类我效应下，选用人才时管理者首先会想到和自己意见相同，和自己需求相符，和自己观点一致的一类人。管理者会认为他们更能领会自己的工作意图，并会支持自己，形成“合力”，而新人虽有才能但不一定靠得住。如此一来，便会有拉帮结派的现象发生。三是会导致管理者选用人才视野狭窄。类我效应使选材者产生一种心理屏障，在选用人才时，目光只投向“类我”的人，而很难看到自己群组之外的“千里马”，导致人才浪费，而管理者反而常常抱怨人才不足。

所以，对于管理者的用人，对于选拔者的选材，对于我们判断人评价人，都应努力克服类我效应给我们带来的思维弊端，努力从群组中走出去，以开放的眼光看人，以全面的评判体系分析人，并最终作出正确的判断。

第三节 管理中的迷思

如果按照传统经济学的假设，人们都是理性的，都是以追求自身利益最大化为目标，那么人们在决策的时候就会对信息进行全面和客观的判断和抉择，形成最优决策。这时人们在不确定条件下进行决策遵循的是期望效用最大化原则。然而事实上人们的理性是有限的，日常生活或工作中决策所依据的参考信息往往是不充分的，此时人们就会出现一些怪异行为。

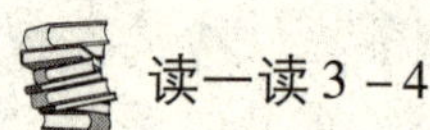
读一读 3 -4

你是理性的吗？
——“阿莱悖论”给我们的启发

1952 年，法国经济学家、诺贝尔经济学奖获得者阿莱做了一个著名的实验，对 100 人测试所设计的赌局。这个赌局分为两个阶段。第一阶段包括赌局 A 和赌局 B，第二阶段包括赌局 C 和赌局 D。

第一阶段：

赌局 A：100% 的机会得到 100 万元。

赌局 B：10% 的机会得到 500 万元，89% 的机会得到 100 万元，1% 的机会什么也得不到。

结果：绝大多数人选择 A 而不是 B。即赌局 A 的期望值（100 万元）虽然小于赌局 B 的期望值（139 万元），但是 A 的效用值大于 B 的效用值，即：

$$1.00U(1\text{ 百万元}) > 0.89U(1\text{ 百万元}) + 0.01U(0) + 0.1U(5\text{ 百万元}) \quad (1)$$

然后阿莱使用新赌局对这些人继续进行第二个阶段的测试：

赌局 C：11% 的机会得到 100 万元，89% 的机会什么也得不到。

赌局 D：10% 的机会得到 500 万元，90% 的机会什么也得不到。

实验结果：绝大多数人选择 D 而非 C。即赌局 C 的期望值（11 万元）小于赌局 D 的期望值（50 万元），而且 C 的效用值也小于 D 的效用值，即：

$$0.89U(0) + 0.11U(1\text{ 百万元}) < 0.9U(0) + 0.1U(5\text{ 百万元}) \quad (2)$$

将式（2）中的 0.89U（0）右移得出：

$$0.11U(1\text{ 百万元}) < 0.01U(0) + 0.1U(5\text{ 百万元})$$

将式（2）中的 0.11U（1 百万元）分解得出：

1.00U(1百万元)-0.89U(1百万元)<0.01U(0)+0.1U(5百万元)

将式(2)中的0.89U(1百万元)右移得出:

1.00U(1百万元)<0.89U(1百万元)+0.01U(0)+0.1U(5百万元)

经过等值变化后(2)式的与(1)式矛盾,这就是阿莱悖论。

阿莱悖论的另一种表述是:按照期望效用理论,风险厌恶者应该选择A和C;而风险喜好者应该选择B和D。然而实验中的大多数人选择A和D。

分析:按照卡尼曼等人的前景理论,人们的决策过程往往与期望效用理论背道而驰。他认为人们是有限理性的,必须把心理因素也考虑到决策模型中去。前景理论认为损失与收益是相对于参照点来说的,人们会根据参照点选择界定问题的框架,从而作出完全不同的决策。另外,它还认为人们都是损失规避的,因此在面对变化的时候更倾向于维持现状。

资料来源:根据http://baike.baidu.com/vieco/1163902.htm修改而成。

管理者在工作中进行决策很少是轻而易举的,尽管他们搜集各方面信息,并通过各种模型来使自己的决策理性化,然而在决策的每一个阶段,错觉、偏见和大脑其他的恶作剧都会影响选择,并且决策越复杂、越重要,利害关系越大,决策者就越容易陷入某个思维误区。

不确定条件下,人们作出权衡判断通常只是依赖于一些思维定势作出直观判断,例如沉没成本、投入升级、代表性法则、可获得性法则和沉锚法则等。另外,人们的非理性还表现在对自己的最初判断进行检验时表现的"过于自信",他们倾向于只接受那些支持性的意见而忽视相冲突的意见,千方百计地寻找证据为自己"证实偏见"。除了个人决策,群体决策中也能够产生使最初判断极端化的思维误区,如群体思维和群体转移。

以上提到的几个思维误区都可以单独作用,但更危险的是它们可以共同作用。一个特别的印象会锚定人们的思维,接着人们会带有主观偏见地寻找证据来证实自己最初的判断,从而制定最终决策。这很有可能是一个蹩脚的决策,但是这个决定发挥了作用并变成了事实当沉没成本升级时,人们就会被它套牢,无力找到一个合适的时机来寻找新的、更好的解决办法。

对付这些思维误区的最好预防办法就是警觉。就算无法根除人们头脑中的偏见,但至少决策人会变得更加谨慎,在形成错误判断之前就发现思维中的错误。

一、沉锚效应与代表性、可获得性启示

沉锚效应(Anchoring Effect)也称作锚定效应或定位效应,指的是当人们考虑一个决策时,思维常常被第一信息所左右,最初的印象、估计或数据就像锚一样沉入大海,锚定了随后的思考和判断,不管是有意识的还是无意识的,我们最终的判断总会沉锚在最初的见解之上,即使根据新接收的信息来调整自己的判断,这种调整也是不充分的,最后还是摆脱不掉第一信息的影子。第二节所讲到的判断人时所产生的"第一印象"就是典型的沉锚效应。

研究者们作了大量的实验来验证这一现象的存在。例如,以色列心理学家巴西勒(Maya Bar-Hillel)在1973年做过一项研究。他首先设定了三种赌博游戏:(1)一次性从装有50%红球和50%白球的袋子中取出红球;(2)从装有90%红球的袋子里连续7次取出红球;(3)赌7次,只有一次从装有90%红球的袋中取出一只白球。然后让参加实验的人从这三

者中选择其一。不难算出这三种赌博游戏的获胜概率分别为：50%、48%（90%的7次方）和52%（100%-48%），很显然第三种规则最有利。可实验结果显示恰恰选择游戏（3）的人数最少，相比（1）和（2），人们更愿意玩后者，而相对（1）和（3），人们又更愿意玩前者。这一实验说明，人们容易高估连续事件的成功概率，而低估独立事件的成功概率。90%先给人们一个很高概率的印象，它成了定位点，尽管懂得概率的人都知道连续相乘之后概率会降低，但往下的调整总是不够充分；相反，10%容易让人们过于高估多次尝试的事件的难度（奚恺元，2006）。

再例如卡尼曼和特沃斯基在1974年所做的实验。他们让被试者估计非洲国家在联合国所占席位的百分比。首先，被试转动罗盘随机选取一个0～100之间的数字；接着，研究者暗示这个数字比实际的大还是小；然后再要求被试对所选择的数字作向下或向上的调整来估计百分比。结果显示，尽管被试确实知道随机选择的数字与非洲国家在联合国占有席位百分比毫不相关，但是他们的估计还是显著地受到这些数字的影响。比如两个分别随机选定10和65的小组最后估计的百分比分别为25%和45%。

这种心理效应类似我们平常所说的"先入为主"。在做直觉判断时，大脑分配了最大的权重给最先接收到的信息，而一旦人们被这些第一信息所锚定，之后接受的信息往往都带有主观偏向性——忽视甚至扭曲一些可以纠正自己先验判断的信息。

在商业领域，管理者们也常常会受到沉锚效应的影响。除了前面所提到的第一印象效应，其中最常见的就是根据过去的事件来进行预测。例如很多财务经理年初做财务总预算时首先会查过去几年的数字，然后在其他因素的基础上对旧数字进行调整。尽管这种预测方式也可能产生很准确的预测结果，但如果过于倚重过去的事件就无法充分考虑其他因素，在瞬息万变的市场上，就有可能导致预测失灵，反过来误导决策。另外，很多经理人过于乐观、高估成功的可能性也是沉锚效应的影响。然而，当管理者意识到沉锚效应的存在时，还可以用它来影响别人的心理，从而获得对自己有利的结果。例如在谈判时，争取先提出一个对自己有利的条件，越极端越好，同时提醒对方有讨价还价的余地，这样就相当于先给对方设定了一个"锚"，之后不论做什么调整都是不充分的，结果就会为自己争取到更多的有利空间。

要克服沉锚效应，首先要克服过于自信，怀疑自己的第一判断，从不同的角度来审视同一个问题；其次，要保持思路开阔，所谓"兼听则明，偏信则暗"，从多人那里收集有关信息，并接受新的信息调整自己的最初判断，但同时要注意在咨询别人意见之前最好先独立思考问题，以免被他人观点所锚定，另外，对要咨询的人要尽量少讲自己的观点、估计和初步决定，如果泄露得太多，可能会反过来被自己的预想所影响；对于谈判中的锚定，要事先彻底地考虑自己的立场，以免被对手的最初提议所左右，同时还要寻找机会朝着有利于自己的方向使用锚定。

除了"先入为主"，人们在做判断的时候还容易过分看重那些显著的、难忘的证据，甚至从中产生歪曲的认识，即代表性启示和可获得性启示。

代表性启示（Representative Heuristic），指的是人们在作出决策的时候，常常是看到某个信息更有代表性就主观地认为这个信息正确的可能性很大。它对决策主要有两个影响：一是导致人们忽视先验概率，二是导致人们错误估计小概率事件的分布。

可获得性启示（Availability Heuristic），指的是人们在作出决策的时候，常常看重那些更容易获得的证据，例如，明显的、突出的、容易搜寻的、容易想象的东西以及过去发生的重大事件或头脑中留有的深刻记忆等。它经常导致人们对于这类事物比较敏感，过高的估计它们存在或发生的可能性，甚至产生偏激的行为。

要避免代表性误区，就要注意看看自己是不是被具有代表性的数据和事实所锚定而忽视了先验概率。对于可获得性启示，就要仔细审查所有的假设，看看有没有令人印象深刻的事件导致我们对它的真实比例和重要性的估计产生了误差。

二、证实偏见与群体思维

前面提到了几个能够影响人们第一判断的思维误区，事实上，尽管这些第一判断明显缺乏证据或者甚至是荒谬的，但还是很有可能向着更为极端的方向发展。因为，人们在单独做决策的时候容易陷入“证实偏见”误区，而在群体决策的时候又容易陷入“群体思维”误区。

证实偏见指的是这样一种现象，我们在检验自己判断质量的时候，只想找出那些将会肯定我们第一判断质量的信息，而忽略那些否定判断质量的信息。比如，当我们购买了一款新手机后，总是倾向于关注那些有关它的广告，而不去关注那些我们决定不买的手机的广告。

有一个实验证实了这一心理误区的存在。将被试分为两组，一组人的观点是反对死刑，另一组人的观点是支持死刑。有两份报告，主要内容都是对死刑作为威慑犯罪的有效性的研究，但结论不同：一份的结论是死刑无效，另一份的结论是死刑有效。每组被试都读了这两份报告，尽管他们都获得了能够支持对方观点正确的科学知识，但实验结果却显示两组成员看完报告之后都对自己的论点更为深信不疑。他们自动接受了支持性的信息，而忽略了相冲突的信息。

证实偏见可能正是上文提到的三个思维误区的延续：当人们受到沉锚效应影响后，对最初判断所做的调整是不充分的，他们在找出原因之前，就在潜意识里决定了该怎么做；而且，在搜集证据的过程中，又受到代表性启示和可获得性启示的影响，更容易被那些符合自己偏爱的证据所吸引。

证实偏见现象在管理者当中也是普遍存在的，它不仅会影响到管理者的决策是从哪里收集证据，也会影响到管理者如何解释这些证据。例如，美国某成功公司的总裁正在考虑是否要取消一项厂房扩展计划，因为他担心新厂房不会维持出口的快速增长，害怕在未来几个月中美元会升值，使他的货物对海外顾客来说价格过高。在决定搁置扩展计划之前，他给一个熟人（她是一家类似公司的首席执行官）打了电话，因为她的公司最近冻结了一家新工厂，这位总裁决定问问原因何在。结果她提出了一个强有力的理由：相对美元，其他货币明显处于劣势。这更坚定了总裁取消厂房扩展计划的打算。事实上，这位总裁正是受到了证实偏见误区的影响，并从朋友的建议中，选择性地强化了支持自己决策的有力证据。

避免证实偏见，首先要全面而且严格地检查所有证据，尤其是那些证实性的证据，不要毫无疑问地接受它们；另外，不要问一些会诱发支持性证据的问题，而且周围不能都是唯唯诺诺的人，最好有一个故意唱反调的，对你最初的判断进行针锋相对的辩论。

在各种组织中，群体决策的应用非常广泛，它在决策的准确性、创造性和可接受性上的优势都是显而易见的。通常情况下，群体决策相对于个体决策，其质量更高，但它带来的两个副产品——群体思维和群体转移，却很可能潜在地影响群体客观地评估各种方案和达成高质量决策的能力。

群体思维（Groupthink）与群体规范有关。所谓群体规范（Norms）就是群体成员共同接受的一些行为标准，它让群体成员知道自己在一定的环境条件下，应该做什么，不应该做什么。作为群体成员，肯定渴望被群体接受，就会倾向于按照群体规范做事。这样，群体就能够对其成员产生很大的压力，使他们改变自己的态度和行为，与群体标准保持一致，即所谓的“从众”行为。当群体成员都追求群体意见一致性的时候，这种从众的压力使个体成员的心智效率、对现实的检验以及道德判断产生了退化。于是会产生这样一种现象：群体无力采取行动来客观地评估被选方案，不寻常的、少数人的或不受欢迎的观点难以充分地表达出来。这就是群体思维。历史上，希特勒集团的野蛮行为、尼克松及其“宫廷卫士”的水门事件以及宇宙飞船“挑战者号”的失事都是群体思维的后果。

群体思维具有以下四个特征：

（1）群体成员把他们所作出假设的任何反对意见合理化。不管事实与他们基本假设的冲突多么强烈，成员的行为都是继续强化这种假设。

（2）对于那些时不时怀疑群体共同观点的人，或怀疑大家信奉的论据的人，群体成员对他们施加直接压力。

（3）那些持有怀疑或不同看法的人，往往通过保持沉默，甚至降低自己看法的重要性，来尽力避免与群体观点不一致。

（4）好像存在一种无异议错觉，如果某个人保持沉默，大家往往认为他表示赞成。换句话说，缺席者就被看做是赞成者。

群体思维就像一种疾病，它会严重损害群体绩效，因此在做群体决策的时候，应避免这种现象的发生。以下是几条预防措施，可以作为参考：

（1）也是最重要的是，群体领导应该明确鼓励不同的意见和批评——包括对他们自身观点的批评。

（2）群体领导应该避免在一开始就表明自己的个人偏好。

（3）与其他群体或其他领导一起考虑同一个问题，比较不同的答案。

（4）群体成员应该与受信赖的同事定期进行审议，并且向群体报告讨论的内容。

（5）群体应该要求群体外的专家或者有资格的同事参加群体的会议，并且鼓励他们挑战群体的一致意见。

事实上，每条措施都是使不同的意见合理化，利用持有不同意见的少数人来减少群体思维的作用，这正是根治群体思维的关键之处。

群体转移（Groupshift）可以看作群体思维的一种特殊形式，它反映了群体成员对讨论过程中形成的占主导地位的决策规范的强化。在进行群体讨论的时候，群体成员倾向于夸大自己最初的立场或观点，使之朝着更极端的方向转移。在某些情况下，谨慎态度占上风，产生保守转移；但在大多数情况下，群体更容易向冒险转移，例如，著名的“猪湾事件”。

为什么群体讨论会使成员更加“大胆”？关于这一现象的解释众说纷纭，但其中最有道理的一种说法是，群体决策分散了责任。群体决策使得任何一个人不用单独对最后的决定负责，即使决策失败，所以群体成员会更加提倡和拥护冒险。

我们注意到群体转移是可以控制的。群体讨论容易夸大每个成员最初的观点，因此群体决策到底是朝着更加冒险还是更加保守的方向转移，取决于群体成员个人在讨论前的倾向。

三、损失规避与框架选择

损失规避（Loss Aversion）最根本的一种表现就是得失不对称性（Gain/Loss Asymmetry）。也就是说，人们对损失和获得的敏感程度不同，对于“得”处之泰然，觉得是应该的，但对于“失”却十分敏感，避之唯恐不及，而且对损失的痛恨要远大于收益带来的快乐。例如，人们愿意花很多钱消除万分之一的死亡可能性买回自己的健康，而不愿意得到同样多的钱出卖自己的健康招来万分之一的死亡可能性。尽管二者在客观上是没有区别的，但是人们面对失去健康时所承受的痛苦与得到它时所获得的快乐是不对称的，前者显然比后者大得多。在管理中也存在损失规避现象。例如，企业往往把大量的资金投入到风险较小的项目中，而仅把很小的部分投入到风险较大但回报更高的项目中，因为企业的拥有者不愿面临大量损失的痛苦。

损失规避直接导致人们更倾向于安于现状（Status Quo Bias）。对于同样一种东西，在得到的时候不觉得它有多大的价值，而一旦拥有后再要放弃就会感到这件东西的重要性，索取的价格要高于不拥有时购买它所愿意支付的价格。如此，人们对自己所拥有的东西加上了非常高的价值，以至于不愿意去作决策改变现状。例如，某工厂现在的工艺每月能盈利100万元，而如果换成新工艺，有50%的机会每月多赚300万元，但也有50%失败的可能性，导致每月亏损100万元。在考虑工厂是否要改进工艺的时候，如果按照期望值最大化原则应该选择改变工艺；但现实中大部分负责人的倾向都是不改进工艺。这是因为当想到要“失”时，不快乐感超过了可能的“得”所能带来的快乐感，所以人们宁愿维持现状。[①]

在组织中，“做错”往往比“不做”受到更严厉的惩罚，在这里，现状有很强的吸引力。例如，很多兼并失败的原因是兼并方不想对被兼并方迅速采取行动以建立一个新的、更合适的管理结构。他们一般不愿意立即大动干戈，总希望等局面稳定下来再说。可是随着时间的流逝，现有的结构更稳固了，改变变得更加困难而不是更加容易。管理者由于没有抓住变革的时机而被现状困住了。

损失规避产生的另一个现象就是忽视未得收益（Insensitivity to Foregone Gain）。直接的损失被称为损失（Loss），而本来可以得到却没有得到的利润是未得到的利益（Foregone Gain），二者的实质是一样的，都是损失。理性人应该对它们一视同仁，但现实中人们往往注意到一般意义上的损失，却对未得收益不够敏感。经济学上有一个很重要的概念称为机会成本，指的是为执行一种方案而放弃另一种可行方案所损失的可能获取的收益。决策者在项目方案选择中经常对机会成本不敏感，选择非利益最大化方案，导致损失大量的机会成本。因此做成本预算时应该把机会成本也考虑在内，争取用最小的机会成本获取最大的利益。

首席财务官的职责之一就是对中层财务人员进行监督、激励和培训，主持财务人员的日常管理和绩效考评，提出任免建议，为公司培养高效的财务管理队伍。所以除了自身要避免产生忽视未得收益误区外，在评价下属业绩的时候也要注意。

损失规避心理经常导致人们的不理性行为，换位思考的方法可以帮助人们作出正确的决策。由于人们倾向于对“失”表现出更大的敏感性，换位思考能够将自己带入不同甚至相

---

① 奚恺元著：《别做正常的傻瓜》，机械工业出版社2006年版，第75页。

反的情形中考虑自己可能的决定，就会发现这不过是一个硬币的两面，从而平衡损失规避心理所造成的影响。

人们作决策的第一步是框定问题，这也是最危险的一步，因为不同的框架选择将会将人们的思维引导到不同方向上，从而作出完全不同的决策。损失规避心理引出了两种最容易误导决策的框架选择。

第一种是根据不同的参照点选择框架。前景理论提出了一个参照点的概念，由于收益与损失是相对参照点来说的，不是绝对概念，人们在决策前根据自己的感受选定了一个参照点，相比于绝对数人们通常对结果偏离参照点的程度更敏感。所以用不同的参照点来进行框架选择的时候，同一个问题可以引发完全不同的反应。研究人员做过这样一个实验，假设被试在活期账户上有2 000美元，然后要求他们对以下两个问题作出回答：

（1）你愿意接受一个各50%的机会，或者损失300美元，或者获得500美元吗？

（2）你愿意保留你账户上的2 000美元还是接受一个各50%的机会，账户上要么有1 700美元，要么有2 500美元？

显然这两个问题其实是同一个，答案应该都一样。可是实验结果显示许多人拒绝了第一个问题中的机会而接受了第二个问题中的机会。这是由于他们在两种表达中的参照点不同：第一种框定的参考点是零，强调的是增加的收益或损失，由于损失规避心理，人们倾向于更加保守；第二种框定的参考点是2 000美元，强调的则是决策在经济上的真实影响。

第二种是根据盈亏来选择框架。根据损失规避中正常人对“失”更敏感的特点，强调一样东西所带来的成本和损失达到的效果要比仅强调其正面的好处更有效。用不同的叙述方式来描述同一个事物会使人作出截然不同的决策。以卡尼曼和特沃斯基设计的传染病试验为例：

假定美国正在为一种不同寻常的亚洲传染病的爆发做准备。据估计，这种疾病可能会导致600人死亡。到目前为止，有两种方案可供选择：

如果采用方案A，有200人将会被治愈。

如果采用方案B，有1/3的可能是600人都会得救，但有2/3的可能是一个人也无法挽救。

以稍微不同的形式，对另一批受试者做同样的试验。

假定美国正在为一种不同寻常的亚洲传染病的爆发做准备。据估计，这种疾病可能会导致600人死亡。到目前为止，有两种方案可供选择：

如果采用方案A，有400人肯定会死亡。

如果采用方案B，有2/3的可能是600人都会死亡，但有1/3的可能是一个人也不会死亡。

实验结果表明：在第一个实验中人们倾向于选择A方案，而在第二个方案中人们却更倾向于选择B方案。可以看出这里表达的只有一个意思，但是不同的表达方式改变了决策的参照点——是死亡还是救活，进而决策也就完全不一样了。这里被试把救活看作收益，把死亡看作损失。当参照点由救活变为死亡时，尽管绝对数相同，但人们对待风险的态度是不同的：面对收益时人们会小心翼翼地选择风险规避；面对损失时人们甘愿冒险。①

① 奚恺元著：《别做正常的傻瓜》，机械工业出版社2006年版，第61～62页。

四、沉没成本与投入升级

人们在决定是否做一件事的时候，不仅考虑这件事是否对自己有利，还会考虑过去是否已经对这件事有过投入。这种过去发生的、无法挽回的时间、金钱、精力等支出成为沉没成本（Sunk Cost）。

从理性的角度来说，沉没成本是不应该影响我们的决策的。做成本收益分析的时候，我们只需要考虑从现在开始，做某事所获得的效用是否足以弥补做这件事所付出的投入，而沉没成本既然是已经发生、不能挽回的，就应该让它过去，在做决策的时候将其忽略。尽管理智上人们知道沉没成本与现有决策没有关系，但它仍主宰着人们的思维，使人们作出不恰当的选择。例如，人们可能由于不愿意卖掉已经亏本的股票或共有基金而错过了其他更好的投资机会；对一开始就不应该聘用的员工，管理人员付出了无数努力去改变他的绩效。

沉没成本误区可能导致两种决策行为：保本和投入升级。

“保本”是商家最基本的经营方针，大部分零售商都不愿意按照低于批发价的价格出售商品，这看似无可厚非，但事实上就包含了沉没成本的谬误。出售商品的时候不应该只看到原价，更应该看到未来的市场行情。例如，设想你是一位电脑零售商，你买进的100台单价为8 000元/台的奔腾Ⅱ电脑现在已经过时了，某学校愿意以4 000元/台的价格买下，你会卖吗？如果你是一位理性决策者，那就不要考虑8 000元/台的原价，而应当考虑将来你还能否以高于4 000元/台的价格卖掉你的电脑。如果不能，那么这4 000元/台的价格就是你最佳的出售价格，为什么不卖呢？（奚恺元，2006）

所谓“投入升级”，是指对过去决策的投入不断增加，即使是消极的决策。一方面，当人们认为要对自己的失败负责时，会对这一失败活动增加投入，以表明他们的决策并非错误，而避免承认自己犯了错误；另一方面，这种“继续把钱投入错误的事情”的行为也是为了追回沉没成本而导致的。投入升级对组织的管理者决策来说具有很广泛的意义，管理者常常为了证明自己的最初决策是正确的，或是为了“收回成本”，继续投入大量资源给那个从一开始就注定失败的决策，最后却因此蒙受了更大的损失。由于在组织中决策失误常常是一件公开的事，所以如果哪位管理者解雇了一个不合格的员工，而这个员工恰恰就是他以前聘用的，就相当于公开承认自己的判断错误，所以让这名员工留下来会让心理上更舒服些，同时还会付出更多的努力以证明自己的最初决策是正确的，即使这样的决定加重了原来的错误。另一个典型的例子就是摩托罗拉的铱星项目。摩托罗拉为这个项目投入了大量的成本，后来发现这个项目并不像当初想象的那样乐观。可是，公司的决策者一直觉得已经在这个项目上投入了那么多，不能半途而废，所以仍旧苦苦支撑。但是后来事实证明这个项目是没有前途的，所以最后摩托罗拉公司只能忍痛接受了这个事实，彻底结束了铱星项目，并为此损失了大量的人力、物力和财力。（奚恺元，2006）

沉没成本误区会导致很多不合理的行为，为了纠正这种误区，人们在做决策的时候应该忘记已经发生的“沉没成本”，只考虑未来所能获得的好处，综合考虑某项决策能否给自己带来正效用。在投资的时候，要把目光放远，审时度势，如果发现前景暗淡，应及早停掉，不要吝惜已经投下去的各项成本：精力、时间、金钱……投入升级误区一方面与决策者的自尊有关，另一方面，如果企业盛行遣责性文化，那么决策者更倾向于隐瞒失败，并不遗余力地扭转乾坤。所以作为管理者应该正视自己的失败，并努力创造更加灵活开放的文化。

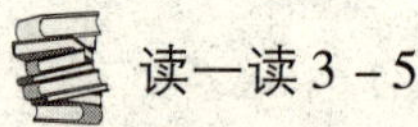

读一读 3-5

1990 年山东省潍坊市临朐县秦池酒厂注册成功，在成立之初的三年左右的时间里，它只是山东无数不景气的小酒厂之一，每年白酒产量一万吨左右，产品从来没有出过潍坊地区。1993 年，已经成功扭转几家企业亏损的正营级退伍军人姬长孔被调到秦池酒厂做厂长，这时秦池酒厂销售额每年不足 2 000 万元，员工却有 500 人。而且那个时候孔府家酒正处于其最鼎盛的时期——是全国性品牌的代表。在这样竞争对手面前，寒酸的秦池几乎找不到一点点抗衡的机会。

姬长孔是有眼光的：这个时候他将目光移出了醉醺醺的山东，转向了东三省。20 世纪 90 年代末之前的 20 年中，几乎所有的中国市场上获得成功的国产品牌，无一不是从三北市场起家的，即东北、西北、华北。因为这三个市场幅员广阔、人口众多、民众收入不高、性情耿直、消费心态不熟，比较适合价格低廉、品质一般而需求量比较大的日常消费品。历史证明，秦池把自己的第一个目标定在天气寒冷、喝酒人数众多的东北是十分明智的。在沈阳，经历了最初的失误之后，姬长孔打了非常漂亮的一仗。他在当地的电视台上密集投放广告，请市民免费品尝秦池白酒，然后又跟当地的技术监督部门搞好了关系，并将其质量鉴定向消费者推销。最轰动的一招是，姬长孔租用了一艘大飞艇在沈阳闹市区上空游弋，然后洒下数万张的传单，一时场面十分壮观混乱。不到 20 天，沈阳人民已经迅速地熟悉了姬长孔和秦池——很显然，姬长孔是懂得如何造势的。进而，秦池酒在三北市场上迅速走俏，近一年时间，三北地区的销量就开始节节上升。

当时央视广告信息部掌门人谭希松将央视的黄金时段拿出来进行全国招标，并且给投标金额最多的企业冠以“标王”的称号。1994 年 11 月 18 日，央视第一届广告段位招标会便爆出新闻：名不见经传的孔府宴酒一举夺魁，进而一举成名。新闻效果之大，出乎任何人的想象。于是，所有的企业家都看到了标王的附加值，标王在众人眼里，已经是一个点石成金的魔棍。由于央视一年一度的招标大会在梅地亚举行，这种现象被称为“梅地亚奇迹”。

当姬长孔对梅地亚奇迹一次次咀嚼并一次次热血沸腾时，命运之神眷顾了他。1995 年的 11 月，一个朋友打电话给他，邀请他参加梅地亚的竞标。于是，他打算在这个疯狂之地，豪赌一次。经过连夜与临朐县政府联系，双方确定了一个新的标底。于是在这一年，秦池干掉了往年的标王，以 6 666 万元竞得标王。一时间，秦池，这匹突然杀出重围的黑马，一举名扬天下。

1995 年竞标成功之后，秦池开始重视企业的形象包装，为了符合中国标王的身份，秦池一下子买了三辆奔驰轿车，并开始投资千万元用于改造办公大楼，这时候的姬长孔已经不是在东北打天下的姬长孔了。

1996 年的标王大会如期举行。竞标从一开始就如同脱缰之马让人无从驾驭：广东爱多叫价 8 200 万元，江苏春兰叫价 1.6888 亿元，广州乐百氏叫价 1.9978 亿元，甚至一个从未听说过的山东齐民思酒厂也开出了 2.1999999999 亿元。轮到秦池了，全场鸦雀无声。秦池开出了一个天文数字：3.212118 亿元，更让人震惊的是这个数字居然是姬长孔的手机号码。

3.2 亿元，比第二名叫价高出了整整 1 亿元。

姬长孔这样精明的人怎么可能不明白，高出第二名 1 亿元的底价，在判断上一定是失误的。但是摆在他面前的事实是：暴富的秦池太需要这个标王了，或者说，他已经无路可走了。1996 年的竞标并在市场上获得前所未有的成绩本身就使秦池处于一个两难境地。孔府宴酒竞标成功后，年销量大增，但是在它竞标失败后，销售便陡然下滑，终于销声匿迹。姬长孔不是不明白这一点。如果秦池也遭遇这一点，那么不仅意味着企业的死亡，对姬长孔来说，也意味着其企业家生涯的结束，这是他绝对不能接受的。于是，秦池的标底比第二名整整高出了 1 亿元，可见秦池的紧张和势在必得。

但是，3.2 亿元相当于秦池 1996 年全年利润的 6.4 倍，而秦池的产量每年最多可达到 3 000 吨。在梅地亚一夜成名之后，对于秦池的需求量持续增长，供不应求，为了满足需求，秦池酒厂大量从四川收购散酒，再加上本厂的原酒、酒精，勾兑成低度酒，然后以秦池古酒、秦池特曲等品牌销售。秦池酒厂每年收购的川酒甚至多于自己酒厂的产量。秦池使用勾兑酒的事实作为新闻，在短短的时间内被国内无数家报刊转载，形成了对新标王猝不及防的一击。

年轻的秦池在媒体面前做不出任何的反应。虽然，勾兑白酒的绝不仅仅是秦池一家，虽然这种以食用酒精为基础勾兑白酒甚至比传统的固体发酵工艺更为先进，但是在那个时候，秦池甚至没有机会将这样一个事实呈现在大家面前，甚至没有机会跟大众解释什么。秦池从君临天下的巅峰状态跌落万丈深渊，让人痛惜的是，原本趋之若鹜的那些媒体，个个都站在了秦池的对立面，没有人同情，没有人支持，秦池哭泣的时候甚至都找不到一个可靠的肩膀。秦池在这个冷漠的经济生态圈中，销售量从预期的 15 亿元下滑至 6.5 亿元，再一年更是下滑到了 3 亿元，从此一蹶不振，最终从媒体的视野中消失了。

资料来源：吴晓波：《大败局》（修订版），浙江人民出版社 2008 年版。

思考题：

1. 秦池在梅地亚的两次胜出有什么不同？
2. 请用沉没成本分析姬长孔在看待这两次胜利时犯了什么错误？
3. 应该怎么避免类似的错误呢？

本章小结

本章一共介绍了十一种常用的思维误区。

1. 思维路径依赖：人们一旦形成某种思维方式，就会在惯性下不断强化它，不管是有用的还是无用的、有意识的还是无意识的，而不会轻易改变。

2. 第一印象：指通过对某人第一次见面所形成的知觉而留下的最初印象，主要是观察对方的仪表、举止、谈吐等产生的自我评价印象，或者是通过其他间接渠道得到的关于某人的信息而得出的最初评价。这种印象有极强的固定作用，一旦形成，很难消退。

3. 刻板印象：人们头脑中存在的对另一群体或群体成员的简单化看法和固定印象。刻板印象具有三个特征：（1）它是对社会群体或群体成员的一种十分简单化的分类方式；（2）它在同一社会文化或同一群体中，具有相当大的一致性；（3）它经常与事实不相符合，甚至有时是十分错误的。

4. 晕轮效应：晕轮效应又称光环效应，是指对一个人的评价过程中，把知觉对象的某些印象不加分析地扩展到其他方面去，从而影响对该人的本质特征的认识和判断的一种心理现象。晕轮效应是人际交往中对人的判断影响很大的认知障碍，我们在交往中要尽量地避免和克服晕轮效应的副作用。

5. 近因效应：指在社会交往过程中最近一次接触给人留下的印象对人的判断的影响作用。近因效应产生的主要原因就是近期因素在时间上具有优势。从时间维度上看，近因最靠近知觉者，其产生的影响也最大化地作用于知觉者。于是近因效应迷惑了知觉者的思维，掩盖了其对被评判者的一贯了解，最终影响我们对人的全面、正确的认识。

6. 类我效应：我们在判断人的社会认识知觉活动中，通常在作出判断前会对被判断对象进行分类。一种很常见的对人进行分类的方法是把人分成两类：与“我”有相似之处的一类和与“我”不相似的一类，即“类我”的一类人和“不类我”的一类人。类我效应使我们在判评人时，通常偏爱与自己有着共同点、相似点的一类人，而对和自己区别较大的一类人在评判时印象上劣于“类我”的那部分人。

7. 沉锚效应：沉锚效应也称作锚定效应或定位效应，指的是当人们考虑一个决策时，思维常常被第一信息所左右，最初的印象、估计或数据就像锚一样沉入大海，锚定了随后的思考和判断，不管是有意识的还是无意识的，我们最终判断总会沉锚在最初的见解之上，即使根据新接收的信息来调整自己的判断，这种调整也是不充分的，最后还是摆脱不掉第一信息的影子。

8. 代表性启示：指的是人们在做决策的时候，常常是看着某个信息更有代表性就主观地认为这个信息正确的可能性很大。它对决策主要有两个影响：一是导致人们忽视先验概率，二是导致人们错误估计小概率事件的分布。

9. 可获得性启示：指的是人们在做决策的时候，常常看重那些更容易获得的证据，例如明显的、突出的、容易搜寻的、容易想象的东西以及过去发生的重大事件或头脑中留有的深刻记忆等。它经常导致人们对于这类事物比较敏感，过高的估计它们存在或发生的可能性，甚至产生偏激的行为。

10. 证实偏见：证实偏见指的是这样一种现象，我们在检验自己的判断质量的时候，只想找出那些将会肯定我们第一判断质量的信息，而忽略那些否定它们质量的信息。

11. 群体思维：所谓群体思维是指在群体的压力下，群体无力采取行动来客观地评估被选方案，不寻常的、少数人的或不受欢迎的观点难以充分地表达出来。

讨论案例　　一个财务经理助理的招聘

张君在东部沿海一个大城市工作，她在一家规模不大的外企公司担任财务经理已经快两年了。在这之前，张君在外企摸爬滚打了五六年，这使她积累了比较丰富的管理经验。因此，公司晋升她为财务经理助理。做助理期间，张君帮助自己的经理做了大量工作，特别是在财务部门招聘时，张君表现非常出色。部门领导表扬她水平高，招的人好用，张君也一直以此引以为豪。很快，随着财务经理离开公司，她直接接手了财务经理的位置。

张君很喜欢财务经理的这个工作，她觉得自己在这个岗位游刃有余，她也对自己的管理能力一度深信不疑。不过，最近的一件事情，却让她心里有些怪怪的。事情还要从一年前说起。

大约一年前，张君一个人到A省的古城去旅行。旅行中，她发现当地人特别纯朴和善良。在公司工作多年，张君已经习惯人与人间的复杂关系。在那样的一个环境里，使得她觉得人与人之间的美好。因此，尽管是一个人出远门，并且当地也没有什么朋友，但她一点都不觉得陌生。

回到公司之后，她发现自己的助理跳槽走了。尽管觉得有些不愉快，可是由于刚刚旅游回来，她心情很愉快，因此也没有当做一回事，对自己说：人往高处走，再招一个合适的吧。

在招聘助理之前，张君根据公司内部关于财务经理助理的任职要求，列出了几项招聘的要素：（1）具有2年相关工作经验和扎实的财务知识；（2）要具有责任心；（3）工作细致认真，并且有耐心；（4）具有较强的人际亲和力和沟通能力；（5）英语听、说、读、写能力要过硬。

面试了几个人之后，张君没有找到合适的。特别是其中有两个人，具有比较丰富的相关经验和专业知识，英语方面无论是听、说、读、写都很好。但是，张经理一看到他们不喜欢。正在失望的时候，有个年轻的姑娘走进来面试。简单看了一下她的简历：A省人、刚刚毕业1年，相关工作经验一般。尽管条件不符，但张经理还是觉得再详细面试一下。

这个小姑娘姓王，从外貌来看，还算比较周正。说话略带有一点A省的口音。张经理突然觉得小王很亲切，认为她满足第（4）项，即具有较强的人际亲和力和沟通能力。但最糟糕的是，小王相关工作经验不突出。尽管学的是财务专业，但是显然资历太浅了。张君想了想：这没有什么关系，只要认真、有责任心，经验很快就会积累起来的。小王的英语也差一些。张经理用英文提问，她几乎听不懂，更不要说用英语表达了。张经理觉得，尽管这是个外企公司，但平常听说英文的机会并不多，只要能够阅读简单的材料就可以了。因此，张经理让小王用英文写了一份材料，主要是介绍自己的家乡。小王按照要求写了个英文的材料，张经理看了看，认为可以放入到招聘档案中了。

此时，张君觉得自己好像有些过于宽松了，于是就对小王提了一个问题，打算看看她的反应能力："你的穿着太普通了，甚至有些过时啊。"小王有些不好意思地说："我刚刚来到这个城市，经济上也不好，因此，也没有办法买时尚的衣服。另外，我本来就不是一个很时尚的人。即使有了较高的收入，我也跟不上时尚。但可能比现在会好一点。"这个回答仿佛让张经理想起了以前的自己。于是点了点头，也就不再问了。

很快，小王就上班了。上班之后，小王的很多问题就凸显出来，尽管张君对小王很喜欢，只要是有时间，就跟她讲业务上的知识。但眼看三个月过去了，小王还是很难适应目前的工作，最后只好被辞退了。

思考题：

1. 张君犯了哪些错误？
2. 在今后的招聘中，张君应该注意什么？

思维篇案例

三星集团的成功变革
——透视三星集团董事长李健熙的管理思维

1995 年，韩国有 7 家公司名列《财富》杂志“世界 500 强”，三星集团只有其旗舰三星电子名列第 221 位，在 7 家韩国公司中位居第 5 名；2003 年，韩国有 13 家公司名列《财富》“世界 500 强”，其中 4 家为三星集团麾下企业。在 2004 年的《财富》“500 强”中，三星电子名列第 55 名，继续居于“500 强”中韩国 10 家公司的榜首。

近 10 年来，三星集团依托发展自主技术和品牌而迅速崛起，一跃成为全球最大的内存芯片、纯平显示器和彩色电视机制造商之一，从众多竞争对手中崛起成为韩国规模最大、最有影响的企业。三星集团年销售额，相当于韩国 GDP 的 1/4。

一、三星的历史

1938 年，一个名叫李秉喆的 28 岁青年，用 30 000 韩元的资金在大丘开始了以“三星商会”为名的生意。20 世纪 40 年代，三星主要出口韩国干制鱼、蔬菜和水果到我国的东北和北京。不久，三星建立了面粉加工厂。在朝鲜战争时期，三星失去了所有的资产。但是，李秉喆没有泄气。战争一结束，他开始了企业业务的转型。1953 年，李秉喆通过建立糖厂和毛纺厂，使公司进入工业生产领域。20 世纪 60 年代初期，韩国政局动荡。三星在磨难中实现了第二次重大的产业进步——1969 年，三星电子公司成立。李秉喆认为，从技术、劳动、附加价值及出口前景等方面来看，电子工业是当时最适合韩国国情的产业。此时，三星产生了新的追求——三星要在几大主要工业领域实行扩张，继而成为韩国企业的领导者。70 年代初，三星开始生产电视机和录像机等家用电器，并涉足重工业和石油化工领域；同时，三星开始进入国际市场。

20 世纪 80 年代，三星开始以技术跻身世界工业舞台，先后建立了三星数据系统公司（现名为三星 SDS 公司）、三星经济研究所和三星综合技术院，由此帮助三星进一步在电子、半导体、高聚合物化学、基因工程、光学通讯和航空工业等领域进行扩展，并奠定了公司在 90 年代发展的技术基础。1987 年 11 月 19 日创始人李秉喆去世后，李健熙继承父业成为新的掌门人。在 1988 年三星创建 50 周年的庆典上，他提出了集团“二次创业”的动员令，目标确定为把三星建设成为 21 世纪世界级超一流企业。1993 年三星宣布实施“新经营”思想，掀起了一场其含义可以归纳为“产品一流化、为顾客提供全方位的服务及树立优秀的企业公民形象”的经营革新运动。

二、三星的变革之道

“改变你的一切，除了你的家庭。”这是韩国三星集团总裁李健熙向他下属的 18 万员工提出的一个口号。

1942 年出生的李健熙，先后于 1966 年在日本早稻田大学完成经济学学业，在美国乔治·

华盛顿大学获得 MBA 学位。从美国归来后，先是进入东洋广播公司，后于 1978 年出任父亲拥有的三星物产株式会社的副会长。1987 年三星创始人李秉喆去世后，李健熙接过了三星集团会长的大印。李健熙的父亲 1938 年创建三星集团时只有 2 000 美元，经过半个多世纪的奋斗，三星集团已发展成为最大的亚洲企业集团之一，下辖 20 家公司，业务不断扩展，正如日中天，李健熙主动提出要改变三星，为什么要改变？改变什么？

1. 新经营思想。李健熙直言不讳地告诉职工："世界已经发生巨大变化，但三星却没意识到我们已被拉下多远，仍陶醉于三星是韩国第一。我们不能以此为满足，因为这在世界范围内毫无意义。我们必须有全球意识，把整个世界作为我们的舞台。"他认为，三星的产品，从家用电器到重型机械，都缺乏独到之处，品质不尽如人意。随着韩国市场逐步向日、美、欧开放，三星如不迅速地调整就难以生存到下个世纪。他呼吁三星人必须转变观念，谋求发展，而最重要的就是要改变重产量轻质量的传统观念，代之以质量至上的新观念——"质量经营"。这也是李健熙 1993 年提出并竭力倡导的三星集团"新经营"思想中的最重要概念之一。

在创始人李秉喆手中，三星集团是靠生产和经营价廉物美的大众消费品起家并立足于韩国市场的。如果把李秉喆的经营策略描述为"成本领先"导向型，那么李健熙的经营策略显然是追求"差异化"优势。李健熙发现了经济全球化背景下三星集团"第二次创业"应该因循的方向——实现由产品的"量"到"质"的升华。

为了证实他的想法，1993 年 1 月他前往洛杉矶调查了许多电器商店，果然发现尽管三星电器的价格比日本货便宜，却并不能吸引美国消费者。他立即将三星电器公司的三名高级职员召至洛杉矶，首先让他们把市场最畅销的电视和录像机样品同三星的产品摆在一起比较，三星的产品显然相形见绌。然后让三位经理到洛杉矶的电器商店去询问三星的产品为什么不受欢迎，答案是设计粗糙、故障率高、售后服务差等。一个月后，他又在东京采取了同样的做法，把公司的 30 名经理召去，向他们作了一个长达 12 小时的报告，反复强调质量。他说："也许三星和世界最好的公司之间只有微小的差别，但我们必须承认我们落在人家后面，我们现在只是一家二流公司。"他指出："公司的销售额虽然在上升，但这不能说明一切。三星正在失去美国、欧洲和日本的市场。传统的对策是如果美国人不要我们的产品，我们就把它们卖到亚洲去，从来不去认真地考虑改进质量，只看销售额而不看产品本身的质量。现在中国、印度尼西亚等国均能造出非常便宜的家用电器，如果三星不转向高技术产品，提高产品的质量，那就只有死亡。"

过去三星评估下属职工和企业的表现时，65% 看产量，质量的份额最多只占 35%。李健熙提出质量和产量的重要性之比应该是 9∶1，甚至 10∶0，与其生产大批质量低劣的产品削价销售，不如压缩产量而提高质量。

韩国是一个儒家传统根深蒂固的国家。大企业多以家族为基础，家长既是老板，又是经理，企业的经营管理都遵循他的思想，形成各企业自己的传统。三星集团由李健熙的父亲执掌半个世纪之久，其经营思想和管理方法有固定的程式，而且 60 年代起韩国鼓励出口，经济起飞，强调产量和销售额的方针曾有过辉煌的成果，要改变谈何容易。李健熙虽然身为总裁，但要改变属下的观念推行注重质量的方针仍举步维艰，而最大的障碍竟来自三星集团的高级管理层。

"毫无疑问，我们将执行你关于提高质量的指示，但如果操之过急，则会欲速而不达。"，"您说得对，管理人员应着重抓质量，但不论您如何强调，职工们仍不会轻易放弃以数量为中心。"这些是李健熙经常从下属公司经理们那里听到的回答。经理们往往只是把他的指示记在本子上就完了，根本不去付诸实施，因为他们觉得李健熙的想法过于理想主义，难以在短期内实行。三星集团的销售额在不断上升，他们并未感到有改变的必要。李健熙发现，他的许多指示中下级职员根本就不知道。他还发现，拥有200人的庞大的总裁秘书处在传达他的指示时经常断章取义，歪曲走样，甚至变得意思完全相反。他为此很久夜不成眠，经过反复思考，他下决心采取了一项异乎寻常的行动——直接与职工对话。

他缩小了总裁秘书处的权限，把秘书处的主任和一半职员分配到下属公司。他分批召见了180名各级管理人员，同他们进行长时间的恳谈，而更有力的措施是他把自己改变观念、注重质量的新经营思想通过录像和录音直接向公司员工进行播放。迄今他已录制了300小时的录像带和750小时的录音带，其中有他关于质量问题重要性和迫切性的讲话、对公司业务的评价、公司存在的问题和解决方法以及一些他同经理们的对话。有一部录像展示了堆积如山的返销产品，一名工人用小刀削改不合格的塑料零件使它能装配进冰箱，一台昂贵的测试仪器长时间地被弃置一旁。李健熙说，三星的职工70%~80%是很有能力的，但要让他们知道三星的毛病。他在一盘录音讲话中说："冷战已经结束，一场更为激烈的经济战争已经开始。在这场新战争中，一个国家的力量取决于其技术水平。而韩国人，特别是三星人，显然对这场战争的严重性和广度认识不足。"他提出，三星的改革应该从每一个三星人做起，要求每个人改变观念。

为了使三星摆脱传统的经营方式转变到质量至上的轨道上来，李健熙显示了巨大的决心。他甚至提出以自己的全部家产作抵押，如果1997年前他注重质量的方针还不能为三星带来预期的经济效益，他将辞职并以家产赔偿三星的损失。他知道困难很大，但仍充满信心。他说，我继续担任总裁本身就说明我得到支持，虽说不是100%，但至少有50%。事实上，李健熙关于质量的呼吁在三星甚至韩国社会上引起了极大反响，获得了越来越多的支持。三星集团正向着更多地关注质量的方向发展。

李健熙清楚地意识到，三星集团产品的"质"必须由两个"利器"来保证——一是持续不断的产品升级，二是顾客服务的持续改进。"高端化"是目前媒体用来描述三星产品发展战略特点的一个常用术语。三星产品升级换代的定位，不是以自己本身的原有产品作为定位基准的，而是瞄准全球最强竞争对手的产品来考虑自己的定位。美国《商业周刊》"年度设计奖"一向是欧美公司的天下，2003年却被三星包揽电器类金银铜五大奖项。自1998年邀请前IBM设计师Tom Hardy加盟以来，三星已经获得了17个奖项，居亚洲公司之首。2004年，三星公司又一举获得5项工业设计杰出奖，成为第一家所获奖项超越欧美竞争对手的亚洲公司。三星公司被认为是利用设计提高品牌价值和扩大市场份额的典范。

2. 转变经营战略。三星电子，一个在今天的全球电子行业中排名第二的世界重量级企业，是三星集团经营战略变革的典范。在1969年创立后的相当长时期内，三星电子一直奉行总成本领先的基本竞争战略。它以"批量生产、提高销路、降低成本、规模扩大、出口为主"为目标，谋求价格制胜。一是因为其母体三星集团有着大规模低成本的传统和特长，这种优势容易转移嫁接到其电子产业上，二是三星的劣势是缺乏电子工业的核心技术，营销能力薄弱，品牌没有威信等，限制了向差异化方向发展的可能。三是在三星电子诞生后长达二十余年的时间里，韩国在其所属的以西方为主导的经济联盟体中，一直由于廉价劳动力的成本优势而扮演着制造工厂的角色。三星作为韩国企业，其企业定位免不了受到韩国国家定位的影响。三星电子对认定适宜于自己的总成本领先战略进行了不折不扣的坚持，把大规模制造发挥得淋漓尽致，并且对这一战略一坚持就是二十年。它的辛苦和坚定也的确没有白费，企业相继取得了黑白电视机、录像机、微波炉、动态储存器等产品项目的世界第一。

三星总成本领先战略正处辉煌之时，中国加快了改革开放的步伐，中国逐步取代韩国和东南亚作为世界工厂的趋势日益明朗，三星的成本优势危如累卵。李健熙认识到，三星电子要在将来继续发展，一定要另辟蹊径，走以创新为核心的差异化道路，尽管差异化战略实施的难度、复杂性远非早已轻车熟路的总成本领先战略堪比，但李健熙不管那么多，讲究知行合一的他很快进入发动机的角色，亲自推动企业的一系列变革创新。在生产管理上，1993年6月7日，李健熙在德国法兰克福正式签发以68为主题的“新管理政策”。在研发设计上，企业在半导体芯片、薄膜液晶显示器（TFT－LCD），移动手机等多个项目上发动进攻。两项举措成绩显著：截至1997年，三星研发出了多种DRAM新产品，率先实现CDMA手机商业化，TFT—I. CD和IT产品研发也取得良好的进展；管理新政为企业DRAM产品的世界市场份额每年贡献一个百分点，不断巩固它在DRAM市场上的全球霸主地位。另外，在组织结构的调整、组织文化的重塑、基础产业（家电等）的改造、营销能力的培养上，也进行了大的“手术”。三星对公司架构进行了大刀阔斧的改革：一是通过销售体系与生产体系的分离，由过去以生产工厂为主导的销售模式变为以市场为主导的模式；二是摒弃了论资排辈的用人制度，采取“重才求进”的用人制度。在产品开发上，三星电子遵循这样一种战略原则：开发周期比日本同行快3~6个月，比国内同行快半年。这样奋斗三四年之后，迫使许多日本公司放弃了同三星电子的竞争。三星电子采取的另一项措施是设立风险资本机构，以推进采用最先进的技术。目前，三星电子拥有研究人员17 000人，占员工总数的34%。仅三星电子无线事业部就在韩国设立了2家研发机构，并拥有6家海外研发机构，研发人员超过1 400名。三星电子在47个国家拥有87个机构，这些分支机构定期调查当地消费者的生活、工作情况，当地设计的潮流，以及人口的性别特点、消费特性等，通过这样的市场调查选定有代表性的消费者群体，针对其市场特点进行设计。2003年和2004年，三星电子的R&D费用占销售额的比重分别为8.1%和8.5%。尽管三星电子在整体实力上与IBM、索尼等大公司仍存在差距，但每年在美国注册专利最多的公司中，三星已名列第5位左右。

3. 整合产业、实施顶级战略、占领国际市场。调整产业领域、在收缩中提升和扩张是变革，不断推出更符合消费者需求的产品也是变革。为进军世界五大电子企业，三星1988年将三星电子、半导体及通讯公司合并成三星电子。1993年，李健熙提出三星集团在国内和国际市场上均有许多强项，但如果集团不能集中力量，这些强项将成为弱项。只有作为一个整体，这些强项才能显示出实力。一个单独体是弱小的，但很多单独体把力量集中到一起，它们将无坚不摧。

三星通过世界级顶级战略实施，有17种产品占据世界市场份额的前5位，12种产品占据世界市场首位，并涉足电子、金融、重工业、化工和造船等领域。其中，金融部门包括保险业（人寿保险和财产保险）、证券业、信用卡、消费信贷和投资信托等业务，其金融、保险、信用卡业务在韩国首屈一指。三星的投资领域看起来非常多元化，但实际上三星在不断淘汰没有发展前途的领域。1997 年金融风暴爆发时，三星的负债率曾经高达 300%，在人们担心三星能不能熬过难关时，三星果断将旗下子公司减至 47 个，将其 10 个事业部以 15 亿美元卖给海外财团，包括三星重工业的建筑机械卖给瑞典沃尔沃，三星叉车卖给 CLARK 等。三星集团明确强调："我们的事业重点在通讯和金融两大领域。"李健熙清晰地把三星集团的战略转型描绘为：成为 21 世纪名副其实的世界超一流企业，将电子、金融及服务业确定为核心业务，成长为引导信息时代的"数字企业"。

三星集团在国际化道路上，把中国视作自己 21 世纪业务扩张的广阔天地，三星集团第二号人物尹钟龙称"中国总部是三星在韩国以外的第二个总部"。三星集团在中国的发展可追溯到 20 世纪 70 年代。在中韩还没有建交的历史背景下，三星经香港从中国进口煤炭，这是韩国企业在新中国成立以后与中国进行的第一笔贸易。自 1992 年中韩正式建交以来，三星电子于 1992 年 8 月在中国惠州投资建立了三星电子有限公司。目前，三星集团在中国建立了 26 个生产企业，6 个销售企业，3 个研发机构及若干代表处、办事处、产品技术服务机构，拥有员工约 4.5 万人。截至 2003 年年底，三星实现对华累计投资 29 亿美元，2003 年营业额达 94 亿美元。

4. 培养世界级人才。李健熙认为，三星要站到世界前列，必须拥有熟悉世界经济和市场的管理人员。因此，他特别重视培训人员，并采取了一系列有力措施。在招收大学毕业的新员工时，三星注重他们的创造性和分析能力，主要不是考核他们学校里背下来的知识，而着重测试他们的常识，如技术基本知识、文字读写水平，懂外语者还可以加分。三星负责人说这是为了传递这样一个信息：时代变了，我们希望大学用符合国家和公司需要的方式教育学生。

为了培养有全球意识的管理人员，李健熙推出了一项曾遭公司高级管理人员反对的培训计划：5 年内投资 1 亿美元，每年选派 400 名有发展前途的青年职员带薪加补贴去世界各国，任务只是游历各地，吸取当地的文化，了解这个国家和它的人民。李健熙还推出一项"21 世纪培训计划"，选派 40 岁以上的经理去日本、美国或欧洲，学一门外语，参加一期短期管理研讨班。李健熙希望以此来改变高级管理人员的思想观念，因为他认为企业的变化取决于管理者的变化，而管理者行为的变化来自于思想观念的变化。

早在 20 世纪 90 年代初，李健熙会长就倡导建立三星"地域专家培训制度"，即每年派一定数量的员工到国外考察、研修，以扩展视野，增强国际经营能力。2002 年共派出了 145 名员工。现在，三星已有 2 500 多名地域专家活跃在世界各地。李健熙会长相信：未来白热化的竞争，将由少数创造性的人才决定胜负；未来是一名天才能够养活 10 万人、20 万人的时代；在头脑竞争的时代，国家的竞争力最终将取决于杰出人才、创造性人才。他说："如果各个领域都拥有大量产品设计天才、技术开发天才等'天才级'头脑，那么任凭世界环境和国际市场怎么变化，也没有什么可怕的了。"

5. 文化重塑。李健熙说，"第一流的公司有什么与众不同？它为其雇员提供较高质量的生活"。时至今日，衣、食、住已不再是人们关注的焦点。当前，诸如半导体、遗传工程等技术正飞速发展。由于农业耕作技术的科学和现代化，人们有了足够的食品，由于纤维和石化工业的发展，人们用很低的价格即可买到衣服，盖房也变得简单了，人们关注的焦点是生活的质量。我们都想过较好的生活，较好的生活意味着什么呢？较好的生活意味着更舒服，享受更多，更加乐在其中。只有我们自己过上较好的生活，我们才有可能去帮助别人。

李健熙力图在三星公司内部引进一些新的作风。他提出："提高个人的生活质量是提高生产和管理质量的起点。只有会休息才会工作。"他反对马拉松式加班加点的工作方式，要求员工按时下班，多花一些时间和家人相聚，全家老小在一起吃晚饭。三星的职工早上 7 时在交通高峰时间前就上班，下午 4 时准时离开办公室。李健熙有时还亲自打电话到办公室查问职工是否准时离开了。他鼓励职工合理利用业余时间，学一门外语，从事一项体育活动，特别是高尔夫球、棒球和橄榄球。他认为体育运动不仅可以强健体魄，还有助于增强竞争意识，而这正是三星最需要的。运动还可以帮助养成良好的工作作风。例如高尔夫球可以使你学会遵守规则和礼节，注意力高度集中，这就使你在工作中也能自律和行为高尚。棒球和橄榄球则强调团队意识和拼搏精神。

李健熙还对女职工的地位给予特殊的关注。在韩国，女职工通常结婚后就辞职回家照顾家庭，许多男人带着传统的狭隘观念，轻视妇女。李健熙却认为，在当今世界市场上，妇女是任何公司都不容忽视的巨大购买力，在家庭用品方面，妇女更是主要消费者。在日本，职业妇女已成为最大的消费集团。许多公司企业都在积极研究这一新的消费阶层。一般来说，妇女更了解妇女的喜好，因此三星需要更多的女职工。他主张三星的男女职工应有同等待遇。妇女可以领导男子，她们同男职工一样值班出差，可以前往世界各地，并有同等的授权和责任。现在，妇女在三星管理机构内占有固定的位置，起着活跃的作用。仅 2007 年，三星就聘用了 500 名女职工，比前年多 10 倍。

李健熙厌烦公司过去每天从早晨 8 时一直工作到晚上 10 时的工作方式，他认为应该提高工作效率而不是增加工作时间。他喜欢竞争，开时速 320 公里的赛车，在装满电子设备的书房里边看录像边思考公司大事。他不经常待在总部的豪华办公室里，也要求经理们不要老坐在办公室里，要花更多的时间去生产现场和会见客户。他声称自己只抓集团的经营方针，一年召开两次集团各公司首脑联席会布置经营大事，而具体事务则尽可能交给专业人员去办理。他要求将错误变成财富。他说："每个人都会犯错误。如果你尽了最大努力仍犯了错误，无论错误和损失多大，都不会受到责备，但重复同样的错误则是不允许的。"他提出只要把错误完整地记录下来，对错误原因作深入的分析，就不应该受到惩处，因为失败是对成功的投资，犯错误的教训将成为三星的资产，而任何隐瞒错误的企图都是不可宽恕的。他要求每一个职工都要时刻想到顾客，如果生产或出售了次品，你不必向上级道歉，而应该对被你欺骗的顾客感到歉疚。

三、三星变革奠定全球地位

三星集团的业务涉及从电子到重工、从家电到宇航等十分广泛的领域。三星电子在半导体工业和存储设备生产领域居于世界领先地位。2004 年，三星电子以 710.7 亿美元的市场价值在美国《商业周刊》全球 1 000 强中名列 45 位，在亚洲最大公司中名列第四，并被认为是"来自新兴市场的公司中给人印象最深的"公司。三星物产是韩国最著名的贸易公司，2002 年销售额为 308 亿美元，在 2003 年《福布斯》杂志"全球 500 家公司"中名列第 65 位。三星 SDI 是世界第二大阴极射线管（CRT）制造商，2002 年企业销售额为 53 亿美元，在 2003 年《福布斯》杂志"全球 500 家公司"中名列第 485 位。三星生命连续 13 年被韩国保险监察会评为最优秀的企业。三星生命不是上市公司，但按营业额计算，可相当于 2003 年《福布斯》全球 500 家的第 146 位。

如果把三星集团作为整体来审视，2003 年的销售额为 1 017 亿美元，净利润为 56 亿美元。按美国《商业周刊》2003 年 7 月公布的统计结果，三星集团的 2002 年度利润总额在全球赢利最多的公司中名列第九。三星集团在韩国是最大的企业集团，其麾下 14 家上市公司的股票市值占到韩国股票交易市场股票市值总额的 31.12%。在全球 IT 行业中，三星集团已经由一个拾遗补缺的跟随者，变成超级领先者。在《财富》杂志历年的权威排名中，三星集团属下的三星电子在电子行业的地位逐年攀升，由 2000 年的第 15 位、2001 年的第 14 位、2002 年的第 5 位一直上升到了 2004 年度的第 4 位。

如今，在全球消费品市场上，三星（SAMSUNG）标记和品牌的影响已经走在 LG、现代等韩国公司的前面。三星集团目前使用的标记，是 1993 年为纪念公司诞生 55 周年以及“第二次创业”口号提出 5 周年而推出的。三星标记由英文字母组成，便于公司更好地在全世界展示形象，由此推进公司成为全球公司的领导者。斜置的椭圆象征在全球空间中三星充满创新和变革的动力。开头的“S”与结尾的“G”象征公司将组织内部与外部世界连成一体。由此表明，三星渴望与世界融为一体，并服务于整个人类社会。2003 年，在世界著名品牌调查机构 Inter Brand 进行的年度品牌调查中，三星电子排名飙升，从第 42 位提升到了第 34 位，品牌价值由 64 亿美元增加到了 83 亿美元，成为全球品牌价值提升速度最快的公司。2004 年，《商业周刊》根据 Inter Brand、摩根斯坦利公司等知名机构的评估，确定三星的品牌价值为 125.5 亿美元，居全球最佳品牌第 22 位，其价值比德国品牌西门子高出 50 亿美元。

资料来源：

1. 符福渊：《韩国三星集团总裁李健熙的经营之道》，《国际人才交流》，1994 年 10 月。
2. 《韩国三星集团历史回顾》，《中国投资》，2002 年 4 月。
3. 苏燕译：《我如何管理三星集团——李健熙一篇发言》。
4. 《韩国三星集团的后来居上及其启示》，《改革与战略》，2003 年 11 月。
5. http：//www.jrj.com.2008 年 4 月 23 日，《南方都市报》。
6. http：//www.jrj.com.2008 年 4 月 23 日《南方日报》。

思考题：

1. 1988 年，三星集团董事长李健熙为什么提出“二次创业”？他的目标是什么？
2. 李健熙在实现二次创业目标过程中，是如何注入自己的新经营思想的？
3. 三星成功变革的关键点有哪些？

IT 明星实达的 ST 之路

一、实达背景

福建实达电脑集团股份有限公司成立于 1988 年 5 月，1994 年 3 月 15 日经福建省体改委（闽体改［1994］019 号文）确认为规范化股份制企业，总股本 5 000 万股；1995 年 5 月公司经福建省国资局和福建省体改委批准，以增资扩股方式吸收福建省外部设备厂经营性净资产入股，总股本增至 10 000 万股；1996 年 7 月经中国证监会（证监发字［1996］111 号、

112 号文）批准，上海证券交易所审核同意，公司股票（A 股）于 1996 年 8 月 8 日在上海证券交易所挂牌交易，向社会公开发行新股（A 股）3 000 万股，发行价每股 7.35 元，实募资金 2.0486 亿元人民币，总股本增至 1 3000 万股，经股东大会批准，于 1996 年 11 月以资本公积转增股本，转增比例为 10∶5，公司总股本增至 19 500 万股；1997 年 3 月 10 日以增本公积转增股本，转增比例为 10∶5，公司总股本增至 29 250 万股；1997 年 7 月经福建省证券管理办公室（闽证委办［1997］61 号批文）批准，以 10 股配 1.333 股，向全体股东进行配售，配股总额为 3 900 万股，每股配售价为 6 元，实际配售总股数 3 262.9440 万股，实募资金 1.8975 亿元，公司总股本增至 32 512.9440 万股；1999 年 4 月经中国证监会福州特派员办事处（闽证监［1999］84 号文）同意及中国证监会（证监公司字［1999］82 号文）批准，按 10∶3 的比例向全体股东配售股份，配股总额为 9 753.8832 万股，每股配售价为 8 元，实际配售总股数 2 642.8954 万股，实募资金 2.0527 亿元。截至 2003 年 12 月 31 日，公司总股本为 35 155.8394 万股。

在 IT 界，实达电脑曾经创造了“从 16 个人到 16 个亿”的传奇。实达人很早就实行了“国有法人控股，员工持重要股份”，顺利解决了产权问题。一直以来，外界对实达电脑的印象是：股权分散、主业良好、布局合理，各子公司在各自把守的产业领域地位显赫。但是，历史好像和每一个关注实达的人都开了一个玩笑。实达电脑 2000 年年报显示：2000 年度亏损 2.52 亿元；主要财务指标每股收益 -0.72 元，净资产收益率 -47.44%；加上 1999 年的亏损业绩，公司已经连续亏损两年了。2001 年 4 月 30 日，实达电脑被实行特别处理了！一个高速发展了 10 年、年营业额超过 30 亿元、在相当长时间内保持中国电脑外部设备市场第一、网络设备市场前三强、PC 市场前四强的高科技企业，竟被 ST 了！这背后到底隐藏着什么？

实达电脑大事记：

1996 年 8 月 8 日，实达电脑 A 股在上海上市，股市巨大的资金支持使实达人雄心倍增。

1997 年 6 月实达宣布进军个人电脑市场，在一年多的时间内，市场份额即名列国产品牌前四位。1997 年，实达在中国 100 大上市公司中排名第 38 位。

1998 年 2 月组建软件产业公司，大举投资软件与系统集成产业。

1999 年底提出要成为中国最重要的网络设备与技术服务供应商。同年，实达的财务报表出现了无法遮掩的亏损，为解决这个问题，实达人请来了世界首屈一指的咨询机构麦肯锡，并于 2000 年初根据麦肯锡的方案开始实施基于网络、扁平化的母子公司制运作模式。不幸的是，这次机制的改变不仅没有让实达顺利脱胎换骨，反而变本加厉，每股收益由 1999 年的 -0.16 元变为 2000 年的 -0.72 元。

2001 年，实达电脑因 1999 年和 2000 年连续两年亏损，被特别处理，简称“ST 实达”。2001 年下半年，吃到苦头的实达人抛弃了洋和尚的“圣经”，由母子公司制再次向投资管理公司制转型，砍掉了大部分非主业业务，重新组建北京实达科技发展公司。该年，实达在中国电子信息百强企业中名列第 33 位，在电脑信息行业中排名第 6 位，在中国科技上市公司百强中排名第 51 位。

2002 年 3 月，用自己的方法摘掉了 ST 的帽子。2002 年 6 月 30 日，实达卖掉了持有 75% 股份的控股子公司实达网络。2002 年末，实达 PC 亏损了 1 000 万元。

2003 年 1 月，实达宣布旗下全资子公司福建实达电脑科技有限公司（简称实达电脑科技）进军原来实达网络的业务领域——网络产品。2003 年 3 月 28 日，实达宣布多元化将是实达的发展方向。2003 年 8 月 25 日，实达电脑上半年净亏损达 2 909. 7 万元。

最新数据显示，实达集团（600734）2004 年第一季度主要财务指标为：每股收益 -0. 0743 元，净资产收益率 -4. 41%；第三季度每股收益 -0. 26890 元，净资产收益率 -19. 75%。

从 2001 ~2004 年，实达电脑的主营业务收入和利润逐年下降，而且这几年公司的盈利主要来自投资收益（卖股权收入）。2004 年第一季度实达销售收入比上年同期下降了 27. 40%，亏损 2 612. 07 万元。2004 年 1 ~9 月，实达集团亏损 9 452 万元，并已在 2004 年第三季度预告全年亏损，其中，实达集团经营 PC 的重点公司——福建实达电脑科技有限公司成为实达集团旗下亏损最大的子公司，该公司 2004 年上半年亏损 2 678 万元，其净资产为 -4 615. 9 万元。

二、多元化战略

从终端起家、由电脑外设领域挺进个人电脑市场、继而挥师电脑软件产业和网络通讯产业，甚至涉足过消费电子业和信息服务业，实达曾是国内著名的 IT 企业。自 1992 年后，实达曾先后有中西文终端、针式打印机、POS、税控收款机等多项产品市场占有率居国内同类产品之首，其中中西文终端更是十一连冠，出现神话般的辉煌。

1988 年，刚刚成立的实达就遭遇多元化诱惑：尝试劳务输出。但在进行调查后实达主动放弃，通过这件事，当时在公司中形成了一致意见：不要插手不熟悉的行业。可是，商海大潮涌动，机遇似乎在向每一个人招手，仿佛你一伸手就可以捞到大批好处。1993 年，挡不住诱惑的实达成立了东方贸易、西方实业等公司，参股八方技术等公司，业务领域走出 IT，但经营结果均不理想。1996 年，实达确定的公司三大 IT 主业是：电脑（硬件）业、软件与信息服务业、消费电子业，并且决定将 VCD 列为 1997 年的重点建设项目。1999 年，VCD 项目给实达电脑造成 1 亿元以上的巨额亏损。

由于实达投资的行业多，对各行业的发展状况、竞争对手的实力、市场需求缺乏深刻的调查分析，实达电脑的大部分投资项目都没有达到预期目的，没有形成新的利润增长点，费用增加快于销售增长，导致 1999 年和 2000 年的大面积亏损。2000 年，实达电脑彻底停掉 VCD 业务，关闭做 IT 产品分销的海达、电动轮椅项目、世纪、驰宇、计算机设备、得实、上海实达。进行财务清理后，实达电脑实际亏损 2. 67 亿元。此时，实达的三大 IT 主业已经收缩为 PC、外设、网络。而实达电脑在 IT 行业投资，尤其在硬件产品投资方面，不仅能够成功，而且能做到前几名，如网络产品。2000 年实达电脑出现亏损，主要来自于非 IT 项目的投资，实达电脑的三大主营业务——PC、外设、网络，在 2000 年不仅没有任何损失，还取得了相当大的盈利。

三、频繁的资本运作

2003 年 5 月 16 日，实达电脑发布公告，将旗下所持有的福建实达电脑设备有限公司（简称实达外设）65% 的股权，转让给香港实达科技（0706，HK），转让价格为 2. 85 亿元人民币。在此之前，在香港联交所上市的实达科技发布收购公告，宣布按一定比例募集 1. 98 亿港元，作为收购实达外设 65% 股权的一部分资金。这似乎是一起普通的股权转让，转让方和受让方都与实达有关。但是，它不但在实达内部引发争论，也招来了有关媒体的强烈质疑。

自1992年以来，实达外设是实达赖以起家并称霸一方的主要基业，一直稳居国内的外设市场前列。2001年，对公司的销售收入和利润有贡献的主要有三大主力子公司：实达外设、实达网络和实达电脑科技（即实达PC）。其中前两家净利润分别为8 644万元和901万元，卖PC的实达电脑科技则亏损了405万元。2002年，实达电脑的主营业务收入只有23.23亿元，净利润仅为2 099万元，其中，外设销售收入达9亿元，实现净利润1.01亿元。也就是说，实达外设不但在对上市公司的收入贡献上占据了将近半壁江山，而且更为重要的是，它是公司利润的主要来源。如果没有实达外设，实达电脑在2002年将亏损近8 000万元。就是这样一家年净利润过亿元的行业龙头公司，65%的股权却只卖了2.85亿元，这显然是一桩对买家极为有利的交易。

实际上，这已不是实达第一次主动出让优质资产。2001年7月，实达电脑将旗下子公司实达网络65%股权转让给一家投资公司，转让价格仅为4 569万元。后来的事实证明，这家投资公司只是一个过渡。实达网络的股权最终落到了实达电脑的第一大股东福建计算机外部设备厂的手中。实达网络2001年一年的净利润为901万元，4 569万元买走65%的股份，买方所占便宜一目了然。

卖掉“当家花旦”，无疑是败家子的行径。而在这种情况下，要想在2003年年报中出现可带来丰厚销售收入和净利润的子公司，简直是天方夜谭。

四、麦肯锡兵败实达

实达电脑1996年成功上市后，在快速发展中遇到一系列问题。1998年，如日中天的实达各项业务全面出击，销售业绩开始滑坡，管理层对多产品营销感到力不从心。拥有国际雄厚资源库的世界级咨询公司麦肯锡在进入中国七八年后已经到达了高峰期，积累了康佳集团、乐百氏公司、瀛海威公司、深圳平安保险公司等一批国内大型企业的咨询案例。基于对麦肯锡的信任，实达集团决定请麦肯锡咨询公司对其进行诊断。于是实达以300万元请来了麦肯锡专家小组，并准备花费3 000多万元来实施他们的方案。

首先，由4名博士、硕士组成的麦肯锡专家小组用了三周时间评价电脑现有的市场营销和销售体系，得出以下结论：

（1）实达自成立以来，在业务上取得了飞速的发展，并建立了在国内终端市场的领先地位，又在较短时间内建立了一个具有相当规模的PC业务。现有的销售体系为实达今天的成功作出了巨大贡献。

（2）随着新产品线的引入和逐步成长，原有的销售体系在结构、程序和能力上的缺陷将变得越来越明显，并将直接影响实达充分挖掘销售潜力和效率的能力，阻碍实达建立真正的竞争优势，取得各产品线的长期获利和增长。

（3）在考虑调整销售组织结构的同时，实达应更注重建立系统化的营销和销售工作程序，建立一套有效的业绩管理系统，并加强对销售人员的培训。

（4）为建立一个面向未来发展的一流市场销售体系，实达应树立起坚定的领导决心，克服阻力，并采用有重点、分步骤的改革方式，逐步完成向一流营销和销售体系的过渡。

其次，麦肯锡专家小组为实达提出两套方案，一套是一步到位的，要求企业有较强的承受能力；一套是过渡方案。实达认为自己有足够的能力一步到位，于是采用了第一套方案。第一套方案的具体内容是：打散所有的子公司体制，建立新的组织结构。市场营销和销售在集团层面截然分开，销售部统一向行业、商用、家用客户销售所有产品。其本质上是提倡一种“重程序”而“轻权力”的西方理性企业管理文化，没有什么上下级的观念，所有的人都是一些管理“程序”上的环节。

但是，在实施了麦肯锡方案之后，实达却发现自己内部的MIS系统很难配合新方案的实施。整整5个月的实施过程中，各子公司经理们一边在全国各地跑业务，一边接受培训，下级找不到上司，上司找不到决策者，信息沟通不灵，营销系统根本无法达到预想的效果。加之集团个人电脑事业当时面临的外部形势非常严峻，1999年6月，实达的管理重组正式宣告失败。集团高层不得不把集团的销售体系和组织架构调整回原来的状态。至此，实达付出了昂贵的学费：300万元咨询费及机构重组的流产，给整个集团的管理和干部的心态造成了强烈的冲击，在机构调整中出现的交接混乱，造成了一笔笔子公司与分公司之间的坏账，总亏损高达1.3亿元。

五、混乱的内部管理

实达自创立以来，以惊人的速度迅速成长，得益于创业者深厚的高科技背景，致使实达长期以来形成一种观念，即认为实达是一家高科技企业，经营者都是有高科技背景的人才，所以主要决策都应该也必须紧紧依赖于经营者。正是基于这样的出发点，实达电脑即使成为上市公司以后，董事会在相当层面上也是形同虚设，并没有真正行使过职责；而这种明显的所有者缺位，造成了种种不规范，其中显而易见的弊端就是董事会机制不健全，企业的发展完全由经营者来主导，而实达的实际情况又是首脑频变。从胡钢时代、叶龙时代到盛邦时代，实达一路走来，尽管董事会是想代表股东利益的，总经理也认为自己的利益和公司、股东的利益是一致的，非常想把企业做好，但是结果事与愿违，公司高层管理决策效率低下，内部管理混乱。

一位证券公司IT行业研究员认为，实达集团一直亏损，在产业方面的原因是其产品结构始终是以硬件为主，像电脑、税控机等都属于利润率低的硬件范畴，而其同行则多开始向其他领域如信息服务业转型。而与产品结构调整困难或缓慢紧密相连的一个原因是其公司管理决策效率低下，内部管理混乱。从目前实达集团的股权结构来看，前三大股东各占15%左右的股份，都无法取得绝对控股权（2002年8月实达电脑的前十大股东情况见下表）。这种绝对分散的股权结构一方面保证了公司不被某单一股东操纵，有利于维护投资者的利益，另一方面也给少数大股东以联盟方式暗地操纵公司留下空间。“如果实达集团不解决企业治理结构和股权的问题，其内部斗争将持续下去，如果实达不解决这个问题，十个贾红兵回来都不顶用。”

实达电脑十大股东一览

十大股东	持股数（万股）	持股比例（%）
福建计算机外部设备厂	5 877.1125	16.72
中国富莱德实业公司	5 151.7818	14.65
北京盛邦投资有限公司	5 000.0000	14.22
中国华润总公司	1 320.0000	3.75
福州开发区科技园建设发展总公司	1 125.0000	3.2

续表

十大股东	持股数（万股）	持股比例（%）
福建奔达投资有限公司	985.5000	2.8
福建国际信托投资有限公司	752.1925	2.14
福建实达电脑集团股份有限公司工会	462.0125	1.31
福州闽融科技有限公司	415.6007	1.18
景博基金	201.0204	0.57

资料来源：1. 大海：《实达能否重生?》，《计算机世界报》，2002 年 6 月 3 日。

2. 金云义、杨昱：《实达，连环生死劫》，《知识经济》，2003 年第 8 期。

3. 裘益政：《失败的教训——中国上市公司财务失败案例》，中国人民大学出版社 2006 年版。

思考题：

1. 根据案例，实达电脑由盛而衰的原因有哪些？
2. “麦肯锡兵败实达”，曾是国内学界与企业界热议的话题，谈谈你对此的看法。
3. 从实达的案例中可以得到哪些启示？

推荐书目

1. 曾仕强、刘君政：《管理思维——时代光华·培训大师系列》，东方出版社 2005 年版。

2. 彭兴韵：《金融发展的路径依赖与金融自由化》，上海人民出版社 2002 年版。

3. 汪良军：《企业成长与企业家活动分析：兼论企业成长的路径依赖及其超越》，经济科学出版社 2006 年版。

4. 奚恺元：《别做正常的傻瓜》，机械工业出版社 2006 年版。

决策篇

第四章　问题解决的基础

☞ 学习目标

通过本章的学习，使学员了解问题和问题的类别、问题解决的理论和对策、影响问题解决的因素，领会顿悟说、试错说和信息加工说的主要内容，掌握不同问题出现时应该采取的相应对策，理解认知因素、情感因素、动机因素、人格因素、组织环境因素是怎样影响到问题解决的。

开篇案例　把握问题解决的金钥匙

在加利福尼亚的洛杉矶，一栋豪华的高层公寓楼濒临倒闭，楼里的住户一个接一个的搬走，而大楼的开发商却不明白这是为什么。这栋公寓楼外观漂亮，设备完善，周围环境安全，而且租金相当便宜，那么为什么人们纷纷搬走呢？

于是管理大楼的公司请来一个问题解决小组来揭开谜底。针对这个问题解决小组访问了现在和以前的住户们，最后得出了结论：原来人们搬走的原因是由于楼里的电梯太慢了。一组问题解决人员马上赶来寻找解决方法，他们考虑了各种方案的人工和工程费用，发现所有方案的成本都太高了。开发商感到灰心丧气，就在他们决定卖掉大楼时，问题解决组中一个年轻的成员想出了一个创造性的解决办法。他认为，真正的问题不是电梯本身，而是住户们厌倦了等电梯的过程。那么他的解决方法是什么呢？就是为等电梯的人们提供娱乐设施，在电梯口安装电脑屏幕，反复播放当天的新闻报道；在等电梯的地方播放流行音乐；再摆上品味优雅、生动活泼的图画和雕塑以激起人们的兴趣和讨论。

结果，这个充满创意的方法拯救了这栋大楼。住户们都不再抱怨，开发商的生意又红火起来。

资料来源：山风，2006。

事实上，在生活、工作中，我们常常遇到使人尴尬的情况：准备了很久的全家郊外野营由于一场大雨而不得不中止；向心仪已久的知名公司投递的简历遭到了拒绝；计划租住的公寓被人捷足先登；作为“国际音乐节”的主办方，公司预定了几个外国剧团的节目，可是因为机场上空天气恶劣，飞机停飞，这些节目在音乐节开始前被取消了；参加了一场演讲，中间需要播放幻灯片，在面对很多观众的时候，您想播放幻灯片时，您的电脑突然死机了。

当抱怨自己的运气不佳的时候，我们应该想一想，自己为什么会遇到这样的问题，以及遇到这些问题有什么解决的方法。这些问题暴露了我们的思维中缺乏预见性和系统性的一面，也说明了我们缺乏问题解决的技能。具有问题解决技巧的人，会事先考虑几套方案，以避免不必要的尴尬局面。

第一节　问题与问题的分类

一、什么是问题和问题解决

2004 年 7 月 27 日《新民晚报》发表了一篇“世界上没有愚蠢问题的提问者”的文章，讲的是四个诺贝尔奖金获得者到北京演讲，每位演讲者发言结束后，都特地留出 10 分钟时间让听众提问，但让人感到尴尬的是千余名听众竟无一人提问，这些诺贝尔奖获得者充满疑惑：难道我的理论就那么完美无缺，一点问题都提不出来吗？其实，这里的问题就出在没有问题意识上。

在管理工作中，我们经常会碰到各种各样的问题，出现了问题时，就必须及时解决问题，否则就会影响组织的效率。那么，什么是问题？什么是问题的解决呢？

在《问题解决心理学》一书中，作者罗伯逊将问题定义为：当我们想从 A 到 B，而且道路被堵塞时，问题就出现了（见图 4－1）。

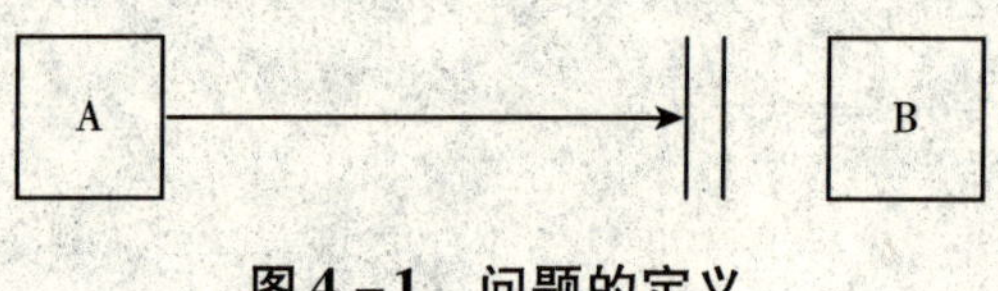

图 4－1　问题的定义

在《团队问题解决》一书中作者给出了一个更为通俗的定义，问题主要是一种没有明显强弱的，左右为难的窘境；是一种没有解决办法的令人苦恼的状态，或者是目前不能予以解答的疑问和困惑。概括而言，问题（Problem）是一种思想、力量或目标与另一个思想、力量或目标的对立。比如：

夏小姐想去购物，同时也想省钱。

小赵不想与小李一起共事，但是不得不容忍他。

财务经理认为他的部门一切运转良好，但是总经理却认为需要改进。

通过分析，我们看出这个定义是把问题归结为一种选择，或者一种决策，并且更多的是一种在困境中需要权衡利弊的情况。

概括上述两种观点，如果从更学术的角度来分析，我们可以说问题是一种情境，它具有三个主要组成部分：（1）当前状态；（2）目标状态；（3）从当前状态到目标状态转化所需的一系列操作（纽威尔和西蒙，1972）。比如，一辆汽车在高速公路上抛锚了，该如何确定故障出在哪里？我们首先分析一下：这个问题的当前状态就是车子走不了了，目标状态就是找出故障部位，其中的操作步骤就是一系列的检查与排除，然后再产生一系列思路。

其次，我们想知道的是何谓问题解决（Problem-Solving）。问题解决是一个过程或一种活动，在一定条件和准则制约下，对问题情境或未知因素要求确定出最佳方案或最佳值的活动过程。在一个问题解决活动中，应该包括以下一些特点：（1）问题解决者想达成一个目标；（2）达成这个目标需要一个操作序列；（3）提出多种方案供选择，并提高从这些方案中选择最有效方案的几率；（4）需要使用知识、技能来间接地处理问题；（5）根据此方案所进行的实施过程。有一些活动不是问题解决，例如，白日做梦没有目的；回忆一个人的手机号码没有一个序列的步骤，而只要一次对记忆的搜索。另外，像系领带的行为是直接的利用知识经验来完成任务，也不算作问题解决。

更简单地说，问题解决中，“解决”这个术语有两层含义：一是找到了问题的最后答案；二是找到了解决问题的方法（步骤）。在本书中，“解决”的含义（内涵）不超出以上的两层含义。图 4－2 中，A 表示问题的起始状态或者已知的条件，B 表示目标或目标状态，两者之间上方的连线隐含着复杂的解题步骤、问题解决的两方面的联系和从记忆中回忆出的有关信息。

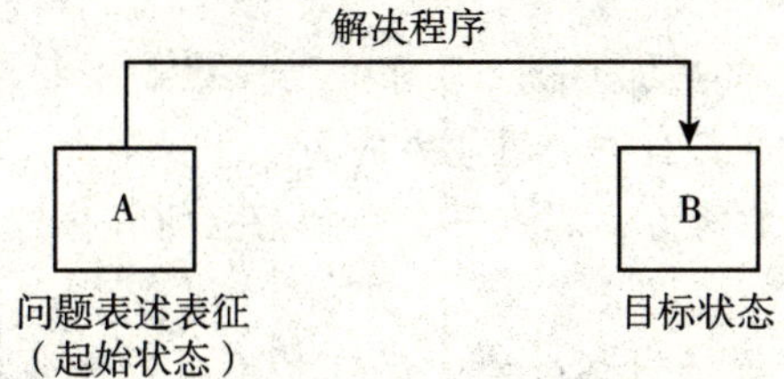

图 4－2 根据问题的表述表征一个问题，解决问题程序和目标状态

小测试

请举出日常管理中的一个小案例，并分析其问题表述和目标状态。

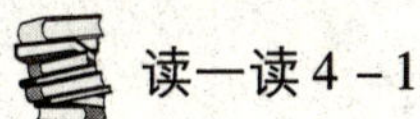

读一读 4－1

竞争力源自解决问题的能力

迈克尔·奥利里于 1991 年接管濒临破产的瑞安航空公司。很快，他就使这家航空公司成为欧洲旅游业内利润最高的企业之一。1999 年当大多数欧洲航空公司都在苦苦挣扎时，瑞安航空公司总收入却高达 2.6 亿美元，税前利润为 5 180 万美元。

瑞安航空公司能在市场大环境不景气的情况下，取得如此良好的经营业绩，关键在于公司 CEO 迈克尔·奥利里较早地认识到了航空旅游业存在的问题，并对解决策略进行了系统和理性的分析。

其实，奥利里的管理并不复杂，只是他比一般的管理者更善于发现问题，解决问题。当他发现公司亏损是由于机票价格太高使旅客流失时，便决定改变经营方针。首先，瑞安航空公司开始为一些欧洲机场，例如，瑞典马尔默、伦敦北郊的卢顿和斯坦斯特德提供飞机。另外，奥利里还大幅度降低了机票价格：当瑞安航空公司开通飞往威尼斯航线时，往返票价仅为 147 美元，而英国航空公司是 815 美元。

奥利里的目标是使坐飞机成为更多的欧洲人能够负担的交通方式，同时公司还要赢利。1999 年，在欧洲航空公司中排名第八的瑞安公司载客量是 600 万人次。奥利里计划在五年之内使这一数字翻一番。但是一开始，计划实施得并不顺利，因为公司的成本总是居高不下。对此，奥利里没有坐在办公室里发脾气，也没有一味责怪下属，而是亲自下到各个分公司，了解情况。

通过调查研究，奥利里发现公司成本过高的原因是机场收费较高，而要解决这一问题的最佳方法就是逐渐将公司业务转到英国较小且收费也较低的机场，因为那里的乘客比爱尔兰多。找到问题的症结和解决方案后，奥利里立即实施自己的计划，将业务转移到了英国。现在约有 55% 的瑞安航空公司的乘客从英国机场起飞。

在奥利里解决了一系列问题后，瑞安航空公司不仅闯过了危机，而且由此建立了良好的运营机制，公司也逐渐摆脱了困境，走上了健康、良性的发展道路。

分析：

竞争力来源于解决问题的能力。企业经营的过程就是不断地发现问题、解决问题的过程。企业发展的程度取决于员工解决问题能力的高低。一个员工的智商再高，人际关系处理得再好，如果缺乏解决问题的能力，那也不会受到企业的青睐。企业不会容忍一名不具备解决问题能力的员工。

企业的持续竞争优势只有通过稀缺的、竞争对手难以模仿的价值创造过程才能获得。传统的竞争优势如自然资源、技术、规模经济等，日益变得易于模仿。只有人才，才是企业取得竞争优势的关键，而人才的价值又体现在解决问题的能力上。一个人才的竞争力必须表现为卓越的解决问题的能力，否则一文不值。因此，优秀员工必须具备解决问题的能力。

资料来源：改编于：http://book.ce.cn/read/office/glsykl/5/200904/14/t20090414_18795993.shtml.

二、问题的分类

根据不同的标准，问题有好几种分类方法。特别重要的一种分类是将问题分为明确限定问题（Well-Defined Problem）和非明确限定问题（Ill-Defined Problem）。格里诺（Greeno，1978）将明确限定问题分为三种常见类型：

归纳结构问题：要求解决者必须对问题中成分之间的关系作出鉴定，并在它们之间构造出一种新关系。基本的结构是："A∶B = C∶D 是否成立"？如果再难一些，已知其中三个要素，要求确定第四个要素。比如公务员考试中常见的一种类比题，给出的一对关系是"动物∶熊猫"；要求指出相似的一对关系，如"山∶黄山"，二者都是前者包含后者的关系。

转换问题：要求问题解决者用一系列的移动步骤（称为"算子"），把当前状态转换成目标状态，比如著名的河内塔问题，传教士和野人过河问题等，就是典型的一类策略解决问题。请读者思考以下这个问题：3 个野人与 3 个传教士要通过一条河，而只有一条能容纳 2 个人的船，没有其他办法可以过河，不管在岸的哪一边，假如野人比传教士多，则野人就会吃掉传教士，什么是最有效的方法可以使 3 个野人和 3 个传教士都能平安到达河对岸呢？

排列问题：要求问题解决者对问题成分重新排列，或者以满足某一标准的方式重新组合。比如一个字谜游戏：ANPAD，要求被试（即心理学中参加试验的人）重新组合字母顺序得到一个正确的单词。被试首先判断出以 AN 开头的单词并不多，然后根据英文中以 P 开头的字母较多来排列。这时，被试被告知所要求出的单词是一种动物，那么重新组合后变成 PANDA 就很容易了。

总之，明确限定性问题包含了起始状态（Initial State）、目标状态（Goal State）、算子（Operators）和限制条件（Restrictions），记住这些单词的首字母 IGOR 就记住了这些术语。

非明确限定性问题虽然也包含构成问题的几个要素，但是对问题空间没有详细说明，或者问题没有正确答案。比如买一辆什么样的车、买一台什么样的笔记本电脑等都属于非明确限定性问题。

问题还可以分为常规问题和非常规问题。当问题解决者以一种预知的、系统的方式来选用算子时，此问题对解决者而言是常规问题。例如，两个数相乘，只要运用数学乘法运算法则就能解决。非常规问题则需要问题解决者按一种新的方法来运用算子，或者要运用一种解决者并不很了解的程序。大多数心理学研究的都是非常规问题，在管理实践中也常常遇到非常规问题，需要用创造性、系统性的方法来解决。

按解决问题所需要的算子质量来分，还可以将问题分为知识丰富性问题和知识贫乏性问题。知识贫乏性问题是指解决问题所需要的特定领域的知识相对较少。比如从 1 加到 100 求这 100 个数的和。知识丰富性问题的解决，需要大量特定学科领域的知识和训练，问题解决受的限制更多。在后面讨论专家和新手解决问题的不同时列举的就是这类问题。

第二节 问题解决的理论与策略

一、问题解决的基本理论

1. 试错说与顿悟说。试错说是美国心理学家桑代克提出的。假设某人手拿电视遥控器，要看一个台的节目，但是他不知道这个台在哪个频道。他可以采取的办法之一就是试过每个频道，直到找到想看的频道为止。他可以按“P＋”做升序搜索，或者“P－”做降序搜索。这就是一个日常生活中可以观察到的试错方法。桑代克（1898）做过许多迷笼测验。在实验中，桑代克用一个带机关的迷笼困住一只饿猫。只要搬动开关，饿猫就能从笼子中出来，吃到笼外面的食物。开始时饿猫只会在箱子里乱串，一次偶然的机会，它踩到了脚踏板把门打开了，饿猫出来吃到食物了。之后，猫被再次关进去，经过多次这样的尝试后，猫减少了错误的行为，学会了开门的技巧。通过这个实验，桑代克认为问题解决的一种模式，就是不断尝试错误而得到改进的过程——这就是“试错说”。其实，学习的过程、管理的过程都是一种渐进的尝试错误的过程。通过这个尝试过程，错误行为的反应在逐渐减少，正确行为的反应得到继承。如人类早期的生产活动主要也以尝试错误的过程逐渐掌握了正确的生产劳动过程。在中医药领域，哪些草药能治病也是通过尝试来了解的。所以在管理活动中，我们要敢于尝试，不怕犯错误，并善于总结经验教训，提高管理水平。

在介绍“顿悟说”之前，请先看一个有趣的例子。

案例 4-1

禅宗之顿悟

在南北朝的时候，佛教禅宗传到了第五祖弘忍大师，弘忍大师当时在湖北的黄梅开坛讲学，手下有弟子五百余人，其中翘楚者当属大弟子神秀大师。神秀也是大家公认的禅宗衣钵的继承人。弘忍渐渐老去，于是他要在弟子中寻找一个继承人，所以他就对徒弟们说，大家都做一首偈子（有禅意的诗），看谁做得好就传衣钵给谁。这时神秀很想继承衣钵，但又怕因为出于继承衣钵的目的而去做这个偈子，违备了佛家的无为而作意境。所以他就在半夜起来，在院墙上写了一首偈子“身是菩提树，心为明镜台。时时勤拂拭，勿使惹尘埃。”这首偈子的意思是，要时时刻刻的去照顾自己的心灵和心境，通过不断的修行来抗拒外面的诱惑和种种邪魔。这是一种入世的心态，强调修行的作用，而这种理解与禅宗大乘教派的顿悟是不太吻合的，所以当第二天早上大家看到这个偈子的时候，都说好，而且都猜到是神秀作的而很佩服的时候，弘忍看到了以后没有做任何的评价，因为他知道神秀还没有顿悟。

而这时，当庙里的和尚们都在谈论这首偈子的时候，被厨房里的一个火头僧——慧能禅师听到了。慧能当时就叫别人带他去看这个偈子，这里需要说明的一点是，慧能是个文盲，他不识字。他听别人说了这个偈子，当时就说这个人还没有领悟到真谛啊。于是他自己又做了一个偈子，央求别人写在了神秀的偈子的旁边，“菩提本无树，明镜亦非台，本来无一物，何处惹尘埃。”由这首偈子可以看出慧能是个有大智慧的人，他这个偈子很契合禅宗的顿悟的理念，是一种出世的态度。主要意思是，世上本来就是空的，看世间万物无不是一个空字，心本来就是空的话，就无所谓抗拒外面的诱惑，任何事物从心而过，不留痕迹。这是禅宗的一种很高的境界，领略到这层境界的人，就是所谓的开悟了。

弘忍看到这个偈子以后，问身边的人是谁写的，边上的人说是慧能写的，于是他叫来了慧能，当着他和其他僧人的面说：写得乱七八糟，胡言乱语，并亲自擦掉了这个偈子。然后在慧能的头上打了三下就走了。这时只有慧能理解了五祖的意思，于是他在晚上三更的时候去了弘忍的禅房，在那里弘忍向他讲解了《金刚经》这部佛教最重要的经典之一，并传了衣钵给他。

慧能本身是文盲，因此教授徒弟，全凭口传，不立文字。慧能认为众生皆有佛性，修行也不注重形式，功德不在于造寺、布施、供养，而在于自性清净平直，不轻视一切人，成佛之道，不假外修，更无需去西天求拜，只要心中有佛，每个人都能成佛。这就是禅宗所谓的顿悟，善恶在一念之间，正所谓放下屠刀，立地成佛。慧能的佛学对广大平民百姓很有吸引力，而且收徒没有身份地位的限制，因此信徒迅速增多，势力遍及整个南方。

资料来源：根据 http：//baike. baidu. com/view/977300. htm. 修改而成。

案例 4-2

如何使顿悟经常光顾你的大脑

顿悟是一种重要的创造性思想方式，是指人们对情况的一种突如其来的领悟或理解，也就是人们在不自觉地反复想着某一题目（问题）时，突然跃入意识的一种使问题得到澄清的想法。许多科学家认为，在科学发现的认识阶段，为了解决问题主要是使用灵感或顿悟去提出猜想的。灵感与顿悟是新思想产生的主要途径。生理学家赫尔姆霍茨从他的科学创造活动中认识到存在着科学发现的三个阶段：(1) 最初的一种持续不断的研究，直至不可能再进行下去；(2) 一段时间的休息，然后继续恢复研究；(3) 一个突然的、意想不到的答案的出现，这就是直觉、灵感和顿悟。

那么，怎样使顿悟经常光顾你的大脑呢？科学家常常有如下的体验：

1. 对问题和资料进行了长时间的考虑，直至达到思想的饱和，这是最重要的前提。必须对问题抱有浓厚的兴趣，对问题的解决抱有强烈的愿望。

2. 摆脱分散注意力的其他问题或有兴趣的事，特别是有关私生活的烦恼，这是一项重要的条件。

3. 另一有利条件是研究不被中断，并摆脱一切使人分心的因素，如室内的有趣的对话或突然发出的大声音。

4. 在紧张工作一段时间以后，稍事休息，悠游闲适，更容易产生直觉。

5. 长期思考以后与别人攀谈或浏览一下其他书籍，有利于诱发直觉、灵感和顿悟。

6. 新想法常常瞬间即逝，必须努力集中注意，牢记在心，方能捕获直觉。一个普遍使用的好方法是养成随身携带纸笔的习惯，记下闪过脑际的有独到之见的念头。

资料来源：http：//www. zhanlu. org. cn/eastdey/KL/KXJS/ula306025. html。

顿悟是指对情境的突然理解。格式塔学派的心理学家提出了著名的“顿悟”说，德国心理学家科勒的观点比较具有代表性。他认为，学习的实质是在主体内部构造完形。所谓完形，亦称“格式塔”，指的是一种心理结构，它是在机能上相互联系和相互作用的整体。一切学习的实质均在于通过对情境中各部分之间关系的理解而构造完形，学习并非是在情境与反应之间建立联结，学习是通过顿悟过程实现的。学习的顿悟说，又称完形说，它与桑代克的联结说针锋相对。顿悟说否认刺激与反应之间的直接联系，强调二者以意识为中介。

1913 年，科勒在一座小岛上研究了黑猩猩的行为，做了大量关于黑猩猩解决问题的实验。比如，在一个房间里的天花板上挂了绳子，绳子一头系上香蕉，地上有几个箱子，黑猩猩开始时站在地面，无论如何也够不着香蕉。后来有的黑猩猩站在箱子面前停住了，过一会它搬来箱子到香蕉下面，终于得到了香蕉。还有的黑猩猩坐在地上好像沉思了一会，突然就发现了搬箱子的方法。科勒发现黑猩猩没有试错，只是通过突然的灵光一闪，找到了解决问题的方法。通过这样的观察，科勒提出了顿悟的观点。

现代心理学家们发现，任何顿悟必须有明确的思考问题为大前提，同时顿悟必然对此问题经过长期、认真、甚至艰苦的思考才可能出现。由此开来，顿悟所产生的灵感也是长期积累的结果。

2. 信息加工说。按照《当代西方心理学新词典》的定义，信息加工观（Information Processing Theory）是将人脑与计算机进行类比，用计算机处理信息的过程，模拟并说明人类学习和人脑加工外界刺激的过程的理论。

问题解决的信息加工观是将问题解决的过程看做是信息加工系统（问题解决者：人或计算机）和任务情境（其中的问题）之间的交互作用。通过把人类问题解决者定义为一个加工系统（IPS），心理学家纽厄尔和西蒙发现人类信息加工与其他类型的信息加工没有本质的区别。信息加工方法有三个基本的假设：第一，思维可描述为一系列认识状态和想法状态，通过加工状态对这些状态作出区别，一种加工活动决定了一种状态转换成下一个状态。第二，每一个状态都可以用数量有限的工作记忆结构的激活来描述，代表最初输入到加工活动中的想法就产生下一个状态。第三，除了在很少的条件下例外，一般地说，通过基本的加工操作，可将一种认识状态转换成另一种认识状态，而且基本的加工能力的限度对于不同的健康成人个体来说，都是固定不变的。

按照这些假设，可以把思维过程想象为从一个地方到另一个地方的移动，是在潜在的认识状态构成的“问题空间”中搜索出一条独特的路径的过程（Newell，1981）。所谓问题空间（Problem Space）是指问题解决者对所要解决的问题的一切可能的认识状态，包括对问题的初始状态和目标状态的认识，以及如何由初始状态转化为目标状态。海斯（Hayes，1989）给出了一个问题空间的例子。“问题解决者如何寻找解决办法呢？打个比方，我们假定一个人走迷宫，迷宫的入口是问题的起始状态而出口是目标状态。迷宫中的道路，包括那些支路和死胡同相当于问题空间。也就是说，相当于问题解决者可选择的步骤。”纽厄尔和西蒙认为，问题解决就是找出穿越问题空间的路径。

需要注意的是人类信息加工系统有局限性，表现在：

（1）一段时间内，在工作记忆中保持加工的数量是有限的。

（2）信息编码的能力——我们可能意识不到一项任务的某些方面是相关的，可能也没有能力同时对所有信息进行编码。

（3）储存信息的能力——某一时刻的记忆可能受到后来信息的干扰，或者受到先前期望的破坏。

（4）提取信息的能力——人类记忆是易犯错误的。

（5）保持积极的动机和唤醒水平的能力——我们变得烦躁、厌倦。

二、问题解决的基本策略

算法式和启发式。问题解决中所用的策略可分为算法式和启发式。算法式是一个按逻辑解决问题的策略，它是一定能得出正确答案的特定程序。它的特点是，一种算法有时候我们并不知道它为什么起作用，但也可以使用。比如，我们知道勾股定理的公式，即使根本不知道公式背后的道理，也可以用它来求直角三角形的第三边。但是在面对更多需要创造性的思考问题时，没有固定的公式可以套用，这时人们就使用“启发式”来寻求答案。

启发式是一种单凭经验来做的方法，有些策略是从起始状态向目标状态的“向前工作”，有些则是从目标状态到起始状态的“向后工作”或者是两者的结合。在数学证明题中，基本的策略就是从条件到结论的推理和从结果到原因的推理。这也可以用纸笔走迷宫来解释，你可以从入口开始，也可以从出口寻找返回的路。究竟选择哪一种策略可能取决于问题解决者的知识、经验。有时可以几种方法并用。下面几种方法就是由启发法发展出来的具体策略。

（1）搜索策略。搜索策略的特点是，问题解决者在到达目标状态的进程中要通过许多决策点。下棋就是一个例子，每走一步都要作出决策，必须连续成功地作出正确的决策，沿着正确的途径前进，才是成功的解决办法。在棋类游戏中，如果面临许多可选择的移动时，对各种可能有效的移动都要尽量考虑，即广度第一的原则。这种策略的优点是鼓励问题解决者考虑各种可能性，缺点是问题解决者对每一种选择的前景都要评定，记忆负荷过大。另一种策略就是选择某种走法，检验由此导致的途径，这就是深度第一的原则。在每一个决策点选择一条通路向前移动，假如此通道不通目标，就返回到该决策点选择另一条可能的途径。事实上，由于时间和记忆的限制，一般棋手在运用深度搜索决策时，对各种选择前景的评估通常只能超过当前状态一到两个决策点。

（2）目的—手段分析策略。目的—手段分析策略常常与子策略一起运用。子策略目标就是把一个问题分解成若干个小问题，每个小问题都有自己的目标，通过子目标的实现最终使问题的当前状态到达最后的目标状态。

问题解决者最初的任务是确定问题的当前状态与目标状态之间的差别，然后确认要消灭差别达到目标状态所要实现的子目标或者中间状态。一旦子目标确立，问题解决者就可应用算子实现子目标，通过一系列算子实现一个个子目标，最终达到目标状态。

看一下图 4－3 中河内塔问题的简易版本。请您思考怎样在三步之内，将 A 柱上的两个圆环移到 C 柱上去。同时注意：

- 每次仅能移动一个圆环从一柱到另一柱。
- 您不能将大圆环放到小圆环上。

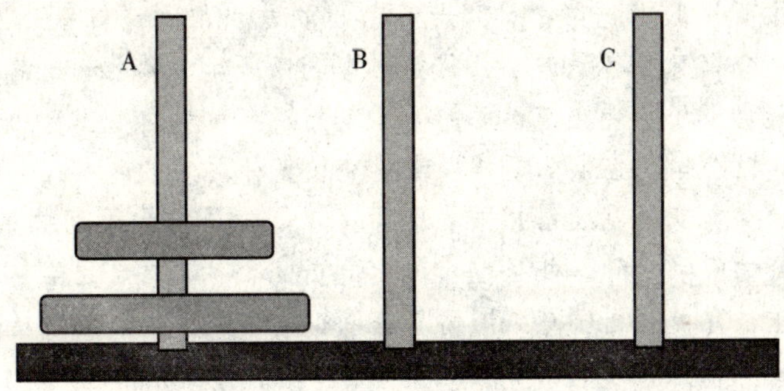

图 4－3　河内塔问题的简易版本

您或许是这样思考的：这个问题的目标状态是 C 柱上有两个圆环，并且小环在大环之上，因此，C 柱上必须先套上大圆环。但是大环在小环的下面，因此，又必须先把小环取下，放在 B 柱上。这样，就形成了一个目的——手段的策略路线：

① 取下 A 柱的小环放在 B 柱上。

② 取下 A 柱的大环放在 C 柱上。

③ 取下 B 柱的小环放在 C 柱的大环上。

（3）爬山法。爬山法是目的—手段分析的一种变式，是以渐进的步伐向目标状态靠近的策略。假定在雾天爬山，目标是到达山顶，而你正在山坡的某个地方，你会怎么做呢？你会朝某个方向踏出一步，假如这一步使你下山了，你会返回刚才的地方尝试再向另一个方向踏出一步，假如这一步使你上山，你就会接受。爬山这个术语指的就是这样一种解决问题的方法，它不是用来试错，而是用来对每一步是否接近目标进行评定，这样你就会越来越接近目标。

爬山法的要点是，总要求问题解决者向目标状态移动。“爬山”就是向目标状态移动的意思，它纯粹是一种“向前工作”的策略。爬山法不允许兜圈子。因此，当一个问题的解决必须要做偏离目标状态的移动时，应用爬山法策略就会有困难。它的另一个缺点是，可能使你只到达山上的一个小山坡，而并没有达到真正的顶点。如医生用药的例子，随着药量增加到一定程度可能会出现疗效不明甚至情况变坏的状态，但往往继续增大药量，健康的改善会达到最高水平，假如我们中间停止了，那就没有达到最佳用量。要避免这个缺点的方法是从山坡的不同地方开始爬，如果你都到达相同的点，则可以确定这是真正的顶点了。

读一读 4－2

芭芭拉·贝克从事玻璃零售和批发都将近二十年了。现在，她是克拉克玻璃公司的总经理。克拉克玻璃公司专营汽车玻璃、平板玻璃、窗玻璃、铺面玻璃、镜子和其他的玻璃产品。现在，克拉克玻璃公司主要是零售，有一些企业和公司是它的老客户。其中主要的客户是一些保险公司和建筑商。在玻璃行业中，芭芭拉声誉很好，很多年以来，她一直在寻找机会以开创自己所拥有的企业。

几周前，芭芭拉所认识的一位银行家与芭芭拉联系，由于这位银行家了解芭芭拉的兴趣，于是告诉了她一个信息：赫曼玻璃公司要出售。威廉姆·赫曼——赫曼玻璃公司的老板患病很久了，前些天去世了，现在，赫曼的妻子埃利斯·赫曼想要出售公司，搬到夏威夷去住。芭芭拉很了解这家公司，在它的规模还没有克拉克公司大的时候，它已经有了很好的声誉，并且实质上也销售与克拉克公司相同的产品。赫曼公司位于距克拉克公司60里远的地方，这个区域有很好的经济基础，并且被人认为是发展区，在这里竞争总要小一些——用芭芭拉的话说，在这里，赫曼公司不受到威胁。芭芭拉具有一种强烈的市场嗅觉，她感到赫曼公司可以极高地提高克拉克公司的销售。

芭芭拉会见了赫曼夫人，并收到了公司三年来的财务报表和纳税申报，以及她要求的其他一些信息，赫曼夫人提出两种方式来销售自己的公司：一是卖掉自己公司的股份共155 353美元，再加上100 000美元的商誉。二是卖掉公司的财产，再加上100 000美元的商誉。赫曼夫人要求购买者在45天内买断赫曼公司，并且要求现金支付。她也同意签一个非竞争性的条款，在公司卖出后，为了有一个顺利过渡，她可以继续留在公司30～60天。赫曼告诉芭芭拉还有另外两个人对赫曼公司感兴趣（见表4－1、表4－2）。

表 4－1　　1994 年 12 月 31 日，赫曼公司资产负债表

资产		
流动资产		
现金		15 000 美元
应收账		14 000 美元
减：扣除不明账	2 800 美元	137 200 美元
应收票据		5 400 美元
预付款		5 900 美元
库存		134 290 美元
流动资产总量		297 793 美元
固定资产		
设备	70 000 美元	
减：折旧扣除	38 500 美元	31 500 美元
设备、家具、固定附作物	25 000 美元	
减：累积折旧	16 500 美元	8 500 美元
固定资产总量		40 000 美元
资产总量		337 793 美元
债务		
现有债务		
应付账	115 600 美元	
应付州增长税	5 300 美元	
应付联邦增长税	8 500 美元	
应付会计利息	1 500 美元	
应付销售增长税	1 540 美元	
现有债务总量	132 440 美元	
长期债务		
应付票据	50 000 美元	
长期债务总量	50 000 美元	
债务总量	182 440 美元	
股票持有者股票		
一般股票	15 000 美元	
留存收益	5 353 美元	155 353 美元
总债务和股票持有者股票		337 793 美元

表4-2　　赫曼玻璃公司12月31日，年终比较收入报表　　单位：美元

	1994年	1993年	1992年
销售	550 950	501 700	476 548
销售成本	358 118	326 105	333 584
毛收入	192 832	175 595	142 964
经营费用			
工资支付（所有人）	40 000	30 000	250 000
薪金（其他人）	70 050	69 150	47 000
工资税（12%）	13 206	11 898	8 640
租金	24 000	24 000	18 000
保险	6 700	6 150	6 500
广告	145	275	190
发送、车辆、差旅	3 260	4 105	3 750
供应	1 410	1 390	1 470
会计与法律	4 000	4 000	4 500
电话	3 967	3 892	3 600
公用事业	6 840	6 715	6 200
维修	950	1 140	980
折旧——设备	3 500	3 500	3 500
折旧——家具/固定附加物	1 500	1 500	1 500
利息	6 000	6 000	6 000
杂务	750	871	650
费用总量	186 278	174 886	137 480
纳税前净收入	6 554	709	5 484
收入税	983	106	823
纳税后净收入	5 571	603	4 661

赫曼夫人还拥有自己的房产，若芭芭拉购买公司，那么，她答应把这些房产租给芭芭拉，头两年的租金是每年24 000美元。赫曼夫人允许芭芭拉租五年以上，但每年的租金将根据前一年的消费价格目录来确定。芭芭拉问赫曼，她是否可以买下她的房产。赫曼提出，她可以在5年内的任何时间卖掉这笔房产，价格是360 000美元（这笔房产的现市场价为260 000美元）。

芭芭拉与赫曼第一次见面后又过了一些天，赫曼夫人又把芭芭拉要求的另一些材料给了她，这些材料有：提出的租约的复本、应付账和应收账的时效、职员工资分析以及一份设备、家具和固定附作物表。芭芭拉在和自己的律师、会计师经过几次讨论后，决定以148 880

美元的现金收购赫曼玻璃公司。在这件事情上，芭芭拉采纳了律师的建议，并决定只买赫曼玻璃公司的财产和认定的应付账。为什么呢？芭芭拉的律师认为，赫曼玻璃公司经营了将近25年，一个企业经营这么久，那么很可能存在一些现在不知道的偶然性的债务，而这样的债务可能在今后要求偿还，若是这样，芭芭拉就会蒙受损失，所以芭芭拉决定只购买财产和认定的应付账，从而避免在今后可能遭受的不利的损失，这是个重要的决定。

芭芭拉是按照下面的方式计算她的购买价格的（见表4－3）。

表4－3　　单位：美元

应收账（总量）	140 000	47 775	92 225
应收票据	5 400	5 400	
库存	34 293	402 882	94 005
设备（账面价值）	31 500	31 500	
家具与固定附加物（账面）价值	8 500	8 500	
双方资产价值总额	319 693	231 630	
减：应付账	115 600	115 600	
结算	204 093	116 030	
加：商誉	100 000	327 703	
双方要价	304 093	148 800	

芭芭拉的会计认为应收账若超过90天，那么应该排除在外。

芭芭拉估计有30%的库存是过时了。

芭芭拉基于1998年税前的收益计算赫曼公司的商誉价值（$6\ 554 \times 5 = 32\ 770$）。

芭芭拉向赫曼女士提出了她的购买价格：231 630美元的财产＋32 770美元的商誉＋不高于115 600美元的应付账。芭芭拉提出她想继续用这个企业的名称，并想以每年24 000美元的价格租用赫曼那笔房地产两年，并且赫曼应留给芭芭拉这样的选择机会——在五年内，以消费价格目录的价格继续租用这一房产。另外，在五年内的任何时间，若芭芭拉想以260 000美元购买这笔房地产，那么赫曼应该卖给她。另外，芭芭拉要求获得非竞争性合同的保证，并要求赫曼提供30天的协助。

第二天，赫曼夫人向芭芭拉提出了最后的要约。赫曼夫人告诉芭芭拉，应收账和库存的价值都过高估价了，但是32 770美元的商誉非常不合适，价格过低。因为老赫曼先生病了很多年，他不能全身心投入企业。但是，要是他身体健康，能积极经营企业，那么企业的收益一定会很乐观。赫曼夫人还指出公司所在区域正是一个发展区域，发展潜力很大，发展机会也很大，并且赫曼公司的职员都富有经营经验，公司的信誉也非常好，这样，芭芭拉所估算的商誉价格就有些低了。赫曼女士提出她只卖公司财产，并且，由于老赫曼与供货商签订了协议，所有这方面的债务由赫曼夫人亲自还清，所以，对于应付款或应偿还债务，赫曼可全部提供芭芭拉所需要的任何事实材料，以保证债务的真实性，赫曼女士同意把财产以231 630美元的价格卖给芭芭拉，但是商誉的价格不能低于64 370美元，这样总卖价便是296 000美元。另外，对于企业的名称，赫曼女士只卖一年，对于房产她可以以每年24 000美元的价格租赁两年，另五年的租金将根据消费价格目录来确定。还有，赫曼女士提出以300 000美元的价格卖掉这笔房产，但是这个价格仅有两年的有效期，如果芭芭拉在两年之内还不出钱购买房产的话，以后的价格就会增长，第三年为350 000美元，第四年为400 000美元，第五年的价格再协商。但是至少不会低于450 000美元。赫曼女士同意芭芭拉所提出的非竞争性协议，并答应提供30天的协助，使公司平稳顺利的过渡。最后赫曼女士说她的条约是最终条约，不存在协商的余地，她希望芭芭拉在第二天就给她答复。

芭芭拉仔细考虑了赫曼的条约，尽管有很多不如意的地方，但她觉得这是一次她不能错过的机会，她应努力抓住，哪怕多付出一些代价，也应该抓住。所以，她接受了赫曼女士所提出的要约。芭芭拉在律师起草好合约后，就约见了赫曼女士，并给了她25 000美元的存款。

芭芭拉与会计讨论了资金的问题。会计告诉她，除了要交给赫曼女士的296 000美元外，她还需要38 600美元的启动资金。芭芭拉对她个人资金来源进行了分析，所有这些钱凑起来，她还差100 000美元，芭芭拉找到了银行的管理人员，银行愿意向芭芭拉提供一笔10年的贷款，利息12%，条件是小企业管理局愿意为芭芭拉担保这笔贷款。这样，她需要每月向银行支付1 435美元。

或者芭芭拉可以向妹妹莉莲卖价值100 000美元的股票，虽然莉莲是很愿意将钱借给芭芭拉的，但是这样对莉莲不公平，因为这是莉莲所有的钱，虽然芭芭拉对公司很有信心，但是一旦公司有任何的失败，对莉莲的打击都是毁灭性的。莉莲提出她可以第一年不分红，第二年开始以投资额的10%来分红，当然，这可以有一定的灵活性。莉莲的孩子几年之后就要上大学了，那个时候，莉莲要求以某种身份加入公司，兼职全职都可以。

如果芭芭拉将股票卖给妹妹，则她不用提供担保；但是如果从银行贷款，在芭芭拉需要更多钱的时候她可以贷到更多的钱。

资料来源：约翰·德·杨著，文柏秋、傅瑜译：《小企业管理案例——问题、思考与解决之道》，内蒙古人民出版社1998年版。

思考题：

1. 芭芭拉在购买公司过程中，涉及了哪些问题解决的过程？
2. 芭芭拉在购买公司过程中，采用了哪些问题解决的策略？

第三节　问题解决的影响因素

有些因素隐藏在我们的心理过程和心理构成中，它们会影响有效地解决问题。有这样几个主要因素：认知、情感、动机、人格和组织环境。

一、认知因素

这里有必要简单介绍一下认知心理学的研究对象：注意、知觉、记忆、学习、语言形成等。我们在识别和分析问题的过程中，不可避免的涉及认知心理学的许多方面，比如，有人为了解决一个数学问题需要查阅一本书。首先，他是在阅读（Reading）一本书，学习（Learning）书的内容，同时也包括吸收书本知识的知觉（Perception）和注意（Attention）过程。他解决问题的过程中还涉及情绪状态（Emotional State）。他合上书是否还能回忆起书中的内容，这又牵涉到记忆（Memory）。

知觉是客观事物直接作用于感官而在头脑中产生的对事物整体的认识。例如，看到一张桌子、听到一首乐曲、闻到一种菜肴的香味、微风拂面感到丝丝凉意等，这些都是知觉现象。

知觉是指人对外部现象整体的认识，整体性、理解性、选择性、恒常性是知觉的四个基本特点。整体性是指人们知觉事物的时候，是把它们作为整体来感知的，尽管知觉对象有不同的部分和不同特征。这与感觉（Feel）不同，感觉是对外部现象个别属性的认识。理解性是指人们在知觉事物时，会用已有的知识经验去解释、判断它。选择性是指把一些知觉对象（或对象的某一些属性、特征）优先区分出来。恒常性是指知觉的条件在一定范围内发生变化，知觉的映像仍然保持不变。

知觉的重要性在于：知觉是影响行为的关键因素，这个世界是我们知觉到的世界。知觉影响到我们识别和界定问题的过程。同样一个问题，在A看来是很简单的，但是B看来却很难，因为A与B的知觉理解性、选择性不同，所以他们对问题的界定就不同。有这样的例子：一家公司在选拔员工的时候出了这样一道题，他们要求应聘者确定一栋大楼的精确高度，并且提供给应聘者所需的各种测量工具，最后，当所有人都在拿着皮尺老老实实的测量的时候，一位应聘者却早已得到了确切的答案。原来，他直接询问了这栋大楼的管理员，从而迅速有效地得到了结果。这个人清楚地识别了问题的实质，所以他认为这是很简单的问题，而其他人却觉得很有难度，花费了大量的时间在测量过程上。

在识别问题的过程中，我们应该尽量避免以下误区：

- 一成不变——沿用不适当的标识对待新事物。
- 只看得见那些我们期望看到的东西。
- 注意力集中在了显而易见的观点或信息上，缺乏深入的发掘潜在的问题。

也可以采用以下的方法检查知觉有效性：

- 建立提醒我们注意潜在的问题和机会的系统和程序。
- 不要依赖单一的或明显的尺度。
- 仔细的定义和分析问题，确保自己采集到所有相关的信息。
- 询问自己是否已经使用了不准确的信息，或对那些相关或不相关的事情作出了假设。
- 询问他人的观点。
- 运用图示解说问题，以便阐明问题不同方面之间的关系。
- 定期反思“现状”。

在以上的步骤中，我们已经使用到了批判性思维和反思的技巧，当我们没有注意到一些问题的时候，用这样的技巧可以使我们的思维更全面，避免僵化。

在处理大信息量的问题的时候，需要记忆一些细节。所谓记忆，就是将所需记忆的材料编码（Encoding）、存储（Storage），在必要的时候提取（Retrieval）的过程。记忆有三种形式：

（1）感觉储存（Sensory Storage）：保持的时间非常短，只局限于一种感觉途径。比如对某个电影镜头的记忆。

（2）短时储存（Short-Term Storage）：储存容量很有限。如记忆一个11位的手机号码。

（3）长时储存（Long-Term Storage）：储存容量相对无限而且保持的时间可以很长。如对你所感兴趣的国家的历史事件的记忆。

我们在日常生活中，随时随地可能碰到短时储存现象。1956年，心理学家Miller发现：不论是数字、字母还是单词，一般认为短时记忆广度是7±2个，他认为短时记忆容量大约为7个组块（Chunk），其中组块是指信息单元或信息片断。这是非常有意义的发现，我们稍微回忆一下英文字母歌，就会发现每一句的字母数量正好是7个。我们背诵五言七言绝句、律诗非常迅速，也符合这个规律。而通常在记忆长串数字的时候，我们习惯把数字划分为3~5个数字为一组，也是为了减少记忆组块，加快记忆速度。

管理者在处理专业性问题时，需要提取记忆中长时储存的部分。那么，如何提高记忆的持久性，就成为一个重要的问题。我们知道著名的艾宾浩斯遗忘曲线，即第一，遗忘与时间成正相关，时间越长，遗忘越多；第二，我们对初次存储的信息，在之后的1个小时内遗忘得最快，随后遗忘的速度越来越慢，遗忘具有先快后慢的特点，启示我们在初次获取信息之后应当及时重复刺激这个信息，以取得最佳记忆效果。还有以下原理和方法可以供你参考：

（1）记忆具有首因效应和近因效应，即我们对长段的材料的开头和结尾部分的记忆更牢固。因此，复习时需要把侧重点放在更容易遗忘的中间部分。

（2）识记分为有意识识记和无意识识记。无意识识记是没有采取任何记忆方法，没有任何记忆目的，事物是在自然而然中记住的。有意识记忆是按照一定方法、步骤、有意识努力的识记，这是我们高效的获取信息、形成系统知识的基本手段。

（3）对于有意义的材料，可以采用如图表法、概括法、系统法、提纲法、分类法、比较法、规律法、梗概法。对于无意义的材料，可以采用特征法、谐音法、口诀法、对比法、联想法。

（4）在操作方面，每次识记一段时间后休息一下，然后继续识记，比连续不停的记忆的效果要好。把长段材料分成几个部分识记比把它作为一个整块识记的效果要好。

我们常常说某人的记忆力好，是指他对信息的存储时间更长久，提取更迅速。在专家和新手的对比中，可以明显地看到知识丰富的专家在解决问题时与新手的不同，表现之一就是记忆能力的差异。同样，在解决管理问题中，掌握了记忆的原理与规律能够大大提高我们处理信息的能力。

二、情绪因素

情绪、情感是人们对客观事物的态度体验与行为方式。这里有必要说明一下情绪与情感的区别与联系。情绪是不稳定的、暂时的、强烈的，伴有明显的外部表现，如生气的人会提高音量、表情严肃。情感是较稳定的、内敛的、持久的，外部表现不明显。情绪与情感又有联系，悲痛的哭泣（情绪）是忧郁悲伤（情感）的表现，爱慕崇敬（情感）在高兴喜悦（情绪）的基础上形成。

个体在进入解决问题的情境中时，会引起相应的情绪波动，而情绪波动又影响到问题解决的质量。一个典型的例子是求职人员在面试或者进行其他测试时会感到紧张、不安，而这种情绪又会影响他对知识的回忆，使思路不畅。当然，情绪对个体的表现也具有帮助作用。如解一组试题时，前三题如果做得很顺利，应试者就会产生积极自信的情绪，从而思路开阔，能够灵活提取知识，迅速完成试题。由此看来，控制好情绪是问题解决中很重要的环节，特别在情绪不佳时，要学习通过放松、自我暗示的方法调整心态，迎难而上。

对管理者来说，有一些情感的障碍会影响我们解决问题，有下面几点：

- 害怕犯错误或者被人视为很愚蠢。
- 急躁。
- 害怕冒风险。
- 不愿意处理矛盾的情形。
- 缺乏挑战性。

在较低级别的同事面前，我们会尽量保持知识渊博、经验丰富的形象，而在较高级别的同事面前，我们害怕提出某个看起来“很傻”的问题或者新奇的建议时，会遭到蔑视，因此，我们会尽力避免提出自己的新见解。有的人对于不确定性、长期压力会感到焦虑，因此表现的优柔寡断、在某些情境下又过于武断，避免对现状提出挑战。这可能导致我们没有耐心去分析与解决问题，往往在问题研究的初始阶段就不假思索的否定相异的答案。其实提出不寻常的问题和敢于冒风险，是解决问题的重要一环。有时候某项对策对组织来说是最优解，但对个人来说却是个很糟糕的办法，如何权衡利弊成为困扰管理者的问题之一。因此，许多人也不愿意处理冲突与矛盾。

如何减少情绪、情感对我们解决问题的干扰呢？我们可以尝试下面的办法：

- 对现存的观点或方法进行批评性质疑。
- 接受这样的观点：如果我们正在寻找新的、能够更好地完成某件事情的方法，犯一些错误是不可避免的。
- 如果依然担心被人视为愚蠢，请尝试一下在向其他人提出意见之前，先在实践层面上检验自己的观点，或者采用理性的辩论来证明观点的可行性。
- 积极寻找使可能发生的风险最小化的方法。
- 如果问题没有显示出挑战性，请想一下在全新的情况下可能实现的最大利益。

三、动机因素

首先给动机下个定义，斯蒂芬·罗宾斯认为动机是体现个体为了实现目标而付出的努力程度、方向和坚持性。动机是促使人产生行为的原因，它能引起与维持人的行为，并使行为朝向一定目标。当管理者面临组织层面的问题时，希望下属在考虑问题时将个人目的与组织目的保持一致，这就是动机的方向性。组织中的问题往往很复杂，乍看起来毫无头绪，因此需要问题解决者的动机能较为持久，并且努力去解决。动机强度，可以看作努力程度、方向正确、坚持性三者的乘积。在问题难度一定的情况下，动机强度越大，工作效率越高，问题解决的可能性就越大。因此，管理者在分派任务的时候，应当根据问题的难度、需要知识经验的丰富程度来选择员工，让成就动机强的人去解决具有挑战性的问题，效果会更好。

四、性格因素

性格是人对现实的态度及其行为方式，是个性中最重要的心理特征。性格是一个人独特的、稳定的心理特征。按照不同标准，可以把性格划分为不同的类型。

依据心理机能在性格中何者占优势，英国心理学家培因（Bain）将人的性格分为：理智型、情绪型和意志型。理智型的人用理性的方式处理问题，适合解决常规的问题。情绪型的人容易受到情绪支配，他们解决问题时可能出现有利或者不利两种倾向。意志型的人往往能根据预定目的对行为进行调节与控制，能刻苦努力、锐意进取。在解决创造性的问题时，特别需要意志坚强的人来做持续的努力。

依据文化生活方式，德国心理学家施普兰格（Spranger）将人的性格大致划分为六种类型：理论型、经济型、审美型、社会型、权力型和宗教型。这六种类型的人所关注的事物不同，因而在处理擅长的问题上会有不同的表现。如经济型的人追求功利，具有很强的经济意识，更擅长处理利润、产量最优化问题。

依据心理活动倾向性，瑞士心理学家荣格（Jung）将人的性格粗略地分为外倾型和内倾型。内倾型的人心理活动倾向于主观世界，表现为沉静、反应缓慢、不善交往，这类人在思维的灵活性、敏捷性上可能较弱，但是思维的全面性、深刻性上可能又较强。外倾型的人表现为开朗、活跃、善于交际，但是在思维品质方面与内倾型的人正好相反。

依据个体独立性程度，还可以把人的性格粗略分为：顺从型与独立型。顺从型的人思维主动性较差，适合照章办事，解决常规性问题，独立型的人不易接受暗示，思维较主动，善于独立发现和解决问题，能果断地处理偶发事件和非常规的问题。

任何一个组织都是由不同性格的成员组成的，不同性格的人通常解决问题的方式也不尽相同。了解自己和他人的性格，有助于找到适合自己的解决问题的方式。

五、组织环境因素

1. 组织应当提供有利于发展出新观点的物质环境。我们的周边环境，对我们生活、工作、思考产生很大的影响。一些人在忙乱的环境中操纵自如，另一些人更喜欢安静的环境。通常认为，安静也许更有利于分析型思维，而一个生机勃勃的环境有助于我们进入一个放松的思维框架中，更可能产生新创意。解决问题需要适当的资源，如执行力高的员工，足够的信息支持等。环境的舒适性是又一个因素，环境的不舒适性可能使人分心，降低清醒水平，产生压力，从而变得死气沉沉。管理者应当考虑的因素有温度、良好的照明、根据人体工效设计的家具和办公系统、最少的电话干扰。

2. 一个组织的管理政策、决策流程和工作框架，也很容易影响员工的业绩。在层级结构扁平化和员工享有更大授权的组织中，许多员工为他们组织的成功作出了创造性贡献的同时，也拥有了更多自主性。赋予员工更大的权力与责任，部门之间的界限被打破，知识流动更快，信息被有效共享，这些都有利于员工锻炼和发挥出解决问题的技能。组织中的人力资源部门要设计好合理的奖励计划，如收入分享计划，这样员工会愿意提出创意，主动解决管理问题，来降低组织的运营成本。再者，组织中沟通的有效性，也会影响到问题解决的效率。管理者在陈述问题的时候，能否运用合适的表达方式十分重要。问题的性质在一定程度上决定了表达的方式，一个定量问题，仅仅用文字表述就可能不够形象和深入，必须同时用图表方式简洁地表现出结果。

3. 组织文化和领导的管理风格会影响员工问题解决的有效性。有生命力的组织应当不害怕变化，反而视变化为契机，培养员工灵活积极应对外部环境的急剧变化的能力。关于领导风格的影响，可以思考下面两个团队。一个团队领导总是在自己认识的基础上提出看法，并且竭力说服他的下属接受他的观点。另一个团队领导总是询问他人的观点，他倾听下属的意见，鼓励大家提出不同的新颖的看法，并且从不妄下结论。效果如何呢？第一个团队的成员越来越没有解决问题的积极性，而第二个团队的成员敢于提出新观点，得到更多授权，因此团队绩效也更好。

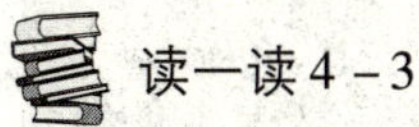

读一读 4-3

沃尔玛中国"造人"

想象这样一个特殊的人群：他们有150万之众，遍布在世界各地的城市与乡村，他们或聪明或平凡，可能受过高等教育，也可能只有小学毕业，他们来自不同的文化与社会，说不同的语言，有迥然相异的性情。但是他们却有极为相似的行为模式，当别人走到面前三米的时候，他们都立刻习惯性地露出微笑，他们信奉世界上最大的美德是诚信，最大的恶是欺骗，他们相信坐言不如起行，今日事一定要今日毕，他们认为当众跳舞一点都不可笑，不会对别人微笑的人才可笑。他们谨记自己的使命是让当地的人们买到优质便宜的商品，只要自己始终如一地做好这件事，就能登上顶峰。

划分这个庞大人群的是一家公司的名字——"沃尔玛"，世界上最大的公司，零售业的巨头，这群人正在或曾经为这家公司服务。但将他们维系在一起的，却不全然是商业上的利益，而是一种类似血缘的精神性纽带。就像精明的犹太人，即使他们离开沃尔玛多年，也很容易从人群中辨认出来，因为他们的工作方式、待人接物，甚至习惯用语，都显示出"沃尔玛"的烙印。

沃尔玛中国区副总裁 James Lee 说："沃尔玛文化不是一条领带，可以上班打上，下班摘掉，它是我的生活方式。我无法想象它会改变，一百年也不会。"

沃尔玛人的价值观，或者说沃尔玛企业文化的动力，简单地说，是由一些非常高远的人格箴言——比如"尊重个人"、"让顾客比满意更满意"、"追求卓越"、"服务社会"，以及很多亲切具体的生活小指导——比如"今日事、今日毕"、"聆听、说出来、让别人知道"、"从错误中学习"、"领导就是为他人服务的"等构成的。

这些大大小小的格言，几乎百分百都能在萨姆·沃尔顿本人身上找到起源，因此，难免带着一丝美国小镇的色彩，淳朴、勤劳、热情、诚恳、谦卑。

然而，这个温暖、正直的"沃尔玛文化"并不"便宜"。

从沃尔玛成为一家真正的连锁商店开始，如何保持源于小镇的文化传统，就成了一个问题。当一种文化不再是天然存在于人们心中，而是变成需要"致力于营造的"，它的成本可能比建造一个严密的管理体系更加昂贵。

在沃尔玛发展的历史上，关于沃尔玛的小镇文化能否抵御大城市的腐蚀，一直在争论。在更加世故、复杂的中国文化中，沃尔玛能否顺利地复制，需要面对更多挑战。

诚信，在沃尔玛文化中是一个很特别的词汇。几乎所有被采访者都说了同样的话：“在沃尔玛，一个人做错了什么事情，都有被原谅的机会，有专门的人去帮助他改正。但只有一件事，是绝对不可以做的，就是不诚信。”

诚信的内涵包括两部分，一是对当地的法律法规百分之百遵守，二是对公司的政策规章、原则百分之百遵守。不管哪个方面，沃尔玛的态度都是非常严厉的，一旦发生此类问题，立即解聘。

在观察一家沃尔玛卖场的时候，在服务台曾有过一次争吵。一个男子拿着一张列着几十项商品的小票要求开具发票，内容写上“文具”。服务台的小姐无奈地解释：“真的不行，您这上面有食品，我不能开成文具。”男子指着墙上“不满意可退货”的标示，称不给开发票就退货。

在中国门店，要求将商品开文具发票是很常见的情况。沃尔玛的理由是，这是税务部门明确规定禁止的，所以我们无论如何都不可开。但是沃尔玛的管理层感到无奈的是，像他们一样严格遵守这个规定的商家并不太多。

沃尔玛著名的“服务顾客”、“三米原则”、“日落原则”，为一线的服务人员在三条重要维度上划下了底线；所有事情都需要从顾客的角度考虑，以保证顾客的利益；当面对顾客三米的时候，必须微笑；如果顾客今天作出投诉，必须在日落之前答复顾客。

这三大原则，保证了沃尔玛的员工在服务顾客时，可以灵活地针对事件状况作出判断，解决问题，同时服务内容、服务态度与服务时效，可以达到令人满意的标准，正所谓“随心所欲不逾矩”。

根据统计数字都表明，沃尔玛提供的不是行业最高工资，而且管理严格，但它却从不缺追随者，并常常获得最佳雇主的称号。因为沃尔玛在成功地将商品销售给顾客之前，首先成功地将公司销售给自己的员工。

一名沃尔玛的员工在进入公司之后，通过一系列“沃尔玛化的过程”，彻底成为一个沃尔玛人，遵从沃尔玛的价值标准、做事方式、思考模式，但是获得的是一个被充分尊重的环境，平等的发展机会，和在公司内部几乎无限的发展空间。

资料来源：改编于苏醒：《21 世纪商业评论》。

思考题：

结合本节内容，谈谈组织文化是如何影响员工问题解决的有效性的？

分析：

为什么找不到质量经理？

今天，新的质量部经理牛先生已经到任一个月了，他的表现远远低于我们的预期，看来还是不能适应现在的岗位。质量经理已经是我们公司的大难题了，牛经理是我们公司近一年内出现的第三个质量经理。但他很快也要成为前任质量经理，这真是令人遗憾。我们除了检讨人力资源的相关程序外，还需要检讨些什么呢？

我们公司的质量经理问题起源于公司的高速发展。公司年营业额由 2004 年刚成立时的

300 万元增加到了 2007 年的 6 000 万元，2008 年，我们计划要完成 12 000 万元。前 5 个月的发展势头表明：我们计划的增长非常有可能实现。通常，小公司的快速成长，必然会面临一个问题，那就是：初建时的管理团队、管理架构无法适应业务高速增长所带来的内部变化，其中包括：人力资源、财务、生产计划与物料控制、市场、销售等。

为减少内部管理滞后对发展形成的阻碍和控制内部管理滞后为公司带来的巨大风险，公司在 2005 年初就作出决定，要引进高级人才，重组架构。这个决定在某些领域进展得比较顺利，比如新任财务总监的到来，在公司财务合法化、报表设置合理及准确及时、现金流安全、赢利模式稳定、预算执行等方面都进展顺利。在生产计划及物料控制方面，我们也引进了一位高级人才，他将我们濒临瘫痪的 ERP 系统重新建立并正常运行起来了。这让我们的交货准时率，基本上得到了控制。我们的客户都是欧美企业，准确地讲，90% 以上都是欧美企业。如果我们不能保证稳定、准确的交货期，那我们将无法生存下去！

同样的，如果我们不能保证我们出口的产品都具有稳定、可靠的质量，那也将无法生存下去。因此，质量也是公司经营面临的一个即时且长期的风险。为控制这个风险，我们需要一个高素质的质量经理。不幸的是，这个问题居然在一年多的时间里都没有得到有效解决。

我们公司的质量现状到底有多糟糕呢？虽然到目前为止，我们还没有接到批量退货，也没有接到客户的大规模投诉和抱怨；在生产过程中，由于质量失控所造成的不良品成本也不高。不过，这绝不是说我们的质量体系就没有问题，绝不是说我们已经排除了潜在的质量风险。诸多迹象表明：我们的质量体系运作得并不顺畅。

在 BSI 的例行审查中，我们的观察项正在大量增加，但我见不到任何纠正预防措施，或者即使有纠正预防措施，这些措施也没有被落实。我有理由怀疑：BSI 其实是对我们手下留情了。

还有一点不妙的是，牛经理的前任——杨经理，在公司的例行周会中公布了我们的内部电路测试（Internal Circuit Test，ICT），测试不良率高达 37%。更意外的是，面对这样的质量数据，他竟然没有采取任何紧急纠正预防行动。这迫使我们终止周会，下令立即停产，并开始现场调查，进行原因分析。在调查中，一个令人尴尬的事实摆在我们面前：杨经理报告的质量数据居然是错误的！ICT 测试不良率应该是 15% 而不是杨经理报告的 37%。当然，即便是 15%，也还远远高于我们所设置的 2% 的警戒控制线。但是，这件事却反映出我们的质量系统不能准确地统计过程监控点的质量数据。这说明，我们的质量控制还缺乏深度，还只停留在进料品质控制（Incomming Quality Control，IQC）和出货品质控制（Output Quality Control，OQC）的监控层面上。

客户的例行退货记录也印证了上述判断。半年来，客户的退货率虽然在控制线以内，却明显地呈现出上升趋势。由于客户退货有滞后，这些被退回来的产品实质上是一年前生产的。换而言之，在这一年多的时间里，公司的质量控制能力在退化。因此，质量风险在增大，我们必须在失控前恢复控制。我们可不想产品运到芝加哥后，客户请我们到美国去处理质量问题！显然，杨经理并没有意识到问题的严重性，因此，他走了。这可能对他有点不公平，因为我们没有给过他充分的机会和及时的引导。老实讲，杨经理对公司贡献还不少，他有各种认证的丰富专业知识，在其任职的十个月内，公司产品顺利通过了 UL 认证和两次 ISO 例行检查。但是，他没有建立起一个能真正有效运行的质量体系。

而从公司的现实需要和长远发展来看，我们都必须立即建立起一个能可靠运行的质量体系。我们希望牛经理的到来至少能帮助公司救急，因为杨经理已经走了，另外一个质量主管也自动离职了，质量部就剩下一个空架子。而生产过程中的质量问题却还在不断地涌现，所以，必须得有一个人来帮助我们建立起一个及时、准确的质量数据采集和反馈体系，牛经理在当时是我们视野内较合适的人选。尽管在面试之初，我们就意识到这对他而言可能比较困难。当然，如果牛经理只是让这个残缺的质量体系发挥出它最大的效能也是我们可以接受的。令人失望的是，牛经理未能做到上述两点。过程控制的数据依旧不准确，过程中的不良率报警，永远都不是质量部报告出来的。

更让我们绝望的是，昨天他竟然向我提议，要求工程部严格限制签发让步接收单。我问他为什么，他说："有客户邮件提醒我们的市场人员，说最近的让步申请明显增多。因此，我们应该严格限制签发让步接收单。"我提醒他："除此以外，你还有什么要答复客户？"他回答："没有了"，这样的回答令人很失望。

以上面的对话为例：我们所有签发的让步接收单的前提是，它需要得到客户同意。为什么我们会向客户提出让步接收的申请，且客户为什么又同意接受它了呢？因为双方都有一个交货期的压力，客户不得不接受。因此，严格禁止签发让步接收单只是质量控制的一个治标性的措施。并且这可能带来三个方面的问题：（1）我们的产品报废；（2）耽误交货准时率（同样影响公司信誉）；（3）由于我们无法准时交货，连带到客户也无法准时交货，给客户造成经济损失和信誉损失。

我们向客户提出让步接收申请，是目前质量管理现状下的合理措施。我们希望客户权衡一下我们糟糕的质量控制给他们带来的损失，以便他们和我们一起作出合理的取舍。当然，我们不会将客户完全不能接受的重大质量问题提出来，那样客户也不可能让步接收。

客户为什么又提请我们注意让步接收数量太多呢？这说明我们的客户通过让步接收数量的变化，已经发现了我们的质量体系在恶化。他其实是在委婉地提醒我们：要通过管理评审或者内审来检查一下我们的质量体系了，要有一系列地改善质量体系的行动。因此，我们要消除客户的疑虑，就必须要给客户一个放心的答案，告诉客户我们正在着手进行质量体系的改善，并且告诉他如何可以看到明显的效果。如果按照牛经理的回答，只能徒增客户的忧虑，降低我公司的信誉评级。因此，我只好决定，牛经理暂时不要就质量问题与客户直接沟通。基于他已经没有更好的措施处理公司的质量问题，我想他在公司的最长时间记录应该不会超过三个月了。我们该怎样找到适合的质量经理呢？不管怎样，新的质量经理7月底前必须就位。

资料来源：中国创新能力网。

思考题：

1. 下任质量经理又该如何去找呢？上网招聘、登报、熟人推荐、猎头？或者同时进行？需要在什么时间到位呢？
2. 我们的高层管理者在这个问题上又该如何反思呢？

本章小结

本章主要包括三个方面的内容：

1. 介绍了什么是问题和问题解决。按照认知心理学的说法，问题是一种情境，它具有三个主要组成部分：(1) 当前状态；(2) 目标状态；(3) 从当前状态到目标状态转化所需的一系列操作（纽威尔和西蒙，1972）。问题解决是一个过程或一种活动，在一定条件和准则制约下，对问题情境或未知因素要求确定出最佳方案或最佳值的活动过程。

2. 分析了多种问题解决的一般理论和策略。主要的策略包括：算法式和启发式的策略、搜索策略、目标手段分析策略、爬山法。主要的理论包括试错说与顿悟说、信息加工说。

3. 讨论影响问题解决的若干因素。包括认知因素、情绪因素、动机因素、人格因素和组织环境因素。

讨论案例　　维萨国际集团与全球支付系统

在本案例中，您能了解到创新的思路对于问题的解决具有多么大的影响。本案例要讲述的是维萨国际集团（Visa International）的前总裁迪·豪克（Dee Hock）与他的全球支付系统。

30 年前，豪克只是个小银行家。豪克没有接受过大学的高等教育，而且是个害羞的人，但是这培养了他善于思考、自省的风格。他广泛地吸收各种知识，打破了学科之间的界限，成为了一名通才。这种不受条条框框限制的，无拘无束的思维习惯，也反映在他的决策上。那时候，人们都用现金和支票付账。现在，电子交易以难以改变的节奏影响着世界上每一个国家。维萨公司增值了一百倍，在全球拥有超过 10 亿用户，销售额超过 1 万亿美元。在面对辉煌和荣誉时，我们再回顾一下信用卡交易的发展历程以及新的思路在其中的关键作用。

当信用卡行业处于失控状态时，银行业务由于诈骗事件和技术故障损失了数千万美元，媒体与大众都怀疑银行的信用卡业务的前途犹如飞蛾扑火。由美洲银行牵头，当时的一百多家银行为了寻找到一个解决问题的办法，聚集在一家酒店里商议对策。豪克在这时提出了一系列有创意的想法。

他建议成立专门的 7 人小组，豪克被任命为这个委员会的主席。当其他人感受到挫败感时，豪克却认为：机会来了。豪克独特的洞察力和眼光让他把握住了机遇，他预计到全球流通的时代即将来临。他召集了精英人才同他共同探讨，设计出基本的原则，采用头脑风暴的方式进行思想碰撞和交流。豪克开始重新建构金钱、信用卡、银行的概念，以前，金钱只是“记录在毫无价值的纸片和金属上的经过保证的文字数字信息”。如今，电子货币将会成为“以排列好的电子和光子的形式记录下来的数据，可以以光速在世界范围内传播，而且成本极小。”他还相信，任何一个组织，如果在世界范围内为这样的数据提供保证和交易，它的市场将大得超乎想象。他对现有的银行团体和等级制结构提出了挑战。

委员会成立了新的国家银行——美洲卡有限公司，即维萨公司，豪克被聘为总裁。他重新设立了权力分配的方式，避免任何银行对电子交易进行操纵。大银行不能联合起来对付小银行。美洲卡银行陈旧而用词模糊的交易支付系统被全新的系统所取代，如今，维萨卡已经成为信用卡的代名词，走进了千家万户，1999 年，维萨卡的市场占有率达到 55%，超过任何一家对手，全球客户使用维萨卡购买了 1.7 万亿美元的商品和服务。

资料来源：［美］霍尼格著，谢芳译，《解决问题之旅——您的决策和成功指南》，上海人民出版社

2003 年版。

思考题：

1. 豪克在面对问题时，展现出什么样的品质？克服了哪些问题解决的障碍？请试用本章所学知识进行解释。

2. 豪克在解决问题中采用了哪些方法？如果你面对同样的问题时，会采取哪些措施？你认为知识在解决问题的过程中起到了什么样的作用呢？

推荐书目

1. ［美］范登博施著，代宏坤、袁春晓译：《企业问题解决方案设计》，重庆大学出版社 2008 年版。
2. ［美］福格勒、勒布朗著，欧阳绛译：《创造性问题求解的策略》，中央编译出版社 2005 年版。
3. ［美］霍尼格著，谢芳译：《解决问题之旅——您的决策和成功指南》，上海人民出版社 2003 年版。
4. ［美］桑迪·波克拉斯著，陈帆译：《团队问题解决》，云南人民出版社 2003 年版。
5. ［美］书卷出版公司著，山风译：《你会解决问题吗?》，商务印书馆 2006 年版。
6. 辛自强：《问题解决与知识建构》，教育科学出版社 2005 年版。
7. 朱宝荣：《现代心理学原理与应用》，上海人民出版社 2002 年版。

第五章　问题解决的应用模型

☞ 学习目标

在第四章的理论基础上，读者应该通过本章的学习掌握两个问题解决的模型：问题解决的通用模型和管理问题解决的一般模型。具体的解决问题的步骤也是本章的重点，读者需要清楚的了解解决问题的四大步骤，在遇到问题时见机而行。

开篇案例　亚当斯一家的困境

亚当斯一家四口住在洛杉矶东部，他们属于中产阶级。汤姆·亚当斯经常往返于商业区和家之间，这段距离是45英里，而且他去工作时不和别人搭伙开车。他一直在想换一个离家近一些的工作。他为这家公司的一个项目已经工作了一年多，如果这个项目能够出色地完成的话，他有可能获得提升。不幸的是，产品有一处缺陷还没有找出来，汤姆必须尽快解决这个问题，因为给顾客承诺的期限仅剩一个月了。

汤姆的经济保证完全依赖于这次晋升，因为维持家用的费用增加了，他的两个孩子都需要一副牙齿矫正支架，他需要一辆新车，房子也需要粉刷，而且地下室漏水，他也无能为力。

汤姆的妻子萨拉是一位机械工程师，一直想找一份兼职工作，但是在这个社区里没有合适的工程师工作。在洛杉矶北部她可以找到一份很合适的全职工作。但是如果她接受了这份工作，那么关于接送和管理孩子的问题又会接踵而至。在他们所处的社区里有两个日托托儿站，但是，据说这两个托儿站的规格都低于法定标准。另外，他们的儿子亚力克斯被地区最好的钢琴教师收为新学生，而从她家到儿子的演奏室之间没有公交车。女儿梅丽萨在放学后要参加游泳队。

资料来源：福格勒、勒布朗，2005。

人们工作、生活中面临的问题比比皆是，亚当斯一家面临的问题包括工作与生活之间存在一定的冲突。识别与解决这些问题不仅需要理论的指导，也需要特殊技能的训练。

第一节　问题解决的过程模型

一、问题解决的通用模型

早在1945年，著名数学家波利亚的《怎样解题》和德国格式塔学派创始人韦特海默的《创造性思维》的问世，标志着人类对思维过程的研究进入了一个系统化的时期。《怎样解题》被认为是创造学的开山之作。波利亚在他的著作中提出了著名的四步解题策略：

（1）明确问题（Define）。

（2）拟定计划（Plan）。

（3）实现计划（Do It）。

（4）回顾（Look Back）。

这个常识性的又有普遍意义的策略，不仅适用于数学，还适用于其他学科以及工作、生活中遇到的问题。加拿大麦克马斯特大学（Mc Master University）的伍兹（D. R. Woods）教授经过了15年的研究，对波利亚的四步策略进行了修正，提出了六步策略：（1）决定要做（I Want to and I Can）；（2）明确问题（Define）；（3）探索思考（Explore）；（4）拟定计划（Plan）；（5）实施计划（Do It）；（6）回顾（Look Back）。可以看出伍兹教授对于波利亚模型的第一步进行了拓展，发展成三步：增加了态度成分和解题之前的"沉思"阶段，使解题步骤更完美。

心理学家斯腾博格和弗兰斯（1991）提出了典型的问题解决三阶段：准备阶段、产生解决办法的阶段和评定阶段。

准备阶段即理解、定义、识别和诊断问题的阶段。首先是一个语义加工的过程，运用句法、语义知识理解题意，然后建立一个问题表征。假如是个新问题，我们会更注意它的起始状态和目标状态是什么；如果是熟悉的问题，这一步骤花费的时间就比较少。问题表征直接影响我们解决问题的效率和质量。

产生解决办法的阶段就是在问题空间中，通过一系列的步骤，寻找到一条达到目标状态的路线。解决明确限定性问题常用的策略有手段——目的分析、爬山法等，解决非明确限定的问题常用的策略有类比、顿悟。专家和新手在这方面有明显的差别。

评定阶段即判断解决方法的适宜与否。如果解决的方法很具体，那么很容易就能知道自己是否成功，比如过河问题。但是如果解决的方法不具体，或者没有单一解决问题的方案，评定就会很困难。一个有经验的问题解决者在处理问题的过程中就会检查自己对问题是否充分理解，以及所选用的策略是否真正有效。

二、管理问题的一般解决模式

以上所介绍的模型启发了许多研究人员、学者以及管理学人士，他们对问题解决模型在管理实践中的应用进行了具体的探讨。这里介绍两种实用的问题解决流程。英国的迈克尔·史蒂文斯在著作《如何成为更好的问题解决者》中认为一个问题解决过程一般包括五个步骤：认识和定义问题、分析问题、开发可能的解决方案、评估这些方法、执行最后的解决方案。为了说明这个过程，作者用了非常清晰明了的表格来阐述。读者可以对比这个模型和波利亚与伍兹的模型的异同。

《团队问题解决》的作者桑迪·波拉克斯则认为一个成功的解决问题和制订决策的方案包括关键的两个步骤：（1）定义问题；（2）决定怎样去解决它。这是显而易见，人人都能想到的，但是一般人由于没有经过特殊训练，在匆忙定义了问题之后就直接进入了下一个步骤，导致了整个问题的理解失误——表征的错误或者不足。那么，什么样的步骤才是合理有效的呢？作者也给出了一个问题解决与决策纲要来说明（见表5－1、表5－2）。

表5－1　　问题解决的阶段示例

解决问题的阶段	例　子
认识问题	销售分析表明了东北区域销售额的下降
定义问题	销售额下降
当前的情形	东北区域的销售额在上个月下降了10%
渴望的情形	东北区域的销售额至少恢复到原来的水平
目标	东北区域的销售额在未来三个月里恢复到原来的销售水平，力争比原来水平高出2%
分析问题	东北区域的销售人员是约翰·戴维斯，他搬了新家，新家距离销售区域的时间是3个小时，影响了他的工作时间安排
可能的解决方法	（1）把戴维斯调离东北区域 （2）给戴维斯加薪，鼓励他在东北区域连续工作一周回家一次 （3）重新分配销售区域
理想的解决方法的标准	（1）东北区域的销售额得到恢复，每一个目标与上一年相比有所提高 （2）不增加额外的成本 （3）如果可能把有经验的戴维斯留在东北区域
最佳的解决方法	替换戴维斯
执行解决方法	（1）为戴维斯提供其他可选择的工作 （2）雇佣和培训在东北区域工作的新员工
回顾解决方案	（1）约翰·戴维斯辞职 （2）东北区域的销售额在六个月里增加了15% （3）雇佣新的销售人员导致了招聘和培训成本增加

表5－2　　问题解决与决策过程纲要

问题定义过程	结　果
（1）重识 讨论并记录每个人的观点、已经证明的事实和相关的现象，直到参与的每一个人都认识到问题的存在	解决某一问题需要达成一定的共识
（2）标记 清楚的描述你试图解决的冲突的各方面	对问题有一致的描述
（3）分析 找到并且同意问题产生的最基本的唯一原因	无异议的决定需要改正的根本原因

续表

方案决策过程	结　果
(4) 可选择的方案 列举对解决问题有帮助的所有可供选择的解决方案	列出一个完全的、可能的、可供选择的清单
(5) 决策 针对目标对可选择的方案进行评估，通过评估选择出列表中的最好方案	对所选解决方案的确定是共同的联合的决策
(6) 实施 组织任务、人员与资源、时间，制定分步骤的行动计划。实施该计划，然后对整个解决过程进行标准化	将解决方案转化为永久的规范和标准

通过对比两种问题解决的过程，我们可以得出这样的一般步骤（见图5－1）。

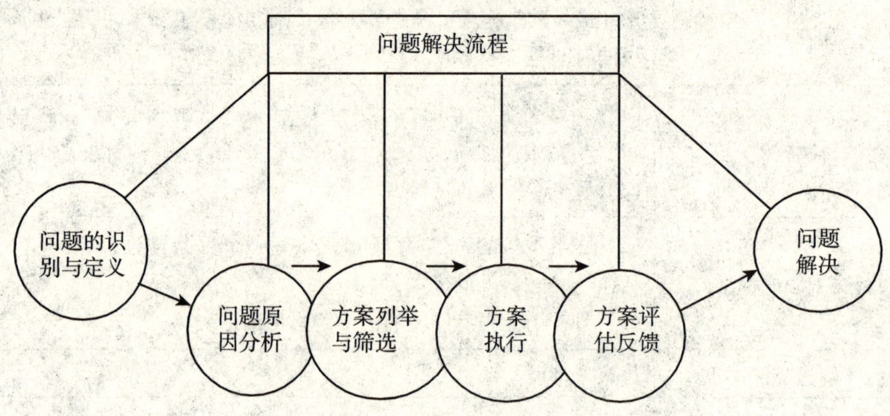

图5－1　问题解决流程

- 问题的识别和定义。
- 分析问题原因。
- 方案列举与筛选。
- 方案执行。
- 方案评估反馈——目标：问题解决。

在本章我们就按照这个模型展开具体的论述，同时介绍有用的工具和方法。

案例5－1

乱战无奈身负重伤　深思换将重回沙场

——厦杏摩托车经营案例

厦门厦杏摩托车有限公司是由台湾庆丰集团旗下的核心企业三阳工业有限公司同厦门市国有资产投资公司共同合资的摩托车专业制造公司，是厦门市唯一的摩托车生产厂家，也是福建省重点建设项目之一。从1995年投产至今，厦杏摩托车走过了一条曲折的路，有成功也有失败。在企业成立之初，曾有过短暂的辉煌，其产品中华系列、野狼系列、阿凡提系列、警车系列等30多个系列机种，由于质量过硬，在国内曾风靡一时，年销量突破6万辆，销售额超过6亿元，在国内中高档摩托车市场占有重要的地位。但由于企业过于乐观地估计国内市场，内外两方面的战略决策失误导致公司陷入经营危机，至2006年中旬，企业处于近乎瘫痪状态。在这种情况下，企业以冷静客观的态度，重新分析了市场，并调来曾在国外市场上创造过辉煌业绩的以黄光武为首的领导班子，改变了原来的市场定位和价格策略，使企业渐渐恢复生机。

90年代，是国内摩托车市场的大发展的时代，全国产量从1995年的196万辆，发展到2006年的3 153万辆，特别是1998年以后更是飞速发展。但销售利润从1996年开始却以34%的幅度下降，整个行业的利润越来越少。究其原因，一是从2000年以后，市场供大于求的幅度逐渐扩大；二是摩托车企业竞争的方式是以价格竞争为主，厂家降价促销，掀起价格战，以抢夺市场，行业内价格大战持续不断，造成各厂家利润一再下降，甚至亏损。三是各地地方保护主义、不公平竞争以及乱收费，国家对摩托车行业征收的消费税远远高于行业平均利润。征收环节和地区的巨大差异等均加重了企业的负担，造成企业利润大幅下降。

2006年中国大部分地区摩托车市场依然是硝烟弥漫，竞争激烈。2007年上半年全行业销售收入238亿元，比上年同期增长3.04%，但同期利润总额却为7 897万元，较上年同期下降285.59%，显示出行业利润状况仍然持续亏损，亏损金额逐月上升，各厂家仍然在拼杀价格，行业效益日趋下降。同期摩托车单台平均价格为4 485元，上年同期为4 664元，出现小幅度下降，表明摩托车行业目前主流消费价格仍是继续走低的趋势。

2006年上半年前10名生产厂家之生产集中度达到49.46%，由于市场变化，中低价格产品越来越受欢迎，而前10名厂家产品线集中于此，使整体生产集中度较2005年的44.64%有所提高。一些中型优势企业（如宗申、力帆等）利用自身优势进入市场，贴近市场和消费者，走中低价位，瓜分“蛋糕”、抢占份额，经过近年的发展，已经开始站稳脚跟，保持了持续的增长势头。在前10名中，排名前3位的嘉陵、钱江、轻骑增长速度较新大洲、力帆、长铃等要缓慢，预计未来时期内前10名竞争将更加激烈。截至6月，宗申掉出前10名，北易集团重新杀回前10名行列，而前10名座次也出现微调，前4名位置比较稳定，其余名次竞争将更加激烈，预计这种现象会维持一段时间。

合资企业中，2007年上半年生产量与销售量增大，长江、麦科特均出现较大幅度增长，原因与这些厂家产品结构贴近市场有关，其余厂家变化不大，五羊—本田出现小幅度下降，也因其产品线维持在中高价格带，调整力度不大有关。珠峰、常光等其余合资厂变化绝对值不大。

近年来，摩托行业怎一个乱字了得，乱世出英雄也能气死英雄。行业里生产集中度迟迟无法提升，反映出行业内竞争的激烈与多极化发展倾向。大企业没有显示出应有的优势，而为小企业的生存提供了广阔的空间，造就了一批乱世英雄，冲击了大企业的市场。

面对国内特殊的市场环境，厦杏摩托车曾走过一段弯路。首先，投资过大。面对与台湾地域和市场情况截然不同的内地市场，一开始三阳集团雄心勃勃，在厦门投资永久厂房，连同土地、厂房、设备、宿舍及其他固定资产投资，就高达6 000多万美元。可以看出集团长期投资的决心和愿望，以及对内地摩托车市场的信心。但投资过大，在市场无法迅速打开的情况下就造成流动资金短缺，且分摊费用沉重的结果。纵观内地诸多摩托车厂家，2006年1～10月全行业单车比率所对应的固定资产金额是2 000多元，而同期厦杏这一数据是8 000多元，高居全行业前3名。由此可见厦杏背着这么沉重的"壳"，要想跑得比别人灵活机动，确实不太容易。其次，对市场缺乏了解。厦杏投产伊始，由于面对着陌生的中大市场时缺乏细致深入的了解，产品一开始即定位在以台湾三阳工业现成的产品为样板（产品质量与台湾产品一样，导致价位居高不下）。第一款取名"中华"的男装车，即原样来自台湾的"天狼"。且由于沿用台湾三阳工业原有的配套体系，移植了17家的配套厂来厦门落户，配套体系范围过于狭窄，造成产品成本居高不下。市场售价一开始就定在中高档价位，造成市场启动不畅，需求不旺。以内地1998年的情况，要想以高档产品来扩大市场占有率，相当困难。再次，地方保护主义。各地存在着的地方保护主义，对本地企业在投资、税收及上牌政策上的特殊优惠，在一定程度上削弱了市场竞争的公平与公正。但厦门市作为全国瞩目的经济特区，地方政府一直在塑造着开放与开明的形象，对厦杏在政策上从未进行过地方保护，一视同仁。在1998年宣布厦门市区进行全面限牌后，成为国内最早进行严格限牌的城市之一。厦门的严格限牌使厦杏每年失去几百台以上的销量。

最后，不是母公司进行管理操控。庆丰集团在投资厦杏时，以庆丰环宇为控股公司对厦杏进行操控，而技术与管理人员来自于三阳工业，一方面庆丰只把厦杏当做其全球事业扩展的一部分，一个自负盈亏的事业部来看待，并未倾全力来进行支援与扶持。三阳工业也只是技术母厂，并不对厦杏的成败负责任。如此的结果势必造成庆丰与三阳之间出发点不同，这种内部冲突也在一定程度上削弱了厦杏的竞争力。

失败让人清醒，厦杏企业已开始清醒，并且进行反思。当务之急，找到一条光明大道，走出自己的阴影才是最重要的。

纵观整个摩托车行业，也有诸多利好的讯息，对于已经打了多年的"价格战"，造成全行业利润已经接近谷底了，整个行业进入了应该警惕的境地。中汽协会摩托车分会理事长张家岭向媒体表示：2007年的降价，将是最后一轮。经过多年的价格竞争，国有大厂被迫与民营企业一样大幅度降价，今后国有企业将与合资的、民营的企业在同一起跑线上竞争。预计今后民营企业的优势会减弱，企业间的竞争，进入到拼企业整体素质、拼员工素质的阶段。目前的摩托车价格，特别是民营企业的摩托车价格已经很低了。而现在合资企业的降价甚至在千元左右。因为如果大家把价格都降到5 000元左右，合资企业通过国产化和挖掘企业成本潜力，是能够挺过去的，而有些企业通过价格优势所取得的市场将会丧失殆尽。在最后一轮的价格竞争中，合资企业将会异军突起，成为摩托车市场的主力军。

另外，按目前我国的拥有量，每千人仅拥有50辆摩托车，比不上许多发展中国家，潜力很大。面对9亿农村人口的大市场，中西部市场空间尤其巨大。中心城镇建设的加快，农村公路建设的加快，为摩托车普及与发展打下了良好的基础，摩托车的拥有量将会逐年上升。2007 年上半年产销势头依然强劲，市场虽然竞争激烈，但产销形势仍然看好。

现在禁牌的城市都放开了，并且中国加入了 WTO，市场管理将按国际惯例与规则办事，政府部门也加大了对知识产权的保护力度，打击仿冒，这都使国内的企业处在同一起跑线上，在一个越来越公平与透明的市场环境中公平竞争。这对于一直稳健经营的厦杏来说，虽然机会来得有些迟，但毕竟开始看到了希望的曙光。

2007 年 4 月以来三阳工业对厦杏的一系列支持动作可以看出三阳总部移师的趋势，一方面三阳替换原有的领导人，委任三阳工业得力的副总经理黄光武负责。这与以往前两任台籍总经理在三阳工业只是“经理”级的辈分迥然不同。这次派驻厦杏的基本上都是三阳工业的精英，并且得力干将均是有过在海外摩托车经营的成功经验人士。在黄光武的带领下，给产品找出了非常明确的定位，提出三阳摩托是台湾来的引擎专家的产品定位，在价格上定位比本田的二手车高出一点，让买二手车的人加一点钱就能买到新车，并且是完全有保障的新车。黄光武长期负责三阳工业的海外摩托车公司，在摩托车业有 20 多年的丰富经验，与内地的来往与交流也相当频繁，也正由于他的成功经验，庆丰集团黄世惠董事长才把这次厦杏重振的任务交给他来完成。而且三阳工业决定对厦杏增加投资 2 200 万美元，也可以看出对厦杏志在必得的信心和力度。黄光武总经理上任后在三阳工业的全力支持下开始厦杏重整工作，再造企业竞争力，提出了“将 SYM 优良产品重现内地市场”的质量复兴目标，以期望在最短的时间内，找出 SYM 在内地的定位，生产和销售中国人愿意买的摩托车。

资料来源：中国营销传播网。

思考题：

1. 厦杏摩托车要在乱中取胜，有什么优势和劣势？
2. 厦杏摩托车面对现在的摩托车市场环境，该如何定位？
3. 黄光武能否将厦杏带出黑暗？

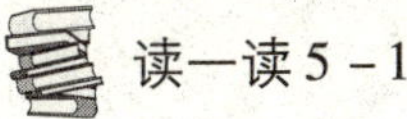
读一读 5－1

麦肯锡问题解决模型的启示

每家顾问公司都有其独特法宝，这个法宝可能是核心企业文化或座右铭，也可能是与顾客相处的模式与经验，当然也可能是累积多年经验所归纳的方法学（Methodology）与模型（Model）。这些方法学如同科学模型一般，乃是经过反复修正而成。然而，也因为该模型所要处理的问题不同，所以使用上均有所限制。

图 5－2 为 Ethan M. Rasiel 书中所呈现的麦肯锡问题解决模型。该模型分成六部分，其中核心三角形部分为麦肯锡公司内部所进行的问题解决程序，外面部分乃是与客户进行企业需求了解（Business Need）、需要企业主领导统御配合（Leadership）与实际应用到企业程序（Implementation）。

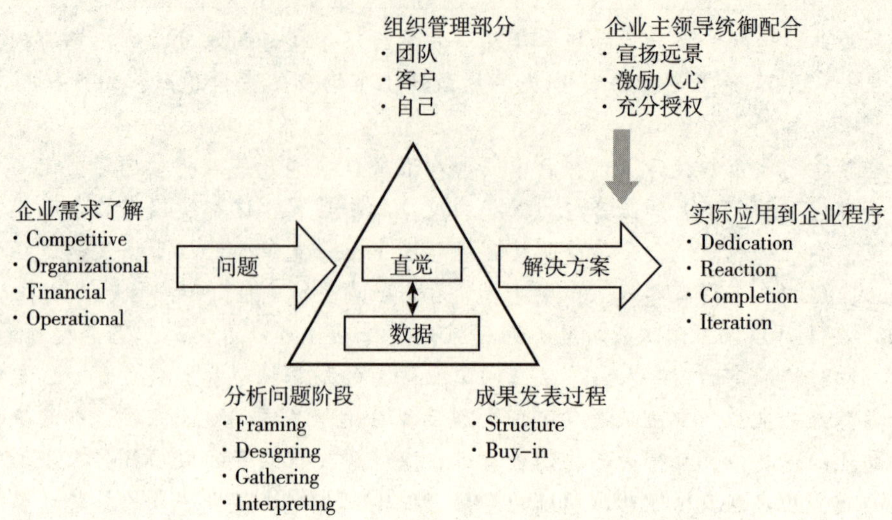

图 5-2 麦肯锡问题解决模型

资料来源：The McKinsey Mind，2001.

核心三角形包括分析问题阶段（Analyzing）、成果发表过程（Presenting）与管理组织（Managing）部分。由核心三角中心的数据（Data）与直觉（Intuition）双箭头可以发现，分析与问题解决的基础在于客观资料，并搭配麦肯锡人（McKinseyites）的直觉与丰富经验。此外，由图 5-2 表示方法可以看出，麦肯锡将自己视为问题解决的工厂，将问题（Problem）的输出（input）"转换成"解决方案（Solution）输出（output）的加工机。

项目管理五大流程即 IPECC，分别为起始（Initiating）、计划（Planning）、执行（Executing）、控制（Controlling）与结案（Closing）。如果以项目管理五大流程来看待麦肯锡问题解决模型，其实起始阶段对应于企业需求了解，结案对应于实际应用，其他包括问题的分析与结果呈现对应于计划、执行与回馈控制的过程。

相似模拟关系可参考"PDCA 环与回馈控制系统"，包括与 PDCA 环与六标准差 DMAIC 等，或是以回馈控制系统（Feedback Control）比拟，包括拟定目标、射击、找出误差并修正参数、再射击等。总而言之，管理与问题解决目标即是在于勇敢的往目标跑，并适时的修正自己与目标的差距，然后持续冲刺。

回到麦肯锡问题解决模型，有两个关于人的部分是独立于模型上方的，分别为管理组织与领导统御。管理组织包括团队（Team）、客户（Client）与自己（Self），而企业主领导统御包括宣扬远景（Vision）、激励人心（Inspiration）与充分授权（Delegation）。实际上，顾问服务业的营运模式不就是一群聪明人在解决一个组织或是一群人的问题吗？所以如何组织与管理这些人的关系资本，包括团队的形成、个人自我管理与客户关系的维护即是建立与累积关系与人力资本的精华。

此外，一个策略建议能否被采用通常与企业负责人息息相关，如果没有企业领导人的支持，那策略建议也仅是策略建议，无法真正派上场。换句话说，企业领导在精神层次的鼓励，包括愿景宣传与人心激励、与在实际运作上的充分授权才是问题能否真正解决的关键点。

资料来源：http：//cdnet. stpi. org. tw/techroom/analysis/pat_A048. htm.

思考题：

结合本节所学内容，你觉得在解决问题的过程中，需要考虑哪些因素？

第二节　问题解决的具体步骤

案例5-2

财务副总裁的迷惑

兴业投资有限公司是上海一家以商用楼宇租赁业务为主的民营企业，其业务模式是通过收购、租赁及联合开发等形式取得写字楼的经营权后，按照写字楼的地理位置、周边状况进行相应的装修改造，然后对外租赁。该公司成立于1992年，在成立之初，通过收购几处开发商遗留的“烂尾楼”开始了最初的经营，随着写字楼租赁的火暴，加之价格优势，该公司进入快速发展时期，到2002年底该公司已经拥有了27座写字楼的经营权，整个可出租面积约50万平方米，这些写字楼覆盖了上海的大部分地区，但是在这些写字楼中80%是低档的写字楼，中档的写字楼只有几栋，而且面积最大的有4万平方米，最小的只有几千平方米。

随着公司规模的急剧膨胀，公司高层感到原有的组织形式已经无法适应目前的发展现状，于是决定对整个公司进行一次“大手术”。成立了三家专业公司，包括房地产经纪公司、物业管理公司及装饰工程公司加上与其他投资者合资成立的两家公司（被称为平台公司），整个集团共有五家公司。这五家公司的关系是这样安排的：兴业投资有限公司连同平台公司分别拥有各个写字楼的经营权，然后平台公司及兴业投资公司将所有写字楼的物业管理及租赁业务以委托合同的方式分别交给物业管理公司及房地产经纪公司。由于整个公司的组织形式发生了变化，下属的各个写字楼的管理机构也做了相应的变更，原来的总经理或被经纪公司任命为销售总经理或被物业公司任命为物业总经理，同时经纪公司和物业公司又派了一些各自的总经理来补充各写字楼的领导岗位，专业公司及平台公司的成立导致整个组织机构迅速膨胀，上下级沟通非常困难，而且物业管理总经理及租赁总经理互相掣肘，严重影响了各写字楼的正常经营。

由于股权的原因及核算的需要每家公司都单设了一个财务部，负责本公司及所属的写字楼的核算，但由于整个集团公司缺乏统一的财务制度，导致会计核算出现了许多问题，首先是会计主体庞杂，有的公司为所属的写字楼设立单独的账套，有的公司是所属的写字楼全部使用一个账套；其次是会计政策不统一，有的公司房租收入直接计入营业收入，有的公司是房租收入先计入其他业务收入，给业主支付房租时再冲抵；广告收入、物业管理收入等没有统一的确认标准，这就导致无法通过账上确知整个集团的收入到底是多少。再次，各种财务或非财务指标缺乏统一的定义，比如出租率是采用已出租面积与整个建筑面积之比，还是已出租面积与写字楼建筑面积之比，各公司定义不同，由此有的写字楼竟然算出130%的出租率，统计口径的出入导致各公司的数据无法进行比较。最后，财务人员整体素质参差不齐，会计核算质量无法保证。

在兴业投资有限公司改组之前曾经与部分写字楼的总经理签订了目标责任书，约定以现金流入及出租率作为考核指标，考核期半年。由于整个公司原有的组织形式发生变化，人员也发生了变动，最后签订的目标责任书也不了了之，部分写字楼的经理意见很大。整个公司的这种状况一直持续到2003年的5月。

王明作为财务副总裁来到兴业投资有限公司是2003年5月的事，来之前他在一家房地产公司任财务副总经理，在此之前他已经对兴业投资有限公司略有耳闻，他曾为能来到如此规模的公司而兴奋，但是现实还是让他很吃惊，业务流程的混乱，财务管理的各自为政更是让其惊讶。由于刚来，王明决定先了解一下整个公司的经营状况，在将近1个月的时间里，王明找了十几个写字楼的总经理进行了详细的访谈，对公司的业务流程及整体经营情况有了一定的了解，经过深思熟虑，王明提出了一个大胆的建议：撤销专业公司，建立以各写字楼独立核算的责任中心制度，并将各公司财务部合并。经过几轮总经理办公会的激烈争论，王明的建议终于被采纳了，专业公司陆续被撤销，财务部的合并工作虽然如期展开，但是由于账簿合并的工作量比较大，这部分工作暂时搁置，仅仅是人员及机构进行了合并，还是采用原来的会计核算体系。另一项工作也在紧锣密鼓地进行着，王明在设计收入中心时根据公司目前的现状，主要选取了现金流入、回款率及出租率作为考核指标。

现金流入是指在规定考核期内公司财务部已收到的包括房屋租金和押金、广告位租金、车位费等在内的经营性收入、物业性收入和各种暂存性押金等款项总额。

回款率是指房屋租金、押金中，按合同规定应收而未收或未足额收回的款项总额占合同规定应收款项总额的百分率。回款率 = 本考核期实收/(本期前欠收 + 本期应收) × 100%。

另外，根据各个写字楼出租状况及人员配备情况制定了不同的费用预算标准，经过一番精心准备责任中心制度初露端倪，各写字楼目标责任书文本最终完成了，为了更好地推行责任中心制度，王明专门组织了几次培训，详细地讲解了收入中心的实施办法，5月末，经过与各个写字楼总经理的一番讨价还价，目标责任书总算签了。

下面就是王明与东方大厦总经理签订的一份责任书的部分内容：

……

（三）考核指标

1. 现金流入、回款率及出租率指标。

第一考核期：

* 2003年6月1日至9月30日现金流入513.16万元；

* 2003年9月30日时点房屋租金、押金的回款率100%；

* 2003年9月30日时点出租率65%。

第二考核期：

* 2003年10月1日至12月31日现金流入491.45万元；

＊ 2003 年 12 月 31 日时点房屋租金、押金的回款率 100%；

＊ 2003 年 12 月 31 日时点出租率 78%。

2. 费用支出控制指标。

第一考核期：2003 年 6 月 1 日至 9 月 30 日费用 49.54 万元；

第二考核期：2003 年 10 月 1 日至 12 月 31 日费用 64.74 万元。

三、负责人义务

……

（三）集中主要精力于公司界定的业务范围，努力做好开源节流、客户服务和市场调查（每月对所在区域同类大厦市场行情的调查，包括竞争对手、目标客户、价格分析等），并对经营信息进行相关分析、统计并及时录入或上报。

（四）严格按照总公司制定的相关流程和工作标准进行营销、物业和工程管理，接受各职能部门和事业部的工作指导和监督。

……

（八）严格依据《营销人员考核管理办法》（另件下发）的规定实施对营销人员的考核。

四、负责人权限

（一）经营权

1. 写字间价格应保证均租价 1.8 元/日/平方米（含水、物业费）。

王明在签完最后一份责任书时终于松了一口气，一个月的辛苦总算没有白费，但是在接下的时日里，王明的心情无法轻松，因为他陆续听到了一些反映：

"我的写字楼地点不好，为什么指标给我定的那么高"。

"这都一个月了，我想问问财务部，我的指标完成得怎么样，他们竟然说不知道"。

"东方大厦找了不少中介，他现金流完成得不错，可是他要付给人家佣金"。

"现在办一件事情，跟以前一样麻烦"。

"费用预算控制的太严了，上个月本来我要交一笔电梯维保费，可是忘了报计划，结果我自己掏的腰包"。

三个月的考核期终于到了，该到了考核的时候了，这时负责考核的稽核部李经理找到了王明，他说："王总，您要求我十天完成整个业绩考核，我们办不到，今天我到了财务部，他们说我们要的数据他们提供不了"。"为什么"？王明问。"他们说要想要这些数据，要自己汇总。"这时王明才想起来财务部经理前几天已就这个问题跟他汇报过，"好吧，我来协调"，王明无奈地说，李经理走了之后，王明望着窗外一抹夕阳陷入了沉思："到底出了什么问题"？"我该怎么办"……

资料来源：中国创新能力网。

思考题：

1. 兴业投资有限公司的收入中心制度存在什么问题？
2. 王明制定的责任书为什么不能发挥预想的作用？有什么缺陷？
3. 结合本节内容，分析兴业公司存在的问题，为王明提供有效的方案。

一、问题的识别与定义

问题的识别与定义可以说是问题解决五步模型中最重要也是最基本的一环。由于各种环境、条件的限制和心理因素的影响，我们常常看不清真正的问题。这里有一个小例子。

案例 5-3

大伟在一条热闹的商业街上开了一家出售“美味小食”的点心店，但是业绩并不好，于是他走访了其他也在这条街上出售零食的店铺，最后得出的结论是，自己的店铺定价太高了。于是他下决心降低了食品价格，但是一个月过去了，销量依然没有起色，他又降低了一点定价，可是依然门可罗雀。大伟的朋友知道了他的难题，决定和他一起重新分析这个问题，他们最后终于发现了问题所在：自己的售货架摆放位置不佳，顾客不能一眼看到而影响了销售。这其实是个促销问题，并不是定价问题。

在管理实践中，错误地识别问题可能造成巨大的损失，为了避免类似情况的发生，我们来看看认清真正的问题的步骤。

1. 查清问题来自何处。我们要了解问题的来龙去脉，首先是问题起源于何处。接着要了解谁最先对该问题进行了陈述，是你的上司、其他人的上司或者与你同一部门的同事？这个人能否向你说明他得到这个问题的推理过程，他（或她）得到这个问题之前从不同角度思考过该问题吗？之后，你再判断这一推理和假定的真实有效性。这一系列步骤的关键是，你需要区分哪些是事实，哪些是问题提出者的主观判断。对于其他人对你的陈述，你应当抱着怀疑的态度，不要轻易相信他人得出的结论。

2. 搜集与证实信息。为了得到关于某一问题的全貌，我们应尽可能的搜集相关的信息。为了得到第一手的信息，我们可以进行实地勘查或者采用观察法、实验法，对观察到的现象进行记录。在你所在的部门中，一定有些资深员工，在遇到问题的时候，你可以对他们进行访谈，询问他们解决问题的经验，你还应当走访与该问题直接相关的部门负责人或者利益相关者。听取他们的意见，能够拓宽你的思路和视野，或许能得到很好的解决问题的办法。访谈时，你应当注意，所提问题要透过问题的表面，对不理解的问题刨根问底。

3. 信息的处理。将所搜集的信息归类、整理，并且用清晰的方式表达出来，使问题一目了然是问题表征的关键。这里常用的技术是图表和图形方法，除了应用一些计算机办公软件、统计软件进行处理之外，可以参考泽拉兹尼的著作《用图表说话：高级经理商务图表指南》，此书用清晰易用、有趣的方式系统介绍了商务办公时常用的图表、数字的表示方法，并且含有大量实例。在进行信息处理之后，你还可以思考哪些信息还不够全面，以便进一步的搜集信息。

4. 明确期望状态与现在状态，形成初步的思路。在这个步骤中，我们将使用一种“邓克尔图解”的关键技术。在信息搜集处理完毕后，我们对问题的全貌已经比较明朗。此时，应当清楚该问题的期望状态（目标状态）是什么，同时与当前状态进行对比，从而产生初步的解法。邓克尔图解即从这两种状态的对比出发，它指出了不需要得到所要的解就能解决问题的方法。邓克尔图解法可以分为三类：一般解法、可能解法和特殊解法（见图5－3）。

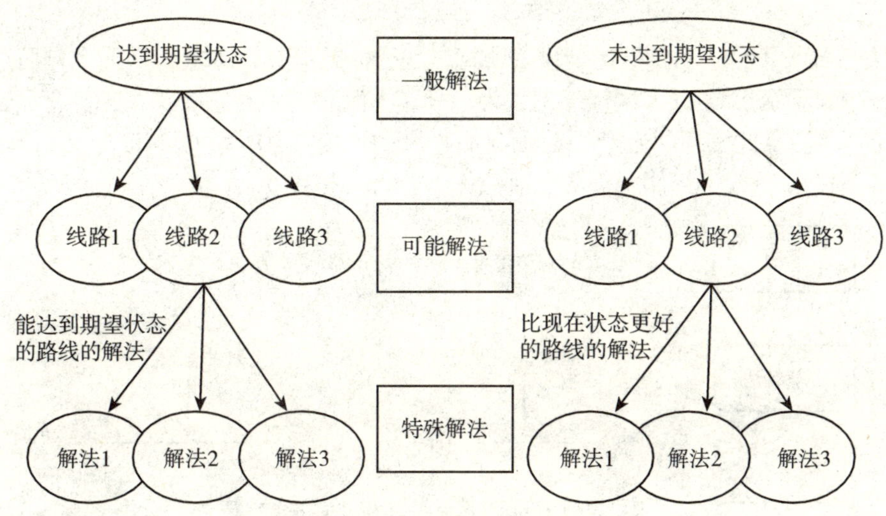

图5－3 邓克尔图解

（1）图解左边的解法：从现在状态到期望状态的运动。

（2）图解右边的解法：如何修正期望状态与现在状态对应。例如，假定你的现在状态是你当前的职位，而期望状态是新的职位。图解的左边显示达到期望状态，得到新的职位的步骤（如更新简历等）。图解的右边显示停留在你当前的职位上把它做好的步骤（例如，对做决策更多地参与，增加工资）。此外，还可以有一个折衷解：现在状态和期望状态彼此靠拢，直到两相对口。

（3）可能解法是通往期望状态（或修正的期望状态）的可能的路线。暂时不考虑可能解法的可行性，使用可能解法需要增加资源或条件。

（4）特殊解法是在可能解法之上提出的，它激发我们使用有创造性的解法，对可能的解法给予补充。例如，在职位升迁的情况下，对于图解右边的可能解法，你也许会受到重视；而受到重视，也许是在于增加工资或奖金，也许只是得到口头奖励，或在你的公司个人档案中，有一封表扬信。使用邓克尔图解的难点在于：如何确定适当的期望状态。

5. 重新表征问题。一个问题得到了很好的陈述，这个问题就解决了一半。假如我们遇到了界定模糊的问题，可以选择重复陈述的方法，对不清楚的问题进行重新界定并使之推广，从而得到最终清楚的问题陈述。为了引发新的问题陈述，可以用以下具体技术：

（1）试图强调不同词语。

（2）选择一个有明确定义的术语，用它代替一个无明确定义的术语。

（3）做一个反面的陈述：把肯定的换成否定的，或者用反义词。

（4）把“每一个”改为“一些”，“总是”改为“有时”，“有时”改为“不能”等。

（5）把问题陈述中的像“明显地”，“很清楚”和“肯定”之类的词连同论点，代之以“能令人信服”的话。

（6）把文字改成简单的数量关系或图表，或者反过来。

小测试 5－1 面包片的保鲜问题

情境：Toasty O 面包片在最初投放市场时，是一种畅销食品。然而，几个月后这种面包片的销售量出现了下滑。顾客调查部门认为：顾客不满意是由于它有陈腐味。食品公司决定解决这样的问题："此食品从生产线运到商品仓库的速度要加快，以保证产品新鲜。"为了解决这个问题，调查部门运用邓克尔图解法作了分析（见图 5－4）。

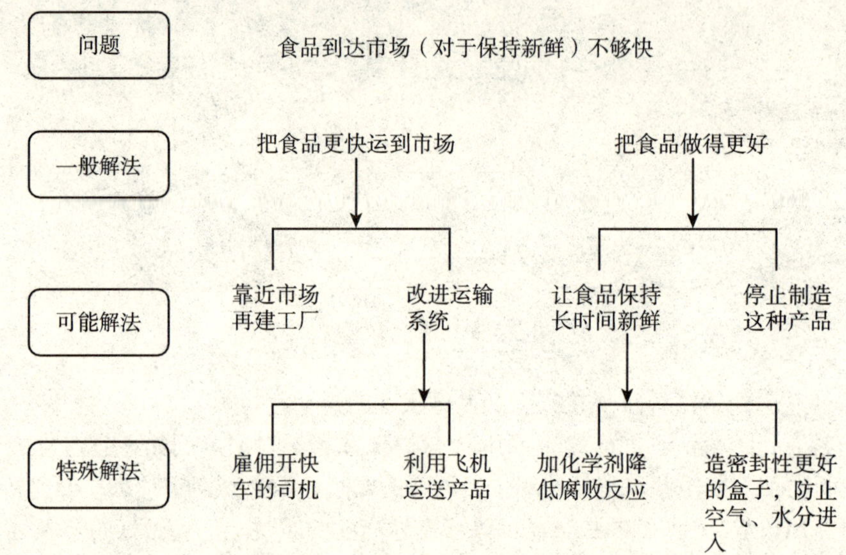

图 5－4 邓克尔图解实例——面包片的保鲜

资料来源：福格勒、勒布朗，2005。

思考题：从图 5－4 的分析，你能够得出什么结论？

6. 核实问题。最后，我们回顾一下识别问题的整个过程，运用下面的核检表能够帮助我们确认我们走的是否是正确的方向。

（1）该问题的所有部分都被确认了吗？

（2）所有的限制条件得到确认了吗？

（3）认准问题还缺什么？

（4）对于认准问题，什么是多余的？

（5）对于你得到的假定和信息，你是否提出过质疑？

（6）你把事实和意见区分开来了吗？

案例 5－4

问题陈述练习

原始问题陈述：面包片不能足够快地运送到市场，以保持新鲜。

引发因素 1：（强调不同词语）

面包片不能足够快地运送到市场，以保持新鲜。（对于其他产品，我们能足够快地运送到市场上吗?）

面包片不能足够快地运送到市场，以保持新鲜。(我们能把时间和距离缩短吗?)

面包片不能足够快地运送到市场，以保持新鲜。(我们能从产品中心分开配送吗?)

面包片不能足够快地运送到市场，以保持新鲜。（我们如何能使面包片保持新鲜的时间更长一些?)

引发因素2：(反面陈述)

我们如何能找到一种方法：把面包片以很慢的速度送到市场上，以致它绝对不新鲜?(让我们思考：我们必须保持新鲜多长时间和如何控制它?)

引发因素3：(变更某些副词)

面包片不能很快地送到市场上，但也能保持新鲜。（这个变化开辟了新的思路。为什么我们的面包片不能总是新鲜的?)

引发因素4：(寻找数量关系)

新鲜程度与食品烤制开始计算的时间成反比，即：新鲜度 = k/(从烤制开始计算的时间)。

让我们以另一种方式思考对新鲜起破坏作用的问题。例如，比例常数k与什么有关?储藏条件、包装、食品类型等，都是需要仔细察看的逻辑变量。我们如何能改变k的值?

总时间也许能缩短，可能的方法是：减少在加工厂的时间、交付时间，或卖面包片的时间（即，货架上的时间)。

小结：本案例从一个基本的问题陈述出发，应用多种重复陈述技术，向我们展现了看问题的有效角度和思路。你还能从哪些方面着手，去推广这个问题呢?请你进一步思考。

资料来源：[美] 福格勒、勒布朗著，欧阳绛译，《创造性问题求解的策略》，中央编译出版社2005年版，第55页。

以上的六个步骤是一个完整的识别和定义问题的框架，你可以按照这个框架进行每一步的推敲，但注意并非每一步都是必需的，这取决于你的时间、精力、掌握的资源、获得的支持，问题的重要性、难易程度等性质。

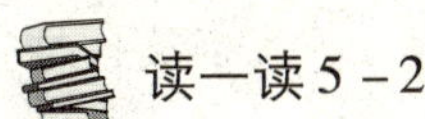

读一读5-2

麦肯锡思考企业问题的方法

麦肯锡存在的目的就是为了解决企业问题。在麦肯锡获得成功的咨询人员都热衷于解决问题。正如一位项目经理所说的：

解决问题不是你在麦肯锡要做的一件事情，它是你在麦肯锡要做的事情的全部。这差不多就像你要通过寻找改善事物的方法——无论它是什么方法，而达到一种近乎完美的境界一样。你总是在问："为什么某件事情要这样做?这是不是所能采取的最好的方法?"你不得不从根本上对一切事情抱怀疑态度。

像麦肯锡的所有事情一样，公司解决问题的程序有三个重要特征。当团队成员第一次碰在一起讨论其客户的问题时，他们知道，自己的解决方法会是：

- 以事实为基础。
- 严格的结构化。
- 以假设为导向。

1. 事实是友善的。事实是你用于铺就解决措施之路的砖石，事实也是建立支撑这一措施的柱子的砖石，不要害怕事实。

在麦肯锡公司，解决问题是从事实入手的。在进行项目的第一天，团队的所有成员要对成堆的资料和内部研究报告进行梳理，收集到足够的事实，以便在第一次团队会议上对他们的那一部分问题进行说明。在总结出了最初的假定之后，团队会冲出去收集必需的事实用以支持或反驳最初的假定（这是在完成了适当的分析之后）。

2. 对 MECE 泰然处之。在解决商业问题（或者其他任何问题）的时候，要把你的思路理清楚，在避免困惑及纠缠不清的同时，你的思考还必须是完整的。

MECE（读作“Me-See”）代表“相互独立，完全穷尽”。在麦肯锡，这是解决问题过程中的要素。从每一位新的咨询顾问加入公司的那一刻起，MECE 就被灌输进了他们的脑海。由麦肯锡管理顾问提供的每一份文件（包括内部备忘录、每一次情况说明、每一份电子邮件或声讯邮件）都应该是“相互独立，完全穷尽”的。问任何一位麦肯锡校友，在公司解决问题的办法中，他们对什么印象最深？他们会告诉你：“MECE，MECE，MECE。”

3. 在第一次会议上解决问题——最初的假设。解决一个复杂的问题就像是踏上了一个漫长的旅程。最初的假设便是你解决问题的地图。

最初的假设是麦肯锡解决问题程序的第三根支柱，也是最难于解释清楚的。

最初的假设的实质是“在你开始之前找出问题的解决方法”。这听起来有点自相矛盾，但你无论在什么时候都是这样干的。

假定你必须驾车去一家餐馆，而这家餐馆位于城里你不熟悉的地方。你知道你必须在史密斯大街的第三个路口左转，然后在接下来的第一个路口右转，这样你就正好到了那个街角。你清楚如何去史密斯大街，到了那儿你只要沿着你认定的方向走就行了。祝贺你，你有了一个最初的假设。

使最初的假设结构化是从把问题分成其组成部分——关键驱动因素开始的。接下来，作出关于关键驱动因素的可讨论的建议方案。这一点极其重要。假定你的企业的利润很大程度上受到气候的影响，实际上，气候就是在特定季节决定利润的关键驱动因素。“我们必须向上帝祷告，乞求好的气候”，这不是一个可讨论的建议方案。另一方面，“我们必须减少自己在气候变化面前的弱点”则是一个可讨论的、最高一层的建议方案。

下一步，你必须把每一个最高一层的建议方案记录下来，然后把它分成问题。如果一个给定的建议方案是正确的，它会产生什么问题？考虑一下每一个问题的可能答案。然后再向下一层次进行。对于每一个问题，你需要做哪些分析来证明或反驳你的假设？如果在你的团队中没有什么经验，而争论又很多，那么对于“什么是可以证明的、什么是不可以证明的”，就应该有一种良好的感觉。这会有助于避免走进死胡同。

在你带着解决问题的地图上路之前，你得先在轮胎上踢几脚，检验一下它。考虑到你对这个行业和你的客户或公司的了解，这是不是你所可能设计的最佳的假设？你是不是已经把所有的问题都想到了？你是不是已经考虑到了关于这个问题的所有关键驱动因素？你的建议方案是不是都是可行的、可证明的？

资料来源：智网 http：//www.ZhiNet.com.

思考题：

结合本节所学内容，谈谈解决问题有哪些有效的方法和思路？

二、原因分析与行动选择

成功地识别问题好比大厦的基石已经打好，但是也有许多人在正确地识别出了问题后，用了不恰当的方法去解决它，反而造成了低效率。问题识别之后，紧接着的第二步是原因分析，以及第三步行动方案的选择，在这里为了叙述方便，我们将这两步合并在一起介绍。本部分的最核心技术是 Kehner—Tregoe（K.T.）分析方法（见图5-5）。

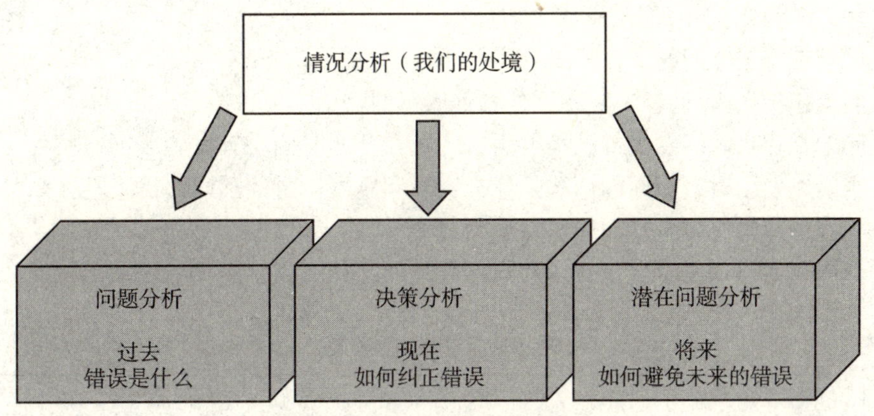

图5-5　K.T. 分析技术图解

K.T. 分析技术不仅帮助我们决定首先处理哪个问题，还引导我们关注要做什么。我们需要弄明白原因（问题分析，PA）、作出决策（决策分析，DA）、筹划成功（潜在问题分析，PPA）。在问题分析中，问题的原因和错误是未知的，我们必须找到过去发生的什么事造成了今天的麻烦。要是把 K.T. 总问题分析适当地加入上一小节认准真正的问题中，我们相信，那是完整地表述 K.T. 法的最好办法。在决策分析中，问题的原因已经找到了，现在我们需要决定，关于它，我们需要做什么？此时此刻的决策是：如何纠正错误。在潜在问题分析中，我们要保证决策的成功，并且预见和防止未来问题的发生。

1. 情况分析。K.T. 情况分析是用来判断：哪个问题应该优先解决。我们首先把所有的问题列出来，然后试图决定，在这组问题中，哪一个问题应该首先受到关注。对每一个问题必须用三个准则来衡量：（1）时间性；（2）趋势；（3）影响。对它们的每一方面，要评估出是高（H），中（M），还是低（L）。

• 时间性。该问题有多迫切？是否涉及最终期限？如果什么也不做，一段时间之后可能引起什么后果？例如，在某面包房中，5个烤炉之一发生故障，而其余4个烤炉能够超负荷运转。这个问题就不太紧急，可以先解决其他更紧迫的问题之后再来考虑它。所以该问题在时间性上是出于低等（L）。反之，如果其他 4 个烤炉已经达到最大容量，而且晚上之前必须完成一个大的订单，该问题的时间性就列为高等（H）。

• 趋势。问题可能有什么发展？还以面包房为例，假定发生故障的烤炉是因为过热，而且烤炉越来越热，甚至无法关闭，这种趋势引起的后果就是：烤炉被高温烧坏。我们该把它定为高等（H）。另一方面，如果这个烤炉被置于一旁，而其余 4 个烤炉可以完成订单，趋势则可定为低等（L）。

• 影响。该问题有多严重？它对人、产品、组织和有关政策的影响是什么？在面包房的例子中，如果你不能把这个烤炉按时修复，就满足不了一个大客户的订货。你可能失去这个客户以后的生意，因而影响被列为高等（H）。反之，如果在此后的几天中，你能找到一种方法完成订单，则一个发生故障的烤炉的影响可以列为中等（M）或低等（L）。

2. 问题分析。K. T. 问题分析方法帮助我们敏捷地提出适当的问题，它系统地分析和定义问题的所有环境。当问题的原因和错误未知时，此分析对于解决困难是最有用的。它主要包括以下这些核检方法（见表 5 -3）。

（1）什么是问题？什么不是问题？

（2）问题在哪里？问题不在哪里？

（3）问题包括何人/何物？问题不包括何人/何物？

（4）问题在什么时间发生或已经发生？问题在什么时间没有发生或不曾发生？

（5）当问题发生时，相同的情况是什么？当问题发生时，不同的情况是什么？

（6）问题的范围有多大？问题正在变大或变小吗？

（7）当问题的范围发生变化时，与众不同之处是什么？

表 5 -3　　K. T. 问题分析表格

确认（什么）	问题是什么	问题不是什么	是与不是的区别是什么	可能的原因是什么
定位（在哪里）	问题是在哪里发现的	问题不是在哪里发现的	位置不同的区别是什么	可能的原因是什么
时间性（何时）	问题是何时发生的	何时问题未发生	时间不同的区别是什么	可能的原因是什么
	何时首次发现	最近何时见到	这些观察的区别是什么	可能的原因是什么
量（范围）	问题范围伸展到多远	问题如何定位	区别是什么	可能的原因是什么
	有多少单位受到影响	有多少单位不受影响	区别是什么	可能的原因是什么
	任何一个单位的影响多大	任何一个单位多大程度上不受影响	区别是什么	可能的原因是什么

K. T. 问题分析的前提是：总存在某事物可以用来区别什么是问题，什么不是问题。问题的原因通常是一种变化，令人不满意的结果就是由它产生的。引发问题的原因，要仔细观察问题中的差异才能找到。问题陈述中所有观察和事实的最优解释是问题最可能的原因。最

关键的环节是：是与不是之间的区别。差异需要反复的陈述才能更加明确。

让我们看一个简单的例子。某公司收到一批印有该公司商标的纸张，员工在使用后不久发现，纸上的商标总是很容易模糊。而以前并没有出现过这种情况。使用 K. T. 问题分析后，他们发现了问题的原因（从是与不是的差异中寻找），是印刷公司采用了表面更加光滑的纸。而用现行的印刷技术，很难把油墨印到这样光滑的纸上，导致了商标的模糊。再进一步看，是由于油墨没有渗透入纸中，因此很容易被擦掉。这样分析之后，整个问题的轮廓就非常清晰了。

3. 决策分析。K. T. 决策分析是在不同的可供选择的方法中，找出一个能满足所有目标的最优解的合乎逻辑的方法。第一步是写一个简明的决策陈述，包括我们决策的对象。其次，我们指定决策的目的，并把这些目的分为两类：必需的和期望的。“必需的”是为了成功解决问题，别无选择需要考虑的，并且可以计量。其次，我们权衡每一个可供选择的解法，是否满足了每一件“必须做的事”。如果某种可供选择的解法不满足“必需的”目标中间的任何一条，它就要被排除。

在弄清了哪些是满足“必须目标”的解法之后，我们把进一步要达到的目标列成表。我们通过为每一个期望的目标按照重要程度打分，来考察期望目标彼此之间的关系。分数区间是 1 ~ 10，如果某个期望的目标是极其重要的，就可以打 9 分或 10 分，如果是中等重要的，就可以打 6 分或 7 分。然后，对每个目标的权重做一个分配，使所有百分比的和为 1。这样，我们就把目标量化了。量化的目的是使得决策更加理性可靠，但是，这只是相对的合理，因为我们对每种目标或者指标打分也是主观判断。

在分析了有利的一面之后，我们还要分析不利的一面。仔细核查每种方案可能出差错时会造成的损失。同前面的方法一样，我们列出每一种可能出现的不良后果，给他们打上分（1 ~ 10 分），再给每个后果赋上权重（发生概率），计算加权平均数。在全面的衡量了利弊之后，我们就可以选择出那个得分较高的作为最后的决策。

4. 潜在问题分析。我们已经作出决策，但是要保证实施过程顺利，我们还应面向未来，思考可能出现的差错，怎样避免这些陷阱。我们使用 K. T. 潜在问题分析表描绘出潜在问题的轮廓，并且提出可能的原因、预防的措施和备用的措施（见表 5 – 4）。

表 5 – 4　　K. T. 潜在问题分析

潜在问题	可能的原因	预防措施	备用措施
A	1. 2.		
B	1. 2.		

在分析潜在问题时确认：每个问题如果发生了会有多么严重，以及它发生可能性会有多大。这个问题会使决策彻底失败、抑或会严重阻碍决策实行，还是只造成一点麻烦？首先，确认可能发生的潜在问题，以及每一个潜在问题的后果。尤其要注意潜在问题，当（1）截止日期很紧；（2）你在尝试新的、复杂的或不熟悉的方法；（3）你要承担责任；（4）你正

处于危急关头时。其次，列出使每一个问题发生的可能的原因，并制定预防措施。最后，安排备用措施。建立早期预警信号以引发备用措施。无论如何，不要在没有采用预防措施之前就启动备用措施。

小测试 5－2 **购买二手车指南**

老张想买一辆二手车，他需要保证这辆车的性能还具有一定的稳定性。老张请来了懂技术的小李给他做参谋，小李采用 K. T. 潜在问题分析方法给老张详细的做了分析（见表 5－5）。

表 5－5 K. T. PPA 分析法

潜在问题	可能起因	预防的行动	对付的策略
（1）买一辆前后轮不在一条直线上的车	出过事故（车祸）	将水泼在路面上，开车经过，看前后车轮轨迹是否沿用同一线或者差一定距离	不买车
（2）车身不如看上去那么好（隐蔽的车身损坏）	出过事故或车身锈蚀	用磁铁探测车门下的外表、车的刮泥板外沿和车门，来查明是否有使磁铁不吸附的塑料填充。看车门和车尾箱的隔绝材料下面的颜色，以判断车以前的颜色是否是另一种	狠压价钱
	车遭过水灾，窗户、车尾箱漏水	仔细闻车里和车尾箱里是否有霉味	
（3）缓冲装置有问题	用车不小心、维修差	检查车胎纹路外沿，看是否有凹陷的现象	要求买车前将缓冲装置修好
（4）漏液现象	维修质量差	打开汽车引擎盖，检查它上面是否有漏液体的痕迹	要求买车前将密封垫圈换好
（5）里程表不对	（故意）破坏或损坏	检查玻璃和保险杠的塑料标签来推断车是否开过许多里程，看油门和刹车的脚蹬是否磨损很厉害	狠压价钱
（6）车快散架了	车在前任车主手里未经维修	检查液体水准（机油、冷却液、传动系统液、刹车液）。检查车的蓄电池附近是否有污垢，检查是否使用了便宜的机油过滤器和电池	不买车

资料来源：［美］福格勒、勒布朗著，欧阳绛译，《创造性问题求解的策略》，中央编译出版社 2005 年版，第 103～126 页。

思考题：针对小李的分析过程提出建议和自己的看法。

三、方案实施

一个成功的问题解决者不仅是产生新创意的专家，而且也是有效的执行方案的行动家。

要使一个绝妙的方案得到其他人的赞同，第一，要努力推销自己的方案，即向负责这个问题解决小组的主管、公司的高级管理层陈述你的方案，以得到他们在信心、资源上的支持。你应当准备一套资料用来说明：（1）你想做什么；（2）为何这么做；（3）怎样做；（4）你的项目将为你的团队或者其他人带来什么好处。下面的这个清单可以帮助你推销自己的主张：

- 避免使用专业词汇，确保介绍清晰明了。
- 尽量多用易懂的图画或表格。
- 以一种合乎逻辑的有序的方式展示观点。
- 简明扼要，删去不必要的细枝末节。
- 事先准备好可能提出的问题。
- 在介绍的过程中保持自始至终的热情、自信和诚恳。

第二，制定一个详细的计划表，内容包括任务、人员、时间、预算、关键流程等。最常用的方法是甘特图，在第三章我们已经有过介绍，在这里我们再简单回顾一下。这个图表是条形的，显示一项具体工作开始和最终完成所需的时间。为了便于讨论，假设我们被限定用一年的时间来解决这个问题。在解决问题的过程中，我们需要给五个长方块各自分配相应的时间：1 月、2 月和 3 月用来认准真正的问题，3 月中旬到 5 月底寻找解决途径。同时需注意，我们建议在整个过程中，在以下四阶段运用所有准则检验是否达标：（1）认准真正的问题后；（2）决定行动措施后；（3）实施过程中；（4）整个项目结束时。我们也认为应当至少花费 20% 的时间在认准问题上，因为这是整个问题解决过程的关键环节。

现在使用计算机软件（如 Microsoft Visio）可以方便地实现甘特图和项目流程图的绘制。在梳理关键流程方面，我们认为最好的分析工具是杰克·吉多（Jack Gido）和詹姆斯·克莱门斯（James Clements）在《成功的项目管理》中所介绍的工作分析结构（WBS）、责任矩阵和网络图，这些工具简明实用，易于学习。篇幅所限，我们不能在此展开论述，有兴趣的读者可以进行拓展阅读。

第三，方案的试实行。对一些较复杂的问题解决（如一个咨询项目，或者一个牵涉到很多个部门的问题）在方案的推广之前，需要在最后实施方案的组织、群体或者部门中选择一个典型的较小单位进行方案试测。若此方案是针对组织中的财务部门实施的，那么应选择财务部的某个科室，先进行一段时间的试执行。在试测之前，同样需要与该单位的主管、代表员工进行沟通，表明目的和诚意，以得到更有力的支持。在实行一段时间之后，还可以与员工进行一些访谈或者问卷调查，对试执行的科室的人员感受、工作效果进行跟踪记录，以取得第一手资料，便于对方案的不足之处进行修正。当然，对于需要紧急处理的问题，不一定需要这个步骤。

最后是方案的推广。若大家对方案试行的结果表示满意，说明方案已经经受住了考验，可以向更大范围内推进。在这个过程中，依然需要注意的是适当的沟通，因为得到越多的人的肯定，方案的推广就越容易，得到的建设性改进也就越多。

四、方案评估

评估与改进是一个问题解决过程的最后一环。评估实际上是过程评估与结果评估同时实施的步骤。评估应主要考虑三个方面，一是谁来评估，二是评估哪些内容，三是评估结果的运用。

评估结果的应用是着眼于组织目标的实现和员工价值、客户价值的提升的，当方案有改进的地方时，我们不应拘泥于初始问题的状态或者目标状态，我们应当思考，有没有使目标状况更好的方案，能够使组织、员工和客户得到更大的收益？这才是作为一名问题解决专家或者问题解决小组的成员最应当考虑的问题。

以上，我们详细讨论了管理上的问题解决过程的具体步骤和实用工具，如果你能灵活运用这些步骤和工具，那么你一定会有所收获，成为一名优秀的问题解决者。

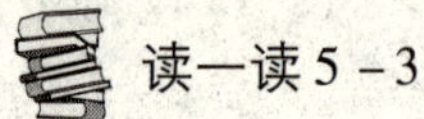

读一读 5-3

通用汽车是如何渡过内部危机的？

1971 年 12 月，通用汽车公司洛兹敦厂的管理部门开始对装配线上装配的维加车出现异乎寻常的不合格率感到极为担心。前几周，在可容 2 000 辆汽车的存车厂里停满了发送给全国汽车商之前需要返修的维加车。

管理部门特别感到恼火的是，许多毛病是一般汽车装配生产中不应出现的质量缺陷。有数不清的维加车挡风玻璃碎了，内饰割伤，点火开关坏了，后视镜打碎……该厂经理说，在有些情况下，“整个发动机装置经过 40 个人，可是谁也没有为它们做什么工作!”

总之，公司在分厂一级的管理中遇到了危机：工人缺勤、质量下降、成本增加，甚至出现罢工等严重问题。有些人把这件事看做是“年轻工人的反抗”，简言之，可称作一次企业内部的伦理危机。

企业伦理涉及企业与雇员、企业与消费者、企业与政府、企业与环境等方面的相互关系，通用汽车公司的企业伦理危机发生在企业与雇员、企业与工会之间的相互关系，以及因公司改革或重组所产生的裁员等问题。从表面上看，通用汽车公司的危机产生于 GMAD（通用汽车公司装配改革计划）——为了提高产品质量和劳动生产率，对汽车生产装配技术操作加强控制，把这个管理系统扩展到 6 个工厂。

在实施 GMAD 改革后，虽然企业的管理部门声称改革不会给装配工人带来太大的压力，但是工会指责说这次改革又恢复了 30 年代“血汗工厂式”的管理，要工人以同样的工资做更多的工作。一个工人抱怨说：“那是世界上最快的生产线，它置我们于死地，我们无法在规定的时间内完成工作，每天两班倒，而公司还要埋怨我们低质量、低效率”。

工人的不满大大增加。在 GMAD 改革以前，厂里的不满指责大约有 100 个，自改革后，增至 5 000 个，其中 1 000 个是指责工作岗位上加了太多的活。

当工人们抵制管理部门命令时，一些迹象表明，第一线的管理人员并没有受过适当的训练，不能很好地执行管理人员的任务，当时管理人员的平均工作经验不到 3 年，其中 20% 还不到 1 年。一般地说，他们都很年轻，对工会合同的条款和管理人员的其他职责缺乏了解，同时，对如何处理正在发生的工人的抱怨和敌对情绪缺乏经验，从前没受过这方面的训练。

另一个重要事实是，工人的强烈反应并不完全由于 GMAD 的组织和工作的变革。管理部门发现，公司没有对他们进行必要的企业伦理、规章制度、知识技能方面的教育和培训。

一个高级管理人员承认，公司没有采取有效的手段使工人对工作发生兴趣。许多工人受益于公司补助学费支持他们上夜大学的计划。但受了这种教育后，装配工作显然就不能满足他们的要求及做高级工作的期望。此外，当时的劳工市场很困难，他们在别处找不到有意义的工作，同时，他们也不愿意放弃在装配线上挣得的优厚工资。公司的高级职员们说，这使工人感到困惑和灰心丧气。

许多管理者和工程师都在问：不知管理部门所采用的这种管理模式能否继续下去。随着作业越来越容易、简单和重复，体力劳动越少，对工人的技能要求是低了，但工作却更单调了。有一个工人说："公司必须想点办法，使一个小伙子能对所干的活感兴趣。一个小伙子总不能一天 8 小时年复一年地干同一个活呀！公司也不能仅对小伙子说：'好，原来你有 6 个点要焊，现在你只要焊 5 个了。'"

由于工人的不满增长，汽车工人工会于 1972 年 1 月初决定举行一次罢工，由于高达 97% 的工人表示赞成，罢工于 3 月初开始。公司估计由于工人不满和怠工造成的对工作的破坏已使公司损失总额达 4 500 万美元。

此后，公司管理部门考虑对 GMAD 的改革中某些不合理的地方进行修正，洛兹敦厂的一些矛盾才得到了缓和。

在危机事件解决以后的几个月中，通用汽车公司发动了一次深入的恢复正常工作环境的活动。因为工人们回去工作后，许多思想问题并没有很好解决，还存在不安的情绪。在公司总部办公室的协助下，洛兹敦厂的管理部门制定了企业伦理建设计划，首先从诊断上一次发生的危机开始。他们对全厂工人进行了问卷调查，与各级领导管理人员一起举行了一系列会议，并征求了工会的意见。

通过诊断，公司认为产生危机的主要根源是管理部门和工人之间缺乏及时的沟通和必要的交往。于是，从 1972 年开始实施"交流计划"，加强管理部门与工人及工会之间的沟通。

资料来源：赵曙明、刘洪：《人力资源管理案例集》。

思考题：

1. 结合本节主要内容，谈谈通用是如何识别并界定问题的？
2. 你认为通用在识别问题之后，又采取了哪些措施？
3. 你认为这些措施是有效的吗？

本章小结

本章主要讲了一个问题解决的模型。

1. 这个模型分为问题的识别与定义。
2. 问题原因分析。
3. 方案列举与筛选。
4. 方案执行。
5. 方案评估等步骤。

讨论案例　巴伯公司的产品危机

起泡沫的矿泉水是巴伯（Bubbles）公司的主要产品。这家公司的总部设在法国，它的主要市场分别在欧洲、南美洲和澳大利亚。这种水来自于天然泉水，经过一组有两个过滤器的装置过滤，每组装置中有两个木炭过滤器。这些过滤后的水分别被储存在不同的容器中，每个容器又被送往不同的市场，直到这些容器由运输车分送到下设的三个装瓶工厂之一为止，而这三家装瓶厂直接为公司的市场服务。

当这些水被送到装瓶工厂后，暂时被储存在容积为 3 500 立方米的容器中，然后再注入能冒泡沫的碳酸气。这些泡沫就是这种产品的特征。有些水也会被加入柠檬、草莓或者樱桃的香味。接下来，汽水就会被分装在不同大小、不同材料的瓶子里，从 10 盎司的玻璃瓶到 1 升的塑料瓶不等。送往欧洲市场的产品直接用卡车运输、三天内到达；送往南美和澳大利亚的产品首先采用卡车运到海边，再用货轮运送到海外的目的地。

由于北美和欧洲两个市场要求尽可能多的汽水，巴伯公司前几个月的生意一直很好，而这就要求塑料瓶供应厂商所提供的塑料瓶数量能满足已经增加了的汽水需求量。同时，两地需求量的增加迫使对于澳大利亚和北美市场的常规配送不得不有所耽搁，并且不得不因产品的高需求量而重新制订时间表。当然，对于原材料泉水的需求量也就极大地提高了。

对于巴伯公司来说真是祸不单行。由于发生了运输事故，所以要调整运输周期；而原来的储水区距离装瓶厂比较远，且装瓶厂的工人正在酝酿一场罢工；更严峻的是，持续的干旱使原材料泉水的供应面临极大压力。

最糟糕的是，北美市场以及澳大利亚市场方面抱怨前六周运送到的所有汽水中苯的含量很高，让人无法接受。而你知道苯经常被用作工业溶剂，但也存在于自然界中。由装瓶厂经理提供的快速调查表明，目前已经包装好正在等待运往北美的汽水中，浓缩苯已严重超标。然而负责澳大利亚和欧洲市场的装瓶厂经理报告，在目前储存的瓶装汽水中，没有发现苯严重超标的情况。北美和澳大利亚市场已经开始回收卖出去的产品，而欧洲市场要求尽快得到一个解决方案，否则，作为一种预防措施，他们将取消订货。

资料来源：[美] 福格勒、勒布朗著，欧阳绛译，《创造性问题求解的策略》，中央编译出版社 2005 年版，第 133 ~ 134 页。

讨论题：

1. 困扰巴伯公司的问题有哪些？请确认问题。
2. 请用 K. T. 方法对这些问题做现状分析，分清轻重缓急。
3. 请用原因分析方法分析可能的及潜在的原因，并给出对策。请你灵活运用本章所学习的框架和工具，并尝试把它运用到实际的管理决策中去。

推荐书目

1. [美] 范登博施著，代宏坤、袁春晓译：《企业问题解决方案设计》，重庆大学出版社 2008 年版。

2. ［英］弗勒德、［英］杰克逊著，杨建梅等译：《创造性解决问题全面系统干预》，上海科技教育出版社2008年版。

3. ［美］波利亚：《怎样解题》，科学出版社1945年版。

4. ［美］福格勒、勒布朗著，欧阳绛译：《创造性问题求解的策略》，中央编译出版社2005年版。

5. ［英］迈克尔·史蒂文斯著：《如何成为更好的问题解决者》，经济管理出版社2004年版。

6. 刘爱伦：《思维心理学》，上海教育出版社2002年版。

7. 桑迪·波拉克斯：《团队问题解决》，云南人民出版社2003年版。

第六章　决策风格

☞ 学习目标

通过本章的学习，期望读者关注决策风格的研究价值、决策风格的权变性以及决策风格的分类，尤其要掌握纳特和摩尔对决策风格的分类。本章最后希望读者了解东西方决策的差异性以及双方决策风格的融合。

开篇案例　哈里的决策

哈里·斯马特，一位非常有前途的、雄心勃勃的年轻执行官，自小生长于波士顿，毕业于波士顿当地的一所小型新英格兰学校。他在学校的时候遇到了自己未来的妻子——芭芭拉，她同样也是生于波士顿，毕业于当地的学校。在毕业那天，他们结婚了。之后哈里在哈佛继续自己的学业，并且得到了一个 MBA 的学位。而芭芭拉在哈佛得到了一个法律的学位。现在哈里进入 Brand 公司已经有 8 年了，这家公司也位于波士顿。芭芭拉同时也在波士顿的一家法律公司就职。

作为公司扩张计划的一部分，Brand 公司的董事会决定建立一个新的工厂。董事会主席决定让哈里作为这个新工厂的管理者，并且答应他，如果工作出色，他可以得到公司副总裁的职位。他作为新工厂的领导者，有最后决定的特权，在开工之前，他组织了一个委员会来选择新工厂的地址。委员会的成员是来自交通、市场、物流、劳动力市场以及公共关系方面的专家。他给他们一个月的时间来决定新工厂的厂址。

一个月过去了，委员会重新开会。对各个变量进行权衡之后，专家们建议的城市依次是：堪萨斯城、洛杉矶和纽约。哈里很清楚地看到委员会的成员已经付出了很多的时间和极大的努力来完成这项工作。小组中的一个成员强调大家达成了基本一致的意见，认为堪萨斯城是最好的选择。哈里非常感谢他们出色的工作，并告诉他们在他作出最终的决策之前，他需要更加深入地对报告进行研究。

当天晚饭之后，哈里问自己的夫人：“亲爱的，如果我们把家搬到堪萨斯城怎么样?”她的回答是迅速和尖锐的，“天哪，不!”她说：“我生命的所有时间都是在东部渡过的，我不愿意搬到荒无人烟的地方。我听说堪萨斯城最吸引人的地方是畜牧场。那样的生活不适合我的。”哈里进行了轻微的反抗：“但是，亲爱的，委员会强烈建议堪萨斯城作为新工厂的选址。第二和第三的选择是洛杉矶和纽约。我应该怎么做呢?”他的妻子考虑了一段时间然后说：“好吧，我可以考虑把家搬到纽约，但是如果你坚持要到堪萨斯城，那你自己一个人去好了!"

第二天，哈里重新召集了他的委员会，说："你们都应该得到表扬，完成了非常出色的报告。但是，经过深入的研究，我认为纽约比堪萨斯城和洛杉矶更加适合我们的新工厂。因此，我决定将新工厂建在纽约。再一次感谢你们出色的工作。"

在管理领域中最早引起人们注意的是对管理风格或领导风格的探讨。直到西蒙把决策看成是管理中的核心问题之后，才引起人们对于决策风格研究的兴趣。每个人都有其特定的决策风格，有的人急于行动，有的人深思熟虑，有的人武断，有的人民主，有的人灵活，有的人循规蹈矩。哈里在搜集信息、制定和选择决策的过程中体现出的个人决策风格就值得人们思索。很多人都已经对决策风格问题进行了有益的总结和梳理，我们将在本章中对这类问题进行探讨。

第一节 决策风格及其权变性

风格（Style）是影响各种管理活动效果的重要因素之一，指的是做事的习惯、途径或方式。不同的人做同一件事情会体现出不同的习惯，为达到同一目标所经过的途径也各不一样，从而形成了不同的风格。决策风格就是决策者在制定、选择决策过程中所体现出的习惯、途径或方式。

一、决策风格的价值

研究的结果表明，决策者倾向于使用多于一种的决策风格。一般的管理者会存在着两种不同的决策风格，在不同的职业、职位和文化中发生变化。这些风格也体现着决策者的不同特点，也可以解释为什么不同的管理者在分析相同的信息以后，会以不同的方式进行决策。决策风格对于决策的效果与效率有着重要的影响，具体而言：

1. 由于存在决策风格的不同，决策者对于决策制定的方式和程序有不同的偏好。有些人擅长逻辑分析，搜集大量的信息，层层递进，严密推理，在时间允许的前提下，效果可能会不错，但是会损失效率。而如果时间不允许，纠缠于细节则很可能使决策者痛失良机，从而影响决策效果。有些人却只抓住几个关键点就敢于下决断，具有很高的洞察力和勇气，有大局观，效率很高，但是有可能思考不周全，没想到细节，这也会影响决策的质量。

2. 由于存在决策风格的不同，决策者对于行动的迫切性有不同的考虑。有些人会在决策制定上花费大量时间，也会在行动前左思右想，不急于执行，效率不高，但效果可能不错。而有些人却疾风骤雨，认为只有行动才出效果，必须雷厉风行。他们不耐烦无休止的讨论，追求"差不多"的境界。其效率和效果与前者明显不同。

3. 由于存在决策风格的不同，决策者对于风险的态度和处理办法也存在差异。强调理性分析的决策者往往会回避风险，可能稳重有余而灵动不足。而对于急于行动的决策者而言，他们往往敢于冒险，对新的机会就特别主动而敏感。由于对待风险的态度不同，他们在处理风险上的方法也就不一样。

总体而言，对管理者决策风格的分析是有价值的，它可以使人们了解管理者如何进行决策，同时指导管理者合理使用并有效借鉴不同的决策风格，也可以帮助管理者选择一些与自己的决策风格起互补作用的人作为助手或搭档。

二、决策风格的权变性

为什么会有不同的决策风格？对此的解释有不同的角度，比如：

个性主义学派的学者认为决策者的个性决定了决策风格，这些个性包括性格、气质、意志、气度等心理特征。性格上外向型与内向型的人在决策上会有不同的表现，胆汁质、多血质、粘液质、抑郁质气质类型的人也有不同的决策风格。体现在决策行为上，就会有果断型、顽强型、多虑型、温和型等不同风格。持情境主义学派这一观点的人则认为决策风格是适应决策任务和环境的产物。应该说，上述两种看法都在一定程度上解释了实际现象，但又不能作为唯一的解释。现在越来越多的人倾向于交互作用学派的看法。这一派的学者认为决策风格既受个性影响，又受决策任务与环境的影响，具体来说，不同的决策任务与决策环境适合于不同个性特征的人，这其实是一种权变主义的观点（Contingency）。

权变理论早在20世纪60年代就出现了，已经被广大的管理学界和业界所接受并认可。其基本观点是，世界上没有绝对最好的管理办法，只有在特定的条件下最适宜的管理办法。因此，管理中最为重要的指导原则就是要随所处的内外条件而随机应变。

具体到决策风格上，它描述了个体在制定决策时所采取的方式，决策风格是个人态度的显现，它在反映决策者的价值观和判断力的同时，还和许多因素有关，如决策的内容、过程、决策者选择和接收信息的方式、决策任务的性质、环境等。

美国加利福尼亚州立大学的阿兰·罗伊（Alan Rowe）认为，决策者在制定决策时主要受四种力量的影响（基本四力模型），如图6－1所示，它们分别是：环境、组织、任务及个人特征。

- 环境：与组织相关联的大环境。
- 组织：与组织成员间的互动，及组织的文化和制度情形。
- 任务：在不同任务或完成任务的不同阶段中，达到目标所需要的知识、技术与能力。
- 个人：指个人的心理或情感压力，反映了个性、价值观及信仰，直接影响了个人决策的制定。

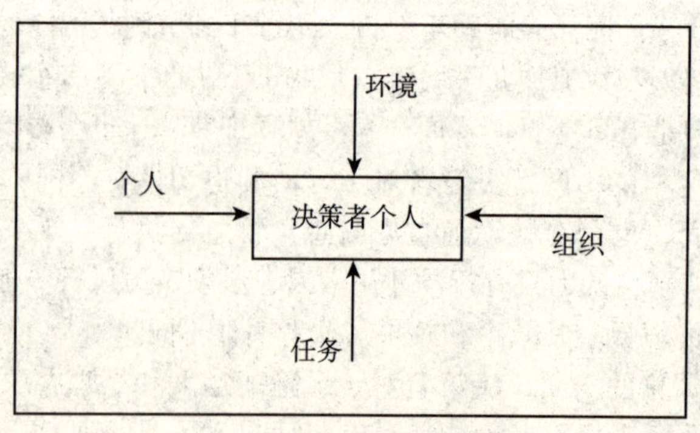

图6－1 基本四力模型

这一模型较为全面地反映了组织成员进行决策时所要考虑的权变因素。决策者对于四种力量的反应各不相同，其决策风格既受个性影响，同时又受制于组织、环境、任务，是对待这四种力量的不同风格的组合。

权变理论告诉我们，有待决策的事件和进行决策的人都是复杂的，所以人们的决策风格和方法也不应该一成不变，而应根据不同的目标和情境积极作出调整，创造性地去诊断问题、决策问题、解决问题。

三、高层主管的决策风格

从权变的角度看，决策的风格会随着决策者的升迁而产生剧烈变化。在较低阶层的管理层，他们的工作是将货送出公司大门，这时最重要的是行动。在较高阶层的管理层，决策工作则涉及提供哪些商品或服务，以及如何开发它们。要想在组织阶层中攀升，要想有效扮演新领导角色，经理人必须改变他们运用信息与评估选项的方式。

根据对十二万位主管决策风格的研究，专家发现，经理人在公开场合的决策方式，非常不同于他们在私下的做法，而且成功经理人的决策风格，以高度预知的形态不断演进。最成功的经理人与主管，在决策风格中非常开放和互动，但随着职务上不断升迁，他们的思考风格则渐趋强调分析。

有关研究显示，决策风格会在职场生涯中出现一百八十度的转变。也就是说，成功的高层主管的决策风格，与成功的一线经理的风格正好相反。这种风格大转型会在什么时候出现？在从一线经理晋升的过程中，经理人会在某一个点上，面临“过去有效的做法不再有效”的难题。在这个点上，经理人的风格转入“交会地带”，在这个地带，经理人或多或少会同时出现各种决策风格。但这之后，经理人们又会继续发展其风格。最成功的经理人能够迅速来到“交会地带”，而且随着职位的攀升，他们的风格会不断调整。成功度最低的经理人，似乎在来到“交会地带”以后就停滞不前，他们的风格无法朝新方向演进。显然，过去的成功与习惯，不能保证他们今后的成功。事实上，因循过去的做法很可能会导致失败。

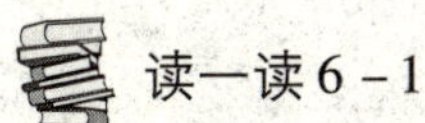读一读 6－1

托尼的转变

已过不惑之年的托尼是一家大型船运公司的 CFO。托尼的这一职位极其重要，因为合理的财务管理是维持公司正常运营的重要保证，这要求管理者既要有扎实专业的财务知识，也要有与各个有关部门保持良好沟通的能力。托尼在大多数方面非常能干。事实上，公司的 CEO 诺曼常说，他之所以每天晚上都能睡上安稳觉，就是因为他知道托尼始终能够保持高度警惕，确保公司财务运营处于最佳状态，避免任何可能出现的危机。

但是，尽管托尼具有这些优点，他还是在事业上遇到了麻烦。他为了应付公司内部的权力更迭而苦苦挣扎。诺曼坚信，如果公司总部和一线岗位没有高度的团队精神，迟早会发生灾难性事故，因此他发起了一场大规模的文化变革运动。我们就是诺曼为这项运动而建立起来的团队的成员，一同加入的还包括主管公司运营的副总裁罗伯特。

托尼负责管理所有的财务员工，他们与罗伯特属下的财务经理一起工作。这些人理应共同作出决策，但是来自一线的报告说，他们的关系非常紧张，几乎不进行合作，许多员工都把这种不和归咎于托尼。他们指责托尼不给一线财务人员任何决策权，事无巨细都必须向他请示。此外，托尼在做事方式上常常固执己见，这似乎与新倡导的团队精神格格不入。托尼和罗伯特之间的紧张关系不断升级，最后到了两人几乎不能待在一个房间的地步。诺曼准备撤托尼的职，尽管托尼的丰富知识和经验对公司来说是极为宝贵的财富。如果托尼想保住自己的职位，他就不得不改变他的决策风格。

对于公司让他一个人来接受这种被他视为补救培训（remedial coaching）的指导，托尼颇为不满。因此，培训师在和他见面时，就把交流重点放在管理层的团队建设过程中收集到的360度反馈评分上。从这些评分可以看出，他的同事在解决问题和财务管理方面对他做了极高的评价，但是在人际关系和交流沟通方面，同事们对他的评分却大幅下降。刚开始他还试图为自己的分数辩护，但是，当培训师给他看了与其决策风格类似的其他管理人员的平均分数曲线图时，他就哑口无言了。因为不管是在领导风格上还是在思考风格上，他们在层级型和果决型决策风格上的得分都很高。可以说，那张图与托尼的几乎如出一辙。

总的看来，就托尼的决策风格，尤其是他的领导风格而言，他更像是一名一线主管，而非高层管理人员。托尼来来回回地扫视着手中的报告和电脑屏幕上的描述，脸上的表情随即发生了变化，培训气氛也缓和了下来。他从觉得受到了攻击变成了主动寻求培训师的反馈和指导。几年之后，加入诺曼公司的人在听到托尼以前的故事时，都会觉得震惊和难以置信。那个托尼与现在这个乐于合作的领导者托尼可是大不一样。例如，前不久公司要对设备进行大规模更新，托尼就做了很多工作，以确保最终的设计能体现大家的建议，而不仅仅是他个人的想法——过去的那个托尼可是绝不会这样做的。

资料来源：改编自：《管理者决策风格的演变》，http：//www. lunwenshop. com/daixieshuoshilunwen/412_2. html。

分析：管理人员应该了解，不能及时调整自己的决策方式，可导致自己的职业生涯遭受致命的打击。假如一名陷入困境的管理者认识到这一点并作出改变，他或许还有东山再起的可能。因此，管理者要想在组织阶层中得到晋升，成功地胜任自己新的岗位，必须学会及时调整自己的决策方式。

第二节　决策风格的分类

由于决策风格受到多项权变因素的影响，对于决策风格的分类也有很多不同的角度，我们下面就选取几种代表性的加以介绍。

一、简单分类

现在比较流行的一种简单分类方法就是阿兰·罗伊提出的考虑决策者的个性和决策的任务与环境而形成的矩阵分类法，如图6-2，其根据是决策者是长于理性思考的还是擅长用直觉来解决问题的，是能够接受较高水平的不确定性，同时处理许多不同想法的，还是对不确定性承受力较低，必须以一致性和某种顺序的方式来组织信息，形成的矩阵见图 6－2。

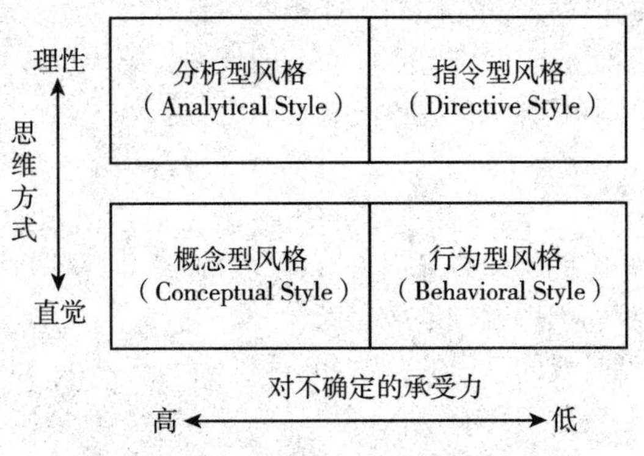

图 6－2　决策风格的简单分类

指令型风格的决策者关心任务或技术，且乐于行动，有很强的实干精神，关注短期效益，喜欢结构化程度较高的简单决策，并寻求理性。他们有效率而且有逻辑，由于对效率的关注，导致他们会在最低信息量时迅速地作出决策，并且没有更多的备选方案可以评估。

分析型风格的决策者关心任务或技术，且长于思考，擅长推理分析和抽象思维，这使得他们希望得到更多的信息，并对备选方案进行更多思考。分析型管理者最典型的特点是：他们是仔细的决策者，善于解决较为复杂的技术问题，并且能够适应或处理新奇的和意料之外的情境。

概念型风格的决策者比较多地考虑人员或社会，善于观察，能听取不同的意见，倾向于使用来自多种渠道的数据，并会考虑很多备选方案。他们关注的焦点是长期效益，并且他们擅长找到创造性的问题解决方案。

行为型风格的决策者也是比较多地考虑人员或社会，富有热情，充满活力，有较快的直观反应能力，关心下属的幸福感受，并接纳他人的意见。他们倾向于关注短期效益，并且在决策中不重视使用数据。这种类型的管理者努力回避冲突并寻求被人接纳，擅长说服教育，排解人际关系纠纷。

小测试　　**罗伊的决策风格量表**

请根据填表说明，为下列每个提问在应回答的 4 个题项前面的括号内填上分数。这些分数所反映的是你对自己的真实看法，即，你认为你的实际是怎样的，反映了在你的工作环境中你所做的典型决策的情况，而不是按照你的工作情况应当如何或希望如何。

填表说明：

（1）用下列分数去回答表中的各个问题：

8——最适合你的情况；4——一般适合你的情况；2——较少适合你的情况；1——极少适合你的情况。

（2）每个问题的四个可选答案都要填上分数。

(3) 不许对同一问题的四个可选答案重复填上相同的分数，即每个分数只能填一次，四个题项必须分值各不相同。

(4) 在回答问题时的根据，是在你的工作条件中正常的情况。

(5) 当你在回答问题时，要做到想到什么就填什么，第一反应是最有价值的。

(6) 回答问题没有时间限制，答案也没有是非之分。

问题：

(1) 我的主要目标是：

( ) A. 有一定的地位或身份；

( ) B. 在我的工作领域是最佳者；

( ) C. 获得对我的工作的欣赏和认可；

( ) D. 感到我的工作有了保证。

(2) 我喜欢的工作是：

( ) A. 技术性的，十分明确的工作；

( ) B. 比较丰富多彩的工作；

( ) C. 允许独立行动；

( ) D. 与人打交道。

(3) 我希望同我一起工作的人是：

( ) A. 效率高、速度快的人；

( ) B. 能力很强的人；

( ) C. 好驱使和善应答的人；

( ) D. 乐于接受意见的人。

(4) 在我的工作中，我期待的是：

( ) A. 实际成果；

( ) B. 好的解决办法；

( ) C. 新思想或新主意；

( ) D. 好的工作环境。

(5) 我同他人的最好沟通方法是：

( ) A. 直接的一对一沟通；

( ) B. 通过书面形式；

( ) C. 通过很好的讨论；

( ) D. 通过正式会议。

(6) 在我的计划中强调：

( ) A. 现存问题；

( ) B. 符合目标；

( ) C. 将来的目的；

( ) D. 对人的前途的开发。

(7) 在处理问题时，我是：

( ) A. 依靠传统的可靠办法；

( ) B. 采用细心的分析；

(　　) C. 寻找创造性的办法；
(　　) D. 依靠自己的感觉。

（8）在应用信息时，我关注的是：
(　　) A. 特定事实；
(　　) B. 精确而全面的资料；
(　　) C. 各种各样的广泛的方案；
(　　) D. 容易理解的有限资料。

（9）当我对怎么办感到没有把握时，我将：
(　　) A. 依靠直觉；
(　　) B. 寻求事实；
(　　) C. 寻求可能的折中妥协；
(　　) D. 等待，暂不做决策。

（10）不论是否可能，我都要避免：
(　　) A. 长时间的争论；
(　　) B. 完不成的工作；
(　　) C. 用许多公式；
(　　) D. 同他人发生冲突。

（11）我特别擅长的是：
(　　) A. 记住事实和资料；
(　　) B. 解决难题；
(　　) C. 寻找各种可能性；
(　　) D. 同他人打交道。

（12）如果时间问题特别重要，我就要：
(　　) A. 尽快作出决定，并付诸实施；
(　　) B. 按计划和轻重缓急做事；
(　　) C. 拒绝接受压力；
(　　) D. 寻求指导与支持。

（13）在社交场合，我一般是：
(　　) A. 同他人交谈；
(　　) B. 注意人们谈论什么；
(　　) C. 观察进展；
(　　) D. 听他人交谈。

（14）我善于记住：
(　　) A. 人的姓名；
(　　) B. 我去过的地点；
(　　) C. 人的相貌；
(　　) D. 人的个性。

（15）我的工作给我提供了：
(　　) A. 影响他人的权力；

( ) B. 向新任务挑战的机会；

( ) C. 实现我个人的目标；

( ) D. 被群体所认可。

(16) 能同我一起很好工作的是：

( ) A. 精力旺盛、干劲十足的人；

( ) B. 有自信心的人；

( ) C. 头脑开放的人；

( ) D. 有教养，可信赖的人。

(17) 一旦受到压力时，我将：

( ) A. 焦急万分；

( ) B. 更加集中注意力去处理问题；

( ) C. 灰心丧气；

( ) D. 迷迷糊糊，不知所措。

(18) 别人认为我是：

( ) A. 敢想敢干的人；

( ) B. 训练有素，循规蹈矩的人；

( ) C. 富有想象力的人；

( ) D. 肯帮助他人的人。

(19) 我的决策一般是：

( ) A. 现实主义的，直率的；

( ) B. 条理性的或概要性的；

( ) C. 开放性的、灵活的；

( ) D. 对他人的需要特别敏感的。

(20) 我不喜欢

( ) A. 失去控制；

( ) B. 令人讨厌的工作；

( ) C. 照章办事；

( ) D. 被人拒绝。

把上述分值填到表6-1中的对应位置，并计算出每项的总分。

表6-1　　分值计算表

问题＼答案	A	B	C	D
1				
2				
3				
4				

续表

问题＼答案	A	B	C	D
5				
6				
7				
8				
9				
10				
11				
12				
13				
14				
15				
16				
17				
18				
19				
20				
总分				

这四种风格各有特点，但都不是全能的，只有在特定条件卜才合适。这个矩阵法的决策风格分类简单实用，应用很广，但是又显得有些粗糙，很难准确描述多种多样的决策风格特点。为此人们尝试建立更为复杂通用的决策风格分类模型，其中较具代表性的就是纳特（P. C. Nutt）的分类法。

二、纳特的决策风格分类

个人的决策风格还有一个通常的做法，就是把决策过程分为几个阶段，然后观察每个阶段有哪些风格，最后再把各阶段的风格组合起来。美国俄亥俄州立大学的纳特教授以著名心理学家荣格（Carl G. Jung）的心理类型理论和迈尔斯－布里格斯（Myers-Briggs）的分类法为依据，率先对决策风格进行了分类。他首先把决策过程分为选择和执行两个阶段，其中选择阶段又分为信息收集和信息处理两个维度，每个维度上有两个相反的方向：

· 信息收集的主要方式　　（S，Sensing）感觉——直觉（N，Intuition）
· 信息处理的主要方式　　（T，Thinking）思考——情感（F，Feeling）

在执行阶段按照人们的不同偏好又从两个维度进行分类，每个维度上也有两个相反的方向。

·行为的注意中心　　(E, Extroversion) 外向——内向 (I, Introversion)

·与世界相互作用的方式　　(J, Judgment) 判断——知觉 (P, Perception)

这样，纳特就从这四个维度、八个方向上对人们的决策风格进行了分类，共得到16种决策风格。

1. 选择阶段的不同风格。

(1) 直觉—思考型 (NT)，也叫思索型。这种风格的决策者特别注意对逻辑前提的检验，而且注意问题的来龙去脉与发展变化，关心重要随机因素的影响，强调分析的全面性。他收集信息的重点是那些能表明将来可能性的主要事实，以及数据与假设之间的联结。他所应用的决策工具主要是各种决策树和敏感性分析。同时他也是应用直觉的老练决策者。这些直觉来自丰富经验的长期积累。

(2) 直觉—情感型 (NF)，也叫逐步协调型。这种风格的决策者作决策的依据是他们的偏好和无法用语言表达的预感或启示，而这一切又植根于他们过去的长期经验；同时，社会责任心与生活质量也是他们作决策的基础。他们很少使用分析性工具，却认为价值标准是大多数决策者的关键决策因素。他们试图在互相冲突的各种要求中实现平衡，因而政治手段、讨价还价、谈判、相互调整、协调等是他们常用的手段。这种风格的决策者重视主要权力持有者的个性、观点和愿望，同时主张尽量少用群体决策方法。

(3) 感觉—思考型 (ST)，也叫条理型。这种风格的决策者重视立足于资料的逻辑分析，喜欢使用分析性决策工具，如数学模型或统计技术。他们喜欢对不同方案作定量比较，并且认为如果过多考虑人格、社会等定性信息，那就无法得到理性决策而变成感情用事。这种决策者更注意现状而较少考虑问题的来龙去脉与发展变化。

(4) 感觉—情感型 (SF)，也叫判定型。这种风格的决策者主要关心那些影响选择的人际关系，而且用事实与细节来描述这些关系。他们高度重视关键人物所认可的东西。这类决策者更喜欢使用群体决策，虽然他们也使用成本效益分析这类工具，但它仅仅作为辅助。

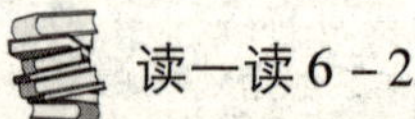
读一读6-2

鲍勃·鲁兹的决策

20世纪80年代末，鲍勃·鲁兹 (Bob Lutz) 作出的一项决策至少有两个理由令人感兴趣。它重新塑造了大众对于克莱斯勒公司的印象（现在属于戴姆勒-克莱斯勒公司的一部分）；鲁兹在作出这项决策时从根本上就抛弃了理性与逻辑的决策规则。

当时鲁兹是克莱斯勒公司的总裁（现在他是通用汽车主管产品开发的副总监，以及通用汽车北美公司的董事长）。1988年一个温暖宜人的周末，鲁兹开着他那款经典的眼镜王蛇跑车 (COBRA) 驰骋在公路上。他希望把批评家们对克莱斯勒的那些意见统统抛在脑后——诸如脑筋死板、技术陈旧、生产的车型缺乏吸引力等。这里面还有一个事实颇带讽刺意味，身为克莱斯勒的总裁喜欢的居然是福特产品。这种内疚心理使他想到，“如果我把眼镜王蛇的V-8发动机换在克莱斯勒的产品上会怎样呢?”但他很快就意识到克莱斯勒并没有标准的V-8发动机。鲁兹心里在飞快地盘算着。克莱斯勒不是正在开发一个大马力的十缸发动机用于新型的道奇客货两用车（Dodge pickup truck）上吗？而且，公司为了那种车型正在制造一个五速的重型手动挡。为什么不能利用这些配件生产出一种迷人的、双座的概念型跑车呢？这场革命将可以与60年代眼镜王蛇的设计相媲美，它还可能封住那些克莱斯勒的批评家们的嘴。

星期一，鲁兹开始行动。他要求设计人员根据他的构思迅速设计出一个大马力的运动型跑车，使用为卡车系列开发的V-10发动机。但是，这项决策在公司中受到了不小的阻挠。财务总管指出，为了减轻公司债务，投资额度最好降为8 000万美元。市场专员质疑道，道奇经销商们长期以来只习惯于销售低于2万美元的车型，他们能否有效地销售价值5万美元的跑车？其他高层人员也提到，无论是鲁兹本人还是他们都没有进行过市场研究来支持这项决策。

鲁兹没有理会所有的质疑，他亲自挂帅主持这一项目的开发，并要求所有部门为该项目开绿灯。尽管他没有切实证据来支持他的信念，来表明这种车一定会成功并会提高克莱斯勒公司的地位，但他的直觉告诉他这样做肯定没错，而他跟随着自己的内在直觉。最终，他的直觉被证明是正确的。仅仅道奇毒蛇（Dodge Viper）一项就改变了大众对于克莱斯勒公司的看法，它极大地增强了公司的工作士气，最终激励公司于90年代实现了彻底转变。

资料来源：Robert A. Lutz，2004。

分析：

这是一个典型的根据直觉来进行决策的管理案例，具体来说，鲁兹身上所体现的应该是NF型的决策风格。这种风格的领导者往往并不使用什么分析工具，主张亲自出马去做价值观和各种观点的协调，而不是简单地推给群体去做决策。需要注意的是，鲁兹的成功并不能为那些“拍脑袋”决策的领导者提供借口，因为鲁兹的决策仍然是建立在长期的经验基础之上的对于行业与产品深刻思考的结果。

---

2. 执行阶段的不同风格。

（1）内向—判断型（IJ），也叫影响者型。这种风格的决策者喜欢收集能说明其行为必要性的信息，他并不借助他人去寻找调节与控制事物的途径，其行动策略往往微妙且隐藏，而且更倾向于个体的努力。他们同时喜欢按部就班、有条理、精于权谋、重视任务的结果与按时完成。

（2）内向—知觉型（IP），也叫周旋者型。这种决策风格建立在灵活与适应环境的基础上，收集的信息用来支持自己不断根据变化的情境作出的调整，并用来识别折中妥协的可能决策域。该决策风格的人们提倡和谐，其手段是求同存异，同时喜欢留有余地，有多种选择。

（3）外向—判断型（EJ），也叫说客型。这种风格的决策者关注他所打算采取的策略的有利方面，同时将心理能量和注意力聚焦于外部世界和人际交往上。他们依靠推理和价值判断的公开吸引力来达到对外部环境的调节与控制。这种决策者所经常采用的策略是权力、权威以及说服技术。

（4）外向—知觉型（EP），也叫经纪人型。这种风格的决策者是组织中的经纪人或中间人，他们运用相关组织压力点的知识来创造一种妥协的情势，使得所主张的策略能够获得主要成员的接受。该风格的决策者把决策的执行看成谈判协商的过程，经常担当组织中的协作者角色，在不同群体之间架起促进协商的桥梁。

3. 十六种风格组合。把上述各种选择风格与各种执行风格进行组合，可以形成十六种决策风格，纳特把分类过程分为先后两个步骤：先从选择风格入手并结合考虑其行为的注意中心（内向、外向）；然后再考虑与世界相互作用的方式（判断、知觉），并结合考虑第一步分类中未顾及的选择手段，让每一类决策风格再细分为两种，从而形成十六种决策风格。对于每种决策风格的特点的详细描述，可以参考 MBTI 问卷，此处我们将纳特的成果归纳到表 6－2 和表 6－3 中。

表 6－2　纳特的决策风格

<table>
<tr><th>第一步划分</th><th>行为的注意中心</th><th>基本风格</th><th>第二步划分</th><th>决策风格名称</th><th>决策风格代号</th><th>执行风格</th></tr>
<tr><td rowspan="2">思考型
（T 型）</td><td>外向（E 型）</td><td>外向思考型
（TE 型）</td><td>判断（J）并依靠数据（S）
判断（J）并依靠可能性（N）</td><td>程序型
评价型</td><td>TESJ
TENJ</td><td>说客型（EJ 型）
说客型（EJ 型）</td></tr>
<tr><td>内向（I 型）</td><td>内向思考型
（TI 型）</td><td>领会（P）并依靠数据（S）
领会（P）并依靠可能性（N）</td><td>规矩型
理智型</td><td>TISP
TINP</td><td>周旋者型（IP 型）
周旋者型（IP 型）</td></tr>
<tr><td rowspan="2">情感型
（F 型）</td><td>外向（E 型）</td><td>外向情感型
（FE 型）</td><td>判断（J）并依靠数据（S）
判断（J）并依靠可能性（N）</td><td>政治家型
调解者型</td><td>FESJ
FENJ</td><td>说客型（EJ 型）
说客型（EJ 型）</td></tr>
<tr><td>内向（I 型）</td><td>内向情感型
（FI 型）</td><td>领会（P）并依靠数据（S）
领会（P）并依靠可能性（N）</td><td>灵活型
唯诺型</td><td>FISP
FINP</td><td>周旋者型（IP 型）
周旋者型（IP 型）</td></tr>
<tr><td rowspan="2">感觉型
（S 型）</td><td>外向（E 型）</td><td>外向感觉型
（SE 型）</td><td>领会（P）并依靠思考（T）
领会（P）并依靠情感（F）</td><td>因袭型
关系型</td><td>SETP
SEFP</td><td>经纪人型（EP 型）
经纪人型（EP 型）</td></tr>
<tr><td>内向（I 型）</td><td>内向感觉型
（SI 型）</td><td>判断（J）并依靠思考（T）
判断（J）并依靠情感（F）</td><td>经验型
说教者型</td><td>SITJ
SIFJ</td><td>影响者型（IJ 型）
影响者型（IJ 型）</td></tr>
</table>

续表

第一步划分	行为的注意中心	基本风格	第二步划分	决策风格名称	决策风格代号	执行风格
直觉型（N型）	外向（E型）	外向直觉型（NE型）	领会（P）并依靠思考（T）	幻想家型	NETP	经纪人型（EP型）
			领会（P）并依靠情感（F）	多变者型	NEFP	经纪人型（EP型）
	内向（I型）	内向直觉型（NI型）	判断（J）并依靠思考（T）	反偶像型	NITJ	影响者型（IJ型）
			判断（J）并依靠情感（F）	合作型	NIFJ	影响者型（IJ型）

表6-3 纳特决策风格的特点

类型	所用的论证依据	决策风格名称	进一步细分的依据	主要考虑的方面	主要性格	缺点	执行风格
支持思考的方式							
TE型	推理分析	程序型	依据现实资料作出评判	实际描述的现实性	小心谨慎，照章办事	保守、因循守旧	说客型
		评价型	依据可能性的洞察作出评判	各种可能性的成果	迅速抓住隐含因素	忽视以事实为依据的意见	说客型
TI型	指导原则	规矩型	依据现实资料来领会世界	反映规矩与意义的资料	现实主义	过于注意节省力气	周旋者型
		理智型	依据可能性的洞察来领会世界	难得的巧妙方案	寻找所有的限制条件	不擅长处理执行问题	周旋者型
调节情感的方式							
FE型	人的各种观点	政治家型	依据现实资料作出评判	主要人物的明确看法	对立观点的协调	可能会按错误的设想办事	说客型
		调解者型	依据可能性的洞察作出评判	调和的办法	人际关系的技巧	过分关注于求得赞同	说客型
FI型	人的价值	灵活型	依据现实资料来领会世界	人的各种价值观	创造各种灵活安排	过分注意当前的实际需要	周旋者型
		唯诺型	依据可能性的洞察来领会世界	什么是正确的	开发人的各种观点与信念	行动迟缓	周旋者型

续表

类型	所用的论证依据	决策风格名称	进一步细分的依据	主要考虑的方面	主要性格	缺点	执行风格
支持数据资料的方式							
SE型	检测结果的证明	因袭型	通过思考来领会世界	实际行动	注意已知事物的变异	忽略一些潜在的可能性	经纪人型
		关系型	通过感知来领会世界	老练得体	保持良好关系	推迟艰难的选择	经纪人型
SI型	人脑中储存的事实	经验型	通过思考来作出评判	事实及所含推论	利用经验与观察结果	害怕变化	影响者型
		说教者型	通过感知来作出评判	人的经验	回想起各种先例	非发现合适的先例不可	影响者型
考虑可能性的方式							
NE型	显现的各种可能性	幻想家型	通过思考来领会世界	各种新的主意	自主性、难预料性	非找到新主意不可	经纪人型
		多变者型	通过感知来领会世界	不断有所改变	多种规划或设想	精力分散	经纪人型
NI型	对可能变化的灵感	反偶像型	通过思考来作出评判	新的安排	个性极强	非不断变化不可	影响者型
		合作型	通过感知来作出评判	引发对实现目标的合作	善于得到同事的理解与赞同	降低创新的可能	影响者型

需要明确，并非所有的决策者都只属于上述十六种决策风格中的一种，一般而言，人们都具有一种以上的决策风格，这样就会形成决策者的主要风格与辅助风格。决策风格的偏好强度反映出决策者是否灵活，凡是辅助风格很多，或者是主要风格的偏好强度不高的决策者，被称为灵活的决策者；反之，主要风格的偏好强度很高，而没有什么明显辅助风格的决策者则是不灵活的。一般来说，灵活的决策风格组合被认为是理想的，因为决策者可以应对不同的情况。

不同决策风格之间可能会产生冲突。比如，外向型的人容易与其他人产生公开冲突，而两种内向型风格的人之间的冲突往往是隐存的。尽管如此，在一个团队中我们还是鼓励有不同决策风格的人存在，因为对于一个复杂艰难的决策，往往需要认识上的多样性，从不同的角度来认识和理解问题可以使决策更具科学性和说服力。

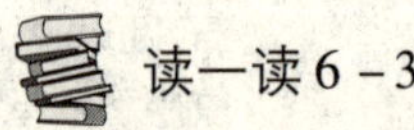

读一读 6－3

财务风格

管理者的决策风格对于企业有着重要的影响。在深入研究管理者决策风格的过程中，泰德·普林斯博士提出了一个影响企业成败的新要素——财务风格。普林斯博士认为，研究企业领导者的财务风格的重要意义在于，如果企业的董事会在企业内部所选拔的领导者或者外部招募的领导者的财务风格与企业的财务使命和战略目标不匹配，那将会给企业带来灾难性的后果。

- 你是哪种财务风格？

在普林斯博士将管理人员的财务特质分为三大风格九种类型，见表6-4。

表6-4

财务风格	财务使命	表　现
盈余（赢利）型	掠夺者	价值增加高，资源利用少，能够持续地快速成长和提高利润。代表人物：eBay的皮埃尔·奥米迪亚
	投机者	价值增加高，资源利用适中，呈现稳定的增长与盈余。代表人物：吉列公司的吉姆·基尔茨
	套利者	适度的价值增加，少量的资源利用，企业缓慢成长并且拥有适中的盈余。代表人物：新闻集团的默多克
混乱型	创投者	高度价值增加和高度的资源利用，但无法维持一致的成长与盈余，呈现间歇性的成长高低峰。代表人物：音程研究公司的保罗·艾伦
	平价商	低度的价值增加与资源利用，成长与盈余都不稳定。代表人物：世通的伯纳·埃伯斯
	批发商	资源利用与价值增加程度适中，但没有稳定的成长与盈余。代表人物：美国联邦住房抵押贷款公司的前任CEO莱兰德·布伦德塞尔
赤字（亏损）型	重商主义者	价值增加低、资源利用过高，成本和盈余迅速下滑，公司因而倒闭。代表人物：前泰科CEO丹尼斯
	交易商	资源利用适中，但价值增加低，因此成长与盈余缓慢下滑。代表人物：福特CEO威廉·克莱·福特
	关系企业者	高资源利用，适度价值增加，偶有短暂的获利，但长期还是呈现负增长与盈余。代表人物：AT&T公司的罗伯特·艾伦

资料来源：改编自《CFO？不改变财务风格就下课!》http：//biz. 163. com/06/1120/09/30C4B38A00020QDS. html。

在普林斯博士的研究看来，领导人的财务特质是天生的，如同人的性格与生俱来。它是一种天生的价值评估能力，当你每次做财务决策的时候，尽管自己可能并没有意识到，它却会对你的决定产生系统性影响。财务风格并无好坏之分，而是来自于不同的财务驱动力，即资源利用型和价值增加型。

所谓资源利用型，其实质是一种间接的消耗。因此对于资源的利用并非越多越好，尽管它可能给你带来丰厚的回报，但由于投入的资本较高，因此从长期来看其盈余的前景并不被看好。而价值增加型就是通过公司的产品本身或者服务来增加它的商业价值。它对于资源的利用是力求最小化的，关注的增长点并不是如何保持现有的价值，而是来自于突破性价值。

这两项特征也可以用来衡量领导者的财务偏好。“资源利用”衡量他使用金钱和应用资源的程度与方式。“价值增加”衡量他为企业产品、服务增加价值的程度和方式。普林斯博士的研究认为，所有领导者在这两方面的表现都可以归结为三大风格九种类型——盈余型、赤字型、混乱型。

“盈余型财务风格的人在价值突破性方面很高，所以他们又是资源的最小化利用者；混乱型就是其现有的价值和利用的价值都是最小的，虽然不会失败，但因为投入与产出的平衡，你同样永远也不会成功；而亏损型则是依靠资源的大量输入维持运转，但由于其执行力不强，因而资源的利用并不能给其带来相应的收益。”

- 财务风格的“进化论”。

如同决策风格一样，财务风格也会随着管理者地位、意识的变化而发生着变化。普林斯博士介绍说：“虽然财务风格如同性格一样与生俱来，但是并不是不可以改变。成功的企业领导者往往在意识到自己的财务风格后，会主动地进行自我修正。”对于CFO而言，他们的财务风格特质决定了他们在公司的行为方式，并且这种行为方式有意或无意地影响着整体公司的战略制定和实施，所以公司在如何增加价值和使用资源方面，将反映出这些领导者的天赋和能力。

资料来源：改编自《优化你的财务风格》，《商学院》，2007年第3期。

分析：如同决策风格一样，对管理者财务风格的研究拥有重要的价值。它可以使人们了解CFO和其他高层管理者如何制定财务决策，以帮助公司选择财务风格与公司所处的发展阶段契合的CFO，以便使他们制定出能提升企业价值的财务战略，最终确保企业持续发展。

三、摩尔的决策风格分类

摩尔（C. L. Moore）把决策过程分为三个步骤，即准备阶段、决定阶段和承诺阶段。

准备阶段包括收集信息、整理材料、界定问题，对旧假设提出疑问以及寻求各种备择方案等。在这个阶段里，有两种不同的风格，一种是钻研型风格，另一种是开拓型风格。前者思考深入，一丝不苟；后者视野广阔，善于抓住机会，二者形成了很好的互补。

在决定阶段要对各种方案进行评价和选择，作出决断，确定一个准备付诸实施的行动方案。在这个阶段中也有两个不同而互补的风格，一种是果断型风格，一种为评价型风格。果断型风格的人往往先有一个意向，然后设法用理由与事实去证明所定的决策方案正确，而且一旦作出决定就坚持不变，有很强的自信心。评价型风格的信心则来自于对方案本身的客观评估。

承诺阶段也可以叫做执行阶段，此时的决策风格有急干型风格和期待型风格。拥有急干型风格的人强调马上动手，随时开工，干劲十足，不耐烦于对决策的实施规划作长时间的研究讨论；而期待型风格的人则是走一步看一步，注意每一阶段的后果，发现和评估问题并随时进行修正。

上述每个阶段的两种互补风格很难在同一个人身上出现，我们可以把这些风格总结如表6-5所示。

表 6－5 摩尔的决策风格分类

决策过程	互补的风格	风格的特点
准备阶段	钻研型风格	在一个特定领域收集、寻找与分类信息 结果：系统研究、设立方法与规定标准
	开拓型风格	开阔视野，从许多领域发现、捕捉并理解信息 结果：创造性地畅想，发现许多备择方案
决定阶段	果断型风格	肯定目的，形成决议，建立信心，证明意图的正确性 结果：在困难面前坚持下去，保持意愿的强度
	评价型风格	确定正反两方面的理由，估计问题，觉察相应比例 结果：弄明意向，现实地评价事实与建议
承诺阶段	急干型风格	急于安排实施方案，感到行动刻不容缓，及时安排 结果：调整好及时执行的时间先后
	期待型风格	觉察行动的各个发展阶段，了解每一阶段的后果 结果：抓住目标，测定进度和修订计划

摩尔除了区分不同的决策风格之外，还提出了反映风格特点的两个标志：适应性和卷入性。适应性就是决策者为了迎合改变了的情境而改变其自己的基本姿态的能力。一般而言，适应性较强的管理者在准备阶段和决定阶段会花相对较多的时间和精力，而在承诺阶段花的时间和精力相对较多的人则是适应性较差的人。大体上，适应性强些有利于做好决策，因为决策者有充分的准备以应对环境的变化，但是如果环境本身并不变化或变化很小时，适应性强则可能产生副作用，阻碍决策者及时地获得成绩，反之，适应性低的人则可能迅速地取得良好的表现。而且，适应性低的人在陌生环境下不会过分迁就，不会丧失基本原则与信念。可见，适应性并非越强越好。

而卷入性就是指决策者对环境所提供的刺激的反应敏感性。高卷入性的人容易被他人的活动所吸引或干扰，这样的人具有热情，易激动；而低卷入性的人则对相关的事情只有很少的反应，很难提高他卷入的激情，组织的工作对其吸引力也不大。卷入性也具有明显的权变特征，比如，开拓一个新市场需要高卷入的人投入激情，可是在经济危机的情况下，低卷入性的情绪可能也是一种应对的办法。

读一读 6－4

孙宏斌曾经是早期联想少帅之一，并因与联想控股有限公司总裁柳传志的恩怨而为人熟知。他的决策风格与他生俱来的乐观、激进、偏执、不留退路的性格毫无疑问地融合在一起。1994 年孙宏斌在天津成立顺驰销售代理公司。曾经一度，顺驰以近 10 亿元的资产直接叫板当时的地产老大万科；它也曾备受追捧，人人侧目，在行业遭受最严厉的宏观调控之际，发动了全国化战略，并以天价制造者的姿态，在土地拍卖市场上独领风骚。

然而，“其兴也勃焉，其亡也忽焉”。顺驰中国控股有限公司（简称“顺驰”）最终陷入财务危机，从此淡出了房地产的舞台，过往的繁华仿佛已如过眼烟云。孙宏斌的决策风格对于顺驰最终的财务危机，值得我们细细思量，慢慢品味。

1994年孙宏斌在天津成立顺驰销售代理公司，主要从事房地产中介业务，一年后将业务范围扩展到房地产开发。在该领域的第一步始于1995年开发的天津“香榭里”项目，在几年的潜伏期之后，孙宏斌和他的顺驰开始发力。2002年顺驰首次异地开发房地产，由此进入快速发展阶段。2003年开始，顺驰在镇守天津的同时，开始把触角伸向了全国。

2003年7月20日，顺驰在北京昌平蟒山召开了主题为全国化发展战略的会议。在从清晨至午夜连续17个小时的讨论中，就进军全国形成一致意见。作为最后一个自由发言人登台的孙宏斌作了题为《鸿鹄之志向，蚂蚁之行动》的演讲。

也是在这一年，孙宏斌的野心以一个非常微妙的时间和方式昭示于人。在2003年7月中城房网会议上，在漫不经心的论述完一个有关企业战略的话题之后，孙宏斌突然话锋一转，以一种轻描淡写的口吻说，“一个城市应该能支撑一个50亿~80亿元年销售额的地产公司。顺驰今年销售额要达到40亿元，中长期战略是要做全国第一。也就是要超过在座诸位，包括王总（王石）。”此时的万科董事长王石早已是中国地产界的“教父”。

孙宏斌这种一鸣惊人的说话方式直接反映了他特有的决策风格。在稍后举办的被誉为地产奥斯卡的2003年住交会上，孙宏斌提出了2004年的销售额达100亿元，争做中国地产第一人的豪言壮语。

骇客孙宏斌、黑马顺驰之名不胫而走。一时间，鲜花、掌声、钦慕、猜忌，褒贬声此起彼伏。不过，孙宏斌的张狂、霸气并不只是架在空中楼阁上，的确有支撑这一切的不俗业绩。根据资料，2003年顺驰开发面积达200万平方米，销售面积达130万平方米，销售额达40亿元，占天津市地产开发市场的20%。而依照计划，顺驰2004年开工面积要达500万平方米。在全国化战略之后的10个月内，顺驰先后从河北、上海、江苏、北京、湖北、天津等地拍得10余块土地，拿地风暴席卷全国。在这种跳跃式的爆发之后，顺驰的土地储备面积达到近千万平方米，其中长三角地区近400万平方米。

不过，与这种令人咋舌的拿地速度并行，顺驰的拿地成本高昂，“天价制造者”的帽子被牢牢扣在头上。针对外界的不解，孙宏斌解释说，顺驰衡量地价，标准不是“过去”，而是更长远的“未来”；不是“项目公司”的尺子，而是“高速扩张的大公司”的巨人之尺。在孙宏斌“激越”风格的带领下，顺驰以惊人的业绩成为了当时房地产界最大的一匹黑马，然而与此同时顺驰的财务状况却越来越令人担忧。

在遭遇资金链困境时，顺驰谋求的多渠道融资进展也不顺利。2003年10月，顺驰开始谋求上市，并于2004年2月与汇丰银行签订上市保荐人协议。2005年上半年，顺驰通过香港联交所聆讯准备上市，但最终因市盈率过低，即使上市也无法实现募集资金的目的而放弃。上市失利后，孙宏斌又加紧在国内外进行私募。2005年10月19日，摩根士丹利因无法接受顺驰利润率过低而放弃对其投资。此后顺驰所进行的各种募集资金办法也都无一而终。

2004年的疯狂扩张导致其2005年的销售收入必须达到100亿元才能弥补现金流不足。不幸的是，2005年顺驰只有80亿元的现金回款，资金链迅速紧张。与此同时，国务院为控制日益高涨的房价出台了一系列宏观调控政策，顺驰重点投资的华东地区深受调控影响。其中，华东的重点项目苏州凤凰城的销售骤然下跌，每个月2亿元的销售回款任务几乎没有实现过，最差时每个月只能完成1 000多万元，欠苏州政府的土地款高达10亿元。

面对日益恶化的形势，顺驰开始自救。2005年11月，顺驰大规模裁员20%，员工工资也改为一个季度发放一次。但即便如此，也不能缓解顺驰资金紧张的局面。2006年3月，孙宏斌在重新担任顺驰董事局主席后，立即改变顺驰的管理框架，撤掉了各个区域的分公司，并再一次大规模裁员，同时将一些项目转让给合作伙伴，以获取资金。

2006 年 9 月 5 日，顺驰中国控股有限公司与香港上市公司路劲基建有限公司在香港正式签约，以人民币 12.8 亿元出让其 55% 的股权；2007 年 1 月 23 日，路劲基建有限公司宣布再投资 13 亿元收购顺驰近 40% 的股权，从而持有顺驰近 95% 的股权，而孙宏斌仅持有 5% 的股权，曾经辉煌的顺驰神话终告破灭。

资料来源：改编自 http：//info. biz. hc360. com/2007/11/13073467147. shtml，中国电子商务网和《民营企业财务控制——来自顺驰的案例分析》。

思考题：

1. 孙宏斌在顺驰的发展过程中所表现出来的是什么类型的决策风格？
2. 为了避免同样的悲剧再次发生，你认为孙宏斌的决策风格应该作出何种调整？

第三节　中西方不同的决策风格

中西方文化和思维方式的巨大差异直接影响了不同个体的价值观和行为偏好，进而也强烈地影响着个人决策者的决策风格。通过对全球 7 万多名经理人的研究，派瑞博士得出结论，东西方经理人的主要不同在决策风格上，而不是在能力上。

一、中庸和谐与理性分析

中西方决策风格的一个主要差异表现在：中国人强调整体、系统的知觉与感性，而西方人则注重过程严密的理性分析。这个差异体现在思维方式上则反映为辩证思维与逻辑思维的不同。人们常用辩证思维来描述东方人尤其是中国人；用逻辑思维来描述西方人，尤其是欧美人的思维方式。

中国人的辩证思维包含着三个原理：变化论、矛盾论及中和论。变化论认为世界永远处于变化之中，没有永恒的对与错；矛盾论则认为万事万物都是由对立面构成的矛盾统一体，没有矛盾就没有事物本身；中和论体现在中庸之道上，认为任何事物都存在着适度的合理性。对中国人来说，“中庸之道”经过数千年的历史积淀，甚至已经内化为自己的性格特征。与中国人的辩证思维不同，西方人的思维是一种逻辑思维。这种思维强调世界的同一性、非矛盾性和排中性。同一性认为事物的本质不会发生变化，一个事物永远是它自己；非矛盾性相信一个命题不可能同时对或错；排中性强调一个事物要么对，要么错，无中间性。西方人的思维也叫分析思维，他们在考虑问题的时候不像中国人那样追求折中与和谐，而是喜欢从一个整体中把事物分离出来，对事物的本质特征进行理性逻辑分析。正是由于思维方式取向的不同，在很多情况下，中西方在对人的决策行为归因上正好相反：西方人强调个人的作用，而中国人则强调环境和他人的作用。

在企业管理中中国人比较重视等级与和谐，西方人更注意过程严密、细节完善，不在乎“伤感情”。中国人比较擅长现场协调、随机应变，西方人则坚持分工、制度与规则，一切按预定方案执行。一个让西方人十分费解的现象是，中国人在会议上不发言不等于“同意”或“赞成”。西方人若不同意，在会上绝不会“收声”，直到投票表决完为止。中国人愿意在一个方案的讨论与修改中达成共识，大家都有面子。西方人往往对不同的方案进行论证，通过理性分析得出结论，无所谓面子问题。

儒家的中庸之道对于中国企业在财务管理方面的决策也有着很深的影响：企业一般不会将单纯的利润最大化作为财务管理的目标，而是选择适当风险的项目；同时，国内企业在作资本投资决策时也比较注重降低企业所面临的风险。即倾向于选择流动资产占总资产的比率较高、偿还到期债务能力强、风险较小，但同时资产盈利可能性也相对较小的保守投资结构。

二、集体主义与个人主义

东西方文化的发展有着各自的轨迹：建立在古希腊传统之上的西方文化注重个性与自由；而以中国为代表的东方文化却强调个人与社会的关系。在个体认知上，中国人的认知以外部世界、关系为中心，西方人则以个人为中心。表现在社会结构上，中国社会是以集体主义为主要特征的，而西方社会则是以个人主义为主要特征。这些特征强烈地影响着中西方企业管理者的决策风格。

一份对中美合资企业双方管理者进行的调查，访谈了北京地区10个中美合资企业中的17位中方、14位美方高级管理者，结果显示，双方管理者对对方都持有某些偏见，这些偏见尤其体现在对对方决策风格的消极评论上，这里我们陈述一下该访谈的结果：第一，美方管理者对中方管理者决策风格的评论：（1）不作决策。他们认为在中国，员工把经理看得很高，奉为上人，所以每件事都要由大老板来决策，其他人只是需要等待指示。（2）一致决策。他们认为与美方管理者相比，中方的管理者更倾向于达成一致，倾向于分散决策的责任，而不是勇于来承担责任。第二，中方管理者对美方管理者决策风格的评论：他们认为美方管理者过于专断，不爱听取下级意见。

由于“中庸之道”、“和为贵”等儒家思想的影响，中国管理者的决策通常表现为集体主义，群众观念较强，形成了群体决策，民主集中的决策风格。这种风格受到了美方管理者的批评。他们认为中方管理者往往以一致同意作决策，而不愿意说，“这是我做的决定，我来负责。”事实上，群体决策确有其不足之处：即权力相对分散，责任不易明确，行动比较迟缓，效率较低。然而这种集体主义的风格也有着自身的优点：即能够集思广益，在知识、能力结构上互补、充分发挥领导的整体决策能力。正如在访谈中中方管理者对自己决策风格的评价，他们认为在中方管理者眼中，决策是一件大事，不仅要听到各级管理人员的声音，还要听到广大员工的声音，以及客户和消费者的声音。

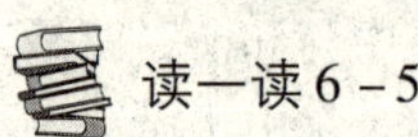

读一读6-5

管理者决策风格

我们在调查中，根据Hofstede’s Cultural Indices的五个维度，对国内女性管理者的决策风格进行了研究和分析，这五个维度分别是短期倾向、集体主义倾向、权力距离指数、风险规避指数以及决策刚性。

1. 长期倾向与短期倾向。在调查中我们发现，国内的女性管理者短期倾向性要略高于男性管理者。在决策中，男性往往会更优先考虑企业的长远发展和长期收益，而女性则更关注能为企业在更短的时期内带来收益的决策。在调查中我们还发现，家庭状况会对女性管理者的短期倾向产生较大的影响，有子女的女性管理者比女性总体更倾向于带来短期效应的管理行为（见图6-3）。

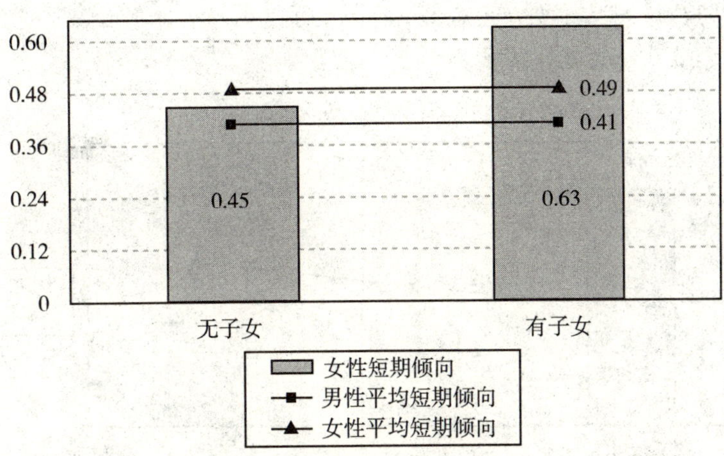

图6-3 管理者的短期倾向

2. 集体主义和个人主义的倾向性。从目前国内的管理层来看，与一般的观念不一样的是，男性管理者的集体主义倾向要比女性管理者高得多，他们更注重集体的需要，更愿意通过团队协作的方式完成任务。而由于国内女性管理者得到社会认知和支持不够，她们则会更多地关注企业中员工个体的需求，偏向于单打独斗。

此外需要注意的一点是，女性管理者的职位会极大地影响到她的集体主义倾向。如图6-4所示，女性管理者在局部性决策的部门经理级别和全局性决策的副总、总经理级别体现出完全不同的特征，发生了从更注重于个人到更注重集体的转变，甚至接近了男性的平均水平。

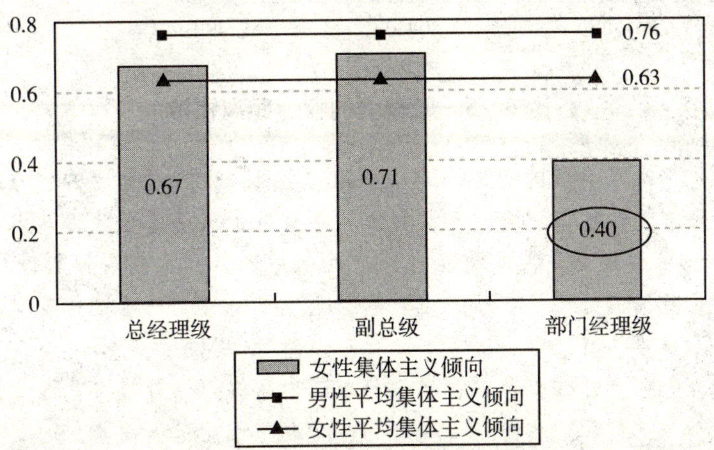

图6-4 管理者的集体主义倾向

3. 权力距离。与之前的短期倾向和集体主义倾向不同，男性和女性管理者的权力距离指数都是0.42，并没有任何差异。我们进一步结合他们的背景进行分析后，发现不同背景会使男性和女性管理者对权力距离的需求产生完全不同的变化。

从图6-5中不难看出，随着学历的增长，女性管理者从大学以下水平到大学本科以上水平，权力距离水平发生了极大的下滑，从75%大幅降到了仅30%多一些。女性管理者在学历较低的情况下往往容易盲目自信，而学历的增长使得她们更加理性。而男性管理者则恰恰相反，随着学历的增长，其权力距离水平也呈现适度的增长，而且并不过分。随着学历的提高，他们对自己的信心也越发强了。

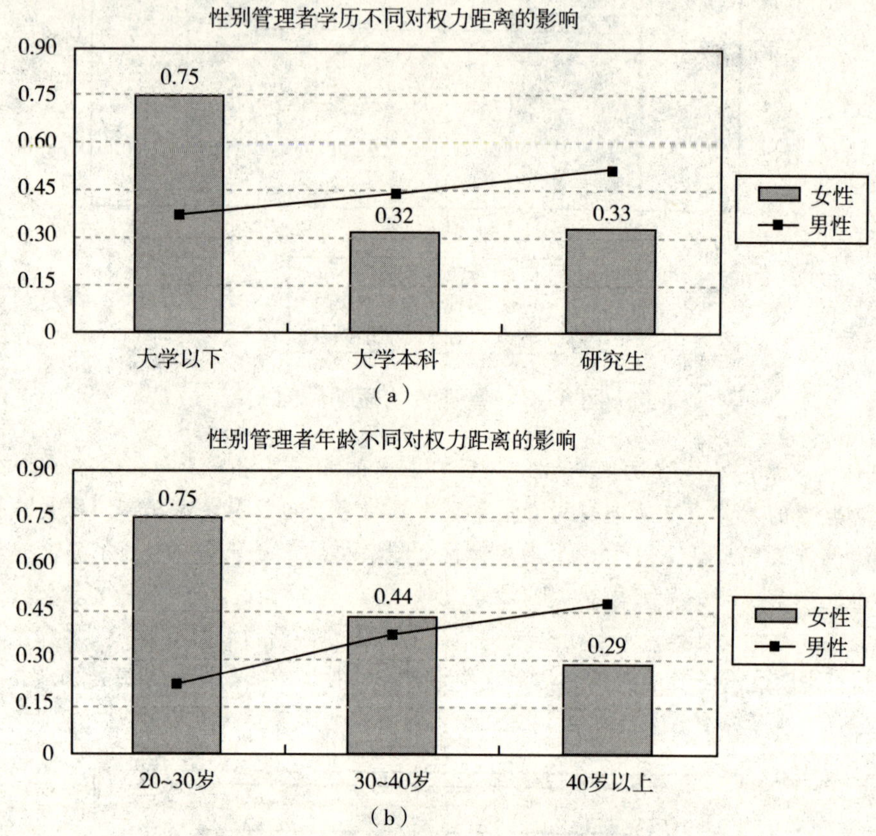

图6-5 管理者的权力距离指数

年龄的影响也反映了类似的问题，随着年龄的增长，女性管理者的权力距离水平大幅下滑，而男性的管理者呈现稳步上升。年龄增长一定程度上反映了经验、知识与能力的增长。

4. 风险规避。一般来说，按照两性自身的性别特征，女性较男性更倾向于追求稳定和安全的未来，对风险的偏好要小得多，调查的结果也进一步支持了这一规律，女性的风险规避指数要高得多。

现实中的男性管理者往往更具有挑战性与推陈出新的勇气与魄力，而女性则相对安于现状，谋求安稳。

从年龄上来看，女性管理者会随着年龄的增长而越来越倾向于追求稳定和安全的未来。尤其是从30~40岁到40岁以上这一阶段的变化极其明显。不难理解，20~30岁的年轻人血气方刚，初生牛犊不怕虎，自然更具有闯劲，对于刚刚登上人生舞台的她们来说，生活还有太多的不确定性，她们也有各自的种种理想要实现，自然会更倾向于选择充满挑战与全新机会的未来，而随着年龄增长，成家生子之后，就要肩负起小家庭的责任，而不能任由自己追求理想，因此会逐渐向追求风险较小的、安稳的未来转变，对风险的回避也越来越多（见图6－6）。

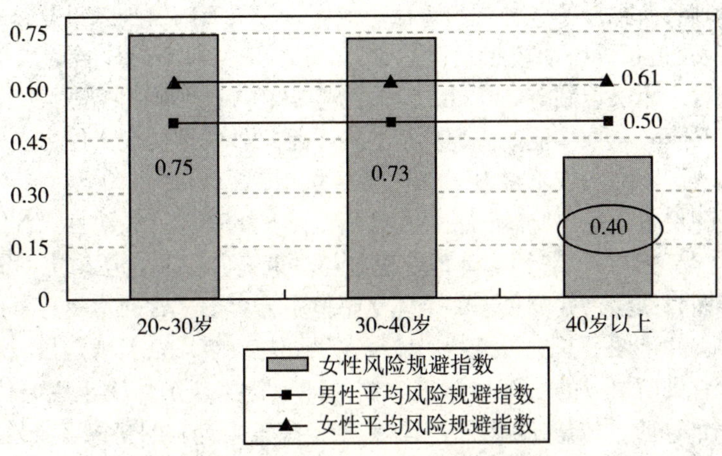

图6－6 管理者的风险规避指数

5. 决策刚性。我们通过“倾向于与同事达成一致还是使自己的观点与众不同”这样一个问题来反映管理者的决策刚性。在本部分的调查中女性的决策刚性略高，但是与男性的差异非常的小，基本上不能据此判断它们会有所不同。从总体而言，国内管理者的决策刚性都较低。由于中国有着与西方文明很不相同的文化底蕴，特别是中国传统的中庸思想对中国管理者的决策行为有着深远的影响。这种文化特征体现在管理者的决策行为之中，就表现出国内的管理者更倾向于分散决策的责任（见图6－7）。

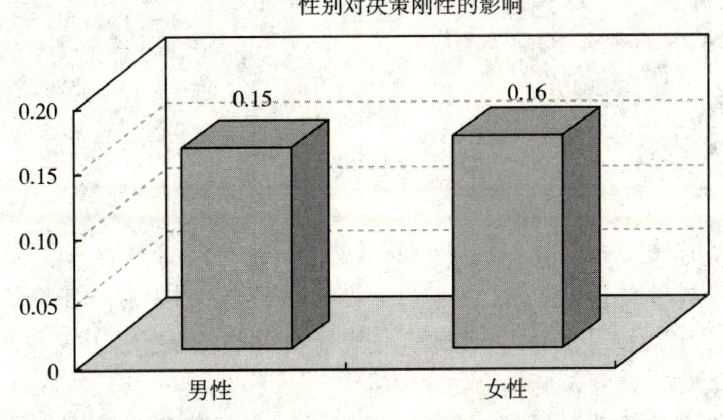

图6－7 管理者的决策刚性指数

资料来源：http：//finance. sina. com. cn，2006年3月2日新浪财经。

三、中西方决策风格的融合

由于美国文化当中强调个性、重视个体的特点，加之美国企业当中的管理者通常拥有管理方面的理论和实践经验，所以他们在决策中注重自己的主观意志，个人主义风格浓厚。这也恰恰是中方管理者所批评的一种行为特征，他们认为美方的管理人员我行我素，经常滥用权力，认为，“我是老板，必须按照我说的做”，而不是采取集思广益的决策方式。根据现代管理理论，这种个人决策制有其长处，即权力集中，责任明确，指挥灵敏，行动迅速，工作效率较高，也易于考核领导业绩。但相应也有不足之处，即受个人能力、知识、精力限制较大，如果监督机制不完备或不得力，容易产生个人专断。

中国传统文化偏重于集思归纳，关注个体所处环境的整体、系统性，涉及个体与外部世界的关系时讲求“天人合一”，因而体现在思维与决策上，往往表现为定性分析居多；而西方文化则偏重于逻辑推演，并热衷于将个体从整体中分离出来，搜集信息、进行论证，找出事物发展的规律，并试图对其进行控制。体现在思维与决策风格上则是强调规范逻辑与定量分析。不同文化背景所造成的决策风格很难简单评判优劣，定性决策主要依靠决策者（个人或集体）的丰富经验、智慧、直觉与判断；定量决策则具有明显的客观性、科学性。“二战”之后广泛应用于管理领域的运筹学和1946年发明的计算机，一起推动了决策从个人经验判断向严格逻辑论证的转变。现代管理理论发展到今天，人们又重新认识到社会环境、心理、创造力等“软因素”的重要作用，以定量为基础的“硬技术”和以定性为基础的“软技术”都已成为决策理论中不可或缺的组成部分。

随着时代的发展，不同的管理风格已经越来越融合在一起，企业经营的共同主题是“效率”和“业绩”，片面地说什么是西方式的决策风格，什么是中国式的决策风格已经越来越显得不合时宜。本节的内容只是对相关的研究加以介绍，希望读者能够了解中西方管理思想的交流、移植和相互影响，中国传统管理思想在新的历史条件下的改造和重塑，是历史发展必然的趋势。

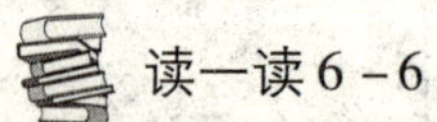

读一读 6－6

中国科学家的决策

青藏铁路格尔木至拉萨段，全长1 118公里，其中必须穿越的多年冻土地带达632公里。青藏高原对全球变暖最为敏感，升温最早，升幅最大，使高原冻土更不稳定。中国科学院院士、权威冻土学家程国栋说：“青藏铁路成败的关键在路基，路基的关键在冻土。”如何在冻土地区进行铁路建设，是一个世界性难题。

为抵御气温变化对青藏铁路冻土工程的影响，中国科学家大胆突破现有的主流决策框架，一改过去单纯依靠增加阻热、消极防守的方法，在国际上首次创造性地提出“以冷却路基为核心”的积极保护冻土的新思路，即冷却地基土体，主动降温，减少传入地基土的热量，并同时采取调控辐射、传导和对流的方法保证多年冻土的稳定性。

2001年，中国铁道部在青藏铁路昆仑山、风火山隧道和清水河、北麓河、沱沱河等地设立了5个冻土试验站，组织了200多名科技和工程技术人员对冻土试验工程的39项科研课题展开联合攻关，获得了大量有价值的科研数据。

针对不同区域地温地质特点，专家们创造性地采取了相应对策：对于地质复杂和不良冻土现象发育地段、线路尽量绕避；对于不稳定冻土区的高含冰量地质，采取“以桥代路”，全线“以桥代路”桥梁达156.7公里，占多年冻土地段的1/4；设计新型路基结构，在施工中采用热棒、片石层路基、片石通风护道、通风管路基、铺设保温板等多项设施，提高冻土路基的稳定性。

2006年7月，青藏铁路格尔木至拉萨段的正式通车，标志着以程国栋院士为代表的中国科学家们攻克了“高原冻土上进行铁路建设”这一世界性难题，摘取了世界冻土科研的桂冠。

资料来源：《人民日报》，2006年7月3日。

分析：解决复杂管理问题，作出科学管理决策必须针对具体问题进行分析，采用现代的科学技术和理论。案例中的中国专家正是通过对于现代科技和理论的深刻理解，通过对众多科技和工程人员的有效管理，完美地解决了这样一个世界难题。

本章小结

1. 决策风格就是决策者在制定、选择决策过程中所体现出的习惯、途径或方式。

2. 决策风格对于决策的效果与效率有着重要的影响：不同风格的决策者对于决策制定的方式和程序有不同的偏好，对于行动的迫切性有不同的考虑，对于风险的态度和处理办法也存在差异。

3. 对管理者决策风格的分析是很有价值的，它可以使人们了解管理者如何进行决策，同时指导管理者合理使用并有效借鉴不同的决策风格，也可以帮助管理者选择一些与自己的决策风格起互补作用的人作为助手或搭档。

4. 决策风格具有权变性，既受个性影响，又受决策任务与环境的影响，具体来说，不同的决策任务与决策环境适合于不同的个性特征的人。

5. 决策的风格会随着决策者的升迁而有剧烈变化。

6. 决策风格的分类方法有多种。现在比较流行的一种简单分类方法就是阿兰·罗伊提出的考虑决策者的个性和决策的任务与环境而形成的矩阵分类法，包括指令型、分析型、概念型和行为型四种风格。

7. 纳特根据决策选择阶段的信息收集和信息处理两个维度，以及执行阶段的行为注意中心及与世界相互作用的方式两个维度，将决策分为16种风格。

8. 摩尔根据决策过程的3个步骤，在每个步骤上都找到了两种不同而互补的决策风格，将决策风格分为了6种。

9. 中西方文化和思维方式的巨大差异直接影响了不同个体的价值观和行为偏好，进而也强烈地影响着个人决策者的决策风格：中国人强调整体、系统的知觉与感性，而西方人则注重过程严密的理性分析；集体主义和个人主义的特征也分别影响着中西方管理者的决策风格。

10. 随着时代的发展，不同的管理风格已经越来越融合在一起，企业经营的共同主题是“效率”和“业绩”，片面地说什么是西方式的决策风格，什么是中国式的决策风格已经越来越显得不合时宜，中国传统管理思想在新的历史条件下的改造和重塑，是历史发展必然的趋势。

讨论案例　威克斯音乐有限公司

威克斯音乐有限公司是一家为凯丝太太所有的小型私人公司。在英格兰西南部的哈宾斯特克庄园每年举办的三届地方音乐节为凯丝太太提供了一笔为数不多、但是稳定的年收入。第一届音乐节是在复活节，第二届是在8月，第三届是在圣诞节。每届持续两星期，由一套突击课程组成，先教授为期一周的实用音乐，第二星期教授另一音乐域的类似课程。大体上说，收入来自参加音乐节的有前途的年轻乐师们的学费，这些乐师主要来自英国，但来自海外的人数也在不断增加。最近又增加了以哈宾斯特克乐师为主演的晚间音乐会，这大大增加了收入。威克斯公司自1922年以来就一直举办音乐节，但所有课程都远不能满足需求。

凯丝太太监督整个组织的发展，而管理则由两名专职人员道格拉斯先生和布鲁斯小姐负责。几年前，学会计的道格拉斯作为一名热心的业余乐师非常愉快地接受了公司行政主管这一职位。布鲁斯小姐称自己为“失败的音乐会钢琴演奏者”，在道格拉斯之后不久也加入进来，担任文化主管。“原理非常简单，”她说，“我决定谁将担任老师，我们将举行什么样的音乐会，提供什么样的器材等，而道格拉斯则负责财务及其他细节。”

道格拉斯却持不同观点：“目前状况是组织不健全，因此我们必定会在每一个重要决定上发生冲突。”

除了凯丝太太和两位主管外，公司在其伦敦办事处还雇佣了一名秘书和一名记账员，在哈宾斯特克聘请了一个办事能干的人。音乐节举办期间，还雇佣几个季节性的临时工。

尽管威克斯公司的工作性质赋予道格拉斯一定的乐趣，他还是打算告诉凯丝太太他正认真地考虑辞职问题。“工作中令人头痛的事太多了。有些月份我们无所事事，有些月份又忙得不可开交。布鲁斯小姐一直以来总是乱花钱，当我告诉她预算已经超支时，她总不相信。接下来，你知道的，哈宾斯特克庄园已在拍卖，租给我们庄园的地产经纪人正准备以200 000英镑的价格卖给我们——价格相当合理，但我们仍不得不筹集这笔资金。此外，印刷商很快还要催我们交纳1994年的小册子印刷费，我想，像以往一样，我得推测一下最低价是多少。决定总是要在繁忙的时候作出，从来没有真正仔细考虑过。”

凯丝太太很器重道格拉斯，不愿意失去他。她一直在考虑是否要调整他每月1 500英镑的薪水以取悦他。

正如道格拉斯暗示的，到目前为止他和布鲁斯小姐在开支问题上已有过一次争论，他坚持这次争论是在精心制定1993年预算以前的事。年初时，他就预算问题向凯丝太太解释道：“您知道的，学费是我们收入的主要来源。在节日的六个星期中，每星期我们都有100名学生，每人每周缴纳350英镑。夏季音乐会收入最好，能收进大约20 000英镑；另外两个音乐节期间，我们只能得到一半。就成本来说，薪金当然是占较大比重的。我得到18 000英镑，布鲁斯小姐20 000英镑，其他三人共得22 000英镑。季节性雇员的工资在音乐节期间应为每星期4 000 英镑。像以往一样，稍后我们会把您的薪水付给您——今年可能是12 000 英镑。毕竟，这比大量红利对您来说更有意义。上课的教授们一直都不错，每次音乐节我们都需要大约15 名教师。对这类工作，他们每星期要求得到约450 英镑。办事处租金是12 000英镑，年底支付，三次租用庄园，我们每次大约要付10 000 英镑。印刷费账单也大量涌入——11 月份发出的年度新闻宣传大约4 000 英镑，每次音乐节的宣传大约2 000 英镑。学生的食品和饮料像以往一样是最好的——每周每个人要花费大约50 英镑。其他还有些琐碎的开销——每个学生每星期洗衣费6 英镑，每次音乐节的乐谱租金大约为2 000 英镑，普通月份办事处每月支出是200 英镑（但在4 月、8 月及12 月要翻番）。除此之外，还有12 000英镑左右的各种费用……由于某些原因，这些开销在一年中的增长相当平稳。像这样，从利润中缴了税后，剩下的则作为红利给了您。”

直到6 月底，记账员才刚准备好一份成本分析——确切地说提前了几天，但是在生意清淡的月份里，大多数支出还是完全可以预测的。看到这些数据，布鲁斯小姐很高兴。“我告诉过你的，道格拉斯！成本比上年总的一半还要少得多（1992 年总共是200 000 英镑左右），对吗？因此我们完全可以有能力花更多的钱来聘请教授，在夏季音乐会上，我希望能有一位真正一流的客人。”

道格拉斯一点也没感到乐观，他在计算后发现此刻公司开支已超出了预算。

这位行政主管所面临的第二个问题是潜在的对哈宾斯特克庄园的购置。早些时候他就对凯丝太太说购买是“一种很好的投资——维修及税款每年大约是6 000 英镑，然而即使没有其他用途，还是能给我们带来9%的收益。”现在他得筹集必要的资金。“这不同于给实业公司筹资，”他一直在想。“我最好草拟一张单子，列出比如说三种可能的方法，并将其提交给同事们看。他们可决定其中的一种或几种。”他一直在考虑同时编制一份资产负债表，最终也在所预期的6 月的最后一天准备好了。

道格拉斯还关心公司课程所收取的费用。遗憾的是，有关于此的决定总是要在一年中最忙的8 月作出，因此费用通常是以“上年的再加上一点”为基础。由于缺乏这方面的专门知识，道格拉斯在生意清淡的5 月读了一本经济理论课本，但他并不真正清楚他的发现将会怎样影响威克斯公司的价格。他希望和凯丝太太讨论一下定价问题，但她外出的时间越来越多，越来越少地经营威克斯公司的业务。她在别处有几项主要股权及投资——事实上，目前她正考虑对所拥有的一个农场增加大笔投资。

资料来源：http：//www. quang. com.

思考题：

1. 请分析道格拉斯大体上属于什么决策风格的人？为什么？
2. 根据现有资料，你感觉布鲁斯小姐和凯丝太太决策风格的形成是由于什么原因？
3. 你认为在一个团队中，决策风格怎样搭配是合理的？

推荐书目

1. 庄锦英：《决策心理学》，上海教育出版社2006 年版。
2. ［英］伯龙，胡苏云译：《思维与决策》，四川人民出版社2003 年版。

3. [美] 巴荣著，李纾、梁竹苑主译：《思维与决策（万千心理）》，中国轻工业出版社 2009 年版。

4. [美] 西蒙：《管理行为——管理组织决策过程的研究》，北京经济学院出版社 1988 年版。

5. [美] 西蒙：《现代决策理论的基石——有限理性说》，北京经济学院出版社 1989 年版。

6. 黄孟藩、王凤彬：《决策行为与决策心理》，机械工业出版社 1995 年版。

第七章　决策行为

☞ 学习目标

本章中，读者将会学习到西蒙的决策理论，掌握有限理性原则，并以此为基础认识我们的决策是怎样作出的。同时，通过本章学习，读者要掌握西蒙的决策四步骤程序，要想实现决策的科学化，只能按照它，不能违背它。最后读者需要学会如何在不确定下作出尽量正确完美的决策。

开篇案例　刘备问策

《三国演义》第62回描写了这样一段情节：刘备应刘璋之请，进驻葭萌关，抗拒汉中张鲁的入侵，后来因为向刘璋借军马钱粮，受到刁难，于是“毁书发怒，前情尽弃”，两人翻脸。这时，刘备问计庞统：“如此，当若何?”庞统回答：“某有三条计策，请主公自择而行。”刘备又问：“哪三条计?”庞统说：“只今便选精兵，昼夜兼道径袭成都，此为上计。杨怀、高沛乃蜀中名将，各仗强兵拒守关隘，今主公佯以回荆州为名，二将闻之，必来相送；就送行处，擒而杀之，夺了关隘，先取涪城然后却向成都，此中计也。退还白帝，连夜回荆州，徐图进取，此为下计。若沉吟不去，将至大困，不可救矣。”刘备评价比较认为：“上计太促，下计太缓；中计不迟不疾，可以行之。”于是，依中计而行，轻而易举夺了涪水关，然后下雒城，取绵竹，直捣成都。

资料来源：《三国演义与经营谋略》，http：//sparklixin. bokee. com/6443305. html，2007年9月5日。

在这个案例中，庞统提出的是三个行动计策，加上“沉吟不去”这个选择，实际上算是四个方案，刘备通过分析，选定了满意的方案，取得了最佳的效果。其实，人们的生活充满了判断和决策。从衣食的偏好到学校的选择，从一次旅游的线路到个人职业的规划。组织中的个体常常面临更多的问题与决策。例如，高层管理者要决定提供什么样的产品或服务、怎样进行财务运作最为合理、在哪里推广市场、何时进行裁员；中层管理者要决定生产日程安排、选拔新员工、合理确定加薪幅度；基层员工对于工作努力程度和如何平衡家庭工作关系等方面作出的决策，同样对组织有着很大的影响。

决策贯穿于管理的各个方面，是管理过程的核心。决策同时也是领导者管理能力的重要方面，是领导职能的主要内容。优秀的领导者应该要做到“多谋善断”，“谋”就是进行谋划；“断”就是作出决断。在开篇案例中，庞统可谓多谋，刘备堪称善断。本章涉及的主要内容就是如何制定和选择决策，在此之前我们首先要了解有关决策行为的基本知识。

第一节 作为科学的决策行为

30年代在美国的管理文献中就出现了Decision-Making一词。随着其概念的逐步演化，今天我们所说的决策泛指人们在行动之前对行动目标与手段的分析、判断、评价和选择的全过程。人们一般将1978年诺贝尔经济学奖获得者，美国卡内基－梅隆大学的教授赫伯特·西蒙（H. Simmon）作为决策理论的代表性人物。我们下面就来看一下决策行为科学理论的发展。

一、西蒙的决策理论

“组织决策理论已经被成功地用于解释和预测各方面的活动，如公司内部取得信息能力的分布和决策的制定，市场调整与有限竞争，选择证券投资和选择一个国家进行国外投资。现代企业经济学和管理研究大部分基于西蒙的思想。”这是1978年瑞典皇家科学院授予西蒙诺贝尔经济学奖时对他的学术贡献的评价。

西蒙最大的理论贡献之一就是提出了人类行为的有限理性（Bounded Rationality）。他提出，长期以来，在关于人类行为的理性方面存在着两个极端。一个是弗洛伊德试图把所有人类的认知活动都归因于情感的支配，另一个是经济学家的“经济人”假设，认为人类具有无所不知的理性。西蒙则分别对这两个极端进行了批评。他强调，情感的作用并不支配人的全部，因此，如果我们要从心理学的角度来解释人在组织中的行为，理性行为理论就必须在其中占有一席之地。而在“经济人”的假设下，人类拥有完整、一致的偏好体系；他始终清楚备选方案都有哪些；而为了确定最优方案，他甚至可以进行无限复杂的运算。对此，西蒙指出，单一个体的行为不可能达到这样的完全理性，因为备选方案的数量太大，评价方案所需的信息又太多。基于此，西蒙认为，人类行为是理性的，但不是完全理性的，也就是他在1957年提出的“有限理性”。

那么，为什么理性会是有限的呢？我们可以从下面几个角度来认识这个问题。首先，决策者受到无法找到全部备择方案的限制。按照完全理性的要求，行为主体要在所有可行的备选方案中作出选择。但令人遗憾的是，无论在任何时刻，行为主体往往都只能想出非常有限的几个可能方案作为备选方案。比如找工作，市场很大，单位很多，表面看起来有无数方案可供选择，实际上却很难找到最如意的。我们最后选择的工作可能并不比当初错过了的那个更合适。因此，只有容忍选择中的可行性局限，你才能应对工作和生活。

其次，没有人具有完备的知识和信息。完全理性意味着行为主体必须完全了解并预期每项决策产生的结果，能够作出绝对无误的评价和最优选择。而这实际上是不可能达到的。比如说你要喝一杯饮料，如果你打算把涉及饮料的所有知识都掌握了再去喝它，那你可能永远都喝不到。因为即使一杯普通的饮料，其中也蕴涵着营养学、生物学、化学、生理学等数不清的知识。

最后，即使你了解了全部知识和信息，也会遇到接下来的预期难题。完全理性要求行为主体始终具有明确而一致的价值偏好体系，只有这样，真实体验才能与预期价值始终保持一致。然而，人的预期偏好是会发生转移或变化的，注意力也可能从某一价值要素转向了另一种价值要素。因此，要完整地预期价值是不可能的。再拿喝饮料作为例子，你最初的想法是它能解渴，喝了几口后，你的价值要素就可能由解渴变成了对于口感的要求。即使口感、营养、卫生等价值需求全部满足了，你还有可能因为它的好喝而不由自主地多喝几杯。忽然你可能意识到自己发胖了，于是把减少热量摄入放在了价值要素的首位。价值偏好的转移，使你在最初不可能对各种价值精确地排序和加权，我们常常就是按照这种“差不多”的逻辑来进行优先选择的。

西蒙发现，人们在决策过程中往往是这样的。（1）通常并不是考虑所有的选择，而只是考虑其中的部分选择。（2）人们对不同选择之间的考虑也不是像理性模式所说的那样同时加以比较评判，而是按循序成对的方式进行的，即在两个方案中选择一个，而如果两个都不满意，则保留两者之间较优者再与下一个方案比较，如此重复下去。（3）人们进行选择的原则不是最优化，而是“满意”，一旦在循序成对比较中发现“满意”的目标，搜寻过程就结束了，这就是著名的决策过程的“满意模型”。

西蒙虽然因为提出有限理性和满意模型而闻名于世，不过他并不否定理性的作用，相反，他高度肯定那些试图突破有限理性的可贵尝试，随着信息技术的大突破和大发展，这样的尝试也越来越有意义。但必须认识到，在可预见的将来，人类很难实现从有限理性向完全理性的飞跃，也无法完成满意型决策向最优型决策的最终跨越，但理想与现实的鸿沟会一直激励着人们将这种宝贵的尝试持续下去。

西蒙对于管理学有着重大的影响。他提出，管理就是决策。决策的制定过程是理解组织的关键所在。在西蒙看来，以往人们都把组织看成封闭、机械化的系统，在那里，“组织与其说是为了供人居住而设计的卧室，还不如说是以抽象的建筑逻辑而设计出来的一排排井然有序但无人居住的小隔间”。为了克服以往人们对组织管理认识的缺陷，有着众多学科知识背景的西蒙借用社会学的概念——“角色体系”来研究组织。他认为，组织是一群人彼此沟通和彼此关联的模式。组织是个角色系统，角色会告诉组织成员如何就他们面对的问题和决策进行推理，组织对个人决策的影响在于，不是由组织来决定它的成员作出何种决策，而是由组织提供给它的成员大量信息和决策前提以及一系列易于理解的预期，这些信息构成组织成员决策的依据。在这一点上，他继承了社会系统学派巴纳德的思想，强调人的主体性，立足于“人”本身来认识组织，从而将人和组织有机地结合了起来，在理论上完善了人本管理的逻辑基础。

二、决策行为学的发展

西蒙的决策理论形成于20世纪的四五十年代，其代表作《管理行为》一书发表于1947年。之后，西蒙和卡内基－梅隆大学（当时还叫卡内基－梅隆学院）另外两个重要的学者詹姆斯·马奇（James March）和理查德·赛特（Richard Cyert）一起发展、丰富了有限理性的理论框架，并做了一系列重要研究，他们的研究思路和学术思想被称为“卡内基－梅隆学派”。

而决策行为学作为学科正式出现，最早是伍德·爱德华兹（Ward Edwards）1961年于

《心理学年报》中首次在论文题目上使用并被后人所认可的。决策行为学所牵涉的面很广，需要从心理学、社会学、经济学、组织理论、政治学等多方面进行研究，到今天已经是非常成熟和内容丰富的理论学科。其研究涉及个体行为、群体行为和组织行为三大层次。本书主要介绍的是个体层次上的决策行为。

行为经济学是该领域非常重要的理论基础，相关的传统理论模型是期望效用理论（Expected Utility Theory）。早在18世纪，数学家贝奴里就提出用效用期望值最大作为选择方案的准则。冯·诺依曼（Von Neumann）和摩根斯坦（Morgenstern）在1947年提出了一系列公理，其基本内涵是：不确定情景下最终结果的效用水平是通过决策主体对各种可能出现的结果加权估值后获得的，决策者谋求的是加权估值后形成的期望效用最大化。这个理论的主要目的就是为理性决策提供一套明确而严格的基本公理，而这套公理体系所隐含的假设主要有：

相消性（Cancellation）。如果两个有风险的备选方案所可能产生的结果包含了某些完全相同且具有相同概率的结果，那么在对这两个方案进行选择时，就可以忽略那些相同结果的效用。比如，决策者对A的偏好优于B，则对于任意的选择C，以p的概率获得A、以1－p的概率获得C的选择要优于以p的概率获得B、以1－p的概率获得C的选择，也就是说，可以取消C这个选择。

传递性（Transitivity）。这是期望效用理论成立的基本假设和必要条件。如果一个理性决策者在方案A和B中更偏好A，在方案B和方案C中更偏好B，那么这个人在方案A和方案C中肯定更偏好方案A。

占优性（Dominance）。这是理性选择行为的最为显然的性质：如果A选择在至少一种状态下的结果优于B选择，而且在其他状态下的结果至少与B选择一样好，即A占优于（Dominant）B，则决策者应该只会选择A。理性的个体永远都不会作出一个被其他决策占优的决策。

恒定性（Invariance）。这是指对同一选择的不同描述方式对决策者的偏好不会产生影响，即人们对具有相同结果和不同表现形式的选择的判断是一致的。

冯·诺依曼和摩根斯坦从数学上证明，如果决策者违背了这些原则，期望效用就无法达到最大化。而更多的经济学家和心理学家对该公理系统所隐含的上述四个基本性假设进行了检验，这些检验发现其与现实中人的选择行为存在严重的不符。西蒙曾经指出："从观念上讲，期望效用模型是理应在柏拉图精神乐园中占有显要地位的精美作品，但是要原原本本地用它去制定实际决策，却面临着许多无法克服的困难，因而是不可能的。"即使我们把效用理论的可用性方面的疑虑和批评放在一边，正如大部分经济学家和心理学家所做的那样，采纳效用理论作为模拟经济决策的基础，期望效用理论仍然存在一些局限性，因为它无法"描述"现实中的选择行为。

比如，著名的投票悖论：设A、B、C为三个备选方案，a、b、c为三个投票者。

假定：a认为A优于B且B优于C，故A优于C（传递性原则）。

b认为B优于C且C优于A，故B优于A。

c认为C优于A且A优于B，故C优于B。

那么：多数（两人）认为A优于B、B优于C，故A优于C（传递性原则）。

然而事实上：多数（b和c两人）认为C优于A。

显然，这个选择过程不符合理性决策的传递性原则，这意味着理性决策本身存在着矛盾，带来了悖论。休梅克（P. J. H. Schoemaker）在1982年提出：“在个人决策中，效用期望值的最大化属于例外而不是常规”。我们下面还会看到对于期望效用理论的质疑和挑战，这表明人类越来越清楚地认识到自己思维的复杂，也同时激励着人类探寻决策的规律和本质。从心理学着手成为学术界进行此项工作的一个重要的突破点。

2002年诺贝尔经济学奖得主丹尼尔·卡尼曼（D. Kahneman）和阿莫斯·特韦尔斯基（A. Tversky）在此基础上提出了“前景理论”，包含三个基本原则：第一，大多数人在面临获得时是风险规避的，因此人们在面临获得时往往小心翼翼，不愿冒风险；第二，大多数人在面临损失时是有风险偏好的，因此人们在面对失去时会很不甘心，容易冒险；第三，人们对损失和获得的敏感程度是不同的，人们对损失比对获得更敏感，因此损失时的痛苦感要大大超过获得时的快乐感。该理论提醒我们，人的理性是有限的。管理者在作决策时，一定要基于客观分析。其管理意义在于，揭示了人对损失比对获得更敏感，损失时的痛苦感要大大超过获得时的快乐感。这要求管理者不要片面强调员工的正向回报和激励，还要特别重视员工可能遭遇的负向“损失”；重要的是，要引导员工辩证地看待“损失”和“获得”。目前中国很多组织都处于变革期，不少员工的既得利益受到一定的“损失”；在这种情况下，管理者需要帮助员工相信组织变革的前景，正确认识“目前的个人损失”和“长远的组织及个人获得”之间的关系。损失和获得是相对而言的，改变员工评价事物时的参照系，有助于改变员工对得失的态度，降低员工对组织变革的消极抵触情绪。

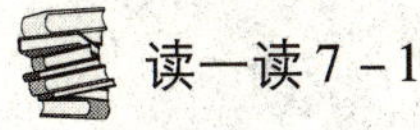
读一读7-1

首席财务官——不做扁鹊

当首席财务官谈论自己的决策行为时，许多人喜欢引用扁鹊的故事来表明自己的立场。

魏文王问名医扁鹊说：“你们家兄弟三人，都精于医术，到底哪一位医术最好呢？”扁鹊回答说：“大哥最好，二哥次之，我最差。”文王再问：“那么为什么你最出名呢？”扁鹊答说：“我大哥治病，是治病于病情发作之前。由于一般人不知道他事先能铲除病因，所以他的名气无法传出去，只有我们家里的人才知道。我二哥治病，是治病于病情刚刚发作之时。一般人以为他只能治轻微的小病，所以他只在我们的村子里才小有名气。而我扁鹊治病，是治病于病情严重之时。一般人看见的都是我在经脉上穿针管、在皮肤上敷药等大手术，所以他们以为我的医术最高明，因此名气响遍全国。”

资料来源：改编自《许亮：一个CFO的回归》，《首席财务官》，2008年第7期。

分析：首席财务官的重要职能之一便是运用财务会计数据进行趋势性分析，帮助企业发现异常情况并采取控制决策，其风险之大，一招不慎会导致满盘皆输的惨剧。上面这个故事告诉我们——事后控制不如事中控制，事中控制不如事前控制。CFO不是“消防队员”，需要从一定高度上通过缜密而高效的流程来预防和管控风险，因此，首席财务官必须要了解制定决策的心理、优化决策过程，把握住关键的指标从而制订有效的规则。

第二节　决策心理与决策程序

决策行为有着怎样的心理基础呢？依据心理基础我们可以对决策进行怎样的分类？一个正常的决策程序是如何的？本节我们就来看看关于决策行为的基础知识。

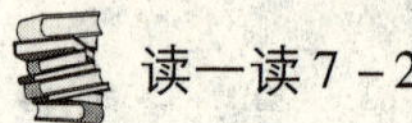
读一读 7－2

曹操在赤壁被火烧战船，仓皇逃命。又经过吕蒙、赵云、张飞等多次伏击，已是人疲马乏，狼狈不堪。待行至华容，见前面有两条通路。

曹操犹豫了，究竟走哪条路好呢？前面探路的军士跑回向曹操请示："前面有大小两条路，都通南郡。大路平坦，远 50 里；小路经过华容道，窄狭难行，却近 50 里。请问丞相走哪一条？"曹操下令两条路都去探一下。

军士探路回来报告："大路上看不到什么动静，小路的山口子上，有几处在冒烟。"众将认为：烽烟起处，必有伏兵，不宜走小路。曹操想了一会说："不，还是走小路。"大家惶惑不解，曹操说："你们哪里懂得，兵法上说，'虚则实之'，'实则虚之'，诸葛亮派人于小路烧烟，诱我走大道中其埋伏。我会上当吗？"于是，他领着部下走向华容道。结果，恰恰中了诸葛亮的圈套。

原来诸葛亮针对曹操深知兵法，多谋善算的特点，算敌之算，因敌施谋，将兵力设伏于华容道，并故意暴露出此处有兵马的真情，使曹操反以为假，误入歧途。

资料来源：改编自宋锦洲：《决策管理：概念、模式与实例》，东华大学出版社 2007 年版。

分析：诸葛亮之胜，不是胜在熟读兵书，不是胜在用兵经验，不是胜在对彼此双方的战时情形的分析，而是胜在把握了对方的决策心理；曹操之败，不是败在死读兵书，不是败在用兵经验，不是败在对彼此双方的战时情形的分析，而是败在被对方把握了自己的决策心理。

一、决策心理与决策类型

西蒙把与决策相关的心理基础归纳为三个方面：学习、记忆和习惯。西蒙认为，人类在学习方面具有其他动物无法获得的巨大优势。人不仅可以通过实际体验"做中学"（Learning By Doing），或通过实验的方法学习，还可以通过参照原始资料，参照别人在相关领域长期实验和研究的基础上得出的结论进行学习，并且还能根据个人成败的经历对这种累积经验进行选择和修正。因此，人的原有知识和基本认识（包括价值观）就对决策过程产生了重大影响。

在学习过程中人们自然而然地就会产生记忆。记忆就是把为解决一个问题而收集的信息以及从这些信息推导出的结论储存到大脑之中，而当类似或相关的问题再次出现时，不需要重新搜寻和研究信息，就可以直接利用记忆中储存的信息。这里，记忆既可以是头脑中的自然记忆，也可以是由信息库、文件和记录所组成的人为记忆。当然，无论是自然记忆还是人为记忆，要发挥作用，都必须具备根据需要提取记忆信息的关联机制和检索机制。这样，人们制定决策时，一旦需要记忆中储存的信息，利用这些机制就可以找到。

而记忆在经过多次重复之后，遇到同类问题就形成了习惯。西蒙认为，习惯是一种有助于保存有效行为模式的机制。习惯的作用在于，它不需要人们重新思考采取正确行动的决策，就能让类似的刺激或情形产生类似的反应。因为习惯一旦养成，就会在一定的刺激下引发惯性行为，使对重复性的常规决策可以依习惯反应而实现合理行为，不必重新做有意识的选择。所以，人们才能把注意力投入到需要思考的新层面上。西蒙指出，习惯在组织中也有人为的形式，即斯坦尼所说的“组织惯例”。如果处理重复性问题的方法被写进工作手册或其他组织文本里，从而形成了组织惯例，那么该类问题出现时就不再是人们重新考虑的问题，这样就大大简化了组织的决策。

在这三种心理学因素作用下，西蒙将行为模式分为了两种类型。他把那种一旦出现刺激，便几乎毫不犹豫地立即发生反应的行为，称为简单的行为模式，即“刺激—反应”模式，这是一种直观性、习惯性的行为。而把那种需要对备选行动方案、环境条件、行为结果和预期价值进行分析比较，抉择前一定要经过一番犹豫思考的行为，称为复杂的行为模式，即“犹豫—选择”模式。以往的管理学家，常常过多地强调和肯定“犹豫—选择”模式，忽视和否定“刺激—反应”模式。西蒙的看法与众不同。他认为，人如果什么事情都要犹豫不决，仔细盘算，就会错过行动时机，丧失决策效率。组织实际上无时无刻不在培育人们的简单行为模式。对于刺激的反应，人们大部分行为是习惯性的，而且往往是合理的。西蒙的这一论断，对于管理者应该说有启发意义。管理不是越复杂越好，而是越简单越好。运用简单方法解决了复杂问题，极大节约管理成本的人，才是经营中的高手。

与之相关的，西蒙将决策分为规范性决策和非规范性决策两类。规范性决策，就是那些带有常规性、反复性的例行决策，这种决策可以制定出一套例行程序来处理，如绩效考核中的打分，办公用品的采购，销售员的业绩奖励等。非规范性决策，则是指那些过去未曾发生过的一次性的决策。这种决策往往需要花费较多的时间和较大的成本，如开办一个新公司，研发某种新产品，开拓一个新市场，制定某种新战略等。但是这两类决策很难绝对区分清楚。如果某一决策从来没有出现过，当它首次出现时肯定属于非规范性决策，但当随后多次重复出现，它就变成了规范性决策。西蒙在早期研究中，重点在于非规范性决策，随着后来的研究扩展，他对规范性决策也有了更深入的认识。在西蒙的后期著作中，特意区分了“刻意理性”和“习惯理性”，非规范性决策要求刻意理性，而规范性决策体现习惯理性。对于决策来说，习惯理性的形成至关重要。“因为习惯和常规不仅能有效地达到目的，而且还可以节省稀有和昂贵的决策时间和注意力。”从决策成本的角度看，规范性具有不可忽视的意义。同时，当决策行为变成常规以后，管理者又必须用刻意理性来质疑常规，对常规产生质疑，进行审查和周期性修正。这种质疑和修正，又是以非程序性决策来完善规范的过程，即决策（常规性）与决策（非常规性）融合的过程。西蒙的这一理论，跳出了规范性决策和非规范性决策孰轻孰重的争论，克服了非此即彼的偏向。

决策的分类还可以根据决策模型来划分。西蒙的满意决策模型，所针对的就是最优决策模型，此外还有两种决策模型，那就是隐含偏好决策模型和直觉模型。

隐含偏好决策模型（implicit favorite model）是指决策者早在决策过程的早期就隐含地选择了一个偏好方案，之后的决策过程只不过是一个不断验证的过程，即决策者通过将偏好方案与其他备选方案的比较来确信自己偏好的方案是正确的选择。

隐含决策与满意决策类似，它们同属于通过简化的过程来获得决策。但是，隐含决策是在决策者找到了自己的偏好方案之后，才对其他备选方案进行评估。比如，在初始阶段，决策者从直觉上认为某一企业比较适合进行投资，但是他并未将此情况告诉他人，甚至有时自己也并未明确认识到这一点。接着决策者通过比较不同企业间的差异将选择限制在两家企业之间，其中一家就是隐含偏爱的企业。然后，决策者比较这两家企业的各方面，哪家更具创新能力，哪家更有前瞻性，产品和服务何者更优，等等。比较的结果毋庸置疑是隐含偏爱的那家企业获胜。

但是，利用隐含决策模型得到的决策并不一定是最优化方案。决策者如果歪曲了自己的评估以得到想要的结果，因此很难保证其最终决策反映了有限理性。

本书第一章中曾对直觉模型进行过探讨。西蒙对于直觉在管理中的作用也有着深入的研究。管理学从诞生起，就非常重视理性。但令人困惑的是，长期以来的管理研究却发现，管理者其实常常依靠直觉来解决复杂的问题。而且，在组织中的职位越高，越需要敏锐的直觉。西蒙对此进行了解释，他提出，直觉也是一种分析，只不过已被固化成习惯而已，直觉的作用是帮助人们识别熟悉或类似的情境类型。西蒙一生酷爱国际象棋，他以国际象棋大师为例，形象地揭示了直觉的奥妙。顶级的大师，能够辨认和回想起大约五万种棋子在棋盘上的不同排列组合，并且通常依靠直觉在很短时间内就能找到妙招。秘密在于，对大师而言，任何一场棋局中的棋子，都是固定的熟悉的阵势，而并非随意摆放的，这些阵势就像老朋友一样很容易辨认，所有这一切，来自于顶级大师对熟悉情境的记忆和识别。对此，德鲁克也采用了类似的分析，他把决策中遇到的问题分为普遍事件和特殊事件两类，并认为，各种普遍事件只需要一个普遍的解决方案或者说是一个原则、一个政策，所以只要找出正确的准则，这类普遍事件的所有表现，都可以采用已有的准则来解决；而特殊事件则由于无法制定普遍准则而需要单独处理。因此，将决策问题分为两类，一类要依据已有的规律，另一类要靠随机应变，能够提高决策的准确性和速度。

但是，必须注意的是，直觉是以经验和知识为基础的识别能力和反应能力的具体体现。快而准的直觉反应能力，其实是知识积累以及运用知识识别问题过程的升华。错误冲动的拍脑袋和象棋大师不假思索的妙招相比，尽管表面看来形式很相似，但其实质是截然不同的。对于管理者的启示是，不能只看到别人决策时的果断，而看不到别人事前下的工夫，不能只看到别人处置问题的自如，而看不到别人在工作和生活中长年累月的积累。

二、决策程序

西蒙把决策行为从逻辑上展开，从认知科学的角度把决策程序划分为四个阶段（见表7-1）。一是搜集情报阶段，西蒙称之为信息活动。这个阶段主要是提出问题，制定目标。人们在大量信息中发现和判定需要处理的问题，依据问题的性质和重要程度、急迫程度确定行为方向，进而针对解决问题的要求形成所要达到的行动目标，用目标来界定问题的解决途径。二是拟定计划阶段，西蒙称之为设计活动。这个阶段主要是综合考虑个人和组织的内外环境中各种可控和不可控因素，提出相应的多种能实现目标的备选方案。三是选定计划阶段，西蒙称为选择活动。一般来说，这个阶段需要权衡利弊，综合考虑，“两利相权取其重，两害相衡取其轻”。四是检验评价阶段，西蒙称为审查活动。通过修正决策目标或备选方案，来应对主客观条件的变化和备选方案本身的错误或遗漏。

表 7-1　决策的四个阶段

阶段	行　为
信息活动	了解环境变化，寻求相关的决策信息，找出制定决策的理由
设计活动	寻找、制定并分析各种有可能达到决策目标的备选方案
选择活动	在各个行动方案中进行抉择，从一组备选方案中选出并确定一个最符合某种满意标准的方案
审查活动	对已进行的抉择在实施中进行评价和矫正

西蒙的“信息—设计—选择—审查”四步骤决策程序论，是一个管理上的闭环，实际上立足于他的认知科学研究。有人批评说，这种四步走的划分法，把决策简单化为一个呆板的线性过程。西蒙认为，这种批评存在误解。四步走的决策过程，就是人的认知过程在决策中的逻辑再现。它当然不是单一线性的，而是多层次的循环。比如，在设计阶段，可能又会提出新的搜集信息要求，而搜集信息又会引发更进一步的设计活动，选择、审查活动也会要求进一步搜集信息。这一程序同决策科学化高度关联。要想实现决策的科学化，只能遵守它，不能违背它。我们现实中的拍脑袋、拍胸脯、拍屁股的“三拍”式决策，恰恰是问题不清就盲目设计，没有设计就贸然拍板，拍板之后不加验证等问题造成的。“边设计，边施工，边投产”式“三边”政策的荒谬，正好也反证了这一程序的科学性。

西蒙对追踪决策的特殊性也进行了探讨。追踪决策与“纸上谈兵”的初始决策不同。初始决策是从零开始的，客观对象和环境未受决策实施的干扰和影响；追踪决策则是非零起点的，面临的对象和条件已经不是初始状态，它之前的原方案已得到部分执行，因而必须考虑原方式的实施程度和影响。个人或组织之所以会坚持特定的行为路线，是因为一旦事实上开始执行某个特定的行动方案，那么最好将它继续进行下去，否则就要或者部分或者完全放弃已经执行的那一部分，而这必然将导致损失。但是，同多数人只看到沉没成本的消极作用恰恰相反，西蒙把沉没成本看成是决策中的积极因素。在西蒙眼里，这种沉没成本对决策的限制，虽然不是理性的充分条件，但肯定是理性的必要条件，因为它缩小了个人或组织每时每刻必须考虑的备选方案的范围，从而能给行为带来理性。

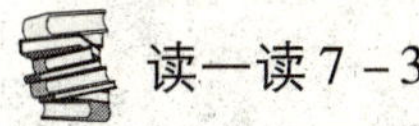

读一读 7-3

福莱玩具公司的困惑

这家私人有限公司位于威尔士中部的一个乡村小镇。1996 年，约翰·理查德在失去他在一个跨国集团的工作后，和玛丽·理查德创建了此公司。痛感于跨国集团机构臃肿，约翰对公司的目标十分明确。首先，他要对公司的管理及财务保持有效控制。其次，他希望避免听从有官僚作风的大机构的指令，宁愿和个人做生意，也不愿和匿名的官员来往。最后，他要在公司的所有职员间建立一种信任和合作的氛围。

• 产品和市场

该公司出售学龄前儿童（1~5岁）用的教育玩具和小学生（5~9岁）用的课堂辅助教具。所售产品中只有少部门由公司生产，其余的由分散在邻近各县的承包商制造。通过这种方式的专营，公司避免了普遍存在于玩具业的混乱，这种混乱已使许多公司被迫处于清算管理状态。

该公司的销售明细分析如表7-2所示。

表7-2

时　　间	2006年3月	2005年2月	2004年1月
营业额（英镑）	2 600 000	1 460 000	920 000

市场营业额分析如表7-3所示。

表7-3　　市场营业额分析　　单位:%

个人	50	65	75
幼稚园等	20	20	20
小学	30	15	5

公司的销售方针一直是邮购。每年的商品目录被寄往当地的教育界权威、幼稚园领导及其他邮寄名单上的人，而个人则通过寄出刊登在全国发行的周末报纸上的小篇幅广告所附的票券获得目录。邮购的方法减少了管理费用，因为它不需要货品陈列室及销售员等。个人及幼稚园订购遵循严格的“现金订货”，而学校订购则可根据商业信贷安排供货。

• 未来营销计划

理查德夫妇目前正在为以后的发展做打算，此时出现了几个问题。

首先，邮购是恰当的销售渠道吗？在过去几年里，邮寄成本的增长快于零售价格指数，而且交货延时有时会失去客户。或许公司不仅应该通过自己的商店，还应通过诸如玩具店、“儿童照管”连锁店以及精选的百货商店等零售渠道进行销售。

其次，是否应该改变对产品种类均衡的强调。早期时，收入中只有少部分来自学龄儿童产品，然而现在已占了30%。

最后，理查德夫妇需要考虑公司的财务状况。

• 财务状况

任何建议的变化都要考虑公司的财务状况。公司发行的股本自1996年来一直未变，为10 000英镑，同时有公积金作为股东基金的余额，公积金总额在2007年3月31日为1 010 000英镑。此外，唯一的长期资金来源就是以房产作抵押的290 000英镑的抵押贷款。

短期资金来源于银行透支，到2007年3月31日，透支为790 000英镑（同时在这一天，公司有现金17 500英镑）。其他流动负债有应付账款及2006年3月赢利应付的税款。为了有助于分析，约翰计算了账户中的一些比率，他对总趋势有些不安，需要得到进一步的建议。

公司只有两个层次：理查德夫妇，及在他们之下的其他人。38名雇员名义上分工如表7－4所示。

表7－4

部门	专职	兼职
生产	13	6
包装	4	8
仓库	2	3
办公室	1	1

在公司早期，当需求增加时，要求雇员们可以随时顶替别人的工作。如今在名义上仍是如此，因为所有雇员的报酬相同。由于某些工作被认为比其他工作“更容易”，这种状况在最近几个月里引起了一些怨言。另一不安的根源在于：理查德夫妇是生产、营销、财务及设计的主管。几位年纪较大的雇员抱怨道，自从公司壮大以来，理查德夫妇似乎就不再管理日常事务了。他们四处忙碌，要么工作只做了一半，要么就是忘了承诺的答复。甚至连秘书、记账员也感觉到这一问题。“看看这个摊子吧，”她说，“约翰要求在今晚前把这些订单打印出来，而玛丽要在下午收账前把这些发票弄好。每项工作可都要干一天啊！左手不知道右手在忙些什么！”这样的小抱怨越来越频繁，谣传一些生产工人已经接触了当地的工会官员，当然也没有得到工会承认。

福莱玩具有限公司财务状况（年度截至3月31日）：

表7－5

单位：%

项目 \ 年份	2004	2005	2006	2007
税后及息后收益÷动用的净资产	24.0	25.0	15.0	10.0
销售收入÷动用的净资产	1.0	1.2	1.7	2.0
销售收入÷固定资产	1.3	1.5	1.8	2.0
流动资产÷流动负债	1.5	1.4	1.2	1.0
速动资产÷流动负债①	0.95	0.8	0.6	0.47
应收账款期（星期）②	7.60	8.25	8.50	11.25
应付账款期（星期）	5.20	5.75	6.10	7.50
平均存货水平（星期）	8.50	11.0	12.2	13.0

注：① 速动资产＝现金＋应收账款。

② 以一年52个星期及该年度的销售收入为基础计算。

注意：

以上为比率，如税后及息后收益除以动用的净资产。

资料来源：改编自 http：//www. 35wl. com/down/20083/410728. html 商务文库。

思考题：

1. 请简单归纳本案中的决策问题。
2. 该公司应该通过哪些决策程序来解决他们的问题？
3. 请根据学过的方法提出这些决策问题的解决方案。

第三节　决策选择

决策者为什么会选择某个备选方案，而不是另一个？换句话说，决策者如何进行正确的决策，如何从失败的决策中吸取教训呢？决策标准和决策框架在其中起到了重要的作用。

一、评价和选择的标准

读一读 7－4

花是人们表达感情最好的礼物，人们会因为各种情感需要而送花，因此花也给人们带来了极大的商机。在美国，鲜花业是个价值高达 150 亿美元的产业。但是，在 20 世纪 50～90 年代，美国的花卉产业因为结构上的层次繁杂而导致发展停滞不前。当时，鲜花的典型销售渠道是花农将花卖给当地的分销商，分销商再转售给批发商，然后再转卖给零售花店或超级市场，这种多层的买卖交易使得鲜花价格大幅上涨。一枝花农种出的价值 5 美元的花，最终到消费者的手中时，价钱已经高达 40 美元。此外，花是一种极容易枯萎变质的商品。从它被采摘的那一天开始，它的品质和价格就每况愈下。效率极其低下的美国分销系统又意味着，送到店里的花的寿命经常只有 7～10 天。1988 年，哈佛商学院的毕业生露茜意识到这是个重整美国花市的好时机。她在旧金山创办了一家小公司“花萼与花冠”（简称 C&C 公司），准备大干一番，那么她将要从哪里入手呢？

C&C 公司运用了一个全新的思路进入美国的鲜花市场，它开创了鲜花邮购服务，并且设立了一个全新的销售渠道，让花农能够直接将花运送到顾客的手中。这个做法减去了 3 个层面的分销网，也保证客户能收到更为新鲜的花。为了实现公司定下的目标，C&C 公司与美国 3 大州的 30 家花农签约，作为它的承包商。联邦快递的隔夜服务也成了主要运输工具，将花从农场直接送到美州各地客户的家。顾客从 C&C 公司免费发放的产品目录上了解鲜花信息，然后只需拨打免费电话就可订购需要的鲜花。这个途径让 C&C 公司在收割内的一两天，就可将鲜花交到客户手中。而且，C&C 公司的价格和一般厂商一样具有竞争力。C&C 公司凭借它勇于创新的精神和手法，成功地在鲜花销售行业中开拓了一条全新的销售渠道。

C&C 公司在创业初期取得了初步的成就，它现在面对的问题，是怎样更快地做强、做大，在它前进的道路上存在着两个非常有实力的竞争对手。在当时，美国主要的鲜花购买有两个渠道，一是顾客到鲜花零售店直接购买。另外，在美国有一个鲜花的组织叫做 FTD，是由大概 4 万多个美国花商组成的，在 FTD 购买的时候，顾客可以到 FTD 的一个加盟店，在里面购买鲜花，然后 FTD 的另外一家加盟店，可以把这个鲜花送到另一个地方的顾客手中。这两种购买的方法，在美国已经有很长时间的历史了，那么对 C&C 公司来讲，它应该如何面对这样两个强大的竞争对手呢？

面对挑战，C&C 提出了三种解决方案。第一种方案，在节假日期间，通过密集的广告，来吸引大量的顾客。第二种方案是通过 500 万的样品目录，来吸引其他的顾客群，比如男性的顾客群。第三种方案是从搭配销售中，寻找更多的营销机会，三种方案各有利弊，C&C 应如何选择。最终，C&C 选择了吸取外界资金，大量地投放电视广告来提高公司的业务发展速度。那么像 C&C 这样一个公司，它在创业的初期是靠创新来取胜的。在今后成长的路上，怎样保持这种创新，是它们要着重考虑的。

资料来源：《〈决策〉第二期：C&C 的案例》，http：//learning. sohu. com/20040720/n221094160. shrml。

思考题：

C&C 公司是依据哪些标准进行决策的？

---

1. 事实判断与价值判断。这两者是决策最根本的判断标准，也可以看做是决策的前提。人们在现实生活中所从事的活动往往都是一种决策活动，这种决策活动主要是要解决两个问题：即目标的确定和目标的实现。西蒙把这两个问题分成价值判断和事实判断。他说：“就决策导向最终目标的选取而言，我们把决策称为‘价值判断’；就决策包含最终目标的实现而言，我们把它称作‘事实判断’。”西蒙认为，把组织中的每一项决策分成“事实”要素和“价值”要素，对于管理来说，是具有根本性意义的。

事实要素是对环境及环境的作用方式的某种描述（信息），即技术、知识、情报信息这类可观察到的事物及其运动方式的陈述，陈述的正确或者错误可以由经验事实进行验证。决策总是涉及某种事实要素。从这个角度来说，决策是从事实要素引申出来的。价值要素是关于管理者对某种事物喜好的表示，表明重在对该事物的某种判断，即个人的某种行为及其前景、后果的主观性评价，诸如组织目的、效率标准（效率标准如果作为手段则属于事实前提）、公平标准、个人价值等，是管理者对该事物的“态度”反映出的价值标准。

事实判断主要判断一项决定是否符合客观事实，可以凭经验进行观察、判断，或通过实验加以验证。而价值判断主要是判断一项决定是否符合我们的要求，可以从以下三方面进行考查：

（1）目标原则。即选择方案要从实现目标出发。越是接近实现目标的方案越是可行的。由于目标是多层次的，因此不能仅看方案对某一层次目标或单一目标的实施程度，而要看对总体目标和各层次目标的实施程度，根据各个方案对实现目标的情况来进行全面的权衡、比较，最后才决定取舍。

（2）利害原则。即考虑利害得失，以大利小害取方案，取小害谋取大利，也就是说按风险程度的高低、利益和危害的大小进行选择。总之说来，代价少、效益高、危害小的方案才是可行的。例如，企业要作出营销决策时总是要花钱去做市场调查，而且调查规模越大，调查就越细致，对提高营销决策的合理性就越有帮助。但是花多少钱，在多大程度上、花多少时间来做一次市场调查却是决策者必须要考虑的。如果花过多的代价可能会超过提高营销决策质量所带来的收益，这是得不偿失的。

（3）韧性原则。即看方案是否具有很强的适应性，或者说有没有一定的弹性，在受到环境变化或突发事件的干扰时，能否承受得住。是一触即溃，还是坚韧不拔。即使方案分析的再透彻，方案选择的再合理，也难免会在实施过程中遇到不测。如果没有一定适应性、弹性的方案来应付这种突发事件，那再好的方案也会失败的。

需要说明，在一个集体中，可能每个人通过利害关系权衡后的选择都是理性的，但对于整个集体来说其结果却不是理性的。

2. 时效准则。军事决策中讲“兵贵神速”，经营决策中强调速度和时间，美国著名企业家亚科卡曾批评那些无休止讨论而不作决定的人们说，“委员会讨论决定射击了，但野鸡已经飞跑了。”所有这些都说明了决策方案时效性的重要性。如果决策方案确定之后好的时机已经错过了，那么决策方案即使再好也是无济于事的。也就是说，决策方案要赶在机会消失前，将问题解决得又快又好。日本企业家土光敏夫对此说得非常好，他说：“在这个充满变化的时代，经营的时间要素是举足轻重的。速度就是生命。要使经营有速度，首先要求负责干部本身办事有速度。具体地说，就是迅速作出‘决定’。这一点之所以很难做到，那是由于负责干部都有一种追求‘完善’的毛病。一味追求完善，就会坐失良机。即使是一个100分的方案，如果误了时机，结果也就只能得50分。即使是一个60分的方案，如果不失时机，有信心地行动，也许能得到80分的结果。”

在这一决策标准上吃亏的组织不胜枚举。比如，美国最大的计算机公司IBM曾经是美国企业的象征，在60~70年代，其产品销售额占世界计算机市场的60%左右。可是由于80年代面对市场上迅速兴起的小型商用计算机的新动向反应缓慢、犹豫不决，在开发上晚了一步，以至差点落入破产的境地。计算机业务从此一蹶不振，最终IBM将计算机部门卖给了中国的联想。

3. 认可准则。一项组织决策的参加制定者往往为数不多，但其执行却要发动该组织的广大员工，因而决策执行的效果如何，与参加执行的员工的素质和态度关系很大，而后者又取决于执行员工对决策方案的理解与认可程度。即使一项决策本身质量很高，但如果员工对其缺乏理解或认可度低，那执行起来将大打折扣，效果就很难理想。反之，即使方案本身并非十分圆满，但符合广大员工的要求，或为现有员工所理解，结果员工认可度高，努力贯彻，其效果可能更优。因此，决策方案是否获得认可是评价和选择方案的一个重要标准。

4. 决策的伦理与道德。伦理是在一定社会文化环境中，人们在日常生活中应当遵循的行为准则和价值观。在西方，功利主义原则、权利原则、正义原则、注意原则、美德原则得到广泛的认可，并被应用于决策的伦理评价。

功利主义原则根据行为结果评判行为道德与否，简单地说，就是“最大多数人的最大利益”。功利主义原则的好处在于促使人们思考整体利益，而不只是关心个体利益；其缺陷在于它忽视了行为本身，而且总体利益最大的方案未必都符合权利原则、正义原则。功利主义原则在企业决策方案评价中的应用就是：该方案能给我们自己及利益相关者带来最大的好处吗？

权利原则认为，不能因为总效用大而藐视人的权利，只有当有更重要的权利需要保护时，才可以不顾某种次要的处于冲突中的权利。问题是，人有哪些权利？哪些及谁的权利应优先得到保护？如果只是说人的法定权利，这个问题不难回答，因为法律有规定。但谈到道德权利，就不是很好回答了。康德的“绝对命令”被认为能较好地回答这个问题：第一，不论做什么，应该做到使你的意志所遵循的准则，永远同时能够成为一条普遍的立法原理；第二，在任何时候都应该把人看做是目的，永远不能只看做手段。第二条命令含义很清楚，无须解释；第一条命令可以通俗地转化成：在同类情形中我或我们愿意别人也作出这样的决策对待我或我们吗？

正义原则通常包括：分配公正，即公正地分配社会利益和负担；惩罚公正，即有不公正行为的人得到应有的惩罚；补偿公正，即对由于受到不公正对待而遭受损失的人予以应得的补偿。根据正义原则，决策者在方案评价时需要自问的是，如果我或我们处在该决策所涉及的任何一个利益相关者的位置，我或我们还会认为该决策是公正的吗？

注意原则强调，每个人都生活在关系中，我们应该保护和发展可贵的人际关系。每个人都应该特别关心跟我们有直接关系的人的需要、价值观、欲望和福利，尤其要关心那些易受伤害的、仰仗我们关怀的人。因而，这里的问题是，该方案是否体现了对那些跟我们有直接关系、并对我们有所依靠的人的关怀？

美德原则或美德论与上述理论不同，它要回答的是“我应该成为什么样的人”，而不像功利主义原则、权利原则、正义原则及注意原则回答的是“我应该怎么做”。但实际上，美德论也可以引申出指导行为的准则：当道德主体在实施某项行为的过程中，实践、展现和弘扬了某种美德，则该行为是道德的；如果道德主体在实施某项行为的过程中，实践、展现和发展了某种邪恶，则该行为是不道德的。故决策者需要思考的问题是，该方案的实施是否实践、展现和弘扬了某种美德？或是否实践、展现和发展了某种邪恶？

这些原则各有短长，它们分别从不同的角度展示了在伦理与道德方面对决策的要求。决策者应根据具体情况灵活应用，权衡各方利弊，从而得到较为优秀的决策方案。

二、决策框架

2002年诺贝尔经济学奖得主丹尼尔·卡尼曼（D. Kahneman）和阿莫斯·特韦尔斯基（A. Tversky）认为，决策框架是“决策者所拥有的有关动作、结果以及某一特定选择可能引发的有关情况的一系列概念”。决策框架部分是由问题形式决定的，部分是由社会规范、习惯和决策者的性格特征决定的。一起来看下面这个不同的问题表征形式背后所隐含的决策框架的例子。

在决策1中，你必须从选项A和B中选择一个：

选项A：肯定会获得240美元。

选项B：25%的概率获得1 000美元，75%的概率什么也得不到。

再来看决策2：

选项C：肯定会输掉750美元。

选项D：75%的概率输掉1 000美元，25%的概率什么也不会输掉。

卡尼曼和特韦尔斯基发现，在决策1中，人们更喜欢选择A。84%的被试选择了A而不是B。由此可见，当面临获利时，人们往往表现为风险规避（“二鸟在林”不如“一鸟在手”）。但在决策2面临损失时，人们则更喜欢赌一赌运气。在他们的实验中，87%的被试选择了 D。这种风险偏好和风险规避的偏好同时存在的情况非常普遍。表现为在他们的实验中，有 73% 的被试同时选择了 A 和 D，只有 3% 的人同时选择了 B 和 C。

有趣的是，选择 B 和 C 实际上比选择 A 和 D 更加有利。只要将已选择的选项结果加总就可以看出来。

将选项组合后得到的选择方案是：

A 和 D：75% 的概率输掉 760 美元，25% 的概率获得 240 美元。

B 和 C：75% 的概率输掉 750 美元，25% 的概率获得 250 美元。

思考题：

上述实验结论对冯・诺依曼和摩根斯坦的期望效用理论中的哪个或哪些基本假设提出了挑战？

决策框架的基本特征包括：

1. 维度。面向问题解决而进行决策的过程中需要独立考虑的因素与方面。决策空间的维度不完备，有效的决策思路就可能遗漏在决策框架之外；维度过多，会浪费稀缺的时间、精力等资源。

美国一个大公司的董事会把它的一位出色的销售部经理提升到总经理的位置。但是这位新经理仍然保留着他在销售部形成的市场意识。总是把眼光盯在批发和零售的仓库，唯恐存货不足。而对其他部门的意见缺乏重视。没有多久，公司就再也无力承担大量存货造成的资金积压，董事会不得不辞掉了这位新任的经理。

这位经理在新的位置上没有及时扩展维度空间，决策时仍囿于固有的决策框架，其失败是注定的。

2. 框架边界。边界是框架的又一个基本特征。特韦尔斯基和卡尼曼曾经设计了一个非常有趣的实验，来验证框架边界的存在。

情境 1：假设你想看一场戏剧，门票是 10 美元。当你走到戏院门口时，发现自己丢了 10 美元，你还会花 10 美元看戏吗？

在特韦尔斯基和卡尼曼的 183 名调查对象中，有 88% 的人表示他们仍然愿意花 10 美元看戏。大多数人并没有将这 10 美元的损失和买票联系起来。

情境 2：假设你想看一场戏剧，并花了 10 美元买票。当你走到戏院门口时，发现自己把门票弄丢了。你会再花 10 美元买一张票吗？

在他们调查的 200 名对象中，只有 46% 的人表示愿意再买一张票。大多数人显然将买第二张票的成本和买第一张票的成本加在了一起。

有趣的是两种情境下人们腰包里损失的钱数是相同的。可为什么人们却采取了很不相同的态度？其原因就是在于决策框架的边界。情境 2 中的大多数人之所以不愿意再花 10 美元买票，是因为他们感到这相当于花了 20 美元看这场戏。而情境 1 中的大多数人并没有把丢的钱和票价联系在一起。在他们的头脑中，丢失的钱和票价之间存在明确的界限。这就说明：第一，在决策者的头脑中，决策框架的边界是客观存在的；第二，框架边界对决策起着重要作用。

3. 参考点。决策者在建立自己的决策框架时总是会试图确定恰当的框架参考点。

投资者进行投资决策时的依据并不像传统理论所描述的是最终财富水平，而是以自己身处的位置为衡量标准来判断行为的损益。有了参考点，人们更重视预期与结果的差距而不是结果本身。正是由于决策参考点的存在，才使得预期具有不确定性和不稳定性。由预期所带来的行为也不可能与理性选择理论完全相符。所以，很多时候投资者的行为偏离了传统金融模型。因此应当慎重对待投资者存在的认知偏差，一方面要利用非理性的投资者根据表面现象作出的决策，另一方面又要防止非理性的投资者根据表象作出的对公司不利的决策。总之，作为头脑清醒的财务管理人员必须牢记：市场投资者非理性，因此可以利用这一点来改变资本结构来最大化公司价值和股东价值。

4. 框架标尺。标尺是决策框架中又一个基本特征。康奈尔大学的学者佐拉设计的实验有助于我们对框架标尺的认识。

情境1：你正在商店里为自己挑选一块手表，这块表标价70元。你还未交钱，一位朋友走过来，告诉你在另一个商店里同样的表仅卖40元。你知道那个商店距离这里仅两站地，且那个商店无论从信誉、质量都与这个商店没有差别。你会为省30元钱去那家店买吗？

情境2：你正在商店里挑选一台摄像机，这台摄像机标价8 000元。你还未交钱，一位朋友走过来，告诉你在另一家店里同样的摄像机仅卖7 970元。你知道那个商店距离这里仅两站地，且那个商店无论从信誉、质量都与这个商店没有差别。你会为省30元钱去那家店买吗？

这个问题呈现给了许许多多不同职业的人们。在情境1中有大致90%的人们愿意为省30元钱而走两站地。而在情境2中，仅有很少的人表示愿意为省这30元钱而走两站地。其实两种情境并没有实质性的差别，都是为是否省30元钱而作出决策。

人们之所以在决策上出现差别，是因为他们习惯于用百分比这样的标尺而不是绝对值来思考钱的节省与浪费。但是，在买手表或摄像机的问题上，百分比并没有什么实际意义。你从自己口袋里掏出来的不是百分比而是绝对值。因此，在建立决策框架时，恰当地确定决策使用的标尺是十分重要的。

读一读7－5

假定有两杯哈根达斯冰淇淋，一杯冰淇淋A有7盎司，装在5盎司的杯子里面，看起来满满的；另外一杯冰淇淋B是8盎司，但是装在10盎司的杯子里，所以看起来冰淇淋装得不满。客观来讲，哪一杯冰淇淋更好呢？按照传统经济学的理论，如果说人们喜欢冰淇淋，那么8盎司的冰淇淋比7盎司的多，如果人们喜欢杯子，那么10盎司的杯子比5盎司的杯子大，所以不管从哪个角度来说，传统经济学都认为人们愿意为冰淇淋B支付更多的钱。但是试验表明，在分别判断的情况下（也就是人们不能把这两杯冰淇淋放在一起比较），人们反而愿意为冰淇淋A多付钱。平均来讲，人们愿意花2.26美元买冰淇淋A，却只愿意用1.66美元买冰淇淋B。这就是说，如果这两杯冰淇淋都标价2美元，那么人们情愿选择冰淇淋A。这是为什么呢？

分析：这是著名华裔学者、芝加哥大学的奚恺元教授曾经做过的实验。无论是杯子的大小还是冰淇淋的多少都是可用的标尺。但是在这个实验下，冰淇淋在杯子中给人的感觉成为了重要的标尺，在冰淇淋多少差得不太多的情况下，满满的冰淇淋和不满的冰淇淋会让人产生不同的价值判断。从这个例子中我们可见标尺的选择对于人们决策的重大影响。

资料来源：别做正常的傻瓜，奚恺元编著，机械工业出版社，2004年5月。

三、决策方法

本书第二章所推荐的工具都可以作为进行决策的方法，尤其是决策树和德尔菲法等。除此之外，这里再介绍几个较为常用的方法：

1. 启发式方法。当人们所作的决策主要是基于自己过去的经验、他人的意见和表现以及某些想当然的判断时，心理学上将这种决策方法称为启发式方法。

执教于哥伦比亚大学的管理大师哥德·吉仁泽教授介绍，在他们的调研中，当问到你到底是不是在做决策的时候考虑到各个方面的优缺点时，66%的人说没有。“你要看到一个白衣大夫就信任他，这是非常简单的启发式。”简捷式的启发式，其中一个原则，就是指出了优化的做法在现实生活当中不是常用的，反而往往来自于人们的经验。

诺贝尔奖金获得者海瑞就很好地运用了这一方法。海瑞的理论是，如果你有一些资产方面可以进行选择，比如说你要把你的钱财分配在不同的资产上的话，他提出了最优化的理论，也就是说如何运用这些方式能够得到的效益最优化。而事实上，这位学者自己对他的退休金进行分配的时候，却并没有遵循他所说的要进行最优化的理论，比如在证券、股票等方面，他其实把自己的钱财进行了等分，这位学者认为把钱财均分在这些财产上面，比实现最优化反而更加好。他其实是在用简捷的启发式的策略，而这种启发式的方法，事实上把他过去的那些经验和数据进行了总结——可以把过去30年的一些经验用来对未来三个月的决策提供指导。

启发式的另一个原则，则是在于“少即多”，也就是说要忽略很多的细节。“如果预测未来的数据，你的数据越少，也许今后预测的效果越不好。”哥德·吉仁泽提出了这样的观点，尤其是在情况不确定的时候，应该学会忽略信息，也就是说不要关注太多的细节，你必须要把自己的注意力关注于一到两个真正重要的标准之上。

以球手接球为例，球手在接很远过来的球时，并没有去计算这个距离，也没必要知道这个球具体的速度，还有抛物线的轨迹，真正的球手实际上使用的就是简捷启发式。他忽略了所有的信息，然后只关注一项，就是球。根据球的角度变化，调整跑动的速度，眼睛盯球的角度始终不变，最后就会接住这个球。

而怎样去忽略信息，找出我们应该关注的信息，才是更重要的。这就要分清楚，到底对我们来说最关键的因素是什么，第二个关键因素是怎么样的。有时候要找到一个比较简单的方法对这些进行排序，在这个基础上应该能够更好地作出适当的决定。

不过，启发式主要是关注我们现实生活当中的决策，因此，必须要知道在什么情况下用什么样的战略。如果未来特别不确定，也许运用启发式比较适合。但是如果很多情况可以预测的话，使用起来就不太适合。

更重要的是，各种各样不同的启发式，也应该放在不同的工具箱当中，并应该知道在什么情况下使用相关的启发式。没有一种启发式能适应所有的情况，我们必须要用适应性的思维方式引导，要关注周围环境的变化，有时候甚至要改变外部的环境，更好地使用这个方法。

2. 试验方法。试验方法是指在决策前先选择几个典型单位作为试点，然后吸收经验以作为最后决策的依据。这就如同科学技术工作中做实验差不多。一个新产品在一定市场范围内的试销，一项新技术或制度在某个单位的试行，一名将被提拔的干部在未正式任命之前先试做该项工作等，都可以看成是最后决策之前的试验。

当在做重大问题的决策时，尤其是对于缺乏经验的新问题，和对于无形因素起重大作用因而不便于利用数学方法进行分析的问题，试验的方法比较适用。有些复杂问题的方案，虽经反复计算、讨论、比较和推敲，仍然感到没有太大的把握，此时试验也就成为最后的判别手段了。

不过试验方法也有其自身的局限性。例如，并不是所有的问题都可以用试验的方法。其次，试验往往在人力、物力和时间方面的花费巨大，不可能事事试验。一般只有在决策范围缩到很小仍无法确定何者最佳时，或者方案虽初步选出但优虑其效果时，才进行试验。最后，经过试验验证的方案在实际环境中的适应性也有待商榷。这是因为，试验环境毕竟有别于实际环境，加之实际环境的变化较快，新情况不断出现，所有这些都要求我们在使用试验中获得的方案时需格外谨慎。

3. 数学分析法。数学分析法也称定量分析法，它在方案评选中用途很广。其中主要用于方案优化、风险分析和多项目决策等方面。在以下两种情况中，数学分析法尤为适用。一种情况是当决策变量和决策后果之间存在比较复杂的数量函数关系时，这时人的直接判断就难于应付，很难形成数量方面的高精度直接认识力，也很难对复杂的运算问题作出直接的判断。第二种情况是当决策的控制变量为连续型时，就意味着有无穷多个备选方案。

但是，数学分析法并非万能，这主要是因为许多决策还没有简便易行的数学方法可用，尤其是牵涉较多社会因素、人的因素、心理因素的决策更是如此。此外，数学分析法相对来说较难掌握，这从一定程度上也限制了其应用的范围。计算机科学的迅猛发展为这种方法提供了施展拳脚的舞台，相信在未来会得到越来越多的重视和应用。

思考题：

请谈谈你所理解的上述三种方法各在什么情况下适用？

本章小结

本章对于决策行为的基本理论和概念进行了介绍与分析，涉及的范围较广，大体包括如下内容：

1. 决策泛指人们在行动之前对行动目标与手段的分析、判断、评价和选择的全过程。

2. 诺贝尔奖得主西蒙提出的“有限理性”已经成为人类决策行为的基本假设。之所以人类的理性是有限的，是因为决策者受到无法找到全部备择方案的限制，而且没有人具有完备的知识和信息，同时行为主体的价值偏好体系并非是明确而一致的。

3. 西蒙提出了著名的决策过程的“满意模型”，即人们进行选择的原则不是最优化，而是“满意”，一旦在循序成对比较中发现“满意”的目标，决策搜寻过程就结束了。

4. 西蒙还提出了管理就是决策。决策的制定过程是理解组织的关键所在。他继承了社会系统学派巴纳德的思想，强调人的主体性，立足于“人”本身来认识组织，从而将人和组织有机地结合了起来，在理论上完善了人本管理的逻辑基础。

5. 冯·诺依曼和摩根斯坦（Morgenstern）在1947年提出了期望效用理论，其基本内涵是：不确定情景下最终结果的效用水平是通过决策主体对各种可能出现的结果加权估值后获得的，决策者谋求的是加权估值后形成的期望效用最大化。该理论的四个隐含假设，即相消性、传递性、占优性和恒定性，后来受到了广泛的质疑和挑战。

6. 西蒙把与决策相关的心理基础归纳为三个方面：学习、记忆和习惯。并据此把行为模式分为“刺激—反应”模式和“犹豫—选择”模式。与之相关的，西蒙将决策分为规范性决策和非规范性决策两类。从决策模型来分，还可以分为最优决策模型、满意决策模型、隐含偏好决策模型和直觉模型。西蒙提出，直觉也是一种分析，只不过已被固化成习惯而已，直觉的作用是帮助人们识别熟悉或类似的情境类型。

7. 西蒙把决策行为从逻辑上展开，从认知科学的角度把决策程序划分为四个阶段：信息活动、设计活动、选择活动和审查活动。这四步走的决策过程，就是人的认知过程在决策中的逻辑再现。它不是单一线性的，而是多层次的循环。

8. 决策者评价和选择决策的标准有：事实判断与价值判断、时效准则、认可准则和决策的伦理与道德。决策者应根据具体情况灵活应用，权衡各方利弊，从而得到较为优秀的决策方案。

9. 2002 年诺贝尔经济学奖得主丹尼尔·卡尼曼和阿莫斯·特韦尔斯基认为，决策框架是“决策者所拥有的有关动作、结果以及某一特定选择可能引发的有关情况的一系列概念”。其基本特征包括：维度、框架边界、参考点和框架标尺。

10. 决策的方法有很多种，除了第二章介绍过的工具，还包括启发式方法、试验方法和数学分析法。

讨论案例　　太平洋建设集团的债务危机

太平洋建设集团成立于1995年，是一个以公路、市政、水利基础设施投资与建设为核心产业，同时从事机械、新材料、化工、陶瓷、建筑、园林、地产、电子等多元化经营的大型企业集团。经过十年的发展，到2005年，太平洋建设集团的年持有合同订单达到200亿元，成为国内最大的民营基础设施建设企业。同年，集团公司董事长严介和在胡润中国富豪排行榜上以125亿元资产排名第2位。

然而在激烈的市场竞争中，太平洋建设集团并没有经受住考验，企业2005年到达顶峰后一直在走下坡路，并深陷“债务门”。2005年12月20日，中国银行江苏分行对太平洋建设集团的7 000万元贷款本息申请诉前保全，此后，中国银行南通分行就江苏江海建设工程有限公司的2 500万元（太平洋建设集团担保）贷款本息也进行了诉前保全。2005年12月底，南京某银行将太平洋建设集团诉至南京中级法院，请求判令贷款公司偿还银行借款本金491万元及利息，并要求投资公司及严介和对上述债务承担连带保证责任。2006年10月，因严介和与太平洋建设集团未及时履行法院判决的债务3 200余万元，南京市中级人民法院和南京市鼓楼区法院同时启动了执行威慑机制，严介和被限制出境、住豪宅。法院发现太平洋建设集团在南京多家银行的5个账户，余额最多的只有1 009元，最少的仅有45元。截至2006年9月21日，短短半年多时间里，苏州市中级人民法院、南通市中级人民法院、南京市中级人民法院先后5次查封了严介和的12处住宅。

至2006年年底，整个太平洋建设集团及其下属公司的借款总额达到4亿元，借款银行涉及中国银行、浦发银行、南通商业银行、华夏银行、光大银行等8家。这些银行先后都展开了向太平洋建设集团和严介和讨债的行动。2007年7月19日，受江苏南通市中级人民法院委托，严介和名下的5套房产被江苏省拍卖总行进行公开拍卖，而拍卖所得将用于归还欠款。据悉，太平洋建设集团所欠银行贷款至今仍未还清，严介和名下另7套房产还将陆续执行拍卖程序。

据太平洋建设集团2005年年报显示，其当年主营业务收入25.44亿元，净利润10.6亿元，资产负债率22.5%。就是这样一个报表光亮、好看的企业，竟然无力偿还4亿元银行欠款，而被多家银行追债。

太平洋建设集团从成立至今的十余年时间内，从一支30余人的施工队发展成为中国最大的以基础设施投资与建设为主的民营企业，并于2005年年持合同订单突破了200亿元。太平洋建设集团的快速扩张过程似乎是不符合企业发展的正常逻辑的。因为企业扩张的速度和规模要和企业本身的财力、物力相适应，否则就会造成泡沫经济。2005年，太平洋建设集团声称手中还握有5 000亿元的订单，规模不可谓不大。然而，以太平洋建设集团的实力根本无法完成这么大规模的工程。我们从太平洋建设集团扩大规模的方式可以看出其中的原因。

太平洋建设集团扩大规模的途径是收购负债国有企业，而盘活负债国有企业是需要很多资金投入的。2002年以来，太平洋建设集团相继并购了17家国有大中型企业，总资产达到60亿元，成员企业发展到46家。太平洋建设集团只是一味地收购负债国有企业，并没有认真地经营这些企业，而是从所收购的国有企业中抽走资金去进行别的工程建设。结果不仅未能按时完成工程项目建设，反而导致所收购的负债国有企业的经营状况进一步恶化。通过对太平洋建设集团在镇江收购的多家国有企业进行调查发现，在江苏华龙管业有限公司和江苏镇江华通机械集团公司的收购案中，太平洋建设集团存在串通投标、抽逃出资、挪用资金、拖欠货款的行为。由于资金被抽走，企业出现严重"贫血"，太平洋建设集团收购这两家企业后，这两家企业不但未出现生机，反而经营业绩逐年下滑，江苏华龙管业有限公司已处于半停产状态，员工工资从改制前的月均900余元下降到500多元，大批工人待业；江苏镇江华通机械集团公司的产值则大幅下降，企业流动资产匮乏。收购企业尤其是负债企业是需要大量资金的。太平洋建设集团收购了十几家大型国有企业，其需用的资金可以说是一个天文数字。这么多的资金从哪里来？透过太平洋建设集团的债务链可以看出，其资金来源主要是：(1) 自筹；(2) 银行贷款；(3) 客户预付货款；(4) 工程承包带资款。这几种来源的资金，既形成了资金链，又形成了债务链。只要哪个环节出了问题，企业未能及时解决就会使企业陷入资金链断裂所形成的债务泥潭。资料显示，太平洋建设集团在不断收购负债国有企业扩大规模的同时，给自己背上了沉重的债务。

太平洋建设集团的BT（建设—转让）模式可概括为：从政府拿单，再利用政府信誉向银行申请贷款，利用银行短期贷款启动项目，再靠占用供货商或工程队资金支撑建设项目推进，最后获得政府部门的工程结算款。BT模式是BOT（建设—经营—转让）模式的一种演变，与BOT模式的主要区别在于其省去了投资商的经营环节。BT模式本是一个比较好的"借鸡下蛋"经营模式，但太平洋建设集团运作得并不成功，根本原因还是资金链出现了问题。比如拖欠下游账款，工程队拿不到钱自然会把工程停下来，工程停下来就不能如期完成建设项目，业主自然不会按期付款，这样银行的贷款就不能按期归还，地方政府也不高兴。就这样，太平洋建设集团陷入了一个恶性循环。

造成太平洋建设集团此次资金链断裂的重要原因之一就是债务管理不善。从财务的角度看，企业经营管理要注重以资金为表现形式的资产管理及运作。企业轻视信用、忽略债务运营及管理，容易使企业经营陷入困境。太平洋建设集团的运营模式与其债务有着密切的关系。他们以政府为担保在银行贷款，之后又用在建的工程为抵押继续向银行贷款。其经营过程实际上就是一个债务链的协调运作过程。其中只要有一个环节出现问题，就会牵涉全局。比如2006年10月以来，南京华夏银行、中国银行先后向太平洋建设集团催贷，提起诉讼；太平洋建设集团被指拖欠总额3 238万元的银行贷款及工程材料款，其中严介和个人担保160余万元。太平洋建设集团的很多工程还在继续，均是因为某一环节出现问题无法归还银行贷款，最后被告上法庭。太平洋建设集团从2004年起被南京某银行起诉逼债之后，先后有8家银行纷纷向它逼债。这个多米诺骨牌效应进一步加深了太平洋建设集团的债务危机。据太平洋建设集团2004年年报显示：集团公司有总资产10.45亿元，净资产7.79亿元，营业额19.186亿元，税后利润2.895亿元，但其总负债达2.66亿元。虽然从表面上看该集团公司的财务状况还比较好，但这仅仅是太平洋建设集团主体公司的财务状况，其下属的分公司、子公司却负债累累，其仅在江苏省就有17.8亿元的负债和大量呆滞资产。

随着太平洋建设集团的规模不断扩大，加之与政府最初合作的几个工程项目取得了成功，因而其名声越来越大，获得的订单越来越多。太平洋建设集团的BT模式主要依靠政府的信誉来建设，而地方政府有地方政府的难处，他们往往以财力不济、人民城市人民建为由拖欠建设项目工程款。由于地方政府不能按时归还建设项目资金，致使太平洋建设集团出现大量的应收账款。业主拖欠账款，占压企业大量的流动资金，使企业面临巨大的商业风险。由于应收账款回收不力，导致企业资金无法正常周转，企业的经营活动因资金短缺而受到拖累，这不但对企业自身的资金运转产生负面影响，而且导致企业之间相互拖欠货款等问题。

随着企业之间竞争的加剧，市场争夺越来越激烈。建筑商为了占领市场，想方设法抢占工程项目，他们往往采用垫资的方式来争取业主的信任。太平洋建设集团不积极催收工程款，实际上是将完工工程款留给客户使用，这可以说是带资承接工程项目的另一种形式。由于太平洋建设集团有太多的应收账款收不回来，以至于无法偿还银行的贷款，自己还得背上沉重的利息负担。一旦应收账款形成呆账，这部分资金就会滞留，企业将蒙受巨大的财务损失，这将危及企业的生存和发展。通过研究发现，太平洋建设集团是以地方政府延缓支付工程款为条件来换取地方政府建设项目订单的。这是造成太平洋建设集团应收账款回收不力的深层原因。然而，应收账款难以回收导致资金链断裂，以致太平洋建设集团在经营中的种种弊端开始显现。分析太平洋建设集团的财务报表就会发现，它的资产规模并没有其所宣称的那么大。从太平洋建设集团2005年年报来看，它的资产负债率并不高，其资金链断裂有很大一部分原因是其应收账款回收不力所造成的。

资料来源：选自贺三宝：《太平洋建设集团陷入债务危机的反思》，《财会月刊》（综合），2008年第7期。

思考题：

1. 导致太平洋建设集团陷入债务危机的原因有哪些？

2. 如果让你出任太平洋建设集团的CFO，为了避免同样的危机，你应该在日常管理中采取何种决策行为？

推荐书目

1. ［日］土光敏夫，张惠民译：《经营管理之道》，北京大学出版社1982年版。

2. 黄孟藩：《现代决策学》，浙江教育出版社1998年版。

3. ［英］伯龙著，胡苏云译：《思维与决策》，四川人民出版社2003年版。

4. ［美］巴荣著，李纾、梁竹苑主译：《思维与决策（万千心理）》，中国轻工业出版社2009年版。

5. 孙健敏、宁健：《创造性问题解决》，企业管理出版社2004年版。

6. 杨蕾、刘文瑞：《"我所沉迷的东西就是决策"——西蒙决策理论面面观》，《管理学家》，2006年第5期。

7. 袁坤：《哈佛经营决策学》，中国三峡出版社2000年版。

决策篇案例

德隆“神话”破灭

关心股市，关心民营企业的人一定不会忘记德隆，不管是现在，还是将来。不仅因为它的经营模式是许多民营企业所共有的，更在于它通过金融资本和产业资本的结合，短期内发展成为资产222亿元的超级企业集团。它的成功和失败必然成为其他企业的经验或教训。

1992年注册成立新疆德隆实业公司德隆集团，到2004年已成为集传统产业和新兴产业为一体、实业资本和金融资本相结合、国内市场和国际市场相协调、产品运营和资本运营相配合的多元化跨国投资控股集团。经营的业务涉及农业、食品加工、汽车零配件、金属材料、电动工具、种业、矿业开发、文化旅游、水资源开发等领域。德隆的发展模式是“资产并购”，德隆系在多年的发展中也收购了证券、信托、金融租赁和商业银行等金融企业，另外还包括三大上市公司（合金投资、湘火炬、新疆屯河和后来才披露的天山股份）。金融机构有恒信证券、德恒证券、金新信托、中富证券、伊斯兰国际信托及健桥证券、昆明商业银行、南昌市商业银行。其中：恒信、德恒、金新三家为德隆旗下公司广为人知。而伊斯兰国际信托、中富证券、健桥证券也同样和德隆关系密切。但这样一个超级航母，由于资金链的断裂，不得不被华融公司托管。教训是惨痛的，但不吸取教训是更可悲的。

一、德隆发展历程

（一）“德隆史前期”

1986年的春天，大学肄业的唐万新用仅有的400元钱在乌鲁木齐市创办了一家名为“朋友”的公司。将从新疆客户手中收来的胶卷拿到广东冲印成照片，一年就赚了100万元，就这样，唐氏兄弟赚取了自己的第一桶金。

1992年，唐万新倒卖原始股积累了自己的第二桶金。此后，唐万新成立的德隆公司先后进入娱乐、餐饮、房地产、农业投资领域。

1994年，唐万新与大哥唐万里商量后，在北京的新街口开办一个供年轻人放松的舞厅——JJ迪厅。据说，JJ迪厅成了当时北京最大的娱乐场所。唐万里对JJ迪厅为德隆所作的贡献一直赞赏有加，但是从来不透露到底为他们赚了多少钱。不过可以肯定地说，这是他们几起几落之后积累起来的第三桶金。

1994年新疆德隆农牧业有限责任公司（以下简称“德隆农牧业”）成立，注册资本1亿元，揭开了大规模农业综合开发的序幕。他们先后投资2亿多元在新疆各地建起了4个大型的现代化农场，开发土地10万亩。在这10万亩土地上，利用奥地利政府贷款，购置了1 500多万美元的各式农机设备，在农业专家的规划、指导下，成功种植了小麦、油料、番茄等作物。

1995年，新疆德隆国际实业总公司成立，注册资本2亿元。同年，还设立了北美联络处，拓展国际业务，由此可以看出德隆的雄心壮志。

1996 年之前可以称为“德隆史前期”。从 2004 年往回看，可以清楚地看到，1996 年是德隆的第一个分水岭。这个时期，东奔西杀的唐氏兄弟有两个特点：

1. 具备高度敏感的商业头脑，用经济学的术语表示就是，准确地发现需求，迅速地实现供给，完成交易。冲胶卷、开 JJ 迪厅等，都是很好的例证。

2. 投资思路还处于非理性的、发散型的阶段。如果从时间上算，唐氏兄弟从 1986 年开始创业，也可以算作中国自改革开放之后成长起来的第一代企业家，但是，那个时候创业到现在依然保持成功的企业家，多数沿着单一的实业兢兢业业发展壮大起来。相比之下，德隆的“性格”似乎更加浮躁，或者更加跳跃，很难在一个实业当中沉淀下来。

（二）德隆系形成

德隆从 1996 年 10 月成为新疆屯河的股东开始，进入了一个新的历史时期，在 1997 年 1 年的时间里，相继控股沈阳合金和湘火炬。由此，德隆真正地成为“德隆”。在进入 3 家企业之初，德隆还没有一套完整的战略方案，而是边干边摸索。

1. 下潜“屯河”一石双鸟。1996 年 7 月 4 ~ 12 日，新疆屯河在上交所上市交易，这引起了新疆德隆的注意。其实，他们之间并不陌生，早在 1996 年 2 月份新疆屯河与新疆德隆就开始了第一次的默契合作。

当时，新疆德隆与新疆屯河联合其他 9 家企业共同出资成立新疆金融租赁有限责任公司，从此拉开了双方长达 8 年的密切合作关系。新疆屯河到底是个怎样的公司呢?

新疆屯河最早是新疆昌吉回族自治州一家靠贷款起家的集体所有制小厂——头屯河水泥厂。

1993 年 7 月，头屯河水泥厂由新疆昌吉州屯河建材工贸总公司、新疆维吾尔自治区钢铁公司新疆八一钢铁总厂、新疆昌吉金汇实业发展公司、广州市海珠区穗海物资公司联合发起，以定向募集方式设立，改制成新疆首家生产型股份制企业——新疆屯河股份有限公司。

1996 年 2 月，由新疆屯河、新疆德隆等 11 家新疆公司和机构注册的新疆金融租赁有限公司成立，新疆德隆和新疆屯河各出资 700 万元，各占 12.73% 股权。

1996 年 7 月，新疆屯河股份有限公司以“新疆屯河”的名称在上交所挂牌上市。其中，昌吉州屯河建材工贸总公司以资产 3 810 万元折成 3 800 万股，另外 3 家发起人以溢价 1∶1.3 比例认购 2 100 万股，向内部职工股 1∶1.3 比例溢价发售 900 万股，合计共 6 800 万股。1995 年 7 月，新疆屯河回购并注销了原发起人新疆昌吉金汇实业发展公司所持全部股份 1 000万股和发起人昌吉州屯河建材工贸总公司所持全部股份 3 800 万股中的 550 万股。从而新疆屯河股本变更为 5 250 万股。

新疆屯河已经是上市公司，而且盘子不大，是新疆地区数一数二的水泥企业，唐氏兄弟决定进入新疆屯河。新疆屯河上市 3 个月后，新疆昌吉州屯河建材工贸总公司、新疆八一钢铁总厂分别将其所持有的新疆屯河法人股 450 万股、263 万股转让给新疆德隆，共占新疆屯河 10.19% 的股权，新疆德隆成为其第三大股东。唐万新对资本有天生的敏感与亲近，虽然新疆德隆只是新疆屯河的“三当家”，可这个“三当家”与其他股东的想法大相径庭，它除了对新疆屯河的水泥资产感兴趣之外，还看中了新疆屯河可能拥有的另外一个融资平台，从利用新疆金融租赁和控制金新信托开始，德隆的财技就逐步显现。

1997 年 1 月，新疆屯河同当地工商银行签约，出资 6 450 万元，受让工行持有的新疆金新信托公司3 000万股股权，占30%，成为金新信托的大股东。

1997年4月，新疆金融租赁就发行了1亿元特种金融债券，期限为3年，年利率11%。

两家关联公司为这笔特种金融债券提供担保，一个是新疆金融租赁的股东公司新疆德隆，质押的是其所持有的新疆屯河法人股及其质权登记日以后的分红派息。另一家担保公司则是乌鲁木齐德隆房地产开发公司，抵押的是其下属的城市大酒店的部分楼层。

2.“达园会议”确定两条线路。1997年5月，新疆德隆的核心人物曾在达园召开了一次会议。这次会议被德隆人称作“十年历程中一次具有转折意义的会议”。在这次会议上，德隆确立了由“项目投资”转为“行业投资”的投资理念——用现在比较时髦的话说，就是由“投机”转向“投资”。

这时期，新疆德隆进入新疆屯河已经7个月。之后1个月，上市公司“攻坚战”再奏凯歌，插旗沈阳，控股沈阳合金。再过5个月，南下湖南株洲，力擎湘火炬。这一连串动作，紧凑干脆，显然是谋定而动。在这期间召开有转折意义的“达园会议”，预示着德隆思路的新变化。“达园会议”重申了整合传统产业的战略方向，明确了具体的方法，即“整合”——整合生产、整合销售、整合人才。

3.“点燃”湘火炬，完成战略框架。沈阳合金生产的汽车火花塞电极材料，是湘火炬最大的供货商，大批的应收账款也来自湘火炬，这促使新疆德隆入主湘火炬，并将其纳入产业链。

湘火炬是一个有30多年历史的火花塞公司，1993年改组在深交所挂牌上市。然而假冒伪劣产品横行、三角债成风，湘火炬1996年仅实现利润总额201万元、净利润164.5万元，每股税后利润只有1分7厘，火炬面临着熄灭的危险。当时湘火炬下设有6家公司，其中分公司有株洲火炬火花塞股份有限公司特种陶瓷厂，经营特种工业陶瓷制造；株洲火炬火花塞股份有限公司标准件厂，经营标准件制造；株洲火炬火花塞股份有限公司特种耐火材料厂，经营耐火材料、耐火制品；株洲火炬火花塞股份有限公司物资分公司，经营金属材料、机械电器设备、政策允许的化工原料、汽车（不含小轿车）、摩托车及配件，五金、百货批零兼营。全资子公司有株洲火炬房地产开发公司，注册资金69万元；株洲火炬建筑工程公司，注册资本102.9万元。

到1996年7月，唐氏兄弟和他们的朋友已经持有“湘火炬”70%的流通股，该股也从2.3元上涨60%——到4元左右。但是光持有流通股票无法获得公司决策权。

机会很快就来了。

1997年，株洲市政府批准了湘火炬出让部分国家股的申请，为寻找合作者，湘火炬及其当时的第一大股东——株洲市国资局，先后接触了近十家省内外企业，就是没有德隆。因为德隆那时还没有太大的知名度。湘火炬要出让国有股的消息放出去后，不少“炒家”找上门来要求合作，就在挑选过程中，时任董事长的黄良才于1997年7月，从业务伙伴沈阳合金那里听到了新疆德隆接盘沈阳合金的消息。

黄良才决定考察一下德隆。1997年国庆节后，黄良才偕同董秘、总工和供应部长，借考察市场、洽谈业务的机会来到沈阳。据说在沈阳合金，黄良才亲眼目睹了德隆入主几个月来发生的种种变化，尤其是德隆给沈阳合金带来了“太空梭”——一个公园里很好玩的项目，订单像雪花一样飞到沈阳合金的销售部，黄良才不禁为之心动。不久，株洲市有关方面又派出一个阵容更为庞大的代表团，深入德隆的老家新疆进行实地考察，并同当地政府领导见面。双方相言甚欢，初步达成收购协议。在此期间，湖南省证监办也组织了一个省市联合调查组，对德隆进行了全面考察。

1997 年 11 月 26 日，湘火炬董事会公告，第一大股东株洲市国有资产管理局与新疆德隆签订协议，将持有的 2 500 万股权以每股 2.8 元转让，转让后为法人股，占总股本的 25.71%，德隆成为湘火炬的第一大股东。从这一天起，湘火炬完成了由丑小鸭到白天鹅的嬗变。1997 年和 1998 年年报分别推出 10 送 2 和 10 送 9 股的优厚方案，湘火炬的股票价格也很快于 1997 年涨到 10 元，1998 年超过 20 元。

到 1997 年年底，新疆德隆完成了“老三股”的架构，德隆进入新疆屯河、沈阳合金、湘火炬这三家上市公司。合金投资把募集资金大都用于并购。公司出资 9 000 万元收购上海星浩特、苏州太湖等企业，组建了一个能生产全套电动工具产品的企业集团。

4. 德隆的融资体系建立。德隆在几家上市公司推行其“产业整合战略”的同时，还巨资投入旅游业等多项领域。在入主上市公司的同时，德隆的融资体系也随之建立起来。2000 年，唐氏兄弟在浦东设立德隆国际战略投资有限公司，通过它控股新疆德隆和屯河集团。随后，德隆国际开始整合其金融产业布局，大举进入信托、银行、证券等产业。短短 3 年时间，德隆直接和间接控股或参股金新信托、新世纪租赁公司、伊斯兰国际信托等近 20 家金融企业。德隆的金融帝国初现雏形。

2003 年年初，德隆在上海设立友联战略管理研究中心，专门负责旗下金融机构的整合与协调。

从 1997 年进入沈阳合金，到 2003 年设立友联中心，德隆通过并购重组打造了一条漫长的产业链条，包括水泥、电动工具、机电设备等 20 多个产业，控股参股的企业多达 177 家，形成了一个庞大的产业“帝国”。德隆公司利用资本市场快速发展壮大。德隆决策层总结出德隆利用资本市场实现公司快速扩张的四个环节。第一步，收购上市公司股权；第二步，将所控股上市公司的主业转变到德隆选定的产业；第三步，用证券市场所融资金，以兼并等方式实现生产集中；第四步，建立自己的销售网，迅速扩大市场份额，取得市场优势，实现经营业绩的稳定上升。第一步是收购上市公司股权，后三步是上市起步之后的扩张循环，即上市公司利用资本市场实现实际业绩的快速扩展。有了公司实际业绩的扩张，就有了股价上升所配合的新一轮扩张过程，如此循环不已。循环上升的关键在于公司实际业绩的上升。

5. 末路狂奔：没有节制的大游戏。对德隆的质疑是在 2001 年的春夏之交开始的。当时，“中科系”事件刚刚落幕，而“德隆系”的各只股票却在唐万新的喋血支撑下达到最高价位。4 月，深圳的《新财经》杂志刊发了由郎咸平主持的大型调研文章——《德隆系：“类家族企业”中国模式》，第一次将神秘的“德隆系”曝光天下。

在此之前，尽管德隆名声如日中天，但是几乎没有人搞得清楚它到底是怎么运作的。唐万新为人极其低调，他没有接受过新闻媒体的正式采访，连他公开露面的照片都非常罕见。在《新财经》刊文之前，他没有参加过任何一场大型的商业论坛。甚至一直到 2004 年 4 月 25 日之前，唐万新与新疆之外的政府部门都是“绝缘”的，他没有跟中国证监会在内的所有监管部门有过任何走访或拜见行为。这是一个喜欢躲在幕后操作，对自己极端自信又十分爱面子的人。

郎咸平的调查第一次向公众展示了“德隆系”的企业架构图，并描述了德隆从资本市场获利的路径：利用中国股市的股权分置现状，通过很低的价格受让国家股或法人股，实现对一家上市公司的控制，然后不断制造并购重组等投资性利好消息——投资额并不是很大，很难有规模效益。同时，选择高送股这种奇妙的分配方式，并没有让股东拿到一分钱的现金，却推动了股价的上涨。在这个过程中，庄家则在二级市场获取巨额收益。郎咸平得出的结论是："德隆的敛财模式是初级的，其收益率远高于亚洲其他地区家族企业的普遍模式。"

郎咸平的调研文章刊出后的两个月，中国股市出现了连续3轮狂跌，上海证券交易所综合指数从2 245点一路下挫到1 300点，大盘从此开始步入4年多的持续熊市。此时，德隆模式已经面临严重的质疑，监管部门开始介入调查，它被贴上了"黑幕"、"黑心庄家"、"金融大鳄"等标签。唐万新为了避免"德隆系"的整体塌陷，不得不咬牙力撑高股价。于是"报应"出现了，他从股市中所得的一切，一元一元地全部还给了股市，而且还被迫又贴上了更多的资金，最终包括德隆及他个人的全部资产。

2002年，从表面上看，这是德隆扩张速度最快的1年。它提出的巨额投资项目像能量惊人的照明弹一样，一颗接一颗地升空爆炸，让中国商业界眼前大亮，不敢逼视。

5月，德隆成立德农超市有限公司，宣布5年内投资100亿元，完成在10个农业大省设立1万家农资超市的布局，届时将在中国广大农村建成一个庞大的、现代化的、高效运营的农资分销网络。

7月，湘火炬连续发布公告，宣布将打造一个重型汽车帝国。它与国内两大最重要的重型汽车专业厂家重庆汽车集团和陕西汽车集团分别合资成立了有限公司，此外还与东风汽车集团合资成立了东风越野车公司。这表明德隆将把汽配专业企业湘火炬转型为一家汽车整车公司。有专家预计，要实现德隆提出的目标需投入60亿~100亿元的资金。

9月，德隆成立了畜牧业投资有限公司，拟投资25亿元，致力于开发新疆辽阔的天然牧场资源，建设"天山北坡、伊犁河谷、南疆绿洲"三大产业基地，最终形成草、饲、养、繁并举，奶、肉、皮、药兼营的大型产业链，成为中国乳业的龙头企业。

11月，组建德隆旅游集团，设想将深圳明斯克项目、新疆喀纳斯湖、吐鲁番葡萄沟，以及江西井冈山、龙虎山，贵州黄果树等资源都整合起来，成为中国拥有最多风景资源的旅游"航母"，这个项目的投资总额为35亿元。

每隔两个月，德隆就有一个数十亿元乃至上百亿元的项目启动。这一年的唐万新不由地让人想起14年前的那个乌鲁木齐青年，他已经面有皱纹，身材略显发胖，工作的地点也从偏远的乌鲁木齐迁到了北京及上海。但是，这还是那个禀性未改、喜欢多线作战、对风险毫不在意的西北汉子，其差别仅仅在于：14年后的项目规模被放大了数千倍，或者说，风险及后果危害也增长了数千倍。事后来看，唐万新要么是在别有用心地"讲故事"，要么他就是一个从来没有学会放弃的企业家。

2002年11月，唐万新的大哥唐万里当选中华全国工商业联合会副主席，他对媒体宣布："德隆将在3年内，进入世界500强。"12月，德隆集团迁入位于上海浦东黄金地段的德隆大厦。在外人看来，此时的德隆正处在辉煌的巅峰时刻，它宣称控制了1 200亿元的资产，拥有500多家企业和30万员工，涉足20多个领域，已俨然成为中国最大的民营企业集团。

而事实上，德隆已经病入膏肓。

唐万新作的最后一次挣扎是试图直接进入地方城市的商业银行。德隆从大型商业银行中获得贷款的可能性已经越来越小，而国内城市商业银行则有100多家，资产总额5 500亿元，存款4 500亿元；如果能够进入，德隆将真正地形成实业投资与金融紧密结合的财团模式，并有可能彻底地将自己洗白。

2002年6月，德隆通过6家影子公司控股昆明市商业银行，成为总计持股近30%的大股东。9月，它又通过湘火炬出资，占株洲市商业银行增资扩股后总股本的11.73%。同时，它又染指长沙市商业银行和南昌市商业银行。在不到1年的时间里，德隆先后与至少6个城市的商业银行达成了控股或参股的协议。事实上，许多商业银行的资产质量并不好，甚至可以说很差，但德隆却并不挑剔。唐万新的目的其实就是两个：其一，进入银行董事会后，可以用各种项目及关联公司之名，从中获取资金。后来的事实也正是如此，德隆从山东一个城市商业银行获得的贷款量就达到了40亿元之巨。其二，在股市上炒作参股金融的概念，支撑及刺激已显疲态的“德隆系”股票。

到2003年夏天，德隆的资金困境仍然没有得到根本性的改善。10月之后，旗下各金融机构几乎已没有新进的资金，“金融巨兽”面临恐怖的断血之虞。这时候，唐万新成了全德隆唯一还有“借贷信用”的贷款员，他日夜兼程四处奔波，先后向人借贷来的资金有50亿~60亿元之多。

不过，这时候的局势已经恶化到他无法自控的地步。12月，他将“德隆系”内最好的一块资产湘火炬的1亿股法人股质押给了银行，后来的半年里，德隆手中所有上市公司的法人股都被抵押干净。其间最可笑的新闻是，在胡润的“2003年资本控制50强”中，德隆唐氏仍以控制217亿元的上市公司市值赫然位列诸强之首。

2004年3月，有媒体抢先报道“德隆资金链绷紧”，称“德隆已经将大部分资金压在了旗下的各只股票上，由于资金短缺，不要寄希望于它会再度为这几只股票护盘，现在它们都铆足了劲往外跑”。这条负面新闻像病毒一样迅速地被国内各家网站转载。

4月3日，德隆史上最后一次全体高层会议在沉闷的气氛中召开，会议决定了最后一次“自救行动”：发动德隆机构的所有员工都去购买“老三股”，部门经理10 000股，普通员工1 000股。唐万新伤感地说：“这道坎过去了，德隆还会有更美好的未来，若过不去，大家再也没有机会坐在一起开会了。”与会的所有德隆高层均用十分复杂而悲悯的目光注视着这位从来不肯低头认输的领袖。那天正好是他40周岁的生日，很多人不由得都想起了那个黑色的预言。

真正意义上的灾难从10天后正式开始了。先是合金股份率先跌停，接着“老三股”全线下挫，数周之内，股市就将德隆过去5年所创造的奇迹和纸上财富全数抹去，流通市值从最高峰时的206.8亿元跌到2004年5月25日的50.06亿元，旦夕间蒸发将近160亿元之巨。

就在唐万里疲于应付的时候，唐万新正四处谋求援助，他第一次踏进了中国证监会的大门。这个机构据称常年监控德隆，形成了1 500页的审计报告，但却不知出于什么原因，始终对之不予干预。唐万新还跟美国高盛公司、民生银行等国内外金融机构有过洽谈，但都难有结果。德隆手中所有的投资股权要么质押、要么出让，10多个省市的公检法部门纷纷在各地查封德隆资产和准备抓人，仅在上海一地一次就冻结了13亿元的资产，20多家银行纷纷起诉德隆。

德隆最终的结局成了一场“全民埋单”的悲剧，质量稍优的“老三股”被一一瓜分，中粮集团购得新疆屯河，辽宁机械集团入主合金股份，湘火炬遭到一汽、上海大众等20多家汽车公司的争抢，最后山东的潍柴动力得手。德隆旗下的诸多信托、租赁、证券等金融公司相继被停业整顿或关闭，众多债权银行及委托德隆理财的上千家大小公司损失惨重。为了维护社会稳定，政府决定对个人投资者进行保护，以债权金额10万元为界，高于此数的按照9折收购，低于此数者享受全额收购，所需费用均由各地政府财政承担，仅新疆一地就付出了13.8亿元。据统计资料显示，到危机爆发时，德隆系总负债高达570亿元，其中金融负债340亿元（有200多亿元未兑付），实业负债230亿元（包括银行贷款及担保167亿元），银行担保主要是德隆系公司之间的互保——通过表面上毫无关联的公司进行资金大挪移，这些资金大部分都被用于德隆系股票的炒作。德隆系控股的德恒证券以承诺保底和固定收益率的方式，向413家单位和772名个人变相吸收资金208亿元，至案发尚有68亿元未兑付，主要用于购买新疆屯河、湘火炬、合金投资等股票和国债。

在德隆系的自拉自唱下，德隆系上市公司的股票在中国证券市场创造了股价飞涨的神话。合金投资6年累计涨幅26倍，湘火炬和新疆屯河累计涨幅近10倍。尤其是在大盘从2 200点调整到1 400点的熊途中，“老三股”仍旧逆风飞扬。但2004年4月13日，德隆系资金链开始断裂，“老三股”股价相继崩盘，各家银行和其他债权人掀起挤兑风潮，德隆系上市公司的资产纷纷被查封。

德隆危机爆发后，在金融市场产生了巨大冲击波。各银行立即采取财产保全行动，对德隆系所有的公司执行“只收不贷”政策，全面收回贷款，并争先恐后地通过各级法院查封了德隆系的实业资产，德隆系上市公司随即陷入了无法正常生产经营的困境，德隆资产被托管，德隆悄然落幕。

二、德隆内部的管理问题

1. 在超常规发展过程中，未能制定积极稳妥的资金收支计划。产业整合一直是德隆引以为豪的企业理念，在这面大旗的引领下，德隆在短短数年内一口气进入了数十个产业，制造出一个又一个并购神话。

确实，德隆也做了很多研究，也控股了一些优质企业。正如它的一个前战略监控经理所说，德隆有些企业在某种意义上可以列入中国最优秀的企业行列。湘火炬在遇到债务危机的公告也证实了这一说法，湘火炬在说明自身基本面处于优良状态时列示了大量数据：公司的大吨位重型车、重型车变速箱、高档客车变速箱和火花塞占全国市场份额分别高达50%、80%、85%和40%以上，公司出口的刹车盘列全国第一位，公司还拥有国家唯一重型军用越野车生产基地和1.5吨位高机动性军用越野车生产基地。同时公司若干汽车零部件是一汽、大众等国家大型汽车公司部分畅销车型的独家供应商，公司去年和今年一季度的经营现金流分别为17 726万元、6 383万元；利润总额分别为73 523万元、11 914万元。然而，德隆的产业链中大多是资本密集型企业，资金回收期较长。财务管理的知识告诉我们，资本预算的赤字可以通过对外筹资和对内筹资来解决。对内就是通过自身积累，这无疑是有限的。对外筹资可以引入战略投资者、直接融资（证券市场）或间接融资。持有优质资产不愿外人分一杯羹是可以理解的。而证券市场融资需要一系列程序及下文谈到的德隆高层的僵化思维，使从银行借款成了唯一出路，这种短借长用的模式必然使现金流的不确定性大大增加。为了追求稳定的现金流，就重奖有融资能力的人，而为了满足融资和发展的需要，财务费用等其他费用又会水涨船高，这又增加了现金预测的难度。在银监会下达不许信用贷款后只能质押了湘火炬的所有股份，而此时银行有所觉察后，不得不从证券公司拿委托理财资金、客户保证金填补。不按常规进行投融资的合理预测与运营，无疑增加了企业的经营风险，而此后的宏观调控加速了德隆的危机。

2. 扩张的过程中未形成独特的企业文化，成为一盘散沙。扩张需要有内外环境的配合，内部需要有良好的管理团队，要使全体成员的目标与企业整体目标一致，对资金流的预算要科学，外部需要有一个宽松的宏观环境，融资渠道要畅通。而德隆在发展过程中，几乎都未满足，发生银行挤兑也就不足为怪了。在盘子越做越大的同时，德隆也开始大举招兵买马，既有跟随唐氏兄弟创业的新疆派、从海外空降的海归派、从各证券公司和金融机构挖来的金融派，也有在并购过程中吸收的各种杂派。大批高级人才的加入，使德隆一度兴旺。但是，不同文化、不同理念的冲突也使德隆的管理陷入了某种程度的混乱，在德隆体系中各自为政，缺乏统一调配和指挥。情况往往是，一个人在德隆坐到了核心位置，便会引进一批亲朋好友作为亲信；同时，德隆高层放权过宽，久而久之，德隆内部便形成了各种小山头。管理的精髓就是使各个职能部门的行动协调一致，但小山头的建立使沟通变得异常困难，大企业病使原本有企业家俱乐部之称的德隆人心浮躁，有些项目经理对项目的选择，更多的是出于个人利益，把一些不合适的项目极度美化，并要求做项目的人一定要把报告写得漂亮。而高层也只抓所谓的大事——圈钱，最后出事后只能说是海归不懂国情。

3. 违规操作。证券市场的几大问题在德隆系下的公司都发生了：关联方违规担保不披露；证券公司挪用客户保证金用于股票投资；挪用委托理财资金；在二级市场炒作自己的股票。以下就是实例：6月4日，新疆屯河与天山股份公布的新疆证监局巡检令揭开了德隆系的资金黑洞。新疆屯河披露，截至当时，新疆屯河为实际控制人德隆国际提供了大额存单质押2.9亿元。同样在6月4日，天山股份公告，为新疆屯河、新疆建工集团控股子公司以及自己的控股子公司担保超过2.5亿元，其中为其参股公司两笔共计9 000万元的流动资金贷款现已逾期。还有大量的委托理财，这些都没有公告。上述可能只是少数，德隆系公司未披露的信息还有多少，真实的财务数据是什么谁也不知道。另外，有媒体报道，日前上海证监局已经全面介入德恒证券的调查，德恒证券的实际控制人德隆公司也正在协助有关部门解决有关德恒证券危机问题。德恒证券挪用资金的问题除了涉及德隆系的合金投资及天山股份外，还牵扯到渝开发和茉织华等其他公司，已暴露的资金达55 900万元。这些无疑是为了融资，而融资后得到的资金，根据一位曾在德恒证券总部工作的业内人士说，多数投入二级市场，主要是维持德隆系“老三股”的股价，也有部分被德隆抽走。抽走的资金肯定是为了支撑其扩张兼并和庞大的费用开支，违规担保贷款也无疑是为了兼并或维持低盈利企业的运作。但这样做的结果，必然会使员工产生一种想法，可以不择手段来达到目的，企业文化变成了教条，从国外的著名公司的实例看，如果一个部门出现违法事件，相关责任人甚至更高层都会辞职，可见对这种事情的重视。根据证券法的规定：证券公司不能用自有资金之外的资金炒股，如果以挪用委托理财资金为名义起诉的话，那么相关责任人还有可能承担刑事责任。那么德隆希望得到什么呢，这又提出了一个问题，到底法律的执行程度如何，因为根据经济学和博弈论的观点，在理性人的假设下，人们会追求效用最大化，如果违规的预期效用大于合规，他们才会选择违规，而他们都在证券业从业多年，这个道理很明显是知道的。但为什么明知山有虎，偏向虎山行呢，这中间监管当局的责任是什么，他们的失职应如何处理，由谁来决定，怎样才能做到公平，无疑这些关系到更深层次的问题。

三、德隆神话为何不再

以德兴隆，是为德隆。从创业边城乌鲁木齐，奔走政治中心北京，再落户金融中心上海，雄起于茫茫戈壁浩瀚大漠，其气魄冲天，其理念之大，无怪乎国人惊异，而华融的全面托管与唐万新被正式批捕，宣告了德隆的失败。

关于德隆，人们能够历数其创造的众多经济概念：产业整合、全球并购、资产共享、资产改善、资产创立、资产裂变、投资项目模拟试验等。

所谓神话，是指出乎人们一般经验和超越人们想象力的事情，认为绝无可能之事，就发生在眼前。而德隆的“神话”更是登峰造极，达到了让人瞠目结舌的地步。

德隆的神话由两部分组成：

1. “老三股”的股价涨幅惊人。沈阳合金6年来累计涨幅达2 597%，而湘火炬、新疆屯河的累计涨幅也接近1 000%。这种罕与其匹敌的市场表现，即使在大盘从2 200点跌到1 400点以下的漫漫“熊”途中，仍旧逆风飞扬。无论持续上升时间或年度涨幅，“德隆系”的“三驾马车”都创造出了中国股市的吉尼斯纪录。使2000年年底的中科创业、亿安科技到2001年的银广夏、东方电子乃至最近的世纪中天、正虹科技、徐工科技，这些曾经创造出无数神话的牛股，黯然失色。

2. 通过并购打造了漫长无比的产业链。水泥、电动工具、机电设备、汽车零部件、重型卡车、精细化工、金融、保险、信托、租赁、农业、畜牧业、种业、矿业、林业、纺织业、食品、果蔬、饮料、糖业、旅游、文化、体育等。控股参股公司多达177家。几乎没有人相信，这么漫长的产业链，其产生效益的速度，可以与股票价格的上涨速度同步，而德隆“做”到了。

随着对德隆资产的清查，德隆违规操作、商业投机以及地下圈钱等许多黑幕被逐步披露，德隆的神秘面纱层层揭下。有人说，德隆的模式，最独特的地方不过是德隆一直在大规模高成本地融资，以钱开路。这种模式必然是成也是钱，败也是钱。

如果说资金链断裂是德隆败因的表象，那么决策失误才是德隆败因的本质。产业决策中疯狂扩张，多元化结构失调为德隆失败种下了祸根。在18年的时间里，德隆从一家小企业成长为一个庞然大物，成为控股6家上市公司、跨越14个产业的大型民营企业，德隆走的是一条金融资本与产业资本结合的多元化发展道路。上市公司群和金融机构群是德隆依赖的两大支撑体系，其实质就是两个金融体系的孪生体，即以上市公司为主体的资本市场和金融机构为主体的资金市场。德隆超常规的产业整合远远透支了其经营所得现金流，现金流出远大于流入，为此德隆不得不高成本融资来维持其资金链，直到最后崩溃。

资料来源：

1. 《德隆现象给中国企业的反思》，http：//club. china. alibaba. com/forum/thread，2004－8－5。
2. 杨超：《谁是下一个德隆?》，《中外管理》，2004年第8期。
3. 卞华舵、吴云海：《大思维：中国企业向谁学习》，华夏出版社2006年版。
4. 邵青：《反思德隆失败的外部原因》，《管理与财富》，2006年第9期。
5. 张华强：《从德隆败因看管理者“十思疏”》，《董事会》，2007年第4期。
6. 马克：《对德隆模式的几点思考》，《现代管理科学》，第12期。
7. 刘亚军：《德隆现象给中国企业的反思》，http：//blog. sina. com. cn，2006－11－25。
8. 李德林：《德隆内幕》，当代中国出版社2004年版。

9. 吴晓波：《大败局Ⅱ》浙江人民出版社 2007 年版。
10.《新疆屯河（600737）填平“德隆黑洞”》，http：//www. stockstar. com/info/darticle. aspx.
11.《决策制胜　企业家的第一责任》，《中国证券报》，2006 年 5 月 20 日。

思考题：

1. 根据案例内容，总结什么是德隆模式？德隆是怎样进入资本市场的，怎样控股了多家上市公司，又是怎样成功利用资本市场实现产业整合的？
2. 评价德隆的“产业整合”的战略决策？
3. 分析德隆失败的内部和外部原因及我国企业从德隆现象应吸取的教训？

国美并购永乐

2006 年 7 月 25 日晚，国美、永乐共同宣告，国美收购永乐达成了并购协议，通过此次合并，国美将用“现金加换股”的方式收购永乐 90% 股份，每股永乐对价 0. 3247 股国美，外加每股永乐获 0. 1736 港元现金，交易总金额为 52. 68 亿港元，其中现金为 4. 09 亿港元。并购后成立的新集团董事长将由黄光裕出任，并持有新集团 51. 2% 的股份。而原永乐总裁陈晓将出任新集团首席执行官，持有新集团 12. 5% 的股份。根据双方的通告，合并完成后，永乐将从香港市场退市，但永乐品牌将会继续保留。

国美与永乐的合并完成之后，国美永乐的新公司将继续保持在家电连锁企业中领跑。对于这个新公司的组织结构，黄光裕表示，合并后将成立一个新公司，“新成立的公司可能会使用新的名字，以体现国美和永乐的合并。”黄光裕将持有 51. 2% 的股份并出任新成立公司的董事局主席，永乐总裁陈晓任 CEO 并持有 12. 5% 的股份。另外，两名永乐的人员也将受邀加入合并后的集团董事会担任执行董事。摩根斯坦利将持 2. 4% 左右的股份。而根据香港交易所有关规则，国美将在 35 天内对永乐中小股东进行要约，达到联交所规定的 90% 以上的股份后，永乐将从此停牌。

一、永乐神话的诞生

永乐的前身是 20 世纪 90 年代初期创立的国企性质的上海永乐家电总公司，1993 年、1994 年一度辉煌，1996 年渐衰，陈晓时任该公司副总。1996 年，陈晓和公司 47 位员工“下海”创立了现在的永乐家电。

1998 年，陈晓抓住市场机遇，果断确立“放弃批发、专攻零售”，率先引进连锁经营模式，首创大件商品无偿送货服务，当年销售额实现 4 亿元。1999 年，永乐有了一个可复制的模式。永乐家电董事长陈晓说：“在扩张模式上，永乐和竞争对手不同。国美是全国点状扩张，苏宁采取分公司模式，山东三联是在区域内发展。永乐则尽可能吃透上海和江浙一块，形成块状布局，完全连锁的地域平台。”当年，永乐的月销售额突破 2 亿元的行业历史最高纪录。年底，永乐开始进军全国。

2000 年，永乐销售额超过 12 亿元，在上海家电市场份额达 15%，同比增长 20% 以上，稳居上海同行业之首。2001年，永乐连锁规模突破了20家，年销售额实现20亿元，同时获得了独立的进出口权。2002年，永乐进入了高速发展期，至年底，全国连锁店达到35家，年销售能力达到50亿元，完成了“立足上海，辐射华东”的阶段性目标。至2003年年底，陈晓带领永乐家电实现销售收入近100亿元，销售产品达5万种，在上海、江苏、浙江、广东、福建、河南、四川等地已拥有近100家的家电连锁大卖场。永乐保持了年年翻番的超常规发展业绩，成为国内家电连锁业的领头羊之一；其中上海地区销售65亿元，占60%强的市场份额。与近两年国美、苏宁的疯狂扩张相比，永乐保持了低调。陈晓告诉《新财经》，从2002年开始，单CDMA手机销售一项，每年就净赚1亿元以上的利润。就连国美电器，根据上市公报，2003年净利润才1.78亿元。永乐仅在上海实现的利润，就可能超过任何一家家电连锁在全国的利润总和。

国美2003年销售额为177.9亿元，门店数为139家；苏宁分别为120.9亿元和148家，同期永乐的统计数据为销售额87亿元和门店55家。当上海市场对永乐销售总额的贡献率高达60%，江浙市场达到30%的时候，永乐终于开始了强势攻略，整合全国市场的步伐全面提速。其中，不得不提的就是“中永通泰”公司。2002年，陈晓首创境内自由合作连锁采购联盟的先河，与北京大中、青岛亚泰、河南通力和成都百货等区域性家电连锁企业一起，成立了“中永通泰”家电集中采购公司。“中永通泰”成员单位一度达到近20家，形成了以资本为纽带的全国性大型连锁销售平台。在中国家电连锁业中，上海永乐和北京大中都属于追赶者。显然，联盟的战略意图是，追赶者通过联盟分享只有行业领先者独享的优势。联盟计划的着眼点，正是切中连锁零售业态的核心要害，变小订单为大合同，集中采购。尽管各家的进、销、存体系还保持独立，但是对整个行业竞争格局而言，此举无疑引入了一股新势力。与国美、苏宁依靠独资直营和早期的特许加盟方式迅速建立起大面积销售网络不同，永乐选择了一条不失为捷径的“曲线”扩张方式——通过与其他同为“中永通泰”采购联盟内部成员的商家进行合资经营的“借力”方式，迅速得到已有的销售基础，几个门店同时亮相，利用种类、价格、服务、供应商关系、物流配送等方面的综合优势，克服可能出现的水土不服，迅速打开当地家电市场，以求在最短时间内快速形成全国连锁。事实上，早自2003年开始，上海永乐就连出资本运作扩张之手。2003年5月底，上海永乐注资4 000万元获得河南通利电器50%的股权，曲线进入中原市场。几个月之后，上海永乐再斥巨资，于年底前以超过51%的持股比例成功控股号称“华南虎”的广州东泽电器，并将其更名为“广州永乐电器”。2004年7月，永乐突然低调入川，与成都百货各自出资50%成立“成百·永乐生活电器”，给成都家电业带来很大影响。永乐选择的合作、兼并伙伴，都是与其同在中永通泰中的重要成员，对方无一例外地是当地家电零售市场中最为强势的大型连锁企业，永乐也借此一举成为当地市场的老大。大规模的扩张使永乐的门店规模从2004年的94家一跃发展到2005年的193家，1年之内将门店开到了11个省的66个城市。

此种同盟间的紧密资本合作，不但使谈判过程更为顺利，亦能为其作为中永通泰重要成员“叫板”同行增加筹码。永乐在全国市场的便利网络条件及融资潜力，也是合作伙伴看中永乐的重要资本，因而合作伙伴均愿意拿出优良的资产进行合作。在与“中永通泰”三家核心发起企业迅速实现了资本融合之后，永乐已把此种“借力”方法应用得得心应手。

永乐虽然总体规模居于国美和苏宁之后，但至少从2002年开始，却被同行和媒体一致公认是中国利润最高的家电连锁企业。良好的发展前景引起了境外投资者的关注。2004 年 9 月，它赢得国际资本大鳄摩根斯坦利 5 000 万美元注资，永乐董事长陈晓自豪地宣布："永乐一家的利润，比国美、苏宁等连锁巨头的利润之和还多得多。"凭借雄厚资金的支持，永乐快速"攻城略地"，鲸吞广州东泽、河南通利、四川成百家电、厦门思文、台湾灿坤甚至北京大中等多个同行。

2005 年 10 月，永乐成功在香港上市，那是永乐和陈晓最快乐的日子，永乐得到了 134 倍的超额认购。显然，永乐的募集资金将主要用于规模扩张，其中 3.5 亿～4 亿港元计划用于开新店，1 亿～1.5 亿港元计划用于收购别人的"熟店"。摩根斯坦利在 2006 年 2 月调高永乐评级，将其目标价位提高到 4.2 港元。陈晓站在了事业的巅峰。

二、资本不可承受之轻

"永乐和国美两家企业都清楚地认识到我们两家携手合作，比起我们继续各自为战将更高效。"2006 年 7 月 25 日，在国美并购永乐的联合新闻发布会上，表情严肃的陈晓一边转动着手中的圆珠笔，一边回答着记者的提问。

这一幕距离 2005 年 10 月永乐在香港上市不足 10 个月，当时陈晓的豪言壮语音犹在耳："永乐要做马拉松企业。"

作为中国第三大家电连锁企业，永乐如此迅速地出售给国美，其财务投资者摩根斯坦利起到了至为关键的作用。"我到现在都不明白，陈晓当时为什么会答应那份不可思议的根本无法完成的对赌协议，甚至很多人怀疑是大摩下的套。"东方高圣投资顾问有限公司首席研究员冀书鹏告诉《商务周刊》，正是这份对赌协议加速了永乐的"死亡"。

2005 年 1 月，经过两年接触后，摩根斯坦利透过子公司 MSRetail 与 CDH 向永乐投入5 000万美元、取得 27.36% 的权益，相当于以 0.92 港元/股取得永乐上市后的 4.224 亿股，帮助永乐在当年 10 月顺利在香港联交所上市，筹集资金在全国扩张，以摆脱区域连锁企业的地位。

在大摩入股永乐的同时，双方还签订一份对赌协议，其核心内容是：永乐在 2007 年扣除非核心业务（如房地产）利润后赢利如果高于 7.5 亿元，投资人向管理层割让 4 697 万股；利润介于 6.75 亿元和 7.5 亿元之间不需进行估值调整；利润介于 6 亿元和 6.75 亿元之间，管理层向投资人割让 4 697 万股；利润低于 6 亿元，则管理层割让的股份达到 9 395 万股，占到永乐上市后总股本的 4.1%。"4.1% 的股份虽然不多，但如果在对赌中输掉，陈晓等人对永乐的控制权就可能发生变化。"冀书鹏说。

协议中还指出了另外一种变通的方式：若投资者达至回报目标，则永乐未达到净利润目标也可免于割让股份。这个回报目标是：大摩初次投资的 300%（1.5 亿美元）再加上行使购股权代价的 1.5 倍(1 765 × 1.5 = 2 647.5 万美元)，合计近 1.8 亿美元。

该份对赌协议的巨大风险在于，2002～2004 年，永乐的净利润分别为 2 820 万元、1.475 亿元和 2.123 亿元，当时永乐预测 2005 年纯利润将不少于 2.88 亿元，同比增长 35.66%，而按照这份协议，永乐管理层要想从外资股东手中拿到 4 697.38 万股奖励，未来两年的年净利润增长率至少要达到 60%，这显然非常困难。而且，摩根斯坦利对净利润的计算非常苛刻，不能含有水分，不能包含非核心业务的任何利润。市场人士分析说，这基本是不可能完成的任务，因为 2005 年上半年，家电连锁老大国美电器的净利润也只微幅增加 4.5%。上海交电家电协会秘书长韩建华表示，从 2004 年年底开始，国美、苏宁、永乐三大公司都开始加速开店，单店的发展速度将近 30%，这导致经营成本大幅上升，而市场容量的增速却不到10%。

尽管对赌协议如此苛刻和难以实现，陈晓还是接受了。而为了这个“对赌协议”，为了维持利润增长，永乐不得不出售旗下7家非核心业务的附属公司股权，并大规模裁员、减薪。冀书鹏认为：“一方面陈晓显然高估了自己的能力，另一方面陈晓心中还有自己的办法，那就是并购大中，通过把大中的净利润并入报表打赢对赌协议。”

永乐并购大中有其优势，双方都是中永通泰联盟的核心成员，之前多有合作与交流。“中永通泰”成立于2002年，最早由北京大中、上海永乐、河南通利、青岛雅泰等发起组建，后来成员单位一度达到近20家，其初衷是将几大城市大型家电卖场联合起来对抗国美、苏宁在全国的扩张，并签有相互不介入对方市场的协议。2005年获得大摩投资后，永乐先后收购了广州东泽、河南通利、四川成百家电、厦门思文等绝大部分中永通泰成员，收购大中可以为永乐整合“中永通泰”画上完美的句号。

不过，永乐2005年年报显示，由于竞争加剧和网点增加的摊薄效应，永乐同店每平方米销售额下降了2.8%，毛利率也下降0.6个百分点至6.9%，净利润为3.21亿元，由于其赢利完全靠规模扩张获取，上海市场的萎缩导致前景严峻。

这种情况下，经过半年多的接触与谈判，4月19日，大中与永乐签订了优先收购股权的初步协议，约定一年内大中电器将把100%股权转让给永乐。

摩根斯坦利对陈晓的这一应对方式自然大失所望，反应也异常强烈。在永乐宣布将兼并大中后，大摩一改此前对永乐的增持行动，开始了一连串的减持。并发布报告说，永乐收购大中电器，成本将快速增加，摩根斯坦利因此调低了永乐今明两年盈利预测25%~27%。而且，摩根斯坦利还表示，永乐对大中估值偏高，应等候更佳的入市机会。4月25日，大摩持有永乐股票的禁售期一过，就开始针对性地抛售永乐股票，至6月，大摩持有的永乐股份从21.38%下降到9.52%。

摩根斯坦利的减持行为被市场认为永乐盈利前景不明朗，永乐在约定的时间内无法达到规定的净利润目标，致使永乐股价一再跌破历史低点，并最终跌破发行价。而在市场上还在怀疑国美是否成功收购永乐之前，摩根斯坦利却已经3次悄然增持国美。从“增持永乐—永乐收购大中公布—减持永乐—增持国美—国美收购永乐公布”的操作路线来看，摩根斯坦利的这种双向操作使得国美收购永乐的成本大大降低。

“永乐并购大中并不是败笔，但把大中作为达到对赌协议的赌注就要了命，陈晓把这个命门毫无保留地暴露在了同盟者和敌对者眼前，所以大摩的这一招切中要害。”冀书鹏认为，由于收购作价将与永乐在正式收购时过去30天平均收市价挂钩，大摩抛售永乐股票，致使随后40个交易日永乐的股价大跌57.2%，市值缩水近50亿港元，这导致永乐几乎没有能力收购大中。

尽管如此，月初，永乐还在做最后努力，一方面裁员降薪，另一方面出售非相关业务资产以提高盈利能力。但在向商务部申请收购大中资产时，永乐意外发现商务部已经暂停内地企业持有境外上市资产的审批，大中与永乐的合并需要推迟，这意味着通过并购大中打赢对赌协议一点可能也没有了。

三、永乐与大中的前生后世

1982年4月，张大中注册成立“张记电器加工铺”，这是当时唯一允许私营企业注册的名字。1988年9月，营业额首次突破10万元，同年12月“张记”占据音响放大器90%以上的市场份额。1989 年年初，营业面积仅有 10 平方米的“大中音响公司”在北京开业。1992 年 12 月，大中音响公司拥有员工 100 名，年营业额突破 1 000 万元。1993 年 7 月，营业面积达 4 000 平方米，汇集全球著名音响器材的“大中音响器材城”在北京玉泉路开业，堪称中国专业音响器材第一店。1999 年，大中电器作为电器专卖连锁店正式起航。2000 年，大中电器开出 6 家连锁店。2001 年，店面总数达到 12 家，营业额达 9 亿元，员工超过 1 200 人。2003 年，大中电器开店量增至 32 家，占据北京电器销售 50% 市场份额，成为唯一覆盖北京内城、社区及远郊县的电器连锁商。2005 年，大中电器加快全国连锁步伐，全国连锁店总量达近百家，稳居北京地区电器销售之冠，荣膺“北京十大商业品牌”。大中电器从 1982 年起，经过 20 多年的发展，已成为全国家电连锁五强之一。

作为国内家电连锁行业第一方阵中的两家企业，永乐（中国）和大中电器，2005 年年底就开始筹划进行一场轰轰烈烈的全面战略合作。

截至 2005 年年底，永乐拥有 210 家门店，分布在全国 11 个省市；大中拥有 101 家门店，在京津地区有 72 家。在上海和北京，永乐和大中分别占有 50% 以上的市场份额，两家公司在两地的销售总量已超过 250 亿元。根据双方公布的数据，2005 年大中销售额约为 130 亿元，永乐为 186 亿元，两家合计达 316 亿元。永乐 2006 年年初公布的年报显示，永乐电器 2005 年净利润为 2.89 亿元，较 2004 年同期的 1.86 亿元增长了 55%，每股盈利 17.3 元。永乐电器 2004 年年底成功引入美国摩根斯坦利的战略投资，摩根斯坦利注资 5 000 万美元，获得永乐 20% 股份，于 2005 年 10 月 14 日上市。当时招股书显示，2005 年盈利预测不少于 2.88 亿元人民币。

其实，永乐与大中的合作前后已经有三次：

第一次是 2002 年，以大中、永乐为首的 4 家地区性企业发起组建“中永通泰”公司，联合对抗国美、苏宁在全国的扩张。

第二次是 2006 年 3 月，大中与永乐在西安和青岛成立了合资公司，分别命名为“大中永乐”和“永乐大中”，作为双方正式并购前的序曲。

第三次是 2006 年 4 月 21 日，大中与永乐同时宣布，双方已于 2006 年 4 月 19 日正式签署协议，决定实施全面战略合作，并将在一年内逐步通过换股方式实现两家公司的合并。双方发布信息，从协议签署之日起双方启动战略合作伙伴关系，在采购、后勤及送货、产品展出、仓储开发、仓储管理、财务管理、信息系统及人员交流等领域进行合作，实施统一经营、统一管理、统一采购。双方将在一年内，通过股权置换的方式实现股权合并。合并之后的公司名称为永乐（中国）电器销售有限公司，但大中电器保持独立品牌。

合并后的公司股东包括陈晓、张大中和其他投资人。新的公司将由现永乐董事长陈晓担任董事长，张大中担任副董事长。各方所占股份将根据大中与永乐的销售额与盈利水平，通过国际公认的会计管理公式计算。合作过程中，双方将在各自强势地区统一管理两者的门店，以原有的大中与永乐管理机构处理日常经营活动，不再成立单独的管理机构。双方第一步的战略规划是：4 月底前完成大中接管永乐在北京的 7 家门店，5 月 1 日后以全新的品牌出现在各地区面前。随后大中再接管天津 4 家门店；永乐在西安、福州接管大中的 7 家门店。

但在双方的协议签署后，因永乐的资本投资者摩根斯坦利对此宗收购不看好，4 月 21 日宣布合作后，摩根斯坦利在资本市场上一直打压永乐股价，4 月 24 日永乐遭甩卖，股价大跌20%，市值蒸发18亿元，此时大摩等基金股东再减持套现12亿元，令永乐股价次日一度跌逾15%。6月摩根斯坦利又两度减持永乐股票。至6月19日签署分手协议前，永乐股价已从最高4.3港元探低到2.025港元，市值随之从最高89亿港元缩水至50亿港元以下，导致陈晓此前承诺张大中的部分条件难以兑现，是合作破裂的重要原因之一。因为如果按当时的股权价值计算进行双方的股权置换，永乐是得不偿失。

另外，由于当初双方的并购协议约定：合并后的公司股权结构既包括张大中和陈晓的股份，又包括投资人的股份。永乐（中国）是上市公司，大中电器为股份有限公司。双方各自所占的股份，将根据两家公司的销售额度与盈利水平，通过国际公认的会计管理公式计算。中国永乐的公告指出，北京大中确认其以国际财务报告准则制定的经审核的净资产值在2006年6月30日前将不少于5亿元，2006年7月1日到2007年6月30日大中电器经审核的净利润不低于1亿元。如果少于此数，则建议北京大中的价值按其在正式股权转让协议中协定的机制调整。

双方还约定，如果永乐未能就大中股权转让履行其义务，张大中有权没收永乐先期交予大中的保证金1.5亿元（是对大中电器成立成本的估计）。如果张大中未能履行义务，将向永乐支付保证金的两倍——3亿元。如果张大中在战略合作协议到期后两年内将大中股权转让给第三方，永乐得到的补偿总额将达到4.5亿元。

据了解，以陈晓为代表的50名永乐高管拥有永乐62.6%的股权，张大中则拥有78%的大中电器股权，而永乐的资产要比大中高出30%左右。这样最终陈晓和张大中可能出现大致相同的股权比例。这种股权比例将是非常危险的，股权比例的谈判也是非常困难的。大中电器的宋红总经理也表示，合并过程中最难以确定的也是合并之后双方的股权比例，一方面这取决于合并前双方的资产质量和经营状况，另一方面也要靠双方谈判的实力和技巧。

种种迹象表明，永乐与大中的结合并不如当初想象的那般顺利。2006年7月25日，就在国美永乐合并新闻发布会当晚，大中向媒体发布声明说，此次合并是国美的愿望、永乐的选择，与大中是否加入无关。鉴于永乐单方面与第三方合作，大中与永乐的战略合作协议有待重新协商。同时表示，大中经营稳健、业绩优良，不排除与优秀企业保持沟通、择优而合，以使大中电器获得更大的市场空间、更好的发展前途。陈晓对大中的这份声明表示不解。早在今年4月21日，大中和永乐联合宣布，大中和永乐已经正式签署协议，双方将通过股权置换的方式在一年内完成合并工作，而永乐方面已经支付了1.5亿元定金给大中。陈晓认为，永乐与大中签订的合并协议已经具有法律效力，永乐也已经支付了1.5亿元定金给大中了，在此种状况下，大中却宣布要和永乐重新协商当初所签协议，实在是不可理喻。

黄光裕则认为，如果大中与永乐之间存在着问题，应该通过沟通去解决，而不应说“不”或者“和我没关系”之类的话，人应该要有社会责任。收了1.5亿元的订金，却说这个合同和我没关系，如果要谈判的话，应先把订金退还对方，这也是企业的一个姿态。

之后，大中方面相继接受了多家媒体的访问，始终强调，永乐是在大中不知情的情况下，单方面与国美从2006年2月起就私下里谈判合并工作的同时，在今年4月又与大中签订了合并协议，对于永乐的做法他们表示遗憾。

2006年10月23日，大中电器正式宣布与永乐依法解除合约，并称已向贸促会递交仲裁申请，要求永乐承担违约责任，没收此前永乐支付给大中的1.5亿元定金。永乐方面闻言大怒，随即展开反制，将着眼点盯在了“违约金”上。永乐电器方面称，《战略合作协议》

中并无订明任何条文限制本公司与国美订立合并交易，永乐电器将继续全力履行仍然有效的该协议。据此，只有当永乐（中国）未能履行其转让大中股权的义务时，张大中才有权没收保证金。另一方面，如果大中未能履行其有关转让股权的义务时，则张大中须向永乐（中国）支付两倍的保证金，即3亿元；另外1.5亿元的保证金也铁定要退还。

事件发展脉络：

2006年3月下旬，永乐派代表首赴大中，探讨双方合作可能并提供基本合作思路。

2006年4月19日，上海永乐与大中电器、张大中先生三方共同签订《战略合作协议》，约定两方面内容。签署《战略合作协议》后，大中电器接管上海永乐在北京、天津地区的十余家门店。

2006年5月13日，大中电器收到上海永乐支付的定金1.5亿元。

2006年5月中旬，大中电器在获知上海永乐与国美电器就收购展开谈判后，于6月上旬提出与上海永乐解除《战略合作协议》。

2006年7月初，双方财务顾问就解除《战略合作协议》事宜洽商并形成补充协议文本，但陈晓未对补充协议签字认可。

2006年7月25日，国美与永乐在香港发布联合公告，国美对中国永乐进行要约收购。大中电器发表声明，称“鉴于永乐中国单方面与第三方合作，大中电器与永乐中国的战略合作协议有待重新协商”。

2006年8月4日，大中致函永乐，提出协商解除《战略合作协议》，并要求上海永乐在15个工作日内书面答复。

2006年8月17日，中国永乐在香港发布公告，称其已收到大中公司8月7日有关终止《战略合作协议》的建议函。

2006年8月29日，中国永乐和国美电器在香港联交所发出联合公报，国美电器向中国永乐发出有关要约收购的通知函。

2006年8月31日，大中向永乐发出律师函，要求协商解除《战略合作协议》，若协商解除《战略合作协议》，大中将放弃追究上海永乐的违约责任，退还1.5亿元定金；若近期不能协商解除《战略合作协议》，大中将提起仲裁。

2006年9月6日，永乐在香港发布公告，称于9月4日收到大中电器法律顾问发出的有关建议终止《战略合作协议》的函件。

2006年10月17日，大中电器向永乐发出解除《战略合作协议》的通知函，宣布解除协议。

2006年10月18日，国美电器和中国永乐在香港联交所发布联合公告，国美收购永乐及永乐退市基本成定局。

2006年10月18日，大中电器向中国贸促会提出仲裁申请，要求永乐承担违约责任，没收此前永乐支付给大中的1.5亿元定金。

四、国美并购永乐

显然，国美是这次收购最大的赢家。据国美在新闻发布会上介绍，如果加上属于国美未上市的母公司的店铺，国美和永乐合并后的店铺数量将是苏宁的3倍。更重要的是，国美将成功实现分别占据北京和上海两大市场超过50%市场份额的机会。国美收购永乐后的第二天，国美电器报收6.90元，涨幅超过8%；永乐报收2.28元，涨幅高达11%。不过行业分析似乎对双方合并的前景并不看好。摩根斯坦利分析就指出，这次收购将巩固国美在行业中的领导地位，但是对国美的盈利能力促进有限。瑞信集团的研究报告说国美收购后并不能提升盈利，短期内还将带来摊薄盈利效应，交易潜在的协同效应需要长时间才能体现，因此将评级定为“逊于大市”；只有美林估计交易可以提升国美电器2007年的盈利，因此将评级从“中性”调高到“买入”。北京中洋新悦投资顾问有限公司总经理池洋也分析说，这个产业在这次收购发生之后究竟会走向好的方面，还是属于更加非理性的竞争行为，目前还很难说，后者的可能性似乎更大。

可以确信的是，摩根斯坦利显然也从国美和永乐以及双方并购中获利。据永乐方面透露，摩根斯坦利私募基金将持有新公司2.4%的股份。而在此之前的2005年5月，摩根斯坦利私募基金已经将手中的永乐股份套现12亿港元。当然这是人们能看得到的，有分析师指出，此外还有两块收入也应该算在摩根斯坦利名下，其中之一是来自对国美电器的投资，截止到2006年6月摩根斯坦利在国美的持股比例已经达到7.6%，另一部分则是其担任永乐上市和并购顾问的收入，更有消息指出，摩根斯坦利一手促成了国美与永乐的并购。

即便看起来这个行业最大规模的并购尘埃落定，但还有几个人们共同关心的问题没有结果，需要等待。其一是关于大中。陈晓在并购当日表示，与大中的合并一如既往的顺利，并强调等与国美合并完成后将会“静下心来具体去面对大中永乐的问题”。黄光裕则要强势得多，他表示收购永乐就是看上了永乐，“与大中没有任何关系”，他甚至没有明确表态未来是否会继续收购大中。其实，黄光裕何时能完成对永乐的并购和整合才是未来最大的迷局。有分析师回顾国美永乐合并前的种种“不和谐”情况时说，连并购结果的宣布都是如此多波折，并购双方其实都是各怀心事，未来如何整合还很难说，目前永乐内部正在流传一句据说是国美干部会议上的原话——“不要歧视永乐的员工”，所有人都体会到了接受并购与贯彻并购将有多么的艰难。

资料来源：

1. 蔡一飞、刘雪梅：《瓜分永乐》，《IT经理世界》，2006年8月5日。
2. 冯文杰、韩伯棠：《永乐 & 大中一段无果的姻缘》，《企业管理》，2006年第9期。
3. 潘石心，美乐联姻：撼动家电连锁格局，《中国质量万里行》，2006年第9期。
4. 郇丽：《国美并永乐：寡头时代来临?》，《中国新闻周刊》，2006年8月7日。
5. 王伟力：《永乐神话》，《新财经》，2004年第11期。
6. 袭祥德：《国美永乐合并的新残局》，《商务周刊》，2006年8月20日。

思考题：

1. 在永乐的起步阶段，永乐是采取何种策略为其进军全国打下了基础？
2. 永乐是如何在全国进行扩张的？
3. 如何评价永乐在融资时与摩根斯坦利签订的“对赌协议”？
4. 如何评价永乐对大中的并购？双方缘何从“蜜月”走向决裂？

创新篇

第八章　创造性思维与创造性地解决问题

☞ 学习目标

本章通过介绍创造性思维的发展、测量以及创造性解决问题的障碍，希望读者能掌握创造性思维的概念特征，能识别创造性解决问题的头脑桎梏、动机障碍和情景障碍并加以避免。同时，通过介绍创造性思维的技法训练，希望读者能掌握本章介绍的四种方法，在学习生活中多加练习，挖掘自己的创造性思维。

开篇案例　新西兰的畜牧业经济

我们已经讨论了问题解决的一般过程和具体方法。本章开始将带你走进创造性思维和（创造性地）解决问题的世界。大家一定记得古希腊数学家阿基米德发现浮力的例子，这其中有顿悟的成分，更有创意的美妙。要称出一顶皇冠是否是纯金所铸并不容易，但是阿基米德的方法就在于“改称为量”，用排出水的体积来衡量皇冠的质量。有人说创造就是旧成分的新组合，创造性思路可以来自于原有事物的特征缺陷。从新西兰的畜牧业经济中我们可以看到哪些事物是如何组合在一起发挥效用的。

新西兰是南半球一个资源有限的岛国，100 多年来它很大程度上都是一种单一收成经济，即草原畜牧。世界上其他任何一个依靠单一经济作物的国家都是欠发达国家，独有新西兰创造性地适应环境，从而建立起了世界上最高效的草原畜牧业和市场，产品遍布全球。新西兰是如何建立强大的农业经济的呢？

首先，在一个世纪以前，澳大利亚畜牧者为了上好的羊毛繁殖了美利奴绵羊，还为肉类生产培育了其他品种。新西兰则杂交繁殖出既有好的羊毛又能产出优质肉的羊，这就是一种旧成分的新组合。

这个杂交繁殖过程还产生了一个新奇的品种，这种羊的毛是编织地毯的理想材料。新西兰人从国外引进了先进的用混合纤维编织地毯的机器，改良后用这个技术处理粗羊毛，结果新西兰成为了机织羊毛地毯的最大出口国。

新西兰没有发明飞机，也没有发明使用飞机播撒化肥的技术，但是新西兰结合了这些科技，在 50 多年中，一直使用“空中施肥”，在山脉旁播撒磷酸钙，以便能长出适合羊吃的草。

新西兰还杂交培育了多肉和多奶的牛。它使用一系列的先进技术使得牛奶产业链非常发达：环型牛栏使最高效的挤奶作业成为可能，牛奶车将牛奶运送到合营的牛奶公司、研究所研制出速溶奶粉、合营牛奶公司制定国际营销计划。因此，新西兰生产一吨黄油的成本仅为 1 239 美元，而美国是 2 148 美元，荷兰是 2 829 美元，日本是 4 929 美元。所有的环节被整合到一起，（从而）形成了新西兰基于畜牧业的繁荣经济。

让我们回到阿基米德的问题上，请读者思考下面一个类似的问题：有两个玻璃瓶，一个高细，一个粗短，在没有量杯的情况下，怎样用最简单的方法鉴别哪个瓶子的容积更大？带着这个问题，我们进入本章的学习。

资料来源：［美］珍妮·沃斯，［新西兰］戈登·德莱顿著：《学习的革命》：上海三联书店 1998 年版。

第一节　创造性思维概述

一、创造力概述

1. 创造力的概念。要想理解创造性思维，首先要明白什么是创造力。在英语中，创造性（Creativity）又称创造力，可阐释为“创造的能力，才艺智力的开发”，该词在用法上可意指创造过程、创造途径、创造产品和个人潜力等各个不同方面。目前心理学界较为一致的看法是把创造力定义为：根据一定的目的和任务，运用一切已知信息，开展能动的思维活动，产生出某种新颖的、独特的、具有社会价值或个人价值的产品的智力品质。这里的产品是指以某种形式存在的思维成果。

产品的新颖性、独特性和价值的大小是判断是否具有创造性的标准之一。但有时候创造性活动不一定产生具体成果，要使创造性活动产生成果，还需要其他因素或条件的成熟。如个体的智力品质、创造产品的相应知识、技能，保证创造力的环境、机遇等。

2. 影响创造力的因素。影响创造性的因素主要有以下六种：智力、知识、思维风格、人格特征（个性）、动机和环境。下面我们逐一进行简单讨论。

（1）智力。智力是创造力的最重要成分。一些理论研究和实验工作报告指出，有一系列高水平的智力能力和基本水平的智力能力与创造力有关。其中，高水平的智力能力包括发现问题的能力（指从外界众多的信息源中，发现自己所需要的、有价值的问题的能力）、明确问题的能力（指个体将获取的新问题纳入主体已有的知识经验之中储存起来的能力）、表征问题的能力（指个体将储存在头脑中的知识经验中提取有关的信息，对问题进行表征和描述的能力）、策略的选择能力（指选择发散思维或集中思维的能力）和有效评估的能力（检验思维成果是否具有新意、适宜性和高质量的能力）。顿悟能力和发散思维技能，也被认为是创造性作业的基本水平的智力能力。

（2）知识。知识是指有关的经验体验和知识结构，它既包括正式的、书本中可以找到的，也包括非正式的，例如，启发式或知道谁在某领域是重要人物等。知识给创造性思维提供加工信息，帮助创造者了解他在某个领域中所处的位置。知识使人能够识别问题、懂得问题的性质，阻止人去重复老观念，帮助人发现和利用出现的机会，还可以帮助人集中认知资源进而产生新的观念，产生高质量的成果。要产生创造性的大师级的成果，至少要在该领域有几年时间的知识积累。当然，个体的知识背景，有时也可能会约束其创造力的发挥，使人循规蹈矩。

（3）思维风格。思维风格是指一个人运用自己的智力和知识解决问题时喜欢的方式。两个人可能具有同等的智力水平，但在如何把能力运用在工作上则会有所不同。研究表明，某些思维风格促进创造性，而某些思维风格减弱创造性，如感觉型与直觉型是两种思维风格。感觉型喜欢通过五官来探究问题，强烈地依赖于外在的有效信息，而直觉型则相反，他们依赖于自己的预感、感觉和内在的知识源。二者相比较，直觉性有助于创造性成果的产生。

（4）人格特征（个性）。个体人格特征对创造力的发挥有着重要影响。它有助于人有效地运用认知成分，把稍纵即逝的想法转变成真实的成果。许多研究发现，有5种人格特征与创造性的发生有密切关系，它们是：①对模糊的容忍力。问题解决总有一个不确定阶段，此时要排除焦虑，不受追求有效的压力的影响。②坚持性。产生创造性成果必须能面对障碍，并征服障碍。③对新体验的开放性。开放意味着愿意尝试新的观念，对自己的内在想法和外在世界充满好奇，易产生发散思维。④渴望成长。将一个创造性观念付诸实现，必定会遇到困难，而渴望成长的愿望将成为活动进行下去的动力。⑤冒险性。创造性工作要打破常规，就潜伏着失败的可能。

（5）动机。动机为创造性的目的提供认知成分的驱动力。通常认为个体内在的动机有利于发挥其创造性，而外在的动机则不利于发挥其创造性。内在动机是满足于任务的完成而产生的内在驱动力或渴望，而外在动机是环境提供的奖赏。有研究发现，内在动机与外在动机之间的相互作用对创造性的影响更大。斯腾伯格和卢勃特（1991，1993）提出，动机对创造性发挥作用的关键并不是动机内在、外在的性质，而是动机影响了一个人对任务的注意方式。关注任务的动机可使人将注意力保持在任务上，而关注目标的动机则使人将注意力集中在对任务本身不利的奖赏上。外在的动机倾向于关注奖赏的目标，通常动机过于强烈，就会过于关注目标，导致效率不高。

（6）环境。创造力的最后一个成分是环境背景。环境可以提供有助于新观念形成的物理的或社会的条件；环境可以激发一个人运用与创造性有关的认知能力。从大的环境如时代背景、奖赏制度、教师的教育观念是否鼓励创新，到小的环境如个体的工作自由度、充分的思考时间等，都体现了环境对创造力的影响。

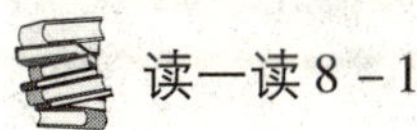

读一读 8－1

提高创造力十二条忠告

1. 有了思想，立即记录下来：一个想法如果在24小时内没有记录下来，就会被忘记。
2. 每天对自己提出新的质疑：质疑可以扩大你的认识领域。
3. 在本领域取得领先地位：掌握本领域最先进的东西。
4. 学会本专业以外的事情：把一个领域的思想或者概念渗透到另外一个领域。
5. 废除老套的做事模式：从新的观点看问题。
6. 对自己和别人的思想持开放的态度：新思想是脆弱的，不要让它们受到伤害。

7. 留心观察：探究问题中的相似性、差异和独有特征。
8. 敢于冒险：怕冒险是创造性的主要障碍。
9. 保持幽默：幽默让人放松，放松提升创造力。
10. 参与猜谜、游戏等活动：这些游戏可以保持思想的主动性。
11. 勇敢且自信：认定自己是成功的。
12. 学会认识自己和理解自己：弄明白自己真正的优点和缺点。

二、创造性思维概述

1. 创造性思维的概念。创造性思维是指思维结果具有新颖性、独特性和有价值的思维。为了说明创造性思维，我们把它与再造性思维和发散性思维作一个对比分析。

（1）创造性思维与再造性思维。创造性思维与再造性思维是按照是否具有新颖性、独特性和有价值的标准来进行分类的两类思维。人们在日常生活中遇到的许多问题的解决，只要重复过去在类似情景中学会的办法就能解决，这种再造性思维大多可以用学习、记忆和迁移等过程来解释。而创造性思维的基本特征是新颖性，它要求个体打破惯常的解决问题的方式，将过去的经验重新加以综合，给问题以新的解决办法。创造性思维突出地表现在科学发明、文学艺术创作以及其他各种创造活动中。

（2）创造性思维与发散性思维。发散性思维是从所给的信息中产生众多的信息，从同一输入来源中产生各种各样为数众多的输出。即从问题的多种可能方向扩散出去，探索问题的多种解决方法。吉尔福特于 1967 年将集中思维和发散思维作为智力结构的因素提出来，并认为流畅性、变通性和独创性构成了发散性思维的三个维量。①流畅性，即思维敏捷，反应迅速，对于特定的问题情境能顺利产生多种反应或提出多种答案。如列举出某一词的所有同义词。②变通性，即具有较强的应变能力和适应性，具有灵活改变方向的能力，即变换对某一问题的研究角度的能力。如解决一系列问题，而每一个问题都可能需要运用不同的策略。③独创性，即产生新的非凡思想的能力，表现为产生新奇、罕见、首创的观念和成就，即产生不寻常的解题方案的能力。如产生独一无二的回答。这三个维量虽然也是创造性思维的主要内容，但创造性思维并不完全等同于发散性思维，它是发散性思维与集中思维的统一，只是通常更多地或首先表现在发散性上。而要产生最合理的方案，总也离不开集中思维。

将创造性思维用于问题解决是本章讨论的中心话题。创造性的解决问题并不要求某个人是这一问题的首个解决者。也就是说不论一个人是第一个或第一百个想出该问题的解决方法，只要他是独立思考而没有照搬别人的思维成果，都可以说这是一个创造性解决问题的过程。并且我们在实际生活中遇到的问题并不同于教科书后的习题或者心理学家编制的谜题，有时候那不是一个明确的需要解决的问题，而是一个需要改进的情境，这时候同样也能够运用创造性思维来改进这个情境。

下面我们简单区分另外一组概念：发明、革新和创造性思维。发明被定义为创造出一种新的有用的事物或新方法，因此发明可以视为一种特殊的创造性解决问题的行为。革新是指革除旧的、创造新的“事物或技术”的行为或过程。革新比发明有更广泛的外延，所有的发明都是革新，但许多革新不是发明。革新不仅包括实体和物质，还包括战略、流程、风俗习惯、技术工艺、方法、理念、表达方式和做事的方法等。革新是一种具有高度创造性的解决方案，它被人利用，却不被创造它的人使用。因此所有的革新都起源于创造性的解决方案，但不是所有创造性的解决方案都是革新。如果一项革新在很长时间里受到欢迎，它就成了一项传统。如清末民初的剪辫风潮就是很好的革故鼎新的事例。

思考题：

请结合财务工作的实践，谈谈创新、发明和创造性思维的区别。

2. 创造性思维的阶段理论。心理学家华莱士（1926）提出了创造性思维的四阶段理论，该理论后来经过许多学者的认定，从而得出较为一致的意见。

（1）准备阶段（Preparation）：在这个阶段，问题解决者已经明确所要解决的问题，然后围绕这个问题收集资料信息，并试图使之概括化和系统化，形成自己的知识，了解问题的性质，澄清疑难的关键等，同时开始尝试和寻找初步的解决方法，但往往这些方法行不通，问题的解决出现了僵持状态。

（2）酝酿阶段（Incubation）：这一阶段的最大特点是潜意识的参与。对问题解决者来说，需要解决的问题被搁置起来，解决者并没有做什么有意识的工作。由于问题是表面上被暂时搁置而实际上问题解决者仍在继续思考，因而这一阶段也常常叫做探索解决问题的潜伏期、孕育期。

（3）明朗阶段（Illumination）：进入这一阶段，问题的解决一下子变得豁然开朗。解决者突然间被特定情境下的某一特定启发唤醒，创造性的新意识猛然出现，以前的困扰顿时一一化解，问题得到顺利解决。这一阶段伴随着强烈的、明显发生变化的情绪，这一情绪变化是在面临问题的一刹那出现的，是突然的、完整的、强烈的，给解决者以极大的快感。这一阶段也称灵感期或顿悟期。

（4）验证阶段（Verification）：这是问题解决者对整个创造过程的反思，检验解决方法是否正确的验证期。在这个阶段把抽象的新观念落实在具体操作的层次上，提出的解决方法必须详细地、具体地叙述出来并加以运用和验证。如果试验并检验是可行的，问题就解决了。若提出的方法失败了，则上述过程必须全部或部分地重新进行。

思考题：

请用创造性思维的阶段理论分析日常工作中的一项创新活动。

3. 创造性思维的测量。用于测量一个人的创造性思维（Hocervar and Bachelor，1989）的方法有八种，它们是：认知能力测验、个性调查、传记调查、态度和兴趣调查、教师与同事及管理者的个人中心的评定、突出绩效评定、成绩的自我报告和工作产品的评判。这些方法各有其特点，应根据对创造性思维测量的需要有目的地加以选择。

认知能力测验。认知测验寻求和测量产生创造性产品的基本思维过程，这些测验测量的是当呈现问题时以一种特殊方式思维的能力，而不是评估一个人在非测验情景中自然运用这种能力的程度。吉尔福特的发散性思维测验和托兰斯的创造性思维测验是其中两个最有名的测验（Torrance and Presbury，1984）。下面将详细介绍托兰斯创造性思维测验。

托兰斯测验于1966年编制而成，这是至80年代影响最大、应用最广泛的创造性思维测验，从幼儿园到研究生院都适用。托兰斯测验由涉及发散性思维和其他问题解决技能的相对简单的言语和图形测验所组成。下面举一些分测验的样例加以说明。

（1）问问题（Ask Questions）。要求被试列出对图画内容所想到的一切。

（2）产品改进（Product Improvement）。要求被试列出一个玩具可能改进的方法，以便儿童玩起来更有趣。

（3）锡罐的非常用途（Unusual Uses of Cans）。要求被试者说出锡罐的有趣而非常的用途。

（4）未完成图画（Incomplete Figures）。向被试提供 10 个简单线条勾出的抽象图形，让他们完成这些图并加以命名。

（5）圆圈测验（Circles）。共包括 30 个圆圈。要求被试据此尽可能多地画出互不相同的图画。

这些分测验可以从流畅性（Fluency）、变通性（Flexibility）、独特性（Originality）和精致性（Elaboration，即反应的具体细节的数量）几个方面进行计分。关于具体的计分细则可参阅《测验手册》，该手册提供了详细的指导。此外，测验手册中还提供了详细的信度资料以及有关常模，可供研究者分析、讨论时使用和参考。

个性调查。另一种辨别创造性人才的方法就是通过调查他们的人格特质来进行。通过一个标准化的个性测验，一些项目的反应分数就是创造性人格的剖面图的反映（Gough and Heilbrun，1983）。之所以选择这些项目，是因为它们与创造性有关，或者它们在统计意义上能区分出高创造性与低创造性的人。和认知测验类似，可以用常用的人格测验（带有创造性分测验的）来调查个性。但是由于这种调查测试的不只是与创造性有关的特质，所以存在一定的局限性。一些专门化的人格测验已经编制出来，可用来专门测量与创造力有关的特质。如托拉斯测试法和尤金·劳德塞测试法。

传记调查。传记调查工作基于以下假设：某些共同的背景经历导致了人们的创造性。如有研究表明，具有创造性的人往往是在有着丰富阅读材料变量的家庭环境中长大的（Ochse，1990）。传记调查的内容涉及询问家庭环境（包括家庭图书室）、教育经历、家族史、爱好、社会活动或兴趣（Schaefer，1970）。询问的内容可通过创造性的研究结果来选择，或通过选择那些在统计上能区分高低创造性人群的项目来进行（Hocevar and Bachelor，1989）。作为一种测量创造性的方法，传记调查的优缺点都与项目内容的相对不确定性有关。由于传记调查的许多项目与创造性没有一个明确的关系，所以运用这种方法有时很难把创造性揭示出来。

态度和兴趣调查。这种方法测量的是人们外在的对涉及创造性的活动的喜欢、不喜欢或感兴趣的程度（Hocevar and Bachelor，1989）。如询问人们是否喜欢写小说、对未知之事做白日梦，或者询问他们如果具有艺术技能，是否愿意成为一个雕塑家。一个态度项目可以测量一个人愿意按照教科书还是按照他自己的意愿行事。这个方法的一个主要问题就是，这些分散的项目往往涉及创造性的许多维度，而对其中任何一个维度并没有充分测量。

教师与同事及管理者的个人中心的评定。在日常生活中，教师、同事和管理者经常对人们的创造性作出判断（Hocevar and Bachelor，1989）。这些判断往往倾向于整体地评估一个人。从积极的一面来讲，这种判断考虑到了这个人在被观察期间的所有情况和活动结果。从消极的一面来讲，这种判断是基于单个判断意见，反映的是对创造性的主观见解，而且这种方法不可能将不同的评判者作出的创造性评定来进行比较。

突出绩效评定。突出绩效评定是教师或管理者评定概念的一个发展，它代表了一个领域或社会对一个人的成绩作出的一个总体的评定。研究者通过测量个体在名人传记中占有的空间大小、在专家群体中的地位、被引用的次数、专家的等级和奖励（如诺贝尔奖金）等来评估突出绩效（Hocevar and Bachelor，1989）。突出绩效评定在一些方面确实很有用，但因为它评定的不只是对创造性的注释，所以也存在不好的一面。此外突出绩效评定对现代创造者来说结果经常是不稳定的或无效的。

成绩的自我报告。测量创造性最直接的方法，就是询问一个人他已经取得了哪些创造性成果。为了有利于个人提供创造性活动的报告，已研制出了一些调查表，这些调查表涉及艺术、科学、文学、音乐、美术及其他领域的活动（Hocevar and Bachelor，1989）。另外，理查兹（B. Richards）、金尼（D. Kinney）、贝内（M. Benet）和默泽尔（A. Merzel，1988）还研制出了日常生活中的创造性量表（Lifetime Creativity Scales），这个量表利用结构式访谈来收集有关职业和非职业方面创造性成果的信息。

创造性成绩的自我报告，是一个很有用的指示器，因为它涉及了很长一段时间，并揭示了自然发生的创造性行为（而不是在实验室任务下的反应）。过去的行为是对将来行为的很好预测，但是自我报告受制于严重的报告误差。如一个谦逊的人会不在意地忘掉一些成果，或不把成果当做创造性的东西来对待，而一个自夸的人则会相反。

工作产品的评判成绩的自我报告。也许对创造力的最关键的测量就是对一个人成果（即创造性产品）的测查。一个创造性的产品可以是一个短故事、一幅画、一个科学问题的解决、一首诗、一个发明、一首歌曲、一个食谱、一个新的工作程序或者任何其他以可见方式呈现的思想。阿玛贝尔（1982，1983）已经用公认的方法对创造性产品的评判进行了广泛的研究，几个评判者仔细观察产品并对它们的创造性用数量化量表如1（最低）到7（最高）进行排列。每一个评判者互相独立，然后计算他们对每一件产品评判成绩的平均分和总分。一般来说，评判者可以是同事，也可以是专家。他们可以运用他们自己对创造性的理解来指导评分，也可以运用其他研究者的特定的标准来进行。

工作产品的评判也许是评定创造性的最有用的指标（Hocevar and Bachelor，1989）。创造性产品对界定创造性是关键因素，这种界定是以实物（受制于观察者的仔细观察）为基础的。当运用多次评判时，综合的产品评定显示出很高的信度（Amabile，1982，1983，Lubart and Sternberg，1995）。评判产品的一个主要问题是这些产品代表了个体的有限的行为样式。而且产品被制作出来是因为测验或研究计划的需要，或产品揭示的是在其要求下的创造能力。但如果是检查个体在自然条件下制作出来的产品，结果可能会有所不同。

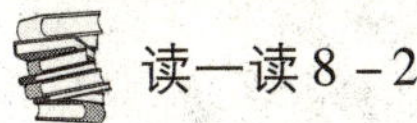

读一读 8－2

科技创新——中冶美利超常规发展的助推器

中冶美利纸业的发展之路，是一条科技创新之路。20 多年来，公司涌现出了一批以“事业部制改革管理”、“林纸循环经济”、“雪面双胶纸”、“防黏衬纸”等为标志的重大科技创新成果，提出了“环保也是生产力、世界上没有废物，只有放错了地方的资源”等循环经济理念。公司大力实施以废物利用为主题的科技创新工程，节能降耗指标达到了国内先进水平，有力地推动了企业的快速发展和职工收入的提高，显著增强了公司的综合实力和市场竞争力。

近年来，中冶美利围绕经济发展需求，大力开展技术改造和科技攻关，加速了科技成果转化，企业科技创新和技术研发的综合实力得到进一步加强。中冶美利通过体制机制改革，从管理和运行方面强化了创新主体的责任和措施建设，建立和完善了企业技术中心、专家委员会、企业科协管理机构，加强和组建了以制浆造纸研究院、林业研究院和化工研究所（“两院一所”）为主体的研发机构，并建立了标准化委员会，形成了企业一整套科技创新和技术研发服务体系。

科技创新对中冶美利经济发展的支撑作用显著增强。企业通过了ISO9002国际质量管理体系认证，ISO14001国际环境管理体系认证。技术改造、产品科技研发、科技创新对企业经济发展的支撑作用越来越显著。采用高配比麦草浆生产雪面双胶纸、防黏衬纸、涂布原纸的生产技术居国内领先水平。几年来，科技创新产品年新增工业产值均以销售收入的20%增长，每年新增工业产值达到2亿元以上，仅2006年新增的3.6亿元工业产值全部是科技创新产品的贡献。

多年来，美利纸业不断加快技术改造步伐，加大科技研发力度，为企业的良性发展和做大做强奠定了基础，取得了显著成效。

创新企业科技管理运行体系，充分发挥企业创新主体、责任主体、投入主体、人才主体、成果推广应用主体、对外合作主体和管理主体作用，实行集团公司企业技术中心领导下的以制浆造纸研究院、林业研究院、化工研究所为支撑的分职管理及内外协作、多层次、分专业联合的科技研发运行模式是该公司进入中冶集团以来在科技创新方面实施的一项重大体制改革。公司科技发展的职能体系由三个层面组成：企业技术中心是科技发展管理的最高机构；专家委员会、标准委员会和企业科协是促进科技发展的技术决策、咨询服务系统；“两院一所”以及基层单位多层次、多专业内外联合的科技力量是实施科技研发的主体。公司上上下下形成了科技创新蓬勃发展、“四新”应用成效显著的大好局面。

在创新机制建设方面：一是加强科技人才队伍培育，以项目研发战略带动企业优秀科技人才脱颖而出，采取激励引进措施培养造就领军型科技人才和高水平创新团队；二是落实技术创新激励政策，公司实行了有利于增强自主创新能力的《创新成果评定和奖励办法细则》和《关于实行专业技术人员技能工资的管理规定》。在激励机制方面中冶美利强化了观念的转变，始终贯彻对优秀专业技术人才深造培训也是终生福利的激励政策，培育人才的企业责任感、创造性和奉献精神；三是建立和完善了企业知识产权管理机构，健全规章制度；四是加大科技研发投入；五是采取“人才请进来、项目走出去”的方式与大专院校和科研院所开展研发合作，取得合作成果7项。

中冶美利纸业坚持科技发展要以“加强核心，支撑提升，服务经营，增强后劲，引领未来”为市场导向，实现四个工作转变：一是技术创新和体制创新相结合实现研发的重点突破；二是充分发挥自主科技创新能力，瞄准国内先进标杆；三是以应用技术为重点，实施原始创新、集成创新和引进消化吸收再创新战略；四是坚持自主创新，加快成果研发和转化进程，形成企业自有知识产权的产业核心技术。

公司在“二五”规划期间，把技术创新作为企业发展的根本，把依靠技术创新、新产品开发、新工艺采用和市场开拓作为经营中心环节。

中冶美利牢固树立“抓科技就是抓经济、抓创新就是抓发展”的理念，认真落实和改善对科技工作的领导，切实把科技工作摆上重要议事日程，与经济工作同研究、同部署、同检查、同落实，确保建设创新型企业的各项工作和科技研发落到实处。管理人员带头学科学、用科学，用先进的思想武装头脑，用科学的理论指导实践，用创新的方法推动工作。

科技创新体系建设是加快科技成果转化的重要平台，公司一贯坚持“以服务求支持，以贡献促发展”的原则，把制浆造纸研究院、林业研究院和化工研究所等科研主体办成高新技术成果的高效孵化器。本着“优势互补、互利互惠”的原则，使科技政策与产品研发、课题攻关成果奖励和技术人员岗位技能工资等政策相互协调、紧密结合，强化政策支持力度。

公司还积极通过政府间、企业间、民间多层次渠道，开展国内、国际科技合作交流，围绕公司科技发展中的重大关键技术问题利用各种渠道和形式，扩大使用范围和创新合作方式，以中冶科工集团技术中心为平台，组织实施一批互利双赢的国际科技使用项目和重大技术引进项目，促进地域性资源和产业发展的科技合作。组织开展科技招商，有选择、有目标地引智、引技、引资。加强科学技术专业知识的普及，营造企业干部员工热爱科学、崇尚科学、关注创新、参与科技进步的企业文化氛围。充分发挥科技评价和科技奖励的推动作用，完善创新机制，大力提倡敢为人先；大力倡导敢于创新、勇于竞争和宽容失败的精神，提高全员的创新意识、创新理念和创新能力，激发干部员工的创新积极性和潜能，营造了尊重知识、尊重科学、尊重人才、尊重创新的良好氛围。

资料来源：孟繁华：《科技创新——中冶美利超常规发展的助推器》，《造纸信息》，2008 年第 10 期。

思考题：

1. 结合案例，谈谈为什么企业需要重视创新？
2. 结合案例，谈谈你对管理创新的必要性的理解。

第二节　创造性解决问题的障碍及其克服

一、头脑中的逻辑枷锁

本书第三章已经介绍过了思维的常见误区：路径依赖、晕轮效应、沉锚效应、投入升级等。同样，在创造性思维活动中，我们常常遇到各种思维定式的困扰，知识的负迁移效应让我们陷入被动思维中。这就好比头脑中出现了一个逻辑枷锁，阻碍我们进行创新和思辨式的思考。

创造是相对障碍而言的，谁克服了思维上的障碍，谁就能取得创造性的突破。由于大脑运作模式总是重复出现的，大脑在筛选信息、分析问题、作出决策时，总是自觉不自觉地沿着熟悉的方向与路径进行，这就是思维定式。产生思维定式的思维模式称为逻辑箱。逻辑箱存在于每个人的头脑中，具有普遍性。它已成为一种社会意识，并可能通过各类社会活动而影响他人。

思维的逻辑箱有三个特点：第一，它是纯“形式化”的，是一个抽象的模型，只有被思考的对象填充起来，实际的思维过程发生之后，不同逻辑箱之间的差异才会显示出来。

心理学家设计过这样一个思维游戏：木桌面上摆着一张 100 元纸币，纸币正中压着一把竖直放置的没开刃的菜刀，菜刀上支撑着一个横放的木杆，木杆两端系着两个平衡锤。稍微晃动，它们就会倒下来。现在要求游戏者在保持木杆平衡的前提下，把100元纸币取出来。

经过多次尝试，游戏者们发现，不论怎么努力，要想不碰倒木杆而取出那张纸币几乎是不可能的。为什么大家会得出这样的结论呢？因为他们从头脑中的逻辑箱中寻找答案时，不自觉的设定了这样一个前提：纸币是不能撕坏的。但是在这一特殊情况下，题目并无要求不能损坏纸币，事实上可以将纸币当做一张普通的白纸来看待。因此解决这个问题的办法很简单，只要把纸币从刀刃压的地方撕开，再用透明胶带粘合即可。

思维的逻辑箱的第二个特点是有强大的惯性。一种逻辑箱的建立要经过长期的努力，一旦建立则会支配人们的思维过程、心理过程和实践。要想改变已经建立起来的逻辑箱不是一朝一夕的事，有时候还要伴随着巨大的痛苦。

在各类学科的发展史上，这样的例子不胜枚举。古希腊著名数学家欧几里得开创了几何学，在他的《几何原本》（约成书于公元前300年）中，只通过最基本的定义和十个公理，欧几里得便得出了平面几何的许多定理。他的精密的思想、完美的论证和演绎推理，使几何学在接下来的近两千年的时光中被发扬和称颂。直到19世纪，数学家高斯、罗巴切夫斯基、鲍耶和黎曼，在不同地域相继提出了非欧几何，从而颠覆了整个几何学理论体系。最简单的定理被打破了：我们所熟知的三角形的内角和为180度，是欧氏几何的结论；然而在罗巴切夫斯基和鲍耶的几何中，三角形的内角和是小于180度的，而在黎曼几何中，三角形的内角和又是大于180度的。在非欧几何出现之前，欧几里得的几何学统治了大约两千年，人们居然从未对它怀有质疑，认为这是地球上唯一的几何学，人们被禁锢在思维的逻辑箱中，没有危机感。当非欧几何被证明之后，人们才恍然大悟，原来我们生活的世界中，还有如此不同的几何学，他们几乎没有认识到，人类其实一直生活在一个球面之上，而不是平面之上。

逻辑箱的第三个特点是具有等级性。对同一问题，有多种解体模式，每一种模式对应的逻辑箱特点是不同的，它们可以分处不同的等级。那些受逻辑的条框约束最深的思维模式称为深度逻辑箱，依次还有中度、浅度和最不受约束的创造性解题模式：零度逻辑箱。

即使是科学家这个学识丰富、思维敏捷的人群，也免不了受到逻辑箱的困惑。看看氧气发现的历史，就能明白一二。18世纪初，德国化学家斯塔尔提出了“燃素说”，他认为燃素是一种可燃烧的元素。这一解答似乎告诉人们是什么产生了火，人们对此深信不疑，逐渐被这一逻辑箱束缚。18世纪70年代，瑞典化学家舍勒又发现了一种可以使蜡烛燃烧的“火气”，他说燃烧是燃素与火气的结合。这显然又是受到了燃素说的影响。几乎同时英国化学家普里斯特利在实验中获得了氧气，甚至大着胆子去闻它，但是他还是没有跳出燃素说的框子。直到法国化学家拉瓦锡重做了上述实验，大胆抛弃燃素说，命名这种气体为“氧气”。

创造性思维的目的就是要突破这些大大小小的逻辑箱，使思维如同溪流泉水般流畅无阻。著名的创造性思维专家德·波诺的“横向思维”技法告诉我们：与其在一处深挖洞穴，不如在旁边多挖几个洞穴，可能有意想不到的发现。有时候，我们对世界上的事物太熟悉了，以至于形成了一种习惯，束缚了我们创造的思维。因此，变熟悉为陌生是进行创造性解决问题的有效方式。我们要以陌生的态度看待熟悉的事物，在习以为常的事物中发现缺点，任何一个缺点就是我们可以改进的地方。比如圆珠笔是我们日常进行文字处理不可缺少的工具，但是它似乎只有书写一种功能。厦门圆珠笔厂的李进国师傅却受到药房医务人员的启发，将圆珠笔的笔杆设计成竹片形、刀片形，使圆珠笔可以用来拨药片、抹糨糊、裁纸等，一笔多用，在市场上受到了欢迎。

思考题：

在工作实践中，请说出你曾经打破过哪些逻辑枷锁？

二、创新的动机障碍

创新动机是直接激励和推动人们去从事创造活动、进行创新思维的内在驱动力，创新的动机障碍也就是人们激发这种驱动力时遇到的障碍。个体在解决问题时除了会受到思维定式的影响外，情感、态度等心理因素也会影响其思维的灵活性和创造性。常见的动机障碍有以下几种：

- 缺乏问题意识。现实中的问题总是在被发现之前就存在了，关键是我们能不能及时将问题找出来。在企业中，管理者常常会遇到这样的问题：为什么有的员工工作缺乏积极性？为什么有的员工却兢兢业业、责任心强？但是在我们发现问题时，它可能已经存在了很久，只不过我们刚刚发现而已。假如这是一个财务上的漏洞，那么及时发现它就事关重大了。同时有的人认为没有什么可以创造或改变或者认为创造发明是科学技术人员的事情，与自己没有关系。实际上，生活、工作中的方方面面都离不开一双细致观察的眼睛和一颗充满关怀的心。那么如何练就一双善于观察和发现问题的眼睛呢？这需要细致的观察，对对象心理的分析，对工作性质和特点的熟悉，对工作的原则的深刻理解，不断地积累经验和与同行交流，只有这样我们才能保持一个清醒的头脑，才能在问题还未形成之时就能发现并且防微杜渐。
- 缺乏冒险精神。有时候我们已经发现了问题，但是问题的解决方案可能面临很大的考验，或者会带来适得其反的结果，于是我们畏首畏尾，问题解决的第一时间就被耽误了。和西方人相比，中国文化的稳定性使我们一方面非常自豪和宽容，另一方面也不可避免的保守。然而，在市场经济的大潮中，出现了一批具有代表性的中国企业，他们具有冒险精神的行动令我们感到欣慰与希望。如2005年联想集团斥巨资收购IBM麾下个人电脑业务部，这个在普通人看来是“蛇吞象”的行动，对中国企业的发展来说，其意义却是十分重大的。尽管在2006年以来，联想集团在经营和财务方面确实遇到了困难，但是如果没有当初并购的这一步，也不会为联想赢得更多的国际声誉和尊重，以及广泛的市场空间。全球顶尖企业微软公司也是鼓励犯错误的，新上任的管理者或者新进的员工必须犯错误，才能在考核中得到好成绩，这提醒了我们的管理者在塑造组织文化的时候，应当考虑到如何为发展创造性提供更好地成长空间。
- 缺乏追求卓越的精神。一个组织或个人尽管不可能时时刻刻占据最佳位置，但是必须要有追求卓越的精神。著名的中星微电子集团公司是由美国归来的四位青年企业家创办的，其拥有完全自主知识产权的“星光一号”等多媒体芯片目前在全球的市场份额已经达到60%，但是集团公司的目标是使这个份额达到100%，这个豪言壮语就是CEO邓中翰先生提出的。这种追求卓越的精神正是当代中国的企业家应当把握和发扬的，同时也为该企业研究开发出更新更好的产品提供了不竭的动力。
- 悲观情绪的干扰。许多人在解决问题的过程中，常常遇到挫折和困惑，结果便轻易地认为“这个问题无解”或者“我们没有充分的条件”等。罗马不是一天建成的，对于复杂的问题，我们必须有充分的耐心和知识储备，最重要的一点是我们必须自信。在体育的竞技场上，常常看到有这种情形，一支原本领先的球队最后却莫名其妙地输了球。原因之一就是队员缺乏必胜的信念，在对手的顽强阻击之下，心理的堡垒崩溃输掉了比赛。我们常说日本球队的比赛特点是特别顽强，这在日本现代工商业发展上也有体现。日本人在消费类电子产品具有许多项创新，原先的收音机和录音机的体积都很大，携带不便，这使得爱好精致小巧的日本人发现了改良的思路。索尼公司在总裁盛田昭夫的带领下，在50~60年代就改良了收音机、录音机，超过了当时美国的制造水平。索尼在70年代发明了随身听，80年代又开发了CD播放器，90年代制造出第一台Mini Disc播放器。索尼逐渐成为电子制造业的龙头和鼻祖，他们不断进行技术改良和创新，使得人们能够随时随地地享受到音乐的美妙。这一切离不开研发人员对知识和技术的精益求精，以及永不言败的精神。

小测验：

结合自己的工作实践，说说如何消除动机障碍对创造性思维的影响作用？

三、问题情境障碍

在前面的章节，我们已经讨论过问题的识别和定义对问题的解决至关重要。问题定义得简单明了，没有干扰的语言，更易于我们分析问题，提出思路。有人对问题陈述做过这样的实验：向学生出示一把旧牙刷，要求他们3分钟之内把自己想到的“关于这把旧牙刷的用途”全部写下来。结果有80%的学生列举了不到8种用途，并且无非是刷子的用途；有20%的学生列出了15~20种用途，其中增加了当小棍棒（支撑窗户用）、当搅拌杆等用途。而把这一问题改成“把这件东西的全部用途写下来”，而避开“牙刷”这个词，那么学生们列出的用途几乎就多了一倍。

我们平日的学习，很大程度上是被动地接受、学习、积累知识与经验，这些知识与经验对于人们解决问题固然十分重要，但也容易形成一种“话题预设”，从而形成一种问题情境障碍。原本同样重量的两只提包，如果有人告诉你，一只较重一只较轻，你大概就会多用力提较重的包，少用力提另一只。这就是一种典型的话题预设。请看下面的例子：

有人不小心把自己的手表掉进装满咖啡的杯子里。他急忙伸手从杯子里取出手表。此时，不但他的手指没有湿，手表也没有湿。请问有没有可能？

一说到咖啡，人们一定会习惯的想到这是一种液体饮料，尤其在本例中又强调了“杯子”中的咖啡，更容易形成这种“话题预设”。如果沿着这个普通思路去寻求答案，肯定会十分困惑。其实，本例的参考答案是杯子中的咖啡是固体粉末！

可见，预设对于注意力乃至思维的发散度有很大的影响，它有时会以“非常相信”的态度，接受预设表示的事物存在，从而也在无形中形成不可改变的“问题意识”，阻碍了注意力的指向，限制了行为能力发展的潜力和空间。因此，要使大脑改变思维，需要对问题改变一下设想，调整一下进入的角度，解决问题的思路就会不期而至。

思考题：

请说出自己在现实工作中消除预设对于创造性解决问题的不利影响的事例，并简单分析。

四、克服障碍获得创意的方法

珍妮特·沃斯博士在其风靡全球的著作《学习的革命》中，给出了得到创意的 12 个步骤。作者首先告诉我们的是，每个创意的想法都来自于旧成分的新组合。正如同我们见到的蔬菜和肉类只有有限的种类，但是通过不同的搭配和烹饪方法，使它们变成了美味佳肴。我们使用的手机拥有了 MP3、数码相机、录音机等许多功能，都来自于生产商将各种不同的功能整合到手机芯片上。这些实用的步骤如下：

- 界定你的问题。
- 界定最佳结果并设想如何实现它。
- 收集所有的材料。
- 打破原来模式。
- 走出你自己的领域。注意要跳出你自己所在的领域，比如学习理工科的人需要从商科、法律的角度来看问题，学习财务出身的人需要了解管理心理学方面的知识。
- 尝试各种各样的组合。
- 使用你的所有感官。使用视觉、听觉、嗅觉、味觉、触觉，在冥想中、在沉思中、在睡眠中，都可能出现灵感。
- 关掉——让它酝酿。在本章第一节中我们介绍过，创造性思维的一般过程中酝酿是关键的一步。
- 利用音乐或自然放松。充分放松你的大脑和肌肉，可以播放一些有益身心的古典音乐，参观艺术品展览，去公园散步，这些都是产生创意的前奏。
- 把它带入睡眠。在睡觉之前，重复回忆一下需要解决的问题，它就会进入潜意识，你的潜意识会接管它。
- 我找到了，它突然出现了！这就像阿基米德发现浮力定律的瞬间一样美好，这是顿悟的瞬间，灵感爆发的刹那。捕捉住这些细微的灵感，形成你的思路。
- 再检验它。合理而有创意的思想能经得起检验。

这就是简单而有效的 12 个步骤，在下一节中，我们将具体介绍一些实用的创造性思维的技法。

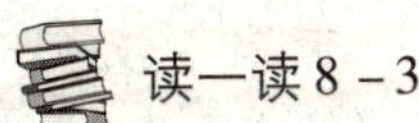
读一读 8－3

复读机太多　泰丰还要再做
——泰丰 888 复读机营销案例

深圳泰丰电子有限公司系中外合资通讯终端产品大型制造厂商，中国高新技术百强企业之一。泰丰拥有大量高科技设备，包括 18 条高速贴片机，40 条自动现代化生产线，同时营建了 15 万平方米的现代化园林厂房。泰丰的主要产品有：泰丰 888 系列电话机、传真机及与此有关的电子、通讯器材。自 1995 年以来，泰丰在美国、中国香港、韩国、北欧等陆续注册了公司，其主导产品泰丰 888 系列通讯终端产品，已大举进入国际市场，目前推出的普通电话、无绳电话、BP机、传真机、公用电话、移动电话等，年产量800万部，年产值约50亿元，年外销量达500余万部，创汇1.1亿美元。在计算机信息产业中，泰丰大力开展网络海量光记录存储系统集成工作，并生产鼠标、摇杆器等电脑周边设备。经过历年的稳步发展，泰丰的分支机构已遍布中国20余个省、市、自治区及海外，产品享誉全球60多个国家和地区。公司综合实力居中国电话机行业前三强地位。2001年始，泰丰趁电话机市场放开的时候，全面出击，一口气推出20多个品种在全国销售，并邀请影视红星张丰毅作泰丰888形象代言人。同时还以"深信泰丰"的名义入主资本市场，业绩在A股上市公司名列前茅，品牌知名度得到进一步提升。

从2001年年中开始，泰丰突然携巨资进军被许多大企业所忽视的"电教产业"，成立了电教事业部，相继推出复读机、电子辞典、CD、MP3、PDA、信息终端产品等，这类产品从诞生起，到如今已快速进入成熟期，利润空间虽大不如前，但比起黑白大家电，利润仍十分可观，竞争也没有大家电激烈。"电教产业"行业利润从100%的利润一路下跌至50%、30%，甚至更低。为什么泰丰突然对这个市场感兴趣，并投入上亿元巨资，圈地电教产业？

1. 市场背景。

• 复读机发展历史。中国最早的复读机产品"X"牌，诞生于1996年，是深圳市一家校办工厂研制出来的，它主要解决了学习外语的复读和芯片录音这两个问题。产品初入市场就深受消费者和经销商的欢迎，在产品旺季的时候，曾出现过经销商争销产品的情况。当时该牌子复读机的市场零售价约是400元，成本价约在150元左右，利润很高，高额利润同时也诱惑着更多的行业进入者。像某企业于1997年开始在局部市场进行尝试，在1998年增加品牌投入力度，花重金邀请当红歌星出任形象代言人，取得成功，在当时所有品牌都没有下大力度打广告的情况下，该企业一炮打响，成为复读机市场的知名品牌。之后，一些大家电企业跟进，但均以贴牌加工方式生产，属明显的短期行为，投入力度不大，故都没能做大。

• 复读机采用"贴牌"使生产成本降低。市场形成规模之后，采用"贴牌"生产是复读机行业最普遍的现象①。如最早的复读机牌子的几个地区经销商，在看到生产商巨大利润之后，就自己"贴牌"生产，并在自己的销售地区销售。"贴牌"使行业进入门槛降低，产品利润空间越来越小，产品价格迅速下滑。复读机市场形成了极少数有实力品牌机能够维持相对较高利润（保持在30%左右的利润），杂牌、贴牌机利润渐薄，时有价格跳水的现象发生。

• 研发投入力度小，介入电教的大企业没有将复读机作为重点产品来做。大部分以贴牌为主，基本上对复读机的研发生产并没有太多投入。而价格战导致的质量问题层出不穷，经销商盼望真正有实力的大企业下力气，长线做产品。

• 由于目前商场普遍增强了查税力度，对增值税发票的管理也越来越严，无形中为名牌产品让出了一条路。泰丰副总经理邵华认为，电教产品是一个长线产品，未来几年，复读机及其他电教产品的市场将只会剩下几个品牌，以后的电教产品市场将是比资本投入，比规模效应，比技术研发、拼营销的时代。如今泰丰在产品成熟期进入，虽错过了初期市场的"高撇脂阶段"，但却可以利用初期市场的"宣教"效应，挖掘一个更加理性的市场。

① 在广东珠江三角洲一些地区，当一种产品旺销后，就会有人仿照这种产品的外观设计出模具，并提出技术方案，开列所有产品供货清单，这种方式被俗称为开"公模"，从一个角度讲，开"公模"现象是一种严重侵犯知识产权的行为。

2. 复读机市场的问题。

• 没有行业标准。北京市技术质量监督检验所的有关负责人介绍，现在市场上由于还没有一个统一的国家质检标准，而厂商自己设定的标准又都参差不齐，使得有些产品虽然合格了，却得不到消费者的满意。

• 消费者容易被误导。由于消费者普遍缺乏对复读机的了解，造成目前厂家拼终端促销现象的出现，这给了许多质量没有保证的杂牌厂家生存下去的市场空隙，这也是为什么杂牌机还能做下去的原因。

• 杂牌产品质量差，其在市场取胜的法宝就是低价冲量，但一味的价格比拼是以产品质量为代价的。比如泰丰采用的机芯，每片十几元，而杂牌厂家就只有几元，而几元的机芯是用不了多长时间就会出问题的，杂牌厂家很难解决售后（投诉）问题。

•“贴牌”现象的流行使中国工业设计走进了死胡同，这种情况不光发生在复读机等电教产品中，在其他产品中同样存在。而目前中国的企业由于知识产权保护不力，许多企业根本就不投入资金去搞设计，导致“公模”现象的产生。

• 复读机产品链问题较多。经销没有质量保证产品的经销商由于售出产品质量问题而亏损，进而欠厂家货款，厂家欠配件供应商货款，形成恶性连锁反应，伤害了上游供应商，更打击了下游经销商，其中关键问题在于产品质量，不讲品质的价格战最终受到利益侵害的必然是广大消费者。

泰丰在这种情况下进入复读机市场，它采取的一系列有效措施，使得泰丰 888 复读机上市仅两个月，就依托品牌实力，通过运用整合营销，迅速建立了覆盖全国的电教产品分销网络，产品快速铺向大中城市，几大中心城市已实现良性循环，泰丰 888 在局部城市甚至飙升成区域第一品牌。首战告捷，更鼓舞了代理商的士气，现今，慕名或介绍到泰丰咨询做产品代理的络绎不绝。成功的市场启动为第二阶段泰丰电教系列产品的全国铺市及在终端实现全面赢利，打下稳固的根基。

资料来源：中国创新能力网。

思考题：

1. 泰丰为什么选择在复读机市场成熟期进入？
2. 它靠什么来盈利，并成为区域第一品牌？
3. 根据案例陈述，你觉得泰丰设计了什么样的营销策略？

第三节　创造性思维技法训练

一、核检表法

核检表法，指的是根据需要研究的对象，列出所有与其有关的问题，逐一核对研究，从而发现和挖掘出解决问题的大量设想和最终的创造发明。

核检表法根据内容抽象性和应用广泛性可分为两类：一类是在多种场合都能适用的 6W 法；另一类是针对某种特定要求制定的核检表法，如新产品开发核检表、降低成本核检表法等。

1. 6W 法。6W 法是美国陆军提出来的。它通过对研究对象从 6 个角度提出问题，看其是否合理，并找到解决问题的对策的方法。这六个问题是：

- 为什么（Why）？
- 做什么用（What）？
- 谁来使用（Who）？
- 何时使用（When）？
- 在什么地方（Where）？
- 如何用（How）？

这六个问题容易记忆，便于使用，应用十分广泛，也可以作为深入分析思考的基本步骤。

2. 奥斯本清单。由阿历克斯・奥斯本提出，艾伯勒改编为下面容易记忆的 SCAMPER 表格。

- S = 替代？能否改变气味、形状、颜色、制法甚至替换？
- C = 组合？是否有其他情况也适用于同一问题，怎样把它移植过来？
- A = 改进？有什么缺陷，如何避免这些缺陷？
- M = 修正？扩大？如扩大尺寸，延长时间，添加附件，提高强度。
- P = 用于其他方面？
- E = 减少？消除？如减少尺寸，简化结构，压缩。
- R = 颠倒？重新整理？

如在缩小方面，挂钟缩小体积出现了怀表，怀表缩小体积又出现了手表。再如用于其他方面，原来的电灯只有一种照明的功能，后来人们发明了紫外线灯用来消毒，又发明了红外线等用来加热，美国 GE 公司后来又发明了可以杀灭细菌的灭菌灯。

为了使用 SCAMPER，你可以把要考虑的挑战或问题单独列出来，在有关挑战或问题的每一个步骤上询问 SCAMPER 问题，并看看有什么新的主意产生。

3. 12 个聪明的办法。我国学者许立言、张福奎在对奥斯本的核检表法进行深入研究的基础上，加以改造和发展，提出了“12 个聪明的办法”（见图 8－1）。

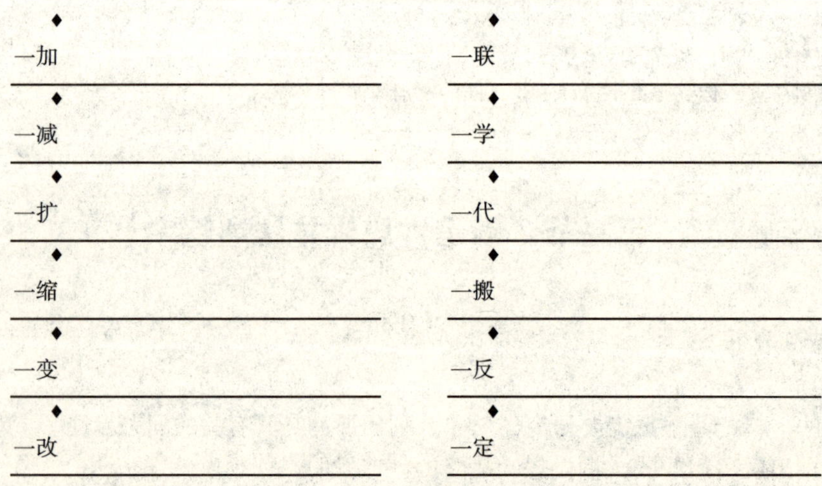

图 8－1　12 个聪明办法

这些办法具有中国式的表述风格，更有助于对奥斯本核检表法的深刻理解和实际应用。如在某些物品中，加进一些东西、条件等，就可以扩大其使用范围，或者延长其使用寿命，或者增加其功能。比如，玻璃中加进些材料，就制成了一种可以防震、防碎、防弹的新型玻璃。在牙膏中掺入某些药物，就制成了可以防治各种口腔疾病的新型牙膏。最初制成的电子计算机，有半间屋子那样大，而且计算效率也较低。人们不断地应用“减一减”的办法，使其体积越减越小，结构越减越简单，但功效却增加了上万倍。

12 个聪明办法的基本作用，就是能使问题解决者思维条理化，启发思维做多方面的扩展，使得对同一个问题可以从多个角度来切入。如果我们是有心人，还可以根据自己的经验积累，对这些核检表做补充和修正，真正做到活学活用。正如美国斯坦福大学教授、创造学家亚当斯所说：“人们常常为了帮助记忆而绘制一览表，但很少用一览表帮助思维。一览表的作用是惊人的。这是因为它灵活地运用了我们心中强制性的一面，十分有效地促进了概念化的形成。制定一览表不需要行动的变化，就能在竞争环境中发挥越来越大的作用。”

思考题：

请设定一个使用 SCAMPER 表格的操作方案，目的在于解决实际中的一个非常规问题。

二、列举法

列举法是在内布拉斯加大学教授 R. 克罗福德创造的特定列举法基础上形成的创造性思维方法。其要点是将研究对象的特性或缺点或希望的性能罗列出来，然后提出相应的改进措施从而形成具有独创性的方案。该法的特点是简单易行，随时随地可以应用。

1. 特性列举法。克罗福德的做法是，先把一件物品分解成细小的组成部分，把各部分的要点写出来，诸如由哪些零件或元件组成，具有何种功能，有什么特征，与整体的关系如何等等，尽量把所有可以用来说明这些物品的事项毫无遗漏地列举出来，并作出详细记录。然后，按照名词特性（物质、材料、整体、部分、制造方法等）、形容词特性（颜色、形状、感觉等）和动词特性（有关机能和作用的性质等）加以分类。最后，根据列举上述特征尝试加以变更、改进，想出革新的措施，使它能更符合原来的目的或满足新的需要。

例如，手电筒可以列出下述特性：

（1）名词特性：电池、电珠、反射镜、外壳、开关、弹簧、教具调节器、金属材料、塑料材料等。

（2）形容词特性：圆筒形、铅笔型、方形、长方形、手提型、球形。

（3）动词特性：照明距离、光度远近调节、聚焦、上下开关、按钮开关、装卸电池等。

按以上方法，结合 SCAMPER 核检表，能够想出许多具有独特样式和功能的方案。

2. 缺点列举法。即举出目前方案的不令人满意之处，这在改进产品方面尤其有效。

如一把普通曲柄雨伞可能有以下缺点：

（1）刮风时易被吹坏。

（2）不下雨时携带不便。

（3）携带东西多时，一只手撑伞不方便。

（4）用后不及时晒干，伞布容易发霉。

（5）折叠不方便。

（6）晴雨两用时，式样不能兼顾。

（7）雨伞太大或用后太湿不便装入提包而易遗失。

日本的理想公司抓住雨伞太长不易携带的缺点，设计制造了三折叠伞，并加装一道弹簧使之能自动张合。这一小小改进使公司每年收入专利费用50万美元。

3. 希望点列举法。即尽量列出希望某事物具有的若干特性。如派克笔是世界闻名的钢笔品牌，当初派克抓住了“讲究速度”这一特征，设计制造出流线型的钢笔，得到了消费者的热烈欢迎。以后派克笔又经过许多专家改进，可称得上是笔中之王。若我们希望它能更好一些，列举希望点如下：

（1）希望笔尖粗细能调整。

（2）希望晚上写字能看得见。

（3）希望剩下多少墨水能看得见。

（4）希望有两色。

（5）希望体积更小。

（6）希望能当收音机用。

（7）希望绝对不漏水。

（8）希望省去笔帽。

由上可见，列举法是一种提出问题，寻找改进思路的方法，它简单方便，易于推广，但有了思路不等于就解决了问题，还要提出具体的方案。

思考题：

请设定一个使用列举法的操作方案，目的在于解决实际中的一个非常规问题。

三、联想法

联想法是一种在创造过程中运用概念的语义属性衍生出意义的相似性来激发创造性思维的方法。联想法主要有以下几种类型：

1. 相似联想。即在性质上或者形式上相似的事物之间所形成的联想。我们从江河想到湖海，从树木想到森林，从钢铁想到有色金属，都是相似联想。

2. 接近联想。指在空间上和时间上相互接近的事物之间形成的联想。化学家门捷列夫发现化学元素都是因原子结构的特殊性按一定次序排列的，按次序排列的元素经过一定的间隔（周期），它们的某些主要属性就会重复出现，而在每一间隔范围内其属性是逐渐变化的。他发现在某个序列上，这个逐渐变化的顺序发生了跳跃中断，于是设想这里出现一个空位，应该有一个化学元素存在，他还猜测出这些元素的属性。后来这些元素被发现，门捷列夫的猜想得到了证实。这实际上就是个典型的接近联想的例子。

3. 对比联想。指具有相反特征的事物或相互对立的事物之间所形成的联想。在前面章节我们介绍过邓克尔图解方法，其中就有关于问题的“正”、“反”两方面的探讨。矛盾存于万事万物之中，我们运用思维方法的时候，也有发散思维和收敛思维、条理思维与灵感思维、静态思维与动态思维、横向思维与纵向思维之分。这些相辅相成的切入点使我们的思维更全面，从而减少思维的错漏。

下面再介绍几种具体的联想方法。

（1）目录法（Catalog Technique）是由德国柏林大学教授昆采于 1926 年正式提出的。具体来说，是利用一些偶然选择的对象的特征来解决问题。其中，偶然选择的对象，是指从大量资料中寻觅有启发性的，激发灵感的对象，包括各种辞典、人名电话簿、学术论文集、索引、报纸杂志、图片等。由于资料数量巨大，很可能得到意想不到的收获。但是，这种做法的缺点是面对的资料太多，而时间、精力有限，可能会遇到事倍功半的情况。我们认为这种方法适合集体采用，特别是在做重大决策时。当决策时间和资金支持比较充裕的情况下采用目录法是比较适当的。

（2）焦点法（Focus Object Method）是由美国研究者怀廷在目录法的基础上发展起来的。焦点法与目录法的不同之处在于，把所要解决的问题列为焦点对象，把三四个偶然选择的对象的特征通过联想直接集中到焦点对象上来，形成解决问题的新观念。顾名思义，这种方法就像凸透镜一样把不同方向的光束聚在一点上，形成焦点。让我们看看下面的例子。

假定我们的改造焦点对象是日常生活中常见的椅子。在身边的各种资料中，我们选择了一些偶然获得的对象：橡皮、豆腐、泡沫塑料、案板、吊钟。然后，列出这些对象的特征。

橡皮——有弹性；豆腐——松软；泡沫塑料——能漂浮在水上；

案板——平坦的；吊钟——可以吊挂。

之后我们将这些特征与焦点对象组合，形成新的主意。如能否制作像橡皮一样有弹性的靠背椅，像豆腐一样松软的椅子，像泡沫塑料一样可以飘浮在水上的椅子，既可以坐又可以睡的椅子，能悬挂在树枝上的便携式吊椅。

联想的方法再次印证了我们在前文提到的：任何新观点都是旧成分的重新组合。

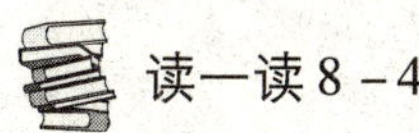
读一读 8－4

芭比娃娃与四川木偶

芭比娃娃于 1959 年 3 月 9 日诞生在美国。它的创造者、美泰公司创办人露丝见女儿喜欢玩当时流行的纸娃娃，兴致盎然地帮它们换衣服换皮包，由此获得灵感设计了一款立体娃娃，还以小女儿芭芭拉的昵称给她命名。现在，芭比娃娃畅销世界 150 个国家，总销量超过 10 亿个。这个介于小女孩和成年女子之间的美国少女，是世界玩具市场上畅销时间最长的玩具，成为全世界男女老少的心爱之物。

木偶指木偶戏中的偶人，始于原始社会的俑。四川木偶，从唱腔、剧目到表演程式广受川剧影响，根据造型结构和表演风格的不同，分为大木偶、中木偶、精木偶三种，其中以川北大木偶和精木偶最为有名。川北大木偶流行于四川省仪陇县一带，至今已有 300 多年的历史，木偶身高在 1.5～1.8 米，是杖头木偶中体形最大的一种。人物造型以写实为主，眼、眉、口、头、耳、鼻、手、腰及关节均可活动，表演时能取物握物、穿衣解衣、戴帽脱帽、穿靴脱靴、吹火点蜡、拂袖掸尘、变脸弯腰，十分逼真灵活。精木偶，偶长 40 厘米，小巧玲珑却动作精确，以偶人肢体刻画人物内心活动。

从芭比娃娃与四川木偶两者的对比来看，有惊人的相似之处：它们最初都是供人玩耍的玩偶；具有生动的人物形象；灵活多变的肢体语言及服饰。而最大的不同是芭比娃娃在全世界已是家喻户晓，四川木偶还鲜为人知。它们的影响力为什么有如此大的差距？我们能否从芭比娃娃的成功中，得到四川木偶设计创新的一些启示呢？

芭比娃娃是一款普通的玩具，但又很真实：一方面，她美得不可思议，是“千面女郎”。她的造型原则以大众审美准则为基础，所有的人物造型都是使用青春美少女形象，瓜子脸、大眼睛、高鼻梁、小嘴巴。让每一位观者对她的美丽都会发出由衷的感叹。木偶戏的“演员”是双重的，真正当众演出的是“木偶”。木偶造型既是由人雕绘成的戏剧角色，又是为人操纵的戏具。传统木偶造型艺术大致分两个阶段：(1) 三雕七画阶段。由艺人先雕头形，再画脸谱，造型主要靠画脸。(2) 雕绘结合阶段。造型、雕刻、绘画并重，讲求创造性和技法性，出现了专业偶头艺人和作坊。传统的四川木偶人物造型根据川剧人物造型为基础，分生、旦、净、末、丑，人物面部造型个性鲜明，样式多种多样。小生英俊潇洒，花旦青春靓丽，丑角滑稽诙谐。谈到四川木偶面部造型，我们自然会想到川剧脸谱。脸谱是戏剧演员塑造人物面部化妆的一种谱式，是演员自己或化妆师在演员面部用各种色彩勾画成一定规范的图案，以显示剧中角色的基本特征。川剧脸谱造型最大的特点是象形性、夸张性、装饰性。脸谱对色彩极为讲究，寓意深刻，比如红色表示忠烈刚直，黑色表示勇猛豪放，白色表示奸诈阴险，绿色表示侠骨义肠等。这些都是在长期的舞台实践中逐步创造、提炼、规范、升华出来的，非常值得木偶造型设计加以利用。把木偶作为玩具开发，品种不宜太繁琐，川剧中有许多可以提炼的经典人物形象，如《西游记》中的孙悟空、《铡美案》中的黑脸包公、《梁山伯与祝英台》的两位主人公等等。木偶面部用形象经典的戏剧人物作为设计对象，川剧所独有的变脸技巧是木偶造型设计的一大特点和优势。

芭比娃娃设计最大的成功，就是她有千变万化的服装设计。不断地给芭比设计新衣，使她成为真正的千面女郎，不断刺激购买者的视觉神经，总想把每一款都占为已有。她的服饰设计简直就能反映出世界服装流行趋势。反观四川木偶服饰设计，已形成固定的模式。它是以明朝服式为基础，参照唐、宋、元、清的服饰制成的一种统一剧装，没有朝代、地域和季节的分别，只能从式样、色彩、图案上来区别人物的性别、身份、性格和年龄。木偶戏装基本使用丝绸面料，纹饰图案采用刺绣方式，主要靠艺人手工缝制。它虽具有鲜明的民族性，但同时也失去了大众的审美共性。因此，四川木偶的服饰设计，应在保持原有人物特性的基础之上，与时代同步，运用蜀绣独特的绣技，结合现代服装流行趋势，丰富服饰类型，精工细作，为木偶量身定做，走国际化的道路。

芭比娃娃的最初创意只不过是一款可以换衣的立体娃娃，设计师经过40多年的开发研究，运用科技材料仿造真人肌肤，利用电子芯片和扬声器制造出能歌善舞、具有一定表演技能的高科技仿真玩具。四川木偶虽然有三百多年的历史，但仍然是依靠人手工操纵木偶肢体动作，靠人对木偶表演配音，要完成这些技巧，操纵者往往需要长时间的练习，大多数人都没有这个精力和耐性，因此大大阻碍了木偶玩具进入寻常百姓家。

从以上几个方面的比较，可以清楚地发现四川木偶与芭比娃娃在造型设计上的优势和差距。芭比娃娃在造型设计方面，虽然没有一项属于自己的设计创新，都是综合现成的技术，但其实国外很多知名品牌的产生，不都是这样？用高压炸熟的鸡和一种特殊的调料相结合便成为了肯德基的炸鸡；索尼公司把耳机与一台收录机组合起来发明了随身听；尼龙与紧身短裤结合就产生了连裤袜。这里，综合就是创造，要想创造性地解决问题，就必须开辟新的道路，寻找新的突破点，必须打破原有模式，尝试各种各样的组合。一个新的想法往往就是对旧成分的重新组合。

全世界每3秒钟就会售出一个芭比娃娃；平均每个美国女孩拥有10个芭比；几乎所有女儿在3岁至10岁的母亲都能叫出每个芭比的名字，以上这些都能帮助你理解，为什么每年这种人物模型玩具都能创造10亿美元以上的销售额，并且成为美国儿童文化的一个象征。利用互动推销产品，汉德勒夫妇不仅是一对制作玩具的手工艺人，他们也是这个产业的开拓人。他们是美国玩具业最早有意识地系统化改造自己的公司，并告别手工作坊式操作的企业家。在公司成长的早期，他们就懂得如何利用消费者喜欢互动玩具的心理推销产品。芭比娃娃制造商非常有远见，他们卖的不只是玩具，同时也是公主般瑰丽的梦想。开发芭比娃娃的附属相关产品，如芭比有痴情的男友和世界各地不同种族的朋友等，大大带动了销售业绩提高。四川木偶造型设计也要符合大众审美情趣，制作工艺上应将传统手工工艺与现代工业化大规模生产相结合，产品系列化，价格多样化，以满足不同层次购买者的需求。培养现代高层次设计和市场管理人才，是四川木偶艺术振兴发展的根本。

据报道，四川省川剧院2006年演出了300场川剧，海外演出达50余场。2007年川剧在海外的订单已经全部排满，演出超过6场次，可谓风靡海内外。报道中提到“川剧脸谱也要创新走向市场，中国首本戏曲脸谱图册《川剧脸谱》将在近期出版。这部图册不仅对川剧研究有着举足轻重的作用，同时形式新颖的它也将是一本很具市场价值的旅游纪念品。该图册的推出将是川剧相关产品产业化的一次有益尝试”。这则报道给了我们很好的启示：四川木偶艺术和川剧艺术都是人类宝贵的文化遗产，它们具有独特的艺术魅力。我们是不是也可以在川剧演出期间，把木偶产品与川剧脸谱同时进行展览、热卖呢？

资料来源：邓可彪：《从芭比娃娃现象论四川木偶设计创新和市场开发》，《中外戏剧视线》。

思考题：

1. 比较分析芭比娃娃和四川木偶，利用联想法谈谈你对四川木偶的改造和创新的看法。
2. 用列举法分析四川木偶的优缺点和希望点。
3. 如果由你来推广四川木偶，你会采取什么样的措施？

四、类比启发法

类比启发法是美国麻省发明研究小组领导人、哈佛大学客座教授威廉·戈登在长期研究和实践的基础上提出的一种独特的创造性思维技巧。类比启发法（Synecties）原为希腊语，意思是异质因素的联合。它是指不同专业的人员组成小组，通过无限制地训练想象力和把不相关的因素结合起来，创造性的解决问题。我们注意到，这是一种群体（团队）解决问题的方法，而人员的异质性使得知识结构能够互补，有利于撞击出新鲜的思维火花。

戈登认为，人的创造过程是可知的，其中情绪因素和非理性因素（灵感、直觉等）比理性因素（判断、推理等）更重要。人的创造性主要来自潜意识，它是可以通过训练而开发出来的。有下面四种类比启发的具体方法：

1. 拟人类比。运用拟人类比是问题解决者使自己与问题融为一体，自我进入问题的角色，体验问题，产生共鸣，从中悟出一些与解决问题有关而平时又无法感知的因素，从而创造性的解决问题。正如前面所说，我们将问题带入睡眠，潜意识会接管我们的问题。如德国有机化学家凯库勒在梦中见到一条蛇咬住自己的尾巴，而提出了苯分子环状结构理论。

2. 直接类比。就是问题解决者直接比较相类似的事实、知识或技术，从中找到问题的答案。我们熟悉的仿生学就是这样的例子，通过观察蝙蝠的行为发明雷达，观察鸟类的飞行发明飞机。还有的发明是物物类比，如贝尔把人耳骨的薄膜与电话膜片进行了直接类比，发明了电话机。澳大利亚的泳坛名将索普的一身鲨鱼服，是设计者得到来自于鲨鱼游泳的灵感而开发出来的。

3. 象征类比。就是借助事物形象和象征性符号来比喻问题，是一种间接反映事物本质的类比。象征类比又称符号类比，它是直觉感知的，在无意的联想中一旦作出这种类比，它就是一个完整的形象。如文艺复兴时期的画家米开朗基罗在思索用上帝创世纪的景象绘制教堂壁画时，冥思苦想，废寝忘食。直到有一天他走出家门到深山旷野中放松一下，忽见暴雨过后，云开日出，见两朵白云，状似武士，从两边奔向初升的太阳，顿时灵感涌现，终于创作出了举世闻名的西斯廷教堂穹顶壁画。

4. 幻想类比。戈登认为在艺术领域运用幻想类比机制起到有意识的自我欺骗作用，要比在科学领域容易得多。因为画家或作家可以按照心中所设定的情景描绘世界，但是科学家对世界的描述会受到已有理论体系的限制，而这往往会阻碍技术的突破，因此技术发明者应该给自己同艺术家一样的“自由”。戈登的这个观点对我们的启发很大，即我们不要因为已知世界的秩序禁锢了头脑，在适当时候，我们应当摆脱它，有意识的“忽视”它，才能扩大思维空间，产生崭新的观念。

在使用类比启发法的操作中，需要注意的一点是，问题解决小组的专家应该起到两个作用：一是百科全书的作用，对成员们反映出的意见提出见解；二是吹毛求疵的作用，从所得的概念、方案中挑出薄弱的环节反复讨论和推敲。因此，类比启发法小组的合理人员配置，应当是一名领导者，5~7 名成员和数名专家。

思考题：

请设定一个使用类比启发法的操作方案，目的在于解决实际中的一个非常规问题。

本章小结

本章介绍了创造性思维的含义和创造性解决问题的一些技巧和注意事项。重点掌握的内容如下：

1. 创造力：根据一定的目的和任务，运用一切已知信息，开展能动的思维活动，产生出某种新颖的、独特的、具有社会价值或个人价值的产品的智力品质。

2. 创造性思维：是指思维结果具有新颖性、独特性和有价值的思维。

3. 创造性解决问题的障碍：创造性解决问题的障碍包括头脑中的逻辑枷锁、创新动机障碍、情境预设障碍。

4. 核检表法：指的是根据需要研究的对象，列出所有与此有关的问题，逐一核对研究，从而发现和挖掘出解决问题的大量设想和最终的创造发明。

5. 列举法：列举法的要点是将研究对象的特性或缺点或希望的性能罗列出来，然后提出相应的改进措施从而形成具有独创性的方案。该法的特点是简单易行，随时随地可以应用。

6. 联想法：联想法是一种在创造过程中运用概念的语义属性的衍生意义的相似性来激发创造性思维的方法。

7. 类比启发法：类比启发法是指不同专业的人员组成小组，通过无限制地训练想象力和把不相关的因素结合起来，创造性的解决问题。我们注意到，这是一种群体（团队）解决问题的方法，而人员的异质性使得知识结构能够互补，有利于撞击出新鲜的思维火花。

讨论案例　　反向思维的奇效

这是一件真实的案例。有个美国人买了一盒极为稀少而且价格昂贵的雪茄，还为这盒雪茄投保了火险。结果他在一个月之内就把这盒雪茄抽完了，保险费一分也没有交，却提出要保险公司赔偿的要求。

在申诉中，这个人说雪茄在“一连串的小火”中受损。保险公司当然不愿意赔偿，理由是：这个人是以正常方式抽完雪茄的。结果这个人将保险公司告到法庭。法官在判决中表示，他同意保险公司的说法，认为这场诉讼非常荒谬，但是原告手上确实有保险公司同意承保的保单，证明保险公司保证赔偿任何火险，并且保单中并没有指出什么样的“火”不在保险范围内。因此，保险公司必须赔偿。与其忍受漫长昂贵的上诉过程，保险公司决定接受这项判决，赔偿了原告1.5万美元。

当这个人将支票兑现以后，保险公司马上报警，要求将此人逮捕，罪名是涉嫌24起“纵火案”。有他先前的申诉和证词，这个人立即以“蓄意烧毁已经投保之财产”的罪名被定罪，要入狱服刑24个月，并处罚金2.4万美元。

资料来源：张晓芒，《创新思维训练》，企业管理出版社2005年版，第154页。

思考题：

1. 在这场斗智斗勇的较量中，保险公司采用了什么样的思维方法最终打赢了官司？
2. 你能从中得到什么启发？

提示：

保险公司决定接受赔偿的判决，其实就是开始运用反向思维，先承认对方的申诉是“正确”的，然后为自己的反诉做好了铺垫。这启发我们在解决问题的过程中，要善于发现矛盾，分析矛盾，寻求合理解决矛盾的途径。从相反的方面认识事物，在这个案例中反向思维同逻辑思维“归谬法”糅合在了一起，可见，创造性的思维和严密的逻辑推理是相辅相成的，灵活运用各种思维方法是我们成功解决问题的钥匙。

推荐书目

1. ［美］阿戴尔，林颖译：《决策与解决问题——领导力译丛》，上海人民出版社2006年版。

2. 胡珍生、刘奎林：《创造性思维学概论》，经济管理出版社2006年版。

3. ［美］珍妮·沃斯，［新西兰］戈登·德莱顿：《学习的革命》，上海三联书店1998

年版。

4. 孙健敏、宁健：《创造性解决问题》，企业管理出版社 2004 年版。

5. 王滨：《超越逻辑——创造性解决问题》，上海科学普及出版社 2000 年版。

6. 赵继良：《思维与创造》，新华出版社 1997 年版。

第九章　管理创新—创新思维在企业管理中的运用

☞ **学习目标**

本章是创造性思维在企业中的运用。本章结束时希望读者能够了解什么是管理创新、管理创新的重要性、管理创新的主体，尤其要重点掌握管理创新的主要内容以及怎样在企业内实现管理创新。

开篇案例　西屋公司和通用电气

西屋公司和通用电气是几乎同时建立的两家企业，都创立于19世纪末。两个公司的定位也比较类似，都是要成为一个综合性企业，把精力放在电器设施设备方面。

威斯丁·豪斯是西屋公司的创始人，爱迪生是通用电气的主要创始人。爱迪生认为，直流电是提供电力的重要方式，因为交流电非常危险。豪斯认为，交流电才是今后供电的方向。最后，当然是豪斯赢了。威斯丁·豪斯有很多理论，交流电是他最重要的产品；他还发明了气阀、无线电收发站、无霜电冰箱、汽车减震器、雷达等。

通用电气当然也有不少自己的产品，但是从开始阶段西屋公司就在技术和市场上占据了优势，抢得了先机。面对这样不利的局面，通用电气通过分析自己的优势和市场需求，不断进行管理创新，终于成为行业的领头羊。在其发展过程中，杰克·韦尔奇是其最著名的CEO，提出过很多管理创意，包括流程创新参与性、六西格玛、无疆界管理等。通用电气并没有发明通过信息技术来传播知识这样一个理念，但它的数字化创新是非常知名的。通用电气还是最早进行业务外包的企业。有人说，看到通用电气，就会看到它持续的创新——产品创新、流程创新、设备创新、方法创新、组织创新、领导力创新等。

这两家公司哪家更成功呢?

显然，GE是成功的，而西屋公司实际上已经不存在了，所有业务都被拆分出去。西屋公司的问题在于，没有人去讲新的管理方式。他们想，一个产品要么是卖了，要么留在企业；这个产品赚钱就留着，不赚钱就卖了。西屋曾经有一位新CEO在检讨公司管理时候说：公司没有人在茶歇的时候讨论如何把业务做得更好、如何管理企业。因此，即使产品再成功，如果不进行管理创新，企业还是随时面临着危机。

资料来源：根据http：//wenku. baidu. com/view的资料改编而成。

西屋公司曾经是全球电气设施设备领域最先进的企业，最后却被时代无情地淘汰。再看看50年前的财富杂志评选出来的前500家或100家大公司中，又有多少家公司已经消失，还有多少家公司幸存。有很多公司曾一度辉煌，但如今已经灰飞烟灭。而那些依然活跃在市场上的老企业之所以能保持活力，就是因为它们永远只向前看，不向后看。它们一直在改变经营方式，研发新的产品，建立新的核心竞争力，创造新的市场，设定新的标准，并对自己设定的新的标准不断进行挑战。换言之，有生命力的企业是不断进行管理创新的企业。

企业的生存与发展取决于竞争优势，而管理创新是新经济时代企业竞争的制高点。管理创新是将管理要素重新组合，列入企业管理系统，使之具有新的功能，以达到提高企业整体管理水平的目的。它包括在管理思想、管理制度、管理机制、管理方法、管理手段等各方面进行的一系列创新。正如案例中所看到的，要适应当今时代急剧变化的要求，企业只有不断进行管理创新，才能奠定企业持续发展的基础。

第一节 揭开管理创新的面纱

当代著名的管理大师彼得·德鲁克（Peter Drueder）曾指出：现代企业主要有两大功能，一是营销，二是创新。创新是企业的生命，企业生命周期的长短取决于企业创新能力的大小。随着国际市场竞争的日益激烈和管理水平的不断提高，企业所面临的经营环境越来越复杂多变，企业内外经营环境的深刻变化，必然导致传统的经营理念、管理理论和管理范式发生相应的变化，变革已经成为当今时代的主旋律，创新已成为企业在激烈的市场竞争中求得生存和发展的必然选择。要想深入学习管理创新理论，把握管理创新的精髓，首先就要对管理创新产生的理论基础和管理背景进行系统地了解。

一、管理创新理论的发展历史

在人类的历史长河中，创新一直存在着并且层出不穷。可以说，没有创新，就不会有人类社会政治、经济、科技、文化、教育的长足发展和巨大进步。在经济全球化、信息化、网络化及科学技术快速发展和经济结构不断调整的环境下，创新日益显示出其巨大作用和重大意义。但是管理创新理论却是经过了一个长期的过程，并在管理实践中不断检验和提炼的基础上最终形成的。管理创新概念的提出既是管理理论发展的必然，也是管理科学的一个重大进步。20世纪90年代之后，西方管理创新的潮流一浪高过一浪，在管理的诸多领域都有大胆的创新，成为未来管理理论发展的方向和趋势。

管理创新是管理学上的第二次革命，是对管理学上第一次管理革命思想的继承和发扬。从理论的渊源上讲，管理创新是第一次管理学革命发展的必然。第一次管理学革命与产业革命密切相关。这个时期的管理，适应于生产力的变化，讲究协调、效率，并有创新的萌芽。泰勒提出了管理哲学的思想，艾尔弗雷德·P·斯隆提出将整个企业像一部机器一样进行管理的机器管理论，法约尔从管理实践中总结出十四条管理原则等。

早期管理理论的形成和第三次产业革命成为管理创新产生的基础和催化剂。管理创新的策源地是20世纪70年代的日本。已经完全从战后的废墟中恢复过来的日本，本着一贯虚心向发达国家学习的精神，将刚刚出现雏形的工业机器人大规模应用在汽车制造、机械以及电子等产业中，极大地提高了生产效率和产品质量，使这些产业的生产技术水平赶上甚至超过了欧美主要工业国家，从而一下子从一个二流工业国变成一流工业国。与大规模使用工业机器作业同步，日本企业发展了一整套行之有效的管理方法，典型的有全面质量管理、及时制造、精益生产、零仓储和零缺陷等。凭借这些管理措施，日本企业把技术优势转变成管理优势，使原来的老师——欧美等国，相形见绌。依靠质优价廉的产品对欧美市场的大举进入，日本在20世纪80年代一直保持巨额外贸顺差，获得巨大利益。到1990年，日本成为世界第一大汽车生产国、第一大电器生产国、第一大影视器材生产国。日本人大把赚钱的时候，美国和欧洲企业界刮起了变革之风，先是系统学习日本的管理经验，然后是大规模的重组与重构。最后，随着信息革命带来的新的信息处理传递系统，生产企业中一场新的管理革命——管理创新真正宣告开始了。

1912年，奥地利经济学家约·阿·熊彼特（Josep H. Schumpeter）首次提出了“创新”的概念，并于1939年在《经济周刊》中第三次完善了他的创新理论，提出“创新实质上是经济系统中引入新的生产函数，原来的成本曲线因此而不断更新。经济的变革，诸如成本的降低，经济均衡的打破，残酷的竞争，以及经济周期本身，都应主要地归因于创新。”此后，学术界和许多企业对创新、制度创新、技术创新和管理创新问题作了大量研究，管理创新理论也开始成为管理科学及实践中颇具影响的一个新领域。

纵观管理理论思想发展过程，可以说其本身就是一个管理理论不断适应生产力发展水平的过程，就是一个管理思想和管理手段不断创新的过程。

二、管理创新的必要性和重要性

世界经济发展的历史和国外管理理论的研究表明，当代经济的发展取决于竞争优势，决定竞争优势的主导因素是人才和科技的管理优势，而决定人才和科技管理优势的是管理创新。管理创新深刻地反映着时代主题的要求，在高科技和知识经济不断发展的社会条件下，管理创新正在发挥着更加巨大的作用和影响力。

1. 管理创新是管理科学的灵魂和本质要求。管理活动是重要的人类实践活动，管理的对象主要是人，人是复杂多变的。管理的方式、方法在一定社会经济条件下是相对稳定的，但管理现象却是多变的。这就要求管理活动要渗透着创新，创新是成功管理的关键。管理学既是一门科学，同时也是一门艺术，其艺术性的生命力就在于创新，没有创新，管理就不能成为科学体系。管理学的发展是一个不断创新的过程，创新是管理学的生命，是管理的基本属性。

2. 管理创新是知识经济的内在要求。管理创新思想与社会经济发展状况密切相关，不同的经济时代，对管理创新的要求在深度和广度上是不同的。渔猎和农业经济时代，在自然经济条件下，生产物质产品主要依靠自然力和人的体力，人们在社会生产及其管理中表现出来的创造力是十分有限的。工业和科技的发展，使人们逐步从对自然力的依赖中获得解放。在工业经济条件下，人们生产物质产品的数量和质量，不仅取决于人的体力，而且对人的智力与技能的依赖日益增加。工业的进步既是人类创造力发展的结果，又是创造力继续发展的前提条件。在工业经济时代，无论在生产领域、科研领域，还是管理领域，创新观念日益受到人们的重视。目前，已初见端倪的知识经济作为建立在知识和信息的生产、分配以及使用基础之上的经济，其产品的生产过程主要依赖人们的智力与技能，尤其依赖人们的创造力。我们可以这样说，创造力是知识产业的立业之本和发展源泉。离开了创造力，知识经济产品就会失去竞争力和生命力。因此，在知识经济发展中，不仅要关心技术创新、产品创新、市场创新，而且必然要求实行创造性全面管理；不仅要求管理者具有创新观念和创新能力，而且要求在企业用人、决策、人员培训、制度设计、产品开发、经营策略等诸多管理工作中，全面贯彻创新精神。

3. 管理创新是组织资源整合、社会系统运行和社会发展的需要。

（1）从资源整合的角度来看管理创新的必要性。任何社会组织在资源整合的过程中遇到的问题都可以分为两大类：程序性问题与非程序性问题。无论是前者还是后者，其妥善解决都要依靠管理创新，都依靠管理主体发挥创造性并付诸实施。

（2）从社会系统运行来看管理创新的必要性。任何社会系统（社会组织）都是由若干子系统（或要素）构成的动态、开放的非平衡系统。社会系统所处的外部环境是不断变化的，它必然会对系统的活动内容、活动形式、活动要素产生不同程度的影响；同时，系统内部的要素也在不断地变化。所以，系统若不及时根据内外部变化的要求，适时进行局部或全局的调整，则可能会从有序走向无序而被变化的环境所淘汰，或为改变了的内部要素所不容。

（3）从社会发展的大趋势来看管理创新的必要性。当人类社会跨入21世纪的时候，管理者已经不可能把自己的目光仅仅局限于有效地整合稀缺的资源，而更应该关注“可持续发展”的问题。正如江泽民同志所指出：“在现代化建设中，必须把实现可持续发展作为一个重大战略”。“创新是一个国家社会发展、民族进步的灵魂。”

4. 管理创新是全面提高企业竞争力的需要。每个企业作为经济组织都有追求利润的强烈动机，因此，相互间的竞争是不可避免的。市场竞争的巨大压力，迫使企业千方百计、不遗余力地开拓探索新路子、新点子，研究开发新产品、新工艺、新方法。面对激烈、残酷的竞争，如果企业仅仅是按部就班、亦步亦趋地适应市场变化，缺乏创造性，就难免陷入失败的命运。因此，只有敢于打破常规，不断地创新，才能使企业永远保持和增强竞争力。由于管理工作在企业中起主导作用，就决定了管理创新必然对企业的技术创新、产品开发、人才开发、经营策略创新等各方面工作产生非常积极的影响。在高科技和知识经济时代里，管理创新必将成为全面提升企业整体竞争力的关键因素。

适应急剧变化时代的要求，任何组织都必须不断进行管理创新。德鲁克认为：未来企业管理的目的不是建立一种固定不变的陈规，而是一种改变的制度，应使创新精神制度化，培养人的创新精神。管理要不断地预测和把握经营环境的变化，不断地进行变革与创新，从而使管理更富有弹性，这将是管理者致力追求的最高境界。

三、管理创新的前提是创造性思维

在具有前所未有的动态性、复杂性、多样性的经营环境中，当原有的经验与思维方式无益于各种新问题的解决时，只有运用创造性思维改善管理主体的心智模式，才能有效推动企业的管理创新。

1. 创造性思维是管理创新的智慧源泉。管理创新，简言之，就是通过创造管理新理念、新模式、新方法、新手段解决管理活动中的问题，以有效实现企业目标、担负企业责任。纵观各种成功的范例，可以看出管理创新在很大程度上是创造性思维、专业知识和各种激励因素的交汇、融合（见图9-1）。

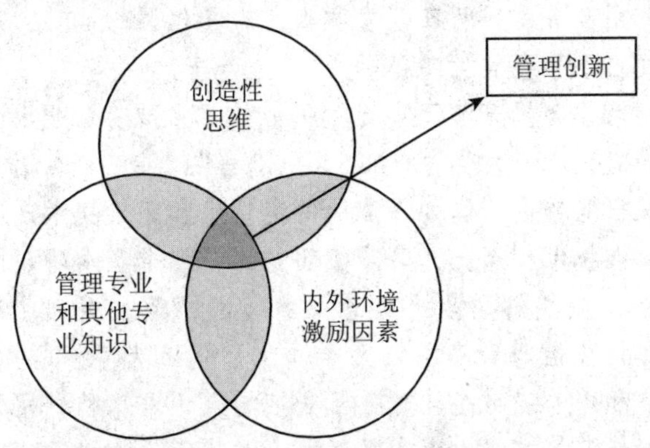

图9-1 管理创新生成示意

在管理创新生成过程中，创造性思维发挥着关键性作用。韦特海默（Wertheimer）认为，创造性思维包括两个方面，一是将人们关于某一现象的知识拆开、解构；二是将其重构、重组，其目的是获得新的认识。而管理创新的发展过程，就是将创造性思维应用于实践和企业管理的过程。

2. 创造性思维拓展了管理创新的空间。管理主体在创造性思维的引导下，能使管理创新的空间不断扩张延伸。大量企业成功案例说明，具有创造性思维的领导者能够积极探求新问题，成功应对新挑战，而这些挑战的应对策略是无法在过往的经验和传统的惯性思维中寻得的。同时，实践证明，创造性思维与组织的效益和效率之间具有直接的相关性，创造性思维能有效地改善管理，解决组织中出现的管理难题，对员工起到激励作用，有助于提升整个组织在动态环境中的创新能力，增强企业在动态环境中可持续发展的竞争优势。

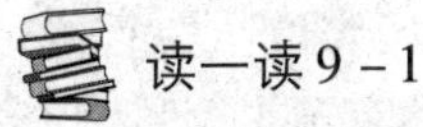
读一读9-1

玲珑集团技术创新

玲珑集团始建于1975年，经过30多年的建设和发展，经历了建厂、创业和二次创业几个阶段。特别是2001年改制以来，已经将技术研发的重点目标转移到高性能和高附加值的半钢子午线轮胎和全钢载重子午线轮胎产品上来。多年来，集团围绕“重科技抓管理，创名牌增效益”的方针，以高起点、高质量、高科技为原则，在技术改造和经营创新上力行“玲珑速度”，在快速发展壮大轮胎主业的同时，拉长上下游产业链条，形成了以轮胎主业为核心、能源供应为保障、原料生产为辅助的优势产业集群。循环经济产业链的不断完善和企业科技、管理、品牌、市场四大经营优势的凝聚整合，使玲珑集团走出了一条经济效益好、环境污染少、科技含量高、资源优势足的新型现代化工业之路。

玲珑集团作为高新技术企业，始终以振兴民族轮胎工业为己任，把技术创新作为一项战略任务来抓，不断提高企业的技术开发和创新能力，特别注重高新技术的辐射和骨干带头作用。当今世界随着全球经济一体化的格局发展，企业的竞争已经进入了科技和人才的竞争。为此，集团早在二次创业时期就制定了产学研相结合、自主开发的战略方针，加强与国内高等院校的合作，充分利用高等院校科研开发和人才力量雄厚的优势，取得了一系列可喜的成果，为企业今后的发展打下了坚实的基础。

玲珑集团把科技创新作为提升集团市场竞争力的第一要务，通过实施“构建一个平台，完善一套体系，培育一批核心技术”的“三个一工程”，使科研工作得到长足发展。目前，玲珑集团逐步形成一批行业领先、国内一流的关键技术和高新技术产品，提高了企业市场竞争力和产品赢利能力。在技术创新上，玲珑集团始终坚持走产学研联合开发道路，整合内部技术资源成立课题小组，重点解决生产经营中的突出问题。在人才培养上实施“招、聘、引、育”并轨运行。集团先后与青岛科技大学、北京化工大学、哈尔滨工业大学和意大利鲁道夫公司等高等院校和国外著名企业建立了长期的人才培养和科技开发合作关系，采用聘请高级技术人员和国外专家等方式，充实了科技人才队伍，加强了智力优势。

在轮胎深层性能研究上，与中国汽车行业权威专家合作，建立Uni Tire模型，将测试结果与计算机辅助分析相结合，大大减少了实际测试数量和室外测试条件波动对试验结果的影响。这项研究填补了国内空白，处于国际先进水平。

玲珑集团以生产经营轮胎产品为主业，在国内首创性进行轿车噪声室内测试优化分析。集团雪地轮胎等多种型号的产品国内只有少数厂家能够生产，自行研制的微型特性化半钢子午线轮胎和高性能子午线轮胎等50个规格100多个花纹品种的速度级别和轮辋设计等走在国内同行业前列，带动了轮胎行业品种的发展；创造性地提出了60系列全钢子午线轮胎的设计方法，为国内同行业该系列轮胎的研究提供了成功的经验和分析方法，为行业发展起到促进作用。

企业的科技含量主要从产品结构和档次来体现。为打造“人无我有，人有我全，人全我精”的产品结构优势，形成品种全、档次高、规模大的产业链条，集团着眼行业尖端技术，在技术改造上力行“四个速度”，实现产品的多元化和产业集群化。

在产品结构的优化上，加速轮胎子午化进程，坚持“以市场为导向，以用户为中心”的研发宗旨，锁定行业前沿技术，重点开发技术含量和附加值高、设计难度大的高端产品。2001年以来，集团每年自行研制开发新产品始终保持在120个以上，每3天就有1个新产品问世。到目前为止，集团已经申请专利280项，受理236项，授权102项，其中外观设计专利39项，实用新型专利63项，发明专利10项。

在产业结构升级上，打造产业结构新平台，构筑资源循环新格局。从2001年至今先后投资38亿元进行全钢子午线轮胎、半钢子午线轮胎、热电联产、炭黑、钢丝和水泥等八大项目建设，形成了以轮胎主业为核心，能源保障和原材料供应于一体的集约化生产格局。

一是热电联产。针对轮胎生产能源需求巨大的特点，玲珑集团规划建设了热电联产技术改造项目，以低热值煤矸石为主要燃料，采用国际先进的循环硫化床锅炉和抽汽凝汽式汽轮发电机组进行热电联产。电力在自产自用的基础上为社会造福，蒸汽供给轮胎生产的同时为城区居民集中供暖。该项目还吸收利用了炭黑厂的生产尾气作为燃料进行蒸汽生产。

二是产业衍生。玲珑产业链的另一特色是把工业三废资源化，从而变废为宝，将一种资源同时衍生出多种产品，实现对工业废渣的清洁利用。为消化电厂炉渣，玲珑集团同步建设了年产 50 万 t 水泥项目，以炉渣和粉煤灰作为原料进行水泥生产，降低了环境污染，提高了环保效益。为匹配日益壮大的热电生产规模，整合炉渣、水泥资源，玲珑集团又延伸产业链，规划建设了年产 2 000 万块粉煤灰砖项目，以新型建材取代当地传统的红土砖，年可节约黄土资源 20 万 m^3。通过水泥和制砖两大项目的整合，集团年可增加销售收入 7 000 多万元。

三是集群生产。通过产业规划和大规模的技术改造，玲珑集团目前已形成了机械加工、能源保障、原料供应和轮胎生产一条龙的生产格局。机电公司作为产业集群中的重要组成部分，主要生产成型机和硫化机等机电产品，目前已成为全国第三大硫化机生产基地，为玲珑集团轮胎产能扩充提供了设备支持。同时，炭黑厂和钢丝厂又为轮胎生产提供了化工原料和骨架材料，整个产业圈形成主业促辅业、辅业兴主业的良性循环，最大限度地利用了固有资源。

随着工业化的不断加速，能源紧张和资源匮乏问题日益突出。为此，玲珑集团以建设信息化和资源节约型企业为目标，以技术创新为手段，不断提高企业的创新能力和核心竞争力，实现了企业管理和经济效益的全面提升。

在信息化建设上，坚持"以信息促进工业化，工业化带动信息"的原则，打造"数字玲珑"，加速信息化，并在全国同行业率先实行办公自动化，提高了信息中转速度。另外，集团还投资 200 万元建立全钢子午线轮胎硫化自动化控制系统，减少了人为的质量问题，提高了劳动生产率。在资源计划管理上，投资 800 万元运行 ERP 系统，保证了计划的准确性、科学性，为经营决策提供了依据。目前，集团正实施计算机辅助设计和辅助制造（CAD/CAM）技术，以财务成本管理为核心的（EFM）管理系统以及以电子商务为核心的投、融资与营销（DRP）系统，打造数字企业，实现工作效率最大化和管理成本最小化，提升企业现代化水平。集团先后多次被授予"中国信息化建设 500 强"荣誉称号。

在资源节约型企业建设上，以更新观念、科学规划为基础，依靠技术创新实现"资源化、减量化、再利用"。深入开展节能挖潜活动和"节约每一分钱，用好每一分钟，造好每一条轮胎"的"三个一"活动。在创建节约型企业的过程中，集团依靠技术创新，实现了成果与经济效益的快速转化，使过去大投入、大消耗的生产格局转变为高效、低耗的生产方式，向清洁生产迈出了坚实的步伐。

技术创新工作的全面发展带动了集团产业结构和产品结构的优化，实现了管理现代化和生产自动化，提升了企业的经济效益和核心竞争力，为更好地参与国际竞争奠定了良好的基础。通过技术创新，给企业带来了可观的经济效益。出口产品销往欧洲、美国、中东、东南亚、非洲、中南美洲和大洋洲等 160 个国家和地区，2006 年出口创汇 3 亿美元；2007 年出口创汇 4.5 亿美元。

随着集团新技术的应用和新产品的开发，结合世界轮胎市场需求的发展趋势和环境保护的需要，运用新技术和新配方，开发新型绿色环保子午线轮胎；研究轮胎滚动阻力特性和高性能低滚动阻力配方，使轮胎的滚动阻力降低，从而降低车辆油耗，在节约和降低能源消耗的基础上，保护自然环境。

玲珑集团在发展和振兴民族轮胎工业的实践中深刻认识到，人才是企业稳定、快速、持续发展的根本保证，人才战略作为企业总体发展战略的重要组成部分，是技术创新、管理、经营及企业文化战略发展的基石。玲珑集团所承托的是民族轮胎工业的脊梁，技术已经达到国际先进水平，在轮胎力学模拟分析、噪声及振动、轮胎力学有限元分析、配方、结构及轮胎操纵性能等领域，研究水平处于国内轮胎行业前列，具备国内一流的研发条件，产品供不应求，发展潜力巨大。高性能雪地轿车子午线轮胎达到了国际先进水平。

资料来源：林日盛：《依靠技术创新　促进企业发展——玲珑集团技术创新纪实》，《轮胎工业》，2008年第28期。

思考题：

1. 结合玲珑集团的案例，谈谈你对创新的重要性和作用的理解。
2. 结合案例，你认为创新的前提和关键是什么？

第二节　管理创新的基本概念

一、管理创新的内涵

管理创新，就是创新理念及创新行为在企业管理层次上的延伸。因此，理解管理创新的含义要从理解创新的含义开始。最初提出“创新”概念的是美籍奥地利经济学家约瑟夫·阿洛伊斯·熊彼特，他在1912年创立了以“创新”为核心的经济发展理论，此后无论是从事理论研究的学者，还是市场的主体企业都越来越注重对创新理论的研究与实践。宏观上，“创新”是推动整个社会经济发展的动力，微观上，它是推动企业不断发展进步的动力。“创新”是一种创造性的破坏，它促使优胜劣汰、适者生存的法则不间断地得以运用，使得那些具有创新能力的企业崛起、发展、壮大，相反，不具备创新能力的企业将被淘汰出局。按照这种逻辑，企业为了生存和发展，必然将“创新”思想应用于企业经营运作活动的各个领域。

熊彼特认为，“创新”就是把生产要素和生产条件的新组合引入生产体系，即“建立一种新的生产函数”，其目的是为了获取潜在的利润。实际上，他把创新局限在生产过程中的新变化，突出了新技术的商业应用，这种“创新”就具有一定的局限性，但它给出了一个创新的含义、公式，即“新变化”、“新技术”、“新组合”，建立了一种新的函数。众所周知，管理就是为了达到企业的目标，以最优的方式整合、协调资源。那么，将管理过程的投入与输出建立一种函数关系，管理创新是指根据企业内外环境的变化，能动的将新的管理要素或要素组合方式引入到管理的过程中、建立一种能够更有效的整合协调资源的管理范式，以优化管理职能，进而达到企业的目标。

根据熊彼特的理论，管理创新至少包括五种情形：（1）有效实施一种新的经营思路。不管经营思路的提出人或创新人是企业内部的还是外部的，只要实施有效，都应视为企业管理方面的一种创新。（2）有效运用一种新的管理模式。通过运用一种新的管理模式，如团队管理模式，达到企业总体资源的理想组合与配置。（3）有效实施一种新的管理方法。新的方法将更有助于提高工作效率，降低成本，减轻劳动强度，激发人的积极性等。（4）有效采用一项新的管理制度。通过对人的行为规范的约束，给企业行为带来新的生机与变化。（5）有效采用一种新的组织形式，并使之有效运转。

管理学家彼得·德鲁克也提出了对创新的理解。他认为创新的含义就是：系统地抛弃昨天；系统地寻找机会，在市场的薄弱之处寻找机会，在新知识的萌芽期寻找机会，在市场的需求和短缺中寻找机会。创新是赋予资源以新的创造财富能力的行为，任何使现有资源的财富创造潜力发生改变的行为，都可以称之为创新。

而后管理学界对管理创新的理解基本上都是建立在这两种观点之上，并逐渐形成一定的体系，但对管理创新定义的界定，学者们并没有达成一个共识。在国内，这种情况同样存在。

综合归纳国内研究者的观点，对管理创新含义的界定主要有以下几种：

第一，交易成本论。以常修泽教授为代表。国内学者常修泽教授在其著作《现代企业管理创新论》一书中认为：管理创新是指一种更有效而尚未被企业采用的新的管理方式或方法的引入，是组织创新在企业经营层次上的辐射。最具代表性的管理创新是所有权和管理权的分离，管理创新的目标是降低交易成本。

第二，过程论。例如，王中宁认为管理创新是聚合各种要素以创造和适应市场，满足市场需求，同时达到企业自身的效益和社会责任的目标的过程；管理过程就是创新过程。

第三，资源论。以芮明杰为代表。他提出管理创新是“用新的更有效的方法来整合组织资源，以期更有效的达成组织的目标和责任”。

第四，系统论。以王建等为代表。他们认为管理创新就是“将新的管理要素或要素组合，列入企业管理系统，使之具有新的功能，达到提高整体管理水平的目的”。

不论是哪种观点，管理创新的定义都包含以下几方面含义：

① 管理创新是目的明确的活动，它直接目的就是创新管理，最终目的就是提高企业整体效率和效益。因此，企业的管理创新活动应该是有计划、有步骤地进行。

② 管理创新是具有能动性的实践活动，即企业的管理创新活动是对企业内外部环境的变化作出的及时反应，是管理活动主动地适应环境变化的过程，它既包括企业受到激励而产生的主动创新，也包括在受到外界压力的情况下产生的被动创新。

③ 管理创新活动中引入的新的管理要素或要素组合方式包括：一种新的经营理念、一种新的管理制度、一种新的组织结构、一种新的管理方式方法、一种新的管理模式等等。

④ 管理创新不仅仅是指自主创新，即“创造”出一种新的更有效的整合协调资源的范式；也可以是模仿性创新，即吸取引用其他企业的创新成果，为我所用。

二、管理创新的特征

管理创新活动，与一般活动相比有以下几个特点：

1. 变革性。不管是整体创新，还是局部创新，只要涉及系统活动的某些内容、某些要素的性质或其相互组合的方式等变动，无疑不是变革旧事物的推陈出新。

2. 价值性。企业创新就是运用管理知识和技术改变资源产出，并给消费者创造更高的价值与满足感。创新活动源于社会实践，又向社会提供新的贡献，这正是创新的主要特点和作用。

3. 先行性。海尔集团总裁张瑞敏曾经说过：“市场唯一不变的法则是永远在变。怎样适应市场变化，就是两个字：创新。创新就是思路的创新、发展战略的创新。对企业来说，创新就是意想不到，就是走在别人的前面，就是创造新的市场和新的消费以及新的营销手段。海尔发展的灵魂是创新。”张瑞敏提出了一系列新理念，正是这些新理念指导着海尔取得了巨大的成功。如果创新只有变革性和价值性而无先行性，就不可能最终战胜旧事物，因为在某种意义上，先行就是创新。

4. 持续性。创新是一种动态性的活动，而企业则是一个不断与外界环境进行物质、能量和信息交换的动态开放系统。由于现代企业组织活动的内外环境具有很多不确定性因素和不完全信息。因此，管理活动的轨迹不应只是一种简单的重复，而应该是一种超越自身不断进行“常调、微调、柔调”的创造性过程。

5. 全面性。一方面管理创新是全方位、多层次的创新活动，需要企业的各个部门及各个管理子系统协调运作、相互配合。另一方面，管理创新的效益也表现在提高企业经济效益，同时提高人员素质和新观念、新理论、新方法和由此组合产生的新思想与新文化、新管理制度产生的社会效益。

三、管理创新的主体及其作用

在企业内部产生创新的需求后，首先需要考虑企业管理创新的实现者和承担人。经济活动中最本源、最重要的资源是人，管理创新作为一种变革，自然也是由人来进行的，脱离了具有创新意识与能力的人，管理创新和管理革命无从谈起。谁来进行管理创新？他们各自的作用有什么不同？这些都是本部分将要详细讨论的内容。

结合企业管理创新过程及其实践来看，管理创新主体是一个多层次的系统结构，主要包括：企业家、管理者和普通员工（以知识员工为主）。由于他们各自占据着不同的组织资源，承担着与资源相对应的不同风险，因此进行着不同性质的管理创新，具体参见表 9－1。

表 9－1　不同层次管理创新主体的资源分布与管理创新功能

创新主体	资源分布	风险承担	管理创新	结构功能
企业家	拥有资本，具有企业家能力和企业家精神，信息集中	业主式和合伙式企业家以支付各种生产要素合同收入的能力为保证，公司式企业家以荣誉、地位及知识专用性为保证	新的经营思路，新的组织机构，新的经营模式	管理创新的核心和主导
管理者	具有一定管理能力，信息相对集中或向权威部门倾斜，创新精神有待发掘、培养	以个人知识和能力专用性为保证	新的管理方式方法，新的管理模式，新的具体制度	管理创新的关键和中坚
普通员工	拥有一定的技术能力、一定的生产经验和生产能力，信息分散，且来源丰富、具体	以个人的兴趣和自我实现精神为保证	新的管理方式方法，新的管理模式	管理创新的源泉和基础

企业家是管理创新的关键，是实现管理创新的第一倡导者和组织者，在推动管理创新主体化方面扮演主要角色，发挥着重要作用。事实证明，成功企业的掌门人都是改革者或改革的倡导者，是管理创新的典范。作为企业家应高瞻远瞩，把握未来，不断求新，他们的思维与行动带来了企业的管理创新。美国的戴尔公司从初期（80年代中期）的电话销售到1996年开始的网络直销，都是公司总裁戴尔以其独特的逆向思维方式创立的经营模式。戴尔公司与顾客建立直接的关系，只生产客户下订单的计算机。正是这种经营模式，使戴尔公司成为最受欢迎的企业之一。但从我国当前的总体情况来看，相当一部分企业领导者的管理思维与时代的发展要求相比还不尽适应。

企业中的管理者是管理创新的中坚，他们对分管的领域最了解、最熟悉，整体层次高，因此容易发现问题，容易进行管理创新。但有时往往因为在一个岗位多年，习惯于传统做法，难以产生创新意识。有时也会受到上下各方面的约束，有创意而无法实现。中层职员适当轮岗或定期轮岗能帮助解决这些问题。

普通员工是企业管理创新的源泉，是企业管理诸环节中最终的实践者和检验者，他们能够亲身、直接地体会到上司们实施的管理成效，因此能最直接地感受管理中的问题，并能针对问题创造性地提出相应措施，从而解决上层看不到的问题。但如果不加以积极的引导和利用，其创意会被搁浅。

创新主体创新意识的产生与其文化素质、业务熟练程度、社会阅历以及企业文化氛围都密切相关，必须注意平时的积累和开发。高素质的人才特别是知识型人才，在管理创新中起着决定作用，他们善于提出新观点、作出新发明、想出新办法，企业必须注意发现、培养、选拔使用一流人才，同时注意不同层面的人才结构的合理搭配，充分发挥和利用不同类型人才的不同作用，产生最佳创新效果。

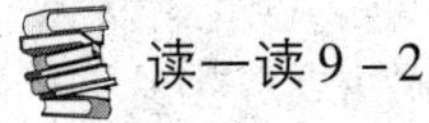

读一读 9－2

三星：创新成就亚洲霸业

“如果问我5年或者10年之后三星做什么，我会说，第一、第二、第三重要的事情，都是核心技术开发。”三星公司CEO尹钟龙多次强调自主核心技术研发与高品质要求是三星为何如此强大的基因所在。

1. “新经营”运动。

“不要怕失败，大家要创新，要敢于冒险。”2006年1月1日，新年第一天，三星集团“灵魂”人物——会长李健熙在内部网站上给113 000名员工的贺词中，特意将创新放到首位。

而作为全球消费电子领域的一匹黑马，三星的成长并非一帆风顺。在早期的高端产品市场，与周围强大的日本品牌相比，三星仅仅被看成销售廉价产品的发展中国家的企业。20世纪90年代初，三星在经营中多次陷入困境。有个故事三星人经常讲，那就是李健熙在一次到欧洲市场考察时发现，商场里的三星产品被堆放在不起眼的角落里，而且上面满是灰土。他了解到这是因为三星产品技术和功能的落后而少人问津。

这件事对李健熙触动很大，当时韩国市场还很狭小，世界市场对三星的评价又这样低，企业怎么发展？回国后，李健熙先生决意改革，发起了对三星影响深远的“新经营”运动，并向全公司发出号召：“除了老婆和孩子，其他的都要变！”

三星也正是从1993年开始转变管理理念，开始从单纯追求数量增长转变为以质量为导向的管理模式，进行了事业结构、人才培养、产品设计和生产、流程控制等各个方面的变革，并因此成功渡过了1998年亚洲金融危机。

在“新经营”运动提出的初期，为了突破在核心技术方面的瓶颈，李健熙甚至亲自向日本、美国公司工程师就一些技术细节求教。然而，核心技术的匮乏使三星不可避免地披上“模仿者”的外衣，这样的名声使他们一度成为低档产品的代表。也正因为如此，对创新技术的渴求，始终贯穿于三星不断发展的历程。在“新经营”运动推行了10多年后，三星不仅成为国际一流的跨国公司，而且还成就了“创新之王”的神话。

在过去的7年中，其中有5年三星在美国注册的专利数量超过了索尼，而且仍坚持每年投入销售额的8%左右用于研发。“三星代表了韩国大企业发展的普遍道路，其中重要的一点原因就是高度重视研发，注重创新和知识产权。”全国政协副主席、全国工商联主席黄孟复，在2005年10月率团参观三星集团时深有感触地说：“和三星相比，国内许多企业对研发的重视程度还有相当的距离。而三星的成功经验表明，企业要想获得持久的增长，必须不断增强自己的核心竞争力。尤其是高新技术企业，一定要确保对技术研发的投入，以创新求发展。”

2. 核心技术让企业长盛不衰。

“在对三星案例的研究中，人们都强调了设计和市场运作的重要性，但支撑其成为一个扩张机器和利润机器最根本的，还是它对技术研发的高投入。没有其他科技公司——无论微软还是索尼，在研发上的投入比三星多。”有人这样评价三星的发展战略。

革新和创新是三星公司CEO尹钟龙口中出现频率最高的词汇。“核心技术投资的准确性非常低，过去的成功率是20%～30%，未来的成功率也许会上升，一旦成功，就是大的成功。以三星为例，即使是为两三年之后的技术做投资，其成功率也只能达到70%～80%。”

2004年，三星的研发投入占到总体收入的8.3%，相当于46亿美元。在1997年，亚洲金融危机发生时，大多数企业都削减研发资金，三星却加大投入。正是这样的胆识，使得它在LCD、手机和芯片领域都成了行业翘楚。

三星电子集团CEO尹钟龙多次对外表示：“未雨绸缪是非常重要的。如果不做准备，可能10年之后就会出现你根本无法想象的技术，没有做好准备的公司，包括三星电子都会破产或衰退。”

3. 三大研发体系架构三星未来。

“一个天才可以养活10万人。”这是三星最高管理者、集团会长李健熙的名言。在三星公司，技术人员最受尊重，一进公司就受到尊重，在三星电子中国公关部部长刘然眼中，这些人在三星研发经费充足、薪水高而且心态也比较好。

2005年10月30日，5 200多名三星顶尖研发人员开始在亚洲最大的数字产品研发中心办公。这座占地21.45万平方米，高36层的数字产品研发中心位于韩国水源，并有望成为全球数字媒体领域的研发中枢机构，将为打印机、便携式摄像机、监视器以及笔记本电脑方面提供全球数字领域中最先进的技术。

在三星，自主研发技术团队分为三个层面：

第一个层面是三星技术研究院，工作在这里的多是行业内顶尖教授，重点研究未来的标准和技术，以保证三星长远的竞争力，做10年后的拥有自主知识产权的产品，不与当前市场应用结合。

第二个层面在数字设备业务、数字媒体业务、液晶显示器业务、半导体业务和电信网络业务这五大生产事业部中，每个部门都有细分产品的研发机构，做贴近市场的前瞻性研发，重点工作是保证产品既满足市场需求，又领先其他同行。

第三个层面是在各大事业部的工厂中，这里的研发人员会根据据市场变化实时调整产品，都是由工厂反映到生产线上。五大部门独立核算，互相之间购买专利也要直接付费。

今天的三星比以往任何时候都更加注重对技术创新的投入。2005 年 11 月 8 日，三星集团宣布，在未来 5 年中将投入 450 亿美元用于研发新技术新产品。仅三星电子，2005 年的研发预算将超过 52 亿美元，比 2001 年的 23 亿美元翻了一番。

三星数字媒体业务市场部总裁 David Steel 曾向记者表示："未来的三星数字产品将向数字融合方向发展，消费者在购买产品时，就像在饭馆点菜一样，菜单上列出了各种各样的技术，把音乐、照相、通讯等多种功能融合在一起。我们的战略方向就是要领导数字整合革命，而能最好展示数字整合技术的就是小型的、移动的娱乐设备，比如手机、MP3 等，所以三星在这方面还要做得更好。"

资料来源：www. biznovo. org.

思考题：

1. 以三星为例，你认为企业家和高层管理者在企业管理创新过程中起到什么样的作用？
2. 为什么三星如此重视技术人员？你认为技术人员在企业管理创新特别是技术创新过程中起什么作用？

第三节 管理创新的内容

管理创新是创造一种新的更有效的资源整合范式，它既可以是全过程管理，也可以是目标细节管理。管理创新的具体领域和内容主要有管理理念创新、组织与制度创新、产品（服务）创新、技术创新、管理方式与模式创新、人力资源管理和文化创新。本节将逐一介绍。

一、管理理念创新

管理理念是指管理者或管理组织在一定的哲学思想支配下，由现实条件决定的经营管理的感性知识和理性知识构成的综合体。一定的管理理念总是指向一定的经营管理问题，它既可以是企业战略目标的指向或依据，也可以是一定的价值原则，还可以是一种方法论，但它必定要受一定社会的政治、经济、文化的深刻影响，而且总是在一定的哲学思想的指导之下产生和发展。因此，特定的管理理念体现或折射在管理的各种活动中，并且还制约着企业的经营战略及其实现方式。

经营理念是一个企业的核心经营价值观，缺乏经营理念的企业就缺乏判断是非对错的标准和能力。经营理念是企业行动的指南针，没有经营理念的企业就没有航行的方向，盲目的寻找彼岸，却始终难以到达。没有经营理念是不行的，可仅仅有了经营理念仍然是不够的，企业生存的环境处在不断地变化中，固守旧观念、旧思想等于没有观念、没有思想，迟早会被市场淘汰。因此，企业需要不断地学习、不断地汲取知识，根据变化着的环境转换思想、转换观念，跟上时代的步伐、适应多变的客观环境，这就是经营理念的创新，也是管理创新的第一步。

近几十年来，西方各种新的思想与管理理念层出不穷，例如，知识增值观念、全球经济一体化观念、持续学习观念、战略管理观念、知识管理观念等。如以“知识企业”蜚声海外的林肯国民公司在知识管理上，受到海外媒体和学术界的广泛关注。林肯国民公司是“财富全球500强企业”之一，其再保险分支林肯再保险公司是医疗和人寿再保险业务方面规模最大、最受欢迎的公司之一，1997年承包的新保险费达到395亿美元。林肯再保险公司认为再保险业务的核心是风险转移，这本身就是一种商品。在市场上努力提供知识含量超过竞争对手的解决办法，才是企业发展之道。林肯公司认为知识管理是企业的核心能力所在，主导知识管理战略的关键问题在于企业是否懂得在市场上做到与众不同，如何实现知识的增值，如何获得先声夺人的新知识。

再如，美国的通用电气公司、宝洁公司等知名企业均认为“现代意识管理”是经济变革的先行条件和根本保证，纷纷实施“现代意识工程”，向员工灌输现代知识和思想意识。美国摩托罗拉公司将“智能资本”列入行动计划，每年培训费就高达10亿美元。

经营理念指导着企业的发展方向以及企业的经营活动，那么能否不断地创新先进合理的经营理念，与时俱进，自然就成为企业能否立于不败之地的关键所在。管理理念的创新首先要树立“全面价值”观念，实施可持续发展战略，同时要树立培育核心竞争力的理念，实施专业化发展战略。除此之外，要树立竞合理念，实施战略联盟发展战略。从而逐步地调整企业的经营理念和发展战略。

目前，中国企业在经营管理理念上，存在的主要问题：一是缺少明确的经营管理理念，其表现就是只顾眼前利益而牺牲长远利益，只顾经济利益而忽视社会利益，这些不当倾向致使企业管理活动局限在狭窄的范围之内。二是理念定位不当，引起经营管理的挫折甚至失败。例如，亚细亚、巨人集团、秦池等大批企业的失败，就是由于其高层管理者推行其“扩张理念”而导致的。三是缺少现代管理意识，缺乏技术创新的自主精神。

知识经济时代，企业的经济增长已经从依靠资本积累转向依赖于知识的积累与更新。知识经济全方位管理与创新已成为企业取胜的法宝。中国企业应该以中西管理理论为指导，结合自身的具体条件，建构独特的经营管理理念。

二、组织与制度创新

组织变革和创新的理论基础是系统理论、情景理论和行为理论。系统理论认为组织是一个开放、有机和动态的系统，由三个子系统组成，即技术系统、管理和行政系统、文化系统。其特点是相互联系，一处改变，其他会跟着改变。典型的组织变革和创新是通过员工态度、价值观和信息交流，使他们认识和实现组织的变革与创新。情景理论认为在企业中没有一个一成不变、普遍适用的最好管理理论和方法。行为理论则认为企业中人的行为是组织与个人相互作用的结果。通过企业的组织变革和创新，改变人的行为风格、价值观念、熟练程度，同时改变管理人员的认识方式。

1. 管理制度创新。企业制度是关于企业组织、运行、管理等一系列行为的规范和模式，它由企业产权制度、企业组织制度和企业领导制度三部分组成，其中产权制度是核心和基础，对组织制度和领导制度起着决定作用。企业制度创新主要通过对产权制度、组织制度和领导制度的创新使企业更好地适应生产、经营环境发展变化的需要。

（1）企业产权制度创新。产权制度创新是指产权的各项权能在不同的产权主体之间进行重新组合，以期更好地发挥产权的各项功能，最大限度地提高资源的使用效率。产权制度创新的目标包括以下几个方面：①产权关系明晰化；②产权结构多元化；③出资者承担有限责任。

青岛海尔集团的崛起与其成功的产权制度创新是紧密相关的。海尔集团的前身是青岛电冰箱厂，是归属青岛二轻联社管理的集体企业，当海尔集团通过定向募集进行股份制改造时，就抓住机遇重新对二轻联社的资产进行评估，明确其在海尔集团中占有7%的股份，只能作为一个一般股东进入海尔的管理层，以减少二轻联社对海尔集团的行政干预。随后在20世纪90年代，在中国家电市场迅速扩张之际，经过产权制度创新后的海尔集团基本上摆脱了政府部门的行政干预，轻装上阵，作为一个独立的商品生产者和经营者，把握住了当时极其难得的企业发展机遇。产权制度创新是海尔发展史上的一个重要里程碑。

（2）组织制度创新。对中国的国有企业来说，组织制度创新就要按公司制改造要求进行一系列的改革，主要包括以下几个方面：①国家由承担无限责任转变为承担有限责任。无论该组织是有限责任公司，还是股份有限公司，当公司出现亏损时，国家作为股东只对企业的投资额承担有限责任；②国有资产所有者的代表进入企业。国有企业改制成公司后，国有资产管理部门通过选派董事的形式进入企业的董事会，行使国有资产的股东权利；③企业成为自主经营的法人实体和市场竞争的主体，公司以其全部法人财产对公司的债务承担有限责任，具有自主经营、自负盈亏的能力；④政企分开。改制成公司后，政府执行“股东”职能，间接管理企业，并依据法律行使股东的权利和义务，而不再享有特权。

（3）企业领导制度创新。现代公司制的领导体制是由股东会、董事会和监事会构成的“新三会”与公司经理层联合组成的，它有如下特点：股东会是公司最高权力机构，有权选举和罢免董事会和监事会成员；董事会是公司的经营决策机构，对总经理实行聘任制；总经理负责公司的日常经营管理活动；监事会作为公司的监督机构，对董事会成员和经理行使职权活动实行监督，保障公司利益和公司业务活动的合法性。

领导制度创新要求中国企业围绕公司制的要求，设立股东会、董事会、监事会和经理层等分层次的组织机构和权力机构，并明确规定他们各自的职责和相互之间的关系，不同权力机构权责分明，各司其职，各负其责，形成层次分明、相互制约、逐级负责的纵向授权领导体制。

2. 组织结构创新。组织结构是“一个组织内部各个要素之间确立的关系形式”，它是组织功能得以正常发挥的基础。现代组织管理理论认为，企业目标能否顺利实现，很大程度上取决于企业组织是否能有效运行，组织功能是否正常发挥。因此，在管理创新的过程中，组织结构能否根据外界环境的变化，通过分析设计以适应管理创新的需要就成为管理创新活动成败的关键。扁平化、柔性化、网络性组织结构已经成为企业组织今后创新的方向，尤其是当企业组织选择创新作为最基本的战略时，网络结构是最能够体现对变化的动态适应性和创新性的弹性化组织结构。

三、产品（服务）创新

产品（服务）创新是最普遍的一种管理创新方式。对于工业企业来说，是产品创新；对于服务行业来说，则是服务创新。产品（服务）创新有两种，一种是由新技术推动的新产品的应用和推广，另一种则是根据市场的变化和需求，对产品的种类、功能进行细化和开发。

科技从发明到创新再到产品的时间周期越来越短。在18世纪，科技转化为应用技术，再转化为商品的时间大约要100年，到19世纪为50年，第二次世界大战前为20～30年，“二战”后降为7年，现在是3～5年，甚至2～3年就可以变为新产品（服务）。国际上有一些业绩好的大公司，其秘诀就是不断地进行技术创新。例如，飞利浦公司有百余年的历史，企业老而其产品却始终走在时代的前列。从1914年开始，即发明了内置聚光镜的投射灯；1917年生产了世界上第一只无线电真空管；1922年第一只X光管问世；1926年五极真空管诞生；1932年生产交通用铂灯；1949年发明了非金属磁体；1957年生产了全新的铅光导摄像管；1960年生产全新的推基式晶体管；1965年全新的电脑电子记忆系统研究成功；1970年研制Socos高密度集成电路生产程序；1972年投入生产光学录像激光视盘技术；1980年核磁共振成像系统被应用于医疗诊断仪器中；1986年推出硅片摄录影像感应器；1990年开发了红绿灯激光技术；1991年发明了QL感应照明系统。这就是飞利浦公司产品创新的宏观年表。正是由于一系列的创新产品，使飞利浦这一老牌公司长盛不衰；也正是这些管理创新，不断改革着公司的产品结构，提高了产品的附加值，给公司带来了可观的利润和发展的基础。

另一种产品（服务）创新虽然并不是发明或应用了新技术的结果，但是同样为企业的创新和发展开拓了新的空间和领域。例如，中国家电市场一直以来竞争激烈，但是海尔集团多年来却凭借着对市场变化和消费者需求的敏锐反应和细致服务，始终占据着龙头地位。当海尔集团决定进入上海地区时，他们通过市场调查研究和分析，根据上海地区居民住房面积小、人们节省意识较强以及当地气候温和的特点，开发了专门针对小家庭的海尔节能王，既省水省电同时占地面积还小，一下打开了上海地区的市场；在产品向农村推广时，又开发了一种以大功率、超大容量、结实耐用为特点的产品，满足了农村消费者的需求。后来海尔进入空调领域，又首创一体化专业安装和售后服务，不仅赢得了市场而且创立了良好的口碑。正是海尔集团不断更新的产品创新，使得它们不仅在中国国内占据主导地位，还成功打入欧洲、美洲、中东、印度等国家和地区的市场，成为中国具有代表性的知名品牌。

四、技术创新

技术创新的进步与产品创新是密切相关的，同时也是决定一个现代企业竞争力的重要因素。随着科技进步的日益加快和市场竞争的不断加剧，企业的技术创新能力已成为构成企业核心竞争力的首要能力。企业是技术创新的主体，企业也是推动技术进步和高新技术产业化的主力军。以数字化、网络化为代表的信息革命，正在迅猛地冲击着当今所有的产业。一些耗竭自然资源、污染环境、破坏生态平衡的“夕阳产业”将逐步由生物技术产业、信息技术产业和新材料技术产业等“智力工业”所取代。新知识融入高新科技的研发与应用，并对传统产业进行智能化改造，不仅发展了一批新型产业，而且也带来了传统产业的优化升级，从而使产品提高了知识含量，推进了知识和技术创新体系的建立。

但是企业技术创新需要前期巨大的投入，并不是每个企业都能够做到。企业的技术创新战略是企业整体发展战略的重要组成部分，是决定如何利用技术创新获取核心竞争力的决策。技术创新战略可分为领先创新战略、跟随创新战略和模仿创新战略。领先创新战略的难度较大，要求企业有很强的研发能力和大量的研发经费的支持，还要有很强的市场营销能力与之相适应，一般国际上的大公司多选择此种战略。如 IBM 公司 1996 年用于网络软件开发的投资高达 42 亿美元，相当于中国企业当年所有的科研开发经费总和。巨额科研经费的投入是实施领先战略的首要条件。跟随创新战略的研发投入以及市场风险要比领先创新战略小，作为跟随者，要密切关注领先者的技术动向，当领先者的技术开发成功并有效的开拓市场后，即迅速跟进，投入必要的资金或在领先者的基础上进行后续开发，或者直接从领先者那里购买专利，并迅速把相关产品投入市场。日本在技术创新方面基本上走的是跟随创新的发展战略，并取得了很大的成功。模仿创新往往是研发能力薄弱，资金实力十分有限的企业所采取的创新战略。模仿创新是在不侵犯知识产权的前提下，对领先者的产品或技术进行模仿，它不需要作大量的研究开发工作，成本很低，但模仿创新的限制因素很多，难度较大。模仿创新的成功也要求有一定的研发投入，并要求把领先者的技术或产品本土化，才能达到目的。

企业技术创新也有一定的风险，必须与市场营销战略牢牢结合起来，绝对不能脱离市场需求而追求所谓的技术领先，否则将会因技术创新战略的失误而招致灭顶之灾。美国铱星公司是卫星移动通信业的开拓者，花 12 年时间，投入 50 亿美元用于技术创新，研究开发出了由 66 颗低地球卫星组成的移动通讯网络，从理论上来说，这个网络可让用户随时进行通信联络，但由于通讯用的设备和服务费用昂贵，到 1999 年 8 月，只有 2 万用户，离保本所需的 65 万用户差距太大而不得不申请破产。铱星公司破产的主要原因是忽视了用户的市场承受能力以及非卫星通讯移动电话的迅猛发展所带来的变化。

技术创新是以市场需求为导向的，将技术优势转化为市场优势的创新活动，涉及从新创意到技术开发、产品研究、生产制造、市场营销和服务的全过程。企业必须以市场需求为出发点，必须能给企业和消费者带来实实在在的利益，只有经过用户检验合格的技术创新成果才具有真正的存在价值。

五、管理方式与模式创新

管理方式是指管理的方法与管理的形式，它是企业资源整合过程中所使用的工具，直接涉及企业资源的有效配置。管理方式的创新，可以有两个主要方面：一是单一性的管理方式的创新，如库存管理方法、网络计划技术、ABC 管理法等；二是综合性的管理方式方法的创新，例如制造资源计划、全面质量管理、计算机集成制造系统等。概括起来，管理方式方法的创新主要包括以下几种情况：采用一种新的领导方式、采用一种新的管理手段、提出一种新的资源利用措施、采用一种有效的业务流程、创设一种新的工作方式等。

管理模式是指基于整体的一整套相互联系的管理理念、管理制度、管理方式方法的总称，它是一个综合性和全面的管理范式，与企业的特点有密切的关系。也就是说，能够结合企业的特点创造出全新的管理并获得成功，这就是管理模式的创新，例如，集成管理、危机管理、企业再造等。管理模式的创新还可以在企业某一个具体管理领域中作出，即领域管理模式的创新，如生产管理模式、财务管理模式、营销管理模式等方面的创新。

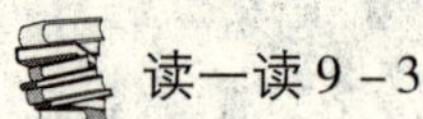

读一读 9-3

联想的“大船结构”管理模式

联想的决策者认识到，没有一支组织严密、战斗力很强的队伍，企业就成不了气候，也就无从谈起进军海外市场。在这样的背景下，他们提出了“大船结构”管理模式，使之产生 1+1>2 的总体效益。

1. “大船结构”。这种模式的主要特点是“集中指挥，分工协作”，具体包括四层意思：

● 集中指挥，统一协调。公司以开发、生产、经营三大系统为主体，围绕这三大主体，公司设置了一个决策系统，一个供货渠道，一个财务部门，实行人员统一调动，资金统一管理。根据市场竞争规律，企业内部实行目标管理和指令性工作方式，统一思想，统一号令，接近于半军事化管理。

● “船舱”实行经济承包合同制。1988 年起，公司按工作性质划分了各专业部，比如业务部下设：汉卡、微机、网络、小型机、CAD 工控、软件、资料等专业部，实行“船舱式”管理，任务明确，流水作业，有利于提高工作质量和效率，有利于实现按劳分配，调动职工积极性，体现企业主人翁地位。

● 逐步实现制度化管理。从 1998 年起，公司开始完善各种企业管理制度。比如，财务制度、职工培训制度、干部聘任制度、库房管理制度等。着力进行规范化企业管理。实行制度管理，使各“船舱”衔接起来，既要提高各自的工作效率，又要顾及整体目标和利益，制度化管理使企业不但有了强大的动力机制，同时也建立起一套企业约束机制，以保证企业高速正常运转。

● 实行集体领导，董事会下设总经理（总裁）室。总经理室四名成员，两个在香港，两个在国内，实行海内外统一指挥。公司高度重视领导班子的团结和带头作用。由于领导班子成员有共同的理想，共同的思想基础，又配合默契，使总经理一班人成为公司的坚强核心，在职工面前具有很强的号召力，并保证了企业决策的正确性，避免在竞争中产生失误和失利。

2. “大船文化”。“大船文化”是联想在改革开放的历史条件下，在创建新兴科技企业的过程中提炼升华而成的，大致包括以下内容。

● 灌输全新的价值观，一是提出“讲功劳不讲苦劳”的价值观，即对科技人员的评价不是以学历、资历和成果鉴定会评价为依据，而是以实际贡献为依据，要求科技人员发挥实际作用，创造经济效益；二是提倡“研究员站柜台”，要求开发人员跟踪市场，完善产品，直到产生效益；三是要求开发人员强化市场观念、用户观念、时间观念、效益观念。另外，公司对职工的要求是德才兼备，综合评价，既忠诚，又精明。

● 树立事业上的共同理想，“创办计算机企业，跻身国际市场”，是联想人的共同理想，宏伟的目标，是联想集团凝聚力的根源所在。

● 铸造集团公司的整体意识。“同舟共济”、“协同作战”、全局意识、合作意识等，是联想集团的主导思想。公司极力反对内部分裂，反对小山头、小摊贩、小作坊和部门所有，倡导透明的人际关系，强调内部凝聚力，引发向心力，视团结如生命。

● 塑造高科技企业的社会形象。联想集团把产品质量、公司信誉和售后服务视为企业生存的三大基础。公司投入2/3的人力和相当大的财力用于保证产品质量和产品服务，并提出“用户是我们的皇后”，“信誉比金子还宝贵”，产品开发、生产、经销“全过程质量控制”等口号，并认真实施，坚决落实。

● 弘扬拼搏创业的公司精神。联想集团有句著名的口号：“5%的希望变成100%的现实”。公司制定目标、计划的时候，慎重小心，稳扎稳打。一旦目标确立，就要发扬轮番拼打的精神，不达目的，决不罢休，公司号召大家既然上了“大船”就要断绝退路，拼命向前！

分析：

联想集团创造了极为丰富、极为宝贵的成功经验，整个案例概括起来，主要有以下几个方面：

1. 能正确确定企业的宗旨和目标，并成为指导企业一切工作的指针。联想自成立起，始终坚持一个宗旨：以科研成果为国民经济作贡献。他们把“创办计算机产业，跻身国际市场”作为联想人的共同理想和目标。

2. 善于制定并实施企业的发展战略。从1988年开始，联想就制定并实施了一个海外发展战略，并达到了预期的目标。1998年，联想又制定了一个面向未来（2010年）的跨世纪发展战略和策略，这一战略正在有效地实施之中。

3. 强调科研成果要产业化、商品化、效益化，他们提出“讲功劳不讲苦劳”的价值观，强调对科技人员的评价不是以学历、资历、成果鉴定会评价为依据，而以实际贡献为依据。要求科技人员强化市场观念、用户观念、时间观念、效益观念，发挥积极作用，创造经济效益。

4. 创立贸、工、技产业发展道路，建立开发、生产、销售、信息、服务五位一体的良性循环的产业结构。由于联想创立之初只有20万元的投资，所以必须走贸、工、技的产业发展道路，这既是联想的特点，也是联想的创造。

5. 建立“集中指挥、分工协作”的“大船模式”。联想的决策者认识到，没有一支组织严密、战斗力很强的队伍，企业就成不了气候，形不成产业，也就无从谈起进军海外市场。于是，他们实行了“大船结构”的管理模式，收到了很好的成效。

六、人力资源管理和文化创新

传统的经营管理方式，管理者总是把大部分注意力放在资金、原材料和机器设备上，把主要精力放在这些生产要素的组合和配置上，而忽略了人力资源管理乃至企业文化因素，人本意识淡薄。随着知识经济时代的到来，这种方式必将被改变，因为要管好一个企业，不仅需要经营好它的“硬件”和它的现在，更要设计好它的“软件”和它的未来。

1. 人力资源管理创新。在知识经济时代，企业竞争的焦点将集中在知识、技术和人才的较量上，企业的成败取决于人才管理的成败。这个时代是知识大战、技术大战、人才大战的时代，归根结底是人才大战的时代，因为人是知识、科学技术的创造主体，知识与科学技术是人脑创造的产物，高智能人才是社会、企业的第一资本、第一资源。1988 年荷兰飞利浦公司以高薪 200 万美元没能挖走美国硅谷一位研制 1 204k 超大规模集成电路的专家，最后，为了这名专家，飞利浦公司干脆出资 300 万美元将这位专家所在的公司吞掉。

海尔集团坚持“高质量的产品由高质量的人干出来”的管理理念，在员工中开展“自主管理班组”活动，引导员工走向管理的最高境界——自主管理。根据“人人是人才”的用人哲学，建立了一个有利于每个人最大限度地发挥特长的机制，使每个人在企业中都能找到适合于展现自身价值的位置。

人力资源管理创新包括以下几方面内容：（1）转变传统观念，提升人力资源在企业中的地位。首先，企业管理者要转变传统的“人事管理”思维为“人力资源管理”思维。人力资源管理的内容几乎与企业的每一种经营活动都要发生联系，与业务部门的联系更紧密。其次，人力资源管理必须定位于战略性的高度。一方面，随着知识经济向深度和广度的发展，促使企业将人力资源作为最宝贵的资源。另一方面，人力资源本身就是企业创造竞争优势的战略基础。它更多地强调战略问题，考虑如何使人力资源成为智力资本，为创造企业的竞争优势作出更大贡献。（2）营造优良的人才环境。（3）创造与企业特点相符的人才结构。企业的人力资源管理创新不是仅仅用人才数量的多少和学位的高低来衡量，其关键在于人才开发的效用、整体人才结构是否合理和人才的知识构成是否为企业的业务内容所需要。

2. 文化创新。企业文化是指企业在生产经营和管理活动中所创造的具有本企业特色的精神财富及其物质形态，包括企业价值观、企业哲学、企业精神、企业形象、企业道德、企业民主等内容，它在企业的发展过程中具有导向、约束、凝聚、激励和辐射的作用。管理创新首先应该从企业文化入手，塑造一种勇于创新、鼓励创新的企业创新文化。管理文化是一种整合力量，具有强大的凝聚力与推动力，没有支持创新的文化，创新就会成为无源之水，无本之木。

文化的创新主要体现在三个方面：第一，树立创新意识和观念。经营者要经常向员工宣传创新的战略意义，使创新意识渗透到企业的组织体系和人们的思维与行动之中。第二，营造有利于创新的环境和氛围。企业的创新是在特定的组织及其相应的文化背景下进行的活动，创新不应仅限于企业经营者和技术人员，企业的一般员工都能从实际岗位的角度提出有价值的创新建议，从领导者到员工都要鼓励并保护创新。激励机制不仅要放在结果上，还要放在过程中。第三，企业本身的文化、价值观也要在符合企业管理特点的条件下，进行创造性开发和提升，突出企业的管理理念、发展战略和市场定位。

中国企业的文化创新主要从以下几方面着手：

（1）确立企业的价值观。企业文化的核心是企业的价值观，因为企业的价值观是形成企业精神、树立企业形象、增强企业凝聚力及形成企业良好风尚的基础，它往往为企业确立了前进的目标并确定了员工的行为准则。国内外著名的企业都非常注重企业价值观的确立，并贯穿于企业生产经营活动的每一个环节。如通用电气公司的价值观是“我们最重要的产品是进步”；四川长虹的“以产业报国、民族昌盛为己任”；海尔集团的“敬业报国、追求卓越”等。每一个企业的价值观都构成了企业文化的主体内容。因此，确立企业的价值观是塑造企业文化的基础。

（2）尊重个人。一方面要求企业的各级领导特别是企业的最高层领导对企业的所有员工做到一视同仁，创造公平、人性化的工作环境；另一方面，企业的高层管理人员还应高度重视企业员工的各种建议和要求，为企业员工参与企业决策提供便利。

（3）塑造品牌的文化价值。品牌是企业的一面旗帜，也是确立企业市场地位的重要标志，提升品牌的文化内涵对企业的发展意义十分重大。

（4）创造良好的文化创新机制。文化创新不能流于形式，也不能当作企业宣传、政工部门的行政性工作，而应把其视作企业发展战略的重要组成部分，加以充分重视，以利于良好的文化创新机制的形成。

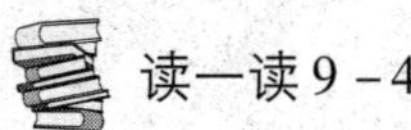
读一读 9－4

东风朝柴：大风起兮“龙”飞扬

朝阳——位于辽宁西部的塞外战略要地，因为“但使龙城飞将在，不教胡马度阴山”的传世典故而被赋予了一种藏龙卧虎的传奇色彩。龙城有“龙”，创建于1960年的东风朝柴公司就坐落在这里。东风朝柴以持续创新的思维和行动从小到大，从弱到强，逐渐发展成为龙城的一条“工业巨龙”；形成年产21万台柴油机能力，社会保有量超过150万台，同时，其产品随车出口到40多个国家和地区，居国内同行业领先地位，也由此奠定了中国轻型车用发动机第一品牌的崇高地位。

探究东风朝柴持续发展壮大的根源，东风朝柴公司总经理赵庄说：“无论是个人还是企业，要想迈向成功，都会遇到很多障碍和壁垒，关键在于我们以什么样的心态和用什么样的思路去做。我们要敢于打破常规，必须建立开放创新的思维模式和运营机制，在竞争中奋进，在创新中发展，否则就会错失良机。”

技术创新是朝柴公司的光荣传统。在朝柴的发展过程中经历了几个关键性的转折。每一次重大转折都与技术创新相伴而行，从中也折射出中国发动机行业的发展历程。

朝柴的第一次转折发生在1979年。这一年伴随着中国改革开放号角的吹响，朝柴人以敢为天下先的勇气和创新精神研制成功中国第一台高速车用柴油机——6102Q型柴油机，在中国发动机史上首开汽改柴、柴油机配汽车的先河，引领并掀起了席卷全国的“汽改柴”热潮，朝柴也由此走上了专业生产车用柴油机的高速发展之路。从此，CY6102系列柴油机伴随朝柴走过20多年的光辉历程。奠定了朝柴在中国内燃机行业的领先地位。

朝柴的第二次转折发生在1984年。这一年朝柴研制成功第一台4120Q型柴油机，填补了国内轻型车用柴油机空白。朝柴4缸柴油机依靠其可靠的性能和质量优势，迅速成为各汽车厂首选配套动力，在用户中有很高的信誉度和忠诚度。尤其是1996年以来，朝柴4缸机产销量始终位居全国同行业第一位。

朝柴的第三次转折发生在2003年。这一年朝柴引进日产柴油技术成功生产QD32柴油机，填补了国内高档柴油机空白，成为乘用车发展领域一座新的里程碑。在原来以汽油机为主的MPV、SUV等高档乘用车向柴油化发展的趋势下，朝柴的CYQD32系列柴油机已经成为上述车型的首选。2007年8月，朝柴公司又迎来了一个令中国汽车行业为之瞩目的巅峰时刻。引进美国万国公司技术生产的世界级动力——NGD3.0柴油机成功落户朝柴，与QD32系列柴油机一起，为中国城市多功能车SUV、MPV、高档皮卡、高端轻卡行业增添了更加专业、性能更加可靠、动力更加强劲的高档柴油引擎，不仅对东风朝柴公司的生存和发展具有十分重要的意义，也对中国汽车产业产生了深远的影响。

“人无我有，人有我优”。朝柴公司始终以这样的创新意识，通过自主开发、联合开发、引进产品和技术等形式推动产品创新。目前，已形成102、D、3升、燃气发动机四大系列产品，填补了国内多项空白，在轻型车动力领域全面飘红。

以技术创新为支撑，朝柴始终走在环保、节能的快车道上。中国第一台排放达欧Ⅰ、欧Ⅱ标准的车用柴油机就在朝柴研制成功。2005年，朝柴QD32柴油机是率先通过国家欧Ⅲ排放报告的轻型车用柴油机。目前，朝柴全系列产品均达欧Ⅲ标准，并已具备达欧Ⅳ排放标准的发展平台。

技术创新的卓越表现使朝柴始终引领着中国轻型发动机行业的走势，成为助推汽车产品升级换代的不懈动力和引领轻型柴油机行业发展方向的航标。

有人说，技术创新和管理创新是企业发展的两个轮子，缺一不可。的确，东风朝柴技术创新为企业的发展带来了巨大的潜力和实力，而管理创新则让技术进步来得更快、更好、更具持久性。

经过几年的大胆探索和实践，朝柴在借鉴国内外先进管理模式和经验的基础上，全方位地实现管理上的创新和突破，全面提升管理水平，改变了老的国有企业几十年来形成的思维方式、行为习惯和管理模式，在很大程度上跟国际管理模式接了轨，实现了以管理促效益。

面对国内外市场的激烈竞争，信息化管理及平台建设已成为不可逆转的潮流。朝柴适时提出了利用信息化手段全面创新管理、提升自主研发能力、提高企业核心竞争力的战略决策。自2004年以来，朝柴对企业原有信息系统进行彻底改造和全面资源整合，在以信息化带动现代化方面作出了成功的探索和实践。大型信息化建设项目ERP/CRM（企业资源计划/客户关系管理）、PDM（产品数据管理）、KM（知识管理）系统先后成功上线，实现了企业技术、生产、销售、财务等业务信息流的全程贯通，使企业各种业务管理全面步入信息高速路，东风朝柴公司信息化建设也成为辽宁省和国内同行业的典范。

ISO/TS16949标准是在ISO9000标准基础上增加了对汽车行业特殊要求的全球汽车行业的国际标准，建立并通过了TS16949质量管理体系认证，获得了进入国际汽车市场的通行证。朝柴公司自2005年开始宣贯TS16949质量管理体系，2006年末通过了SGS公司认证，朝柴公司正式成为TS16949注册企业。2007年，朝柴对包括TS16949质量管理体系、ISO14000环境管理体系、OHSAS18000职业健康管理体系、10012测量管理体系在内的“四标”管理体系进行全面梳理和一体化整合，并成为指导公司开展各项工作的“宪法”和纲领性文件，使公司各项工作流程更加规范、顺畅、高效，各项管理实现了整体一盘棋。

日本丰田汽车公司首创的精益生产方式，因撼动过美国汽车霸主地位而被世界汽车业广为吸纳。东风朝柴公司结合自身实际，把精益思想创造性地应用到生产实践中，在逐渐摸索和发展中不断丰富，形成了自己的生产方式。自2004年以来，朝柴先后导入了TPS（丰田生产方式）和QCD（日本管理方式）管理思想，积极倡导全员改善创新，成效非常大，每年有改善2 000多项，实现了产品的不断改善创新，为公司带来了丰厚效益。2008年，朝柴公司确立了“以丰田精益思想为管理指导思想，以TS16949为管理体系，以QCD表单为管理工具，以KM为管理平台，建立和完善了具有朝柴特色的精益管理模式——DPS管理模式，推动了朝柴质量、效益全面提升”的工作思路，并邀请东风公司QCD专家到朝柴公司挂职，作为总经理助手对QCD推进进行系统地指导。目前在方针管理。生产性管理、现场管理、自主保全、QRQC/QRQE活动方面都取得了可喜进展，QCD在朝柴全面提升企业管理水平的作用正日益凸显。

如果说，技术创新和管理创新为朝柴持续发展奠定了坚实的基础，体制和机制创新则为朝柴发展带来了勃勃生机和无限活力。

1993年4月，朝柴以资产经营一体化形式加入东风汽车公司，在战略重组和集团化方面先行一步，结束了游离于各大汽车厂之外、在经济大潮中单打独斗的局面，踏上了中国汽车工业集团化发展的康庄大道。从此朝柴实现飞速发展，在1993~1995年，国有大中型企业经济效益普遍下滑的形势下，朝柴却凭借产品和市场优势，连年为国家作出突出贡献，年上缴税达1亿元以上，并且每年以高于1 000万元的速度向上递增。

2002年初，东风朝柴柴油机有限责任公司分立成为东风朝柴公司和东风朝阳思益公司两个公司。东风朝柴公司走以集柴油机产品开发、生产、销售为一体的专业化发展道路。这次分立实现了真正意义上的主辅分离，主业更加精干，为合资、上市准备了条件，同时轻装上阵也为企业带来了巨大的活力。2002年提前两个月实现了几代朝柴人梦寐以求的年产10万台目标，2004年率先达产中国高速车用柴油机第100万台，又一次燃起了中国汽车工业发展史上的激情岁月。

“人才是企业的第一资源”，朝柴公司对此有着深刻的认识。为此，围绕人才队伍建设，朝柴进行了一系列的机制改革和创新。全员实行薪酬分配制度改革，在什么岗、干什么活、拿什么钱，激活了人的积极性，逐步实现了劳动力价值的市场化；创建学习型组织、争做学习型员工、大力开展培训，实行竞争上岗和“三师”评定等制度，激励各类人才脱颖而出；出台全员职业生涯设计，为每一名员工设计成长路径，建立起科学、明确、长效的薪酬增长机制，使员工的聪明才智和自身价值得到了充分发挥。

强劲的技术优势最大限度地创造出强势品牌，先进的管理模式实现了企业资源的合理配置，充满活力的体制机制改革造就了特别能战斗的人才队伍，这一切，已经随着朝柴的发展历程与企业融为一体，形成了企业的综合实力和竞争力。

“大风起兮龙飞扬。”近半个世纪以来，朝柴人在创新中发展，在发展中创新，保持了持续发展的活力。

资料来源：张桂军、史国荣：《东风朝柴：大风起兮“龙”飞扬》，《时代汽车》，2008年第10期。

思考题：

1. 试分析东风朝柴的管理创新包含哪些方面的内容？
2. 这些内容是如何支撑企业的发展的？

第四节　管理创新的实现

作为创新行为的一种，管理创新是实践的结果，它是一个与经济相结合并一体化发展的过程。而且，由于管理自身的性质，使这一过程更具复杂性、动态性及风险性。因而，对管理创新过程构成及运行模式的探讨，是使管理创新从理念构思走向现实操作的重要环节。

一、管理创新的一般过程

管理创新的一般过程主要可以分为创新意愿的产生、问题的分析、创新方案的制订、创新方案的贯彻和实施、评价和修正这样五个主要部分（见图9－2）。

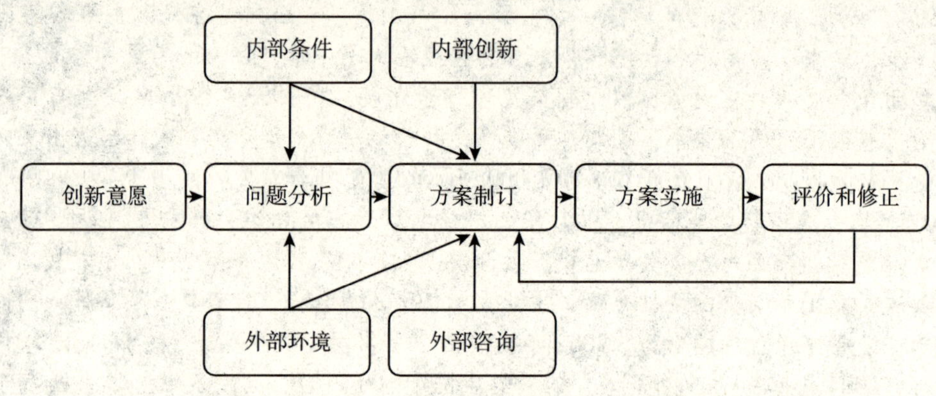

图9－2 管理创新行为的一般过程

1. 管理创新意愿的产生。管理创新的第一阶段是创新意愿的产生。由于企业内外环境的刺激，企业内一些成员开始具有危机意识，并在企业创新机制、创新激励、创新氛围等的作用下，产生创新意愿。创新意愿有两种产生途径：环境诱发或自我发动。

环境诱发是由于企业外部经营环境的变化，特别是竞争的加剧，使企业必须创新，不创新即死亡。而自我发动则分两种情形：一是企业自身由于效益下降、亏损或发展问题，必须进行管理创新；二是企业内部人员如企业高层领导者有了创新冲动和创新战略。不论是何种情况，创新意愿要想由萌芽到成形，必须注重组织内部良好的沟通。尤其是对于企业中下层管理人员和员工来说，其创新愿望必须得到上层管理人员的认可和支持，才有可能实施。因此，这一阶段中，必须注意反馈和沟通，促使个人创新愿望变成整个企业的共识和需要。

2. 问题分析。在具有创新意愿的基础上，企业应组建一个具有足够权威，并有多层次人员参与的管理创新小组，在进行大量深入细致的调查研究的基础上，经过比较，充分分析目标与现状之间的差距、原因以及结果，从而为下一步的管理创新方案制订提供依据。

3. 方案制订。在这一阶段，由管理创新团队或者部门，运用多种创新方法和技术手段，进行头脑风暴，提出解决问题的创新构想；而后结合企业的实际条件和战略要求，利用内外部环境，对创意进行比较、筛选、综合及可行性评价，最终确定一个比较具体的、具有可操作性的创新方案。在这一阶段中，创造性思维和可行性论证的检验都非常重要。

4. 方案实施。在上述各个环节的工作后，即进入管理创新的实质性阶段——创新行动的落实。管理创新团队或部门、企业领导以及创新方案的具体实施者们，在一定的创新目标导向下，实施创新方案，同时关注创新方案实施的支持性条件和存在的问题。

管理创新方案的实施阶段又分为三个步骤：（1）旧范式的解冻。在实施前要做好宣传与沟通工作，一方面取得管理创新的主体和客体的认同，克服和消除妨碍变革的心理障碍，另一方面还需要关注存在的问题，创造条件，为下一步的实施做好准备。（2）变革。也即初步实施阶段。通过授权各部门、各成员实施创新方案，制定短期目标。在这一阶段可能面临的阻力、困难都较多，因此要坚持坚定性、稳定性和应变原则，对创新中出现的新的变化或新的环境，要及时反馈现象、修正方案。（3）固定和深化阶段。虽然到这一阶段创新方案已经取得了一些初步成果，但由于习惯势力的根深蒂固，以及企业内外环境的变化，并未完全适应，必须要采用一定强化手段，使创新方案固定并持久化。从而保证管理创新的持续性发展。这一环节，也即管理创新的持续实施过程。

5. 创新评价与修正。在经过一段时期的推行之后，管理创新的领域开始呈现新的范式，成果也日益明显。此时就应该对创新方案的效果、整个实施过程等各方面进行全面的评价总结。这一阶段一方面可使企业经营管理者和员工在其成果得到社会承认时产生巨大激励作用，并进行更深层次的创新；另一方面也是为了使其创新成果在更大范围内推广，发挥企业管理创新成果的社会效用。

由上述对管理创新系统的具体分析可以发现，管理创新行为是由多因素、多阶段所构成的，是一个被很多因素所影响和制约的复杂的过程。在管理创新过程中，无论是在问题的分析还是方案的制订阶段企业都要受内部条件和外部环境的制约，而在方案的制订和执行过程之中，为了确保创新方案的成功，要综合运用各种内部力量和外部力量来协助。同时，管理创新并不是单向的，而是随时进行着反馈和修正。在方案的贯彻和实施过程中，一方面要根据方案的要求来进行阶段性的控制和评价，而另一方面新的情况和环境的变化信息又被随时反映上来，从而使方案在执行的过程中被不断的修正和更新，以期达到最终管理创新的目的。从方案的制订到方案的实施再到方案的控制和修正，这三个部分形成了一个开放的循环系统，不断地根据内外部环境条件的变化来进行自我完善和自我更新，而其具体的运作过程则决定了管理创新能否最终成功。

二、管理创新的阻力

管理创新的阻力来源是多方面的，既有来自于个人方面的阻力，也有来自组织方面的阻力；既有来自物质技术条件方面的阻力，也有来自精神和心理方面的阻力。

1. 人的阻力。不管是管理创意的产生还是管理创新方案的实施都离不开人的参与，在管理创新过程中，人的阻力是构成管理创新的最大障碍。人的阻力在企业中主要表现为：一是习惯；二是安全需要；三是经济因素；四是对未知的恐慌；五是急于求成。因此，管理创新在实施和推行过程中既要注意各层级之间的沟通交流，也要注意从细微做起、从小事做起，任何疏忽都可能最终导致创新方案的破产。

2. 组织的阻力。组织既是管理创新的主体又是管理创新的对象。作为管理创新对象的组织就其本身来说是保守的，它们会本能地抵制创新。组织阻碍管理创新的原因主要有：一是结构惯性。组织有其固有的机制保持其稳定性，虽然这些规则在许多条件下被证明是有效率的，但当组织面临创新时，结构惯性就充当起维持稳定的反作用力。二是群体惯性。无论是正式群体还是非正式群体，都存在一定的行为规范，它对于保持群体成员的一致性和相互合作具有积极作用。但这种群体规范却压制了创新，使得大多数人更愿意服从现有的规范和标准，产生群体惯性，从而导致人们的思想和行为考虑的不是有所创新，而是如何迎合群体。三是专业知识的威胁。管理创新可能会威胁到专业群体的专业技术知识。如分散化个人计算机可以使管理者直接从公司的信息系统部门中获得信息，但它遭到许多信息系统部门的反对。因为分散化计算机终端的使用，对集中化的信息系统部门所掌握的专门技术构成了威胁。四是本位主义。许多企业是按照职能制组织起来的，这种组织形式虽然有助于工作效率的提高，但也存在明显的缺点，即职能部门的本位主义化：各职能部门往往不是着眼于整体，而是从本部门出发思考问题。如营销人员相信，成功需从顾客开始；生产人员则提出，成功的创新要确保生产高品质的产品。这些观念看起来都有道理，但如果各自过分强调就会导致各自为政，使企业的整体创新能力受到影响和削弱。五是官僚主义。

3. 物质技术条件方面的阻力。对管理创新投入不足是多数企业共同存在的问题，其原因在于管理层对管理创新重视不够。不少企业常常将发展寄托于市场创新或技术创新，而不是广义的系统的管理创新，这样管理创新的开展自然会遇到很大困难或根本无法展开。

三、管理创新措施

管理创新的阻力是制约管理创新及管理创新能力提高的瓶颈，只有不断克服和消除这些阻力，才能确保管理创新的顺利进行，而克服管理创新阻力的主要途径在于从机制上创建一个适合管理创新的组织环境和文化环境。针对上述提到的几个问题，可采取以下几种具体管理措施。

1. 共同参与。让有关人员共同参与创新的计划与执行，是减少创新阻力的方法之一。有关专家的实践表明，全面地参与比部分参与好，而部分参与远比不让员工参与好。因此，要减少创新的阻力，就应该让有关人员公开讨论创新的内容和执行的方式，让参与者参加创新的决策，决定创新的计划，以减少内心的恐惧与不安，使创新顺利地推进与实施。

2. 相互信任。如果创新的参与者之间彼此相互接受，相互信任，那么创新的阻力将减小。有的创新者对其他成员不信任，不尊重，总想通过强制手段或利益诱导，把他们引入到其无所了解的创新活动中，这无形中增加了许多阻力。事实上，只要将创新的力量合理地加以利用，因势利导，建立彼此的信任，增进相互的了解，变革的阻力就会减少。

3. 适时沟通。通过与员工们进行沟通，帮助他们了解创新的理由，澄清错误认识，了解全部事实，减少创新的阻力。这可以通过个别会谈、备忘录、小组讨论或报告会等形式来加强彼此间的沟通，尤其是要增进创新的赞成者与反对者间的交流，了解其反对的正当理由，将持反对意见的人吸收到创新活动中来，设法做好创新的宣传解释工作，并搞好创新计划的信息反馈，进一步完善创新活动。

4. 教育培训。教育培训的目的一方面是使员工了解企业所处的经营环境、经营状况及所面临的困境和机遇，增强创新的紧迫感，使创新有广泛的群众基础；另一方面通过培训，使员工重新学习知识，接受新观念，掌握新技能，学会用新的观点和方法处理和分析新形势下的各种新问题，增强对管理创新的适应力和心理承受力，增进他们对管理创新的理性认识，以极大的热情投入到创新活动中去。

5. 合作与竞争。员工之间的合作与竞争对创新都很重要，竞争能激发员工的创新欲望，有利于新发现、新构思的产生。但过度竞争会导致相互封锁、各自为政，而合作能综合各种不同的知识和能力，减少彼此间的摩擦，清除不必要的误解。因此，在企业内部要促进内部的竞争，又要加强员工之间的合作。

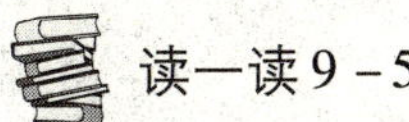
读一读 9－5

创新变迁与能力演化：企业自主创新战略
——以中国路明集团为例

创立于20世纪90年代初的大连路明科技集团，经过不断的自主创新和发展，目前已经成为世界上仅有的几家同时掌握高亮度 GaN 基 LED 芯片核心专利和荧光粉原创性核心专利的领先企业之一。路明还参与了中国半导体照明行业的技术标准与行业规范的制定，是国家半导体照明工程产业化（大连）基地的龙头企业。目前公司已成为拥有稀土发光材料及制品，半导体发光芯片、照明与显示、纳米功能材料、光电子产业园开发建设等5大业务板块（见图9－3），全资、控股子公司10多个，现有员工总数1 100多人的专业化大型产业集团。掌握独有的、先进的外延生长及芯片加工技术，具备完备的外延生长、芯片生产、芯粉搭配自主知识产权。

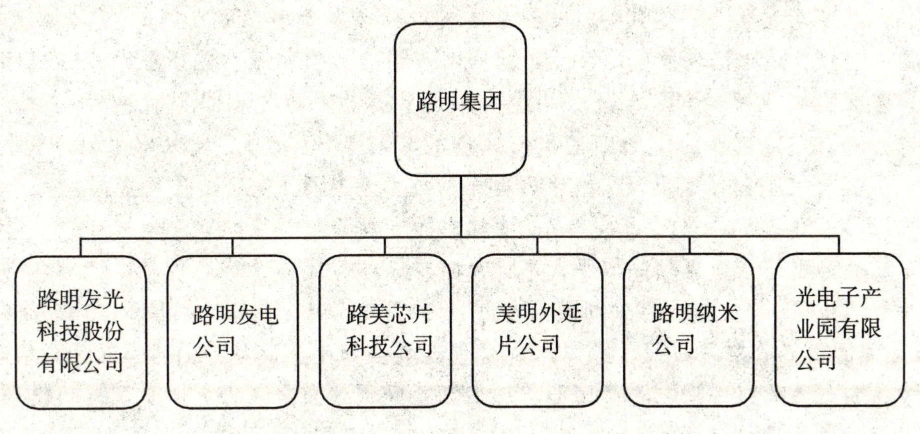

图9－3 路明集团业务与组织架构

路明集团的成长历程，与世界自发光材料和半导体照明产业的发展历程是同步的。1988年，在中科院长春物理所学习期间，肖志国首创了稀土蓄光型自发光材料。毕业后在大连能源研究所工作期间申请了专利。1992年在大连市政府和大连高新区的支持下，成立了高新技术商业应用研究所，获得了20多万元启动资金贷款用于技术孵化和成果商业化。1993年路明光源有限公司正式成立。这种新型发光材料在塑料、陶瓷、化纤、油漆涂料、油墨、印花等诸多领域实现了广泛的市场化应用，开发了发光颜料、发光涂料、发光陶瓷、发光塑料、发光化纤、发光油漆、发光油墨7大系列180多个品种，获得国内外专利40多项。在2001年的美国“9·11”事件中，由于采用了路明发光产品的蓄光自发光指示系统，纽约世贸大厦1.8万人得以在断电黑暗中只用1个半小时即成功逃生，这为路明产品带来了极高的知名度，得以在国际市场上获得迅速发展！

同时，肖志国以企业家的敏锐关注着相关领域——世界半导体照明技术的兴起和成熟。2000年前后，自发光材料行业随着技术的成熟竞争日益激烈，同时半导体照明技术LED出现突破，随着发光效率质的飞跃，其应用领域大大增加，一场照明领域的世界级革命正在酝酿中。LED产业链的上游为衬底和外延材料生产，中游为芯片制备，下游为芯片封装和应用产品生产。产业链中每一环节的技术特征和资本特征差异很大，处于产业价值链上游的外延片及芯片生产，技术壁垒最高，技术难度最大，是产业链中获利能力最高的环节。中国国内涉足这一产业的600多家企业大部分处于行业末端封装领域，规模小、技术低，从事劳动密集型的芯片封装等工作，在作为关键环节的高质量外延片和芯片上却几乎没有竞争力，远远落后于美国、日本、韩国，甚至台湾地区。处于产业价值链上游的外延片及芯片产品生产，技术壁垒高，技术难度大，是LED产业链中的关键环节，也是获利能力高的环节。LED产业中70%的利润集中于这个环节，LED封装中有超过70%的成本也来自于芯片。而且，LED产品市场中最大的份额由几家国际巨头如日本的日亚化学（Nichia）、美国Cree、Lumileds公司所占据，他们还通过相互专利授权的形式，试图控制和垄断高端LED芯片市场，这大大制约了中国LED工业的发展，中国的LED工业同样存在着类似VCD/DVD、计算机等工业的核心技术缺失之痛。

这样的市场形势让只有发光材料技术的路明受到了很大的制约，尽管加大了研发力度，但由于技术壁垒限制路明去掉一直停留在LED的下游领域并进行大量重复研究。2003年恰逢半导体照明市场发生了一些波折，美国晶体技术公司（简称AXT公司）光电事业部意外遭受了重大打击，运营出现危机。介于美国资本市场的影响和短期业绩压力，AXT公司董事会决定出售光电事业部。美国AXT公司是全球最早提供大功率LED芯片的供应商之一，具有外延片生长、芯片制造的成熟工艺和关键技术专利等30多项，技术水平处于美国第二、世界第四。其光电事业部曾投入了数千万美元的技术开发费用，研发技术直接应用于如手机背光源、LED大屏幕和白光照明等产品中，拥有的专利涵盖了从外延片生长到芯片制造的关键环节，核心专利处于业界领先水平，并同时拥有标准芯片和大功率芯片技术。路明果断抓住了这一进入LED产业链上游的机会，经过4个月的谈判，2003年9月路明最终以大约1 000万美元的价格收购了AXT的光电部门，包括其全部生产设备、30多项专利，吸收了50多位研发人员，路明利用并购进入LED产业，而后又通过整合获得并改进了核心技术，大大缩短了路明的技术爬坡过程。

路明集团通过投资设立在美国的路美光电公司（LUMEI）完成了对美国AXT公司收购，之后由美国路美光电公司与大连路明科技集团在大连共同投资建立分公司——大连路美科技有限公司。该公司的成立实现了中国本土发光材料技术与美国发光芯片技术的强强联合，公司在获得路明集团注入世界领先水平的发光材料技术后，结合原美国AXT公司的发光芯片技术和原有市场网络基础，形成了全系列芯粉搭配的优势以及区位优势和成本优势，开发出具有自主知识产权的白光半导体照明产业化生产技术，使得路明的整体技术水准跃上了一个新的台阶，跻身世界一流LED大厂行列。

资料来源：韵江、刘立：《创新变迁与能力演化：企业自主创新战略——以中国路明集团为案例》，《管理世界》，2006年第12期。

思考题：

1. 简要评述路明集团自主创新的过程。
2. 路明集团在发展过程中遇到了什么困难？后来又是怎样克服的？

本章小结

1. 管理创新是将新的管理要素组合，列入企业管理系统，使之具有新的功能，达到提高企业整体管理水平的目的，它包括管理思想、管理制度、管理机制、管理方法、管理手段等方面进行一系列创新。

2. 管理创新是管理学上的第二次革命，是对管理学上第一次管理革命思想的继承和发扬。要适应当今时代急剧变化的要求，企业只有不断进行管理创新，才能奠定企业持续发展的基础。

3. 管理创新的前提是创造性思维。

4. 管理创新活动具有变革性、价值性、先行性、持续性和全面性五大特点。

5. 管理创新主体是一个多层次的系统结构，主要包括：企业家、管理者和普通员工（以知识员工为主）。由于他们各自占有不同的组织资源，承担着与资源相对应的不同风险，因此应进行不同性质的管理创新。

6. 管理创新的具体领域和内容主要有管理理念创新、组织与制度创新、产品（服务）创新、技术创新、管理方式与模式创新、人力资源管理和文化创新。

7. 管理创新行为包括创新意愿的产生、问题的分析、创新方案制订、创新方案实施以及评价和修正五大部分，是一个为很多因素所影响和制约的复杂过程。

8. 管理创新的阻力主要来自人、组织和物质技术条件三个方面，需要通过共同参与、相互信任、实施沟通、教育培训以及竞争合作来降低管理创新中的负面影响，促进管理创新成果的实现和转化。

讨论案例　华菱集团的危机管理

华菱集团在中国还不能说如雷贯耳，但在湖南却是威名赫赫。正是危机理念，使华菱形成了独特的管理模式。华菱集团董事长李效伟的第一个危机理念是“孙子哲学”。“在企业里我是董事长，但在外面我就是孙子！人家都是爷！这听起来不雅，但我为什么还要大张旗鼓地提出来？因为这就是针对我们国企普遍存在的自大心理得来的。我们总部当时大部分人都是从省冶金厅直接调过来的，我必须要解决他们行为习惯中的架子、思想意识上的惰性。首先，你出去必须要放下架子，先当孙子！同时，你要广交朋友。特别是企业上层要和人家的基层办事员交朋友。你想，我们上层都是老资格，而人家全是大学毕业生，结果他坐着听，我站着给他汇报，这时我靠什么去支撑？就是靠‘孙子精神’”。

伴随着“孙子哲学”的是李效伟提出的“湘勇精神”。即曾国藩湘军的“屡败屡战”

精神。上市后，为了配合华菱薄板的项目，华菱做了一个“增发新股”的计划，并已经得到了上级的批准。忽然间证监会发文，说政策改了，增发要被取消。周围人都认为既然板上钉钉，就肯定不行了。李效伟却马上来到北京，找到有关部门，从下午一直游说到傍晚，甚至连站在人家走廊堵人的招儿都使了，终于赢得了上级部门的支持。这种不达目的誓不罢休的精神被李效伟渗透到华菱的每一个员工中，成为华菱的企业精神。“孙子哲学”和“湘勇精神”形成了华菱危机管理的雏形和基础。

在华菱的危机理念体系中，李效伟通过危机下移、危机制造，全员利润等方法将华菱可能面临的危机与风险层层分解，并具体落实到企业的每一位员工的头上。在华菱，中高层管理人员，实行一年一次360度、量化考核的动态管理。同时，针对中层管理人员，还实行“末位淘汰”。普通员工则实行3%~5%的“劳动合同到期不续签”制度。危机的层层分解，极大地增强了员工的危机意识，激发了他们的潜力，为华菱集团的发展打下了坚实的基础。

李效伟的危机理念使华菱集团取得了长足的发展，作为一家从事传统钢铁产业的国有大型企业，华菱的管理模式具有典型的意义。

思考题：

1. 李效伟的思想应该说很多企业家都有，为什么只有他将这种理念转变为支持企业发展的管理系统？
2. 危机管理在华菱集团的发展过程中起到了什么作用？
3. 华菱集团今后应该如何发展？

推荐书目

1. 常修泽：《现代企业管理创新论》，天津人民出版社1994年版。
2. 蒋黔贵：《探索管理创新的途径》，企业管理出版社2004年版。
3. 芮明杰：《现代企业管理创新》，山西经济出版社1999年版。
4. 王建等：《企业创新的理论与实务》，新华出版社2000年版。

创新篇案例

TCL 整体上市

2003 年 9 月 26 日，TCL 通讯公布整体上市方案，公司将通过与母公司 TCL 集团换股，以被母公司吸收合并的方式退市。TCL 集团吸收合并 TCL 通讯并通过 IPO 实现整体上市。2004 年 1 月 30 日，TCL 集团作为中国首家整体上市企业在深交所挂牌上市。它的 9.94 亿 A 股中，5.9 亿用于筹集新资金，其余置换 TCL 通讯股票。首发当天，股价上升了 78.18%，收盘价为 7.59 元，2004 年最高时涨到 9.46 元，充分显示了 TCL 集团换股合并的成功。

由于行业内竞争激烈，TCL 集团高负债运营带来了巨大的财务风险，通过上市筹资、有效改善公司资本结构成为 TCL 集团所必须面对的问题。权衡国内外资本市场，选择在内地资本市场融资利益最大。然而"同一集团内不得有两家上市公司"的政策性规定使得 TCL 集团直接上市存在政策障碍，TCL 集团吸收合并上市方案成功地解决了这一障碍：即 TCL 集团向 TCL 通讯全体流通股东以一定比例换股发行 TCL 集团人民币普通股，同时 TCL 通讯注销独立法人地位，其资产注入 IPO 后的 TCL 集团。在这一方案中，各方的利益均不同地得到了保护或提高，最大赢家将是 TCL 集团及其内部职工（含高级管理层），吸收合并方案的实施将使内部职工直接持有上市公司股票。该方案将对集团控股型企业、部分改制企业、借壳上市型企业等意图上市的企业最具有借鉴价值。

一、公司背景

TCL 集团是于 2002 年 4 月 19 日成立的国有控股股份公司，其前身是 TCL 集团有限公司。总股本 15.9 亿股，全部为发起人股份。该集团业务涉及多媒体电子、通讯、家电、信息、电工和相关部件等六大产业集团，是国内领先的消费电子及通讯产品的综合制造商之一。TCL 通讯前身为创办于 1985 年的中外合资企业 TCL 通讯设备有限公司。TCL 通讯于 1993 年 10 月 18 日在深交所上市。

经过 20 余年的不懈努力，TCL 集团已发展成为集家电、通讯、信息、电工等六大产业群为一体的具有国际竞争力的国内大型行业龙头企业。2002 年 TCL 集团实现合并销售收入为 221.2 亿元，在信息产业部 2002 年度电子信息百强企业中名列第四，同年实现净利润 42 464万元。截至 2002 年 12 月 31 日，TCL 集团总资产为 1 451 702 万元，所有者权益（不含少数股东权益）为 189 967 万元，净资产收益率为 22.35%，每股收益为 0.267 元。TCL 集团已经初步形成大公司的基本架构和持续发展的能力。中国经济的持续发展和加入 WTO，为 TCL 集团的发展带来了机遇和挑战。为抓住机遇、应对严峻形势的挑战，TCL 集团必须拓宽资本市场融资渠道。TCL 通讯难以满足发展需要。TCL 通讯早在 1993 年上市，其所从事的电话机业务在当时曾是 TCL 集团的核心业务。但是，随着近 10 年来 TCL 集团业务多元化和发展重心的战略性转移，TCL 通讯原有的电话业务已从原先的支柱产业变为了从属产业，对集团的贡献逐步降低。而 TCL 集团已发展成为一个以多媒体电子、通讯终端产品为主的多元化消费类产品制造商和销售商，其整体规模已经远远超过TCL通讯。仅靠TCL通讯作为其国内融资平台已经难以支持TCL集团业务发展的需要。TCL集团吸收合并TCL通讯并上市，可以建立一个与其业务规模相匹配的持续融资和资本运作的平台，为其长远发展提供有力的支撑。

从企业内部看，TCL集团2003年6月30日的总资产为148亿元，总负债102亿元，少数股东权益27亿元，股东权益19亿元，资产负债率为69%（如果将少数股东权益视为负债计算，则资产负债率高达87%）。集团需要通过上市筹资有效改善公司资本结构，释放高负债运营带来的巨大财务风险。由于行业内竞争激烈，产品销售价格不断下滑，2002年占集团收入87%和毛利92%的电视和移动电话业务呈下降的趋势。TCL集团要想依靠自身积累获取大量资金来支持集团其他业务的发展存在着巨大的困难，在负债融资渠道不通畅的时候，就只能通过权益资本市场募集资金解决其他业务发展对资金的需求。

从选择筹资市场的角度看，由于香港市场发行市盈率较低，所筹资金几近少于内地一半，这对于急需发展资金而自身盈利数量并不十分丰厚的TCL集团来讲是不可以接受的，选择在内地资本市场融资利益最大。然而"同一集团内不得有两家上市公司"的政策性规定使得TCL集团按照目前控股TCL通讯的公司架构直接上市存在政策障碍。TCL集团吸收合并上市方案正是在这种情况下采取的一种TCL集团直接上市的变通方式，是TCL集团为实现筹资目的"无奈"的选择。

二、换股计划主要内容

根据2003年9月30日TCL公布的换股上市方案，TCL集团将吸收合并上市公司TCL通讯。具体操作方法是：TCL集团向TCL通讯全体流通股东以一定比例换股发行TCL集团人民币普通股，同时TCL通讯注销独立法人地位，其资产注入IPO后的TCL集团。TCL集团通过与上市公司TCL通讯换股，将实现TCL集团的整体上市。根据中金拟订的方案，折股价格定为2001年1月1日到2003年9月26日间的最高股价21.15元，折股比例则用TCL通讯折股价格21.15元除以TCL集团IPO价格，该折股比例即为在本次吸收合并中每股TCL通讯流通股股票可以取得的TCL集团流通股股票的数量。集团IPO后新发行股份与转股股份将一起在深圳交易所上市流通。根据2003年1月5日《TCL集团的招股说明书》：每股TCL通讯设备股份有限公司流通股折为本公司流通股新股的股数（折股比例）：

每股TCL通讯设备股份有限公司流通股的折股价格21.15元÷本次向社会公众公开发行流通股新股的发行价4.26元＝4.96478873

根据该折股比例，本次发行除了向社会公众投资者首次公开发行590 000 000股流通股新股以外，还将向TCL通讯设备股份有限公司的流通股股东换股发行404 395 944股流通股新股。

三、对利益相关者的影响

1. TCL集团的利益。为TCL集团筹集了近25亿元的资本，大大有利于集团今后的发展，同时消除了原股份公司和集团的同业竞争问题。

2. 流通股股东的利益。二级市场表现良好，首日上市以6.88元/股开盘，一周后达到9.46元/股，根据折股比例，相当于原TCL通讯的股票价格分别为32元和44元，应该说，在本次吸收合并成功之前持有 TCL 通讯流通股的股东都收到了较高的收益。

3. 对债权人的利益保证。根据 2003 年 11 月 21 日发布的 TCL 通讯设备股份有限公司关于与 TCL 集团股份有限公司合并的债权人公告：本公司已于 2003 年 11 月 7 日就前述合并事宜向本公司债权人发出公告。凡本公司之债权人均可于 2003 年 11 月 7 日起向本公司申报债权，并可据有效债权文件及凭证向本公司要求清偿债务或者要求本公司提供担保。惠州市投资控股有限公司已应本公司要求出具承诺函，承诺向未能于本次合并完成前向本公司申报债权或者提出清偿、担保要求的债权人提供连带责任保证。担保期限为合并完成之日起两年，担保范围为前述债权及其违约责任或者损害赔偿，以及为债权人追偿债权而发生的费用。在担保期限内，被担保债权到期未能由本公司清偿的，债权人有权向惠州市投资控股有限公司主张清偿。惠州市投资控股有限公司将依照法定程序为本公司清偿其被前述债权人主张的债务。

4. 对关联的一批流动股股东的保障。据了解，市场如此看好 TCL 集团，主要是因为 TCL 集团上市比较迎合当前市场热点：其一，TCL 集团成功发行后流通盘将达 9. 94 亿股，流动性由此得到极大增强，容易吸引机构投资者的注意；其二，投资者比较看好今年的消费升级概念股，而 TCL 集团本身正是国内消费电子行业最大企业；其三，TCL 集团是民族品牌，并正通过收购合资等形式逐渐成为跨国公司。另外受需求增长拉动，TCL 销售增长势头相当不错，预计 2003 年同比增长 24. 8%，2003 ~2005 年还能保持近 20% 的增长率。有这样的题材，市场看好 TCL 集团自在情理之中。根据 2003 年年度报告，TCL 集团截至 2003 年末每股净利润为 0. 136 元，每股净资产 1. 42 元，净资产收益率高达 25. 21%。2004 年 4 月 20 日，TCL 集团又发布了 2004 年第一季度业绩预增公告，称“经对公司 2004 年第一季度业绩初步估算，预计今年第一季度公司实现净利润将比上年同期的 163 463 245 元增长 50% ~60%。”

总结：就目前来看，在这一方案中的最大赢家将是 TCL 集团及其内部职工（含高级管理层）。TCL 集团的内部职工（含高级管理层）持有 TCL 集团较高的股份，吸收合并方案的实施将使内部职工直接持有上市公司股票。TCL 集团上市表面上看是公司治理结构上的变化，实质上蕴涵着政府对李东生在 TCL 集团施行 MBO 的进一步认可，并为高管套现铺好最后一公里道路。

四、创新之处

TCL 集团吸收合并上市方案与中国证券市场以前发生的吸收合并案例的确具有很大的不同。从吸收合并的目的来看，TCL 集团吸收合并 TCL 通讯是 TCL 集团为实现融资目的、规避政策限制而采取的手段，通过吸收合并这种手段规避政策上的限制，并在短时间内从资本市场筹集资金，这是其最主要和直接的目的。与国内证券市场已发生的清华同方与鲁颖电子、新潮实业与新牟股份吸收合并案相比，TCL 集团吸收合并方案有如下特点：

1. 吸收合并与首次公开发行同步并互为条件。此次 TCL 集团整体上市，在对社会公众进行公开发行流通股新股的同时，还对控股的已上市公司 TCL 通讯的全体流通股股东发行流通股新股，进行换股发行，以实现对 TCL 通讯设备股份有限公司的吸收合并——堪称金融创新经典之作。

TCL 集团首次公开发行的股票分为两部分：一部分为向社会公众投资者公开发行；另一部分为换股发行，TCL 通讯全体流通股股东按折股比例取得 TCL 集团流通股股票。而清华同方和新潮实业仅为换股向被吸收合并方的股东定向增发股份。TCL 集团吸收合并 TCL 通讯是与 TCL 集团的首次公开发行同时进行、互为前提的，即换股合并的生效取决于 TCL 集团首次公开发行的完成。《关于 TCL 集团吸收合并 TCL 通讯预案说明书披露，TCL 集团是由其前身 TCL 集团有限公司以整体变更方式，于 2002 年 4 月 19 日注册设立的国有控股股份公司。根据《关于进一步规范股票首次发行上市有关工作的通知》，TCL 满足发行新股并上市的条件。说明书称，TCL 集团换股发行的股票将与 TCL 集团首次公开发行的股票同时在深圳证券交易所挂牌上市交易。虽然 TCL 集团此次公开发行新股是与 TCL 通讯换股结合在一起，具有一定特殊性，但毕竟还是属于发行新股。

2. TCL 集团整体上市模式可概括为“吸收合并 + IPO”，即母公司吸收合并子公司，同时发行新股，实现集团母公司的整体上市的同时，原上市子公司下市。

与增发、配股、发债不同，TCL 采用了整体上市的方法。这在资本市场上无疑是一个创举，有利于上市公司的制度建设。很多业内人士指出，在中国的资本市场上，剥离母公司部分优质资产上市的情况比较普遍。由此上市公司与大股东之间的关联交易频繁发生，上市公司甚至成为了大股东的“提款机”，而如何解决关联交易等制度性缺陷已成为管理层监管的重点。TCL 集团整体上市，为有效减少上市公司与母公司之间的关联交易提供了一种新的思路，从而解决了上市公司制度建设的一大沉疴。

而清华同方与鲁颖电子为非关联企业。新潮实业与新牟股份虽为关联企业，但为同属于一个母公司的控股子公司，为同门兄弟之间的合并。

3. TCL 集团此次整体上市有效解决了上市公司并购案中的支付瓶颈问题。TCL 集团吸收合并 TCL 通讯，无疑是一种并购行为。在 TCL 集团的招股说明书中有这样一句话：“本公司向 TCL 通讯设备股份有限公司流通股股东发行本公司一定数量的流通股新股作为吸收合并 TCL 通讯设备股份有限公司的对价。”这一金融创新的意义在于，在中国的资本市场上，与以往的现金收购不同，首次实现了以股权作为并购的支付手段。专家指出，国际上大型企业之间的并购由于金额巨大，一般不会完全以现金收购，通常会以现金加股权或者完全以股权作为并购的支付手段。而以往国内企业进行并购的最大障碍就是支付手段单一，使得不少规模大、跨行业的并购无法完成。此次 TCL 集团整体上市，突破了我国股权二元结构所造成的并购瓶颈，提高了并购效率，为大规模并购提供了可能。而且，完全符合管理层关于支持优质上市公司加快发展做优做强的监管思路。

在我国企业并购中，其最大的瓶颈就是受现金支付的限制，因而从 1997 年到 2002 年，上市公司收购的平均并购规模一直处于 0. 64 亿 ~ 2. 02 亿元，而 TCL 集团以 21. 15 元对 TCL 通讯 0. 81 亿流通股进行换股，支付的金额达 17. 13 亿元。TCL 集团通过发行新股对 TCL 通讯流通股进行换股，开创了我国上市公司并购中支付手段的新时代。在未来，以行业整合为目的购并重组规模逐步扩大，行业中各巨头之间的合作必然会发生，它们之间的并购将会产生上百亿、上千亿的并购规模。如此并购规模的产生，完全用货币资金支付是根本不可能的，但只要有了股权支付这种手段，并购的支付瓶颈将不复存在。

4. 在程序上增加了一些保护中小投资者利益的措施。譬如独立董事向中小股东征集投票权、启动股东大会的催告程序、减少 TCL 通讯股票停牌时间等。在换股决策上，此次 TCL 集团在吸收 TCL 通讯过程中还特别强调对中小股东的保护，增加上市公司重大问题决策的民主性。在充分发挥独立董事在上市公司重大决策中的作用的同时，采取股东大会催告程序，TCL 集团作为控股股东回避表决。在换股合并流程上，除了公告重大信息外，不对 TCL 通讯股票实行长时间的停牌，以保证广大流通股股东的交易机会，以及保证异议股东在不愿意参加合并的情况下，可以通过二级市场卖出股份而退出合并的权利。从二级市场看，换股价为不低于 2001 年 1 月 1 日以来 TCL 通讯的最高收盘价，并且 TCL 通讯的流通股股东无需参与抽签即可获得 TCL 集团首次公开发行的新股，该新股上市后二级市场价格可能高于首次公开发行价格。在 2003 年 9 月 30 日 TCL 集团发布了吸收合并说明书，2003 年 10 月 9 日一开盘便涨停，这也在一定意义上说明 TCL 集团的方案较好地照顾了流通股投资者的利益，对中小投资者具有很强的吸引力。

5. 换股价格更加市场化。在换股定价上，不再简单地以每股净资产作为换股的基础，而是在对两个公司价值进行充分评估的基础上，综合考虑其盈利能力、发展前景、双方股东的利益平衡等因素，使得换股比例的确定更加市场化、科学化。换股比例直接关系到合并各方股东的利益，是吸收合并方案最为敏感和核心的问题。换股比例取决于合并双方公司的公司价值及其每股股份所代表的公司价值的对比。公司价值的估算方法主要包括按市场交易价格确定（即股票市值）、按公司未来收益定价和按公司账面价值定价。在 TCL 集团吸收合并案中，采用了市场交易价格方法确定换股比例，与清华同方与鲁颖电子、新潮实业与新牟股份吸收合并案中按照每股净资产加成的办法确定换股比例相比，此次吸收合并定价更加市场化。

五、对业界之影响

TCL 集团吸收合并上市方案对以下三类意图上市的企业可能最具有借鉴的价值：

一是集团控股型企业，其特征：下属控股一家相对规模不大的上市公司；有不同于上市公司的业务；具有良好的盈利能力和市场前景。

二是部分改制型企业，其特征：下属控股一家规模不大的上市公司；上市公司通过部分改制设立；吸收合并后整体业务盈利能力应有所提高。

三是借壳上市型企业，其特征：有良好的盈利能力和市场前景的业务；意欲收购或已收购一家相对规模不大的上市公司。

除应具备上述特征之外，这三类企业还应满足首次发行上市的条件、取得证监会对吸收合并后发行新股的许可和发行绿色通道安排、被吸收合并方总股本和流通股本规模不大、选择吸收合并方案推出的恰当市场时机、取得被吸收合并方股东对吸收合并方案及其条件的认同。如果证券监管部门对 TCL 集团吸收合并方案不是作为特例对待的话，预计在未来，上述第一类和第三类企业进行类似 TCL 集团吸收合并上市的可能性非常之大。从这点上讲，TCL 集团吸收合并方案的成功实施将催生中国证券市场新的购并热潮是非常可能的。

思考题：

1. TCL 集团在整体上市之前的财务状况如何？
2. TCL 集团的整体上市是如何具体操作的？
3. TCL 集团整体上市对各利益相关者的影响如何？
4. TCL 集团整体上市对并购及融资的创新之处是什么？

海航的创新发展

一、公司简介

海南航空股份有限公司是中国民航第一家A股和B股同时上市的航空公司。公司于1993年1月由海南省航空公司经规范化股份制改造后建立，1993年5月2日正式开航运营，注册资本7.3亿元。公司法人代表为董事长陈峰，现任总裁朱益民。

海南航空股份有限公司是海航集团下属航空运输产业集团的龙头企业，对所辖的中国新华航空有限责任公司、长安航空有限责任公司、山西航空有限责任公司实施行业管理。

截至2007年1月，航空运输产业拥有飞机125架，适用于干线飞行、支线飞行、公务商务包机飞行、货运飞行和通用飞行。

连续13年，海航保持持续、快速、健康的发展态势，各项生产经营指标均呈现出持续增长势头。2005年，海航实现年总周转量18.10亿吨公里，货邮运输量16.22万吨，旅客运输量1 280万人次，年销售收入突破100亿元，跻身中国四大航空公司之列。

1993年至今，海航先后建立了北京、西安、太原、新疆、天津、广州、兰州七个航空营运基地，航线网络已遍布全国各地，开通了国内外航线近500条。

海航开航运营十几年来保持了良好的安全纪录，2000年、2003年夺取中国民航安全生产最高奖项——“金鹰杯”，2001年海航旗下新华航空夺得中国民航安全生产最高奖项——“金雁杯”；服务质量在业界和旅客中创造了良好口碑，6次获得“旅客话民航”用户满意优质奖；多次获得全民航航班正常率评比第一名、连续六年航班正常率超过80%，成功塑造了中国民航航班正点率第一的优秀服务品牌。

海航凭借“内修中华传统文化精粹，外融西方先进科学技术”的中西合璧企业文化创造了一个新锐的航空公司，倡导“以旅客为尊，以市场为中心”服务理念，改变了长期以来航空服务仅限于提供机上服务的传统观念，提出了“航空产品”的理念，率先推出了“全系列产品，个性化服务”的全新服务理念，为旅客提供全方位无缝隙的超值服务。海航追求“诚信、业绩、创新”的企业管理理念，积极响应民航总局建设民航强国的奋斗目标，致力于建设旅客首选航空公司，立志成为中华民族的世界级百年品牌。

十几年来，年轻的海航展翅高飞，业已成为继国航、东航、南航之后的中国第四大航空集团，创造了中国航空界发展的奇迹，创造了在两种体制过渡中中国企业发展的奇迹，被中国经济界称为“海航现象”。

“海航走了一条与民航直属航空公司完全不同的道路，它从组建伊始就按照现代企业制度的要求操作，无论在企业投资多元化、经营管理机制上，还是在资本运作等方面都进行了创新和尝试，因而得以取得今天的成功。”2002年4月，时任民航总局局长刘剑锋道出了海航成功的关键所在。

二、掌门人——陈峰

海航的高速成长，使得其领航人陈峰在改革开放后涌现出来的企业家群体中，始终备受关注。他带领海航在碧海蓝天间创出中国民航业的许多第一，使企业在创新中实现了跨越式发展。

美国人称陈峰是“海南奇迹的创造者”；香港人称之为“不归路上的魔术师”；海航的高级管理干部说：“陈总是我们的旗帜。他有着政治家的谋略，军事家的胆识，艺术家的才干，企业家的风范。”华尔街的金融巨子认为陈峰是“金融大玩家”，并联合为他担保3 000万美元。所以有人风趣地说：“陈峰是中国最昂贵的人。”

那么，陈峰到底是怎样的一位传奇人物呢?

“不求做大官，只求做大事。”这是陈峰的父亲给儿子的一句话。这成为陈峰一生的思想准则。

陈峰的父母是抗日战争时期参加革命的老共产党员。“他们教育我从小就要立大志，为国家、为民族、为社会做事情。尽管家庭条件很不错，但父母亲非常节俭，对儿女的要求非常严格。”陈峰回忆起儿时生活，言谈话语间对父母充满敬重。当医生的母亲是一个极其要强的人，她会在周日一大早把子女 3 人叫到面前站好，让他们依次回答“长大以后想做什么”的问题。

小学毕业后，陈峰赶上“文革”，在家待了两年，15 岁到四川民航的军队（当时民航是空军的一个组成部分）当兵。他学习各种知识，剪裁报纸上的文章，哲学、历史、经济学、逻辑学等，广泛涉猎。他表现出了与年龄不相称的自律性：整整 6 年，利用早操结束到早饭开始的半小时，读完了《中国通史》、《中国哲学史》、《中国古代思想史》、《欧洲哲学史》等著作；再利用每天晚上的时间，系统自学初、高中和大学课程，即使是周日也从未间断过。

1974 年，21 岁的陈峰回到北京，在民航总局援外司当助理员。他到北京图书馆办了借书证，畅游书海。“一个月借 4 次，每次借 4 本，包括马克思、恩格斯原著、民航知识、企业管理等。像薛暮桥同志在延安时期的经济学文章，我读了很多遍。尽管没有经过细致、系统的培训，但这些学习都在无形中培养了自己。”陈峰说，“北京图书馆和民航学校的图书馆，我到了哪本书在什么位置都一清二楚的地步。其实，那时我对未来能做什么并不明确，只是对知识极度渴求，觉得迟早有一天能用上，我得准备着。”

1977 年，在还没有多少人意识到英语的重要性时，24 岁的陈峰便开始学习英语。5 年后，中国与当时的西德签署了一个技术合作协议，民航系统有 11 个公费留学名额，可以到汉莎航空运输管理学院学习。经过几轮考试筛选，在几万人中，只有 11 人入选。除陈峰外，另外的 10 个人全部是外语专业毕业的。陈峰对自己的毅力没有自谦，他说：“我要么不做，想好要做，必定一日不断。”

回国后，陈峰先后当过民航总局统计处代处长、国家空中交通管制局计划处处长，对民航的技术、管理等多方面工作都有了一定的积累。1988 年，中国农业信托投资公司组建，陈峰进入其中，开始接触金融领域，掌握到了许多金融知识。

“在中农信的日子虽短，但回过头看，后来我做航空公司时能最早有利用资本市场的意识和方法，跟这应该不无关系。”陈峰感慨道，“回想每一段的经历，都没有白费，对于海航的创建和发展都起到了重要作用。”

1990 年 7 月，37 岁的陈峰担任海南省省长航空事务助理，主持海南省航空公司的组建工作，他生命中最华彩的乐章就此展开。他带领海航在碧海蓝天之间描画出中国民航业的许多第一：第一个中外合资企业、第一个股份制企业、第一家上市公司……从而在创新中实现了跨越式发展。

三、资本运营史

海航十几年的发展史，如果用简单的话语来归纳就是一部精彩的资本运营史。通过有效的资本经营以及与金融机构建立良好的合作关系，获得了发展所需的资金，迅速壮大了企业规模和实力。“我们确实抓住了资本市场发展的每一次机会，由此便解决了企业发展中的资金问题。”陈峰说。

海航的飞机是陈峰说回来的，这样说可能一点都不过分。1989 年，当时海南省省长刘剑锋一句话，“给你 1 000 万元，给海南建一个航空公司。”陈峰欣然领命。但对于资本密集型的航空业来说，1 000 万元简直就是杯水车薪，当时一架波音 737 飞机的造价是 4 亿元，这笔资金还不够买一组轮子。海航一开始就面临一个何去何从的问题，走中国民航传统的道路绝无可能，陈峰只能想办法去尝试一条新的路，一条改革的路，一条创新的路，一条与人不同的路，而这需要的是智慧和胆识。

1991 年，国家批准在部分国有企业中实行股份制改造，海航抓住机会主动向省政府提出了实行股份制改造的申请。1992 年 8 月，海南省政府批准成立海航进行股份制试点。陈峰就是利用这次股份制改造私募的 2.5 亿元为信用担保，向上海交通银行贷款 6 亿元，买下两架波音 737，然后以两架波音 737 为担保，再向美国方面定购两架飞机。

然而，与上海交通银行贷款时并非一帆风顺，当时海航处于起步阶段，而且航空业向来都是垄断企业的天下，银行方面并不清楚给海航贷款将承担多大的风险。为消除对方的疑虑，陈峰多次奔走于上海和海口之间，每次都给对方一一解释：飞机从海南到北京一张票 1 000块，可以装 150 人，来回就是 30 万元，一天再飞个北京，再飞个广州，去掉成本一天就挣 45 万元。

开始，双方商定使用固定利率结算贷款，而仅此一项银行就净赚 100 多万美元。银行方面很高兴，但对于反担保方却持有疑虑，此时陈峰作出一个比较大胆的决定：如果还不起钱，就以飞机抵债。陈锋这一举措彻底俘获了交通银行的心，因此做产权登记时，银行自动将本属于自己的飞机划在了海航的账上。这相当于“我不仅借给你钱，还首先把飞机交给了你”，如此这般，陈峰轻松地拥有了两架飞机。

就这样，从银行贷款买一架飞机，把飞机抵押买第二架飞机，再把这两架飞机抵押买更多的飞机，最后形成一个倒金字塔结构。只要有飞机在飞就有现金收入，只要有现金收入能够偿还以前的贷款，公司就能够持续经营下去。这是陈锋第一次融资成功。

1993 年 5 月 2 日，海航的第一架飞机冲上蓝天，这群年轻人的梦想和激情一并放飞。那天，陈峰和几个公司高层以乘务员的身份登上飞机，给乘客端茶递水、嘘寒问暖，也品尝了自己烹饪的第一道美味。

然而，对于一个偏安于海南的航空公司，其出身在民航总局看来并没有什么特殊之处。而民航业对资本的渴求是每个公司发展的瓶颈，海航也不例外。陈峰随后的高明之处在于其并没有把目光局限于国内银行，而是将目光投向了华尔街。

1994 年 5 月，国家加大开放力度，同意外商有条件地投资民航运输业。陈峰就在国家规定出台初始，踏上了华尔街融资的征程。当时的陈峰可以说对美国的资本市场一无所知，跟各大投资银行谈，他用自学的但不标准的英语把海航从 100 万美元起家发展到今天的故事讲给索罗斯听。凭借自身对航空业的熟悉，谈判非常成功，索罗斯很快把 2 500 万美元汇到海南。正是凭着中国人的智慧和能力，海航终于成为中国民航业第一个吃螃蟹的人，创造了中国第一个合资的航空公司。

1995 年 9 月 27 日，索罗斯门下的美国航空有限公司与海航签署了外资股购销协议。海航定向发售 1.0004 亿外资股，占当时总股本的 25%。

当然，陈峰去华尔街之前，海航交给华尔街投资者的考卷是基本合格的，这也是能够吸引投资者的三个重要条件：第一是海航一开始就执行国际会计师准则，聘请一流的会计师做审计，美国人看得懂。第二是聘请了美国最大的律师事务所——世达律师事务所做海航的法律文件，美国人相信。第三是在给股票私募的时候，运用了 SH&E（国际航空运输咨询公司）——美国华尔街最权威的评估公司做的评估结果，他们在评估报告中写道："海航的管理者们不仅在中国是一流的，在世界也是一流的！"

在陈峰看来，把一个企业的管理放到国际准则上来，放到世界企业管理水平上来，是进入国际资本市场最重要的条件。然而当时能够充分利用国际资本市场解决问题的中国企业寥寥无几，而海航却凭此一举，成功地进入了国际资本市场。同国际资本市场的成功对接，对于海航抵御经营风险、平衡股本结构都有着十分重要的作用，一方面有利于提高海航在国际资本市场和资金市场的信用程度，为拓宽融资渠道提供一个新的模式，另一方面也有利于海航学习西方先进的管理经验和技术，便于与国际同行开展交流与合作。

在引进海外资本的同时，陈峰在国内也展开了进一步的资本运作。1997 年 6 月，海南航空获有关部门批准面向海外公开发行 7 100 万股 B 股，随着海航 B 股在上海证券交易所上市，共筹集资金 2.63 亿元；1998 年 2 月，海航获中国银行 65 亿元授信额度，同年 7 月，海航在美国纽约成功发行 1.56 亿美元债券；1999 年 12 月，海南航空获 A 股上市资格，公开发行 20 500 万股 A 股，共筹得资金 92 850 万元，随后，通过发行债券方式融得海外资金 5 亿美元；2001 年 3 月，海航再次获得中国银行 80 亿元意向性融资额度，其中包括 18.8 亿元流动资金贷款额度，中国农业银行同时向海航提供贷款 11 亿元，以支持海航购进 10 架多尼尔飞机支线飞机，海航由此实现组建由 19 架多尼尔飞机构成的国内目前最大支线客机机队的目标。

2001 年 3 月，海航股东大会同意申请将原定向募集的 10 804.32 万股外资法人股转为 B 股在上交所上市流通。在获得证监会批准后，海航 B 股流通盘将扩大 130%，索罗斯成为中国 B 股最大的外资庄家。

2001 年 6 月，海航与合作银行 JP Morgan Chase 因融资 8 000 万美元购买 2 架 B737－800 飞机之业绩，获美国《飞机融资》杂志 2000 年度"亚洲最佳交易奖"和"融资创新奖"。在此次融资过程中，海航在为其购机计划向美国进出口银行进行的融资项目中采用了全新型融资结构设计，通过采取灵活的续短为长的融资手法，使美国进出口银行的 LIBOR 利率（伦敦金融市场同业拆借利率）比业界平均水平降低了约 1/8 个百分点。海航因此大幅节省融资利息支出。

2001 年 7 月，海航宣布将进行 A 股和 B 股增发，共增发不超过 15 000 万股的 A 股和不超过 12 000 万股的 B 股，海航通过此次增发募集资金 25 亿元。同年 10 月 30 日，海航与美国摩根大通银行在美国纽约签订融资购机协议，美国摩根大通银行承诺向海航提供总金额为 2.5 亿美元的融资，这是自美国"9·11"恐怖袭击事件以来，中国企业在海外筹得的最大一笔融资。该融资项目由中国建设银行和美国摩根大通银行担任全球组织人，美国进出口银行担任担保人，中国建设银行担任反担保人。对海南航空来说，在国际资本市场上筹集资金已经成为弥补企业资金不足和扩展业务规模的重要方式。

海航通过强大的综合融资功能，从现金来源、资金来源、财务保障上完成了企业资本的不断积累，有力地推动了企业的发展。陈峰就其“借钱战略”坦言：“我们不断地用资本市场调整我们的股本金结构，然后再借债，因为飞机这么贵总要花钱哪。怎么办呢，借钱！海南航空在发展自己的主导产业的时候，成功地运用了中国甚至国际资本市场的机会，同时运用了资金市场的机会，取得了发展，应该说海南航空的成功，是中国资本市场成功的范例和缩影。”

四、发展、发展、再发展

今天，回头看海航发展的轨迹，可以发现海航走的是一条正确的路——符合国家产业政策，抓住了宝贵的历史机遇，同时也是在以一种正确方式走路——发展、发展，再发展。

从2000年开始，海航的发展可谓是跳跃式。从2000年8月起到2001年7月，不到11个月的时间里，海航一口气重组了海口美兰机场、长安航空公司、中国新华航空公司和山西航空公司。从一个地方航空公司迅速成长为中国第四大航空集团。不了解海航的人惊呼：“海航神奇长大”？

国家经济发展的大环境和企业内部的小环境往往决定着企业发展的战略。20世纪90年代末，随着我国国民经济的快速发展，国内旅游业也迅猛发展，这促使国内航空运输市场需求旺盛。同时，在中国加入WTO的背景下，全球经济一体化进程的加快和国际交流的不断增多，使我国航空运输业快速步入国际运输市场。此时的中国民航业总体规模和发展状况与西方发达国家相比，还有很大距离。随着全球航空运输市场竞争的加剧，我国航空运输业面临着严峻的挑战。为此，民航总局在世纪之交，提出了实施大集团的战略，将9个直属航空公司联合重组为国航、南航、东航三大集团，三大集团资产总和占民航总资产的80%。

对于海航而言，经过几年的快速发展，到2000年年初，海航在地方航空公司之中可谓是一枝独秀。但是海航地处海南，偏居一隅，地域限制和航空资源的匮乏，使其处于非常不利的位置。海航该何去何从，是加入三大集团还是自主发展壮大？成了一个非常紧迫的问题。最终，海南航空决定走出海岛。

海航为了“走出去”，实行了三大战略：一是扩大运营布局，走出海岛，在宁波、北京、西安、太原、长沙、广州、三亚等地建立运营基地，彼此之间遥相呼应，形成“田”字形运营布局。二是扩展产品系列，大力发展支线航空；高起点切入航空货运市场；同时，进一步加大公务机市场开发力度，积极开飞国际航线，逐步形成可提供航空运输业“全系列产品”的生产能力。三是延伸产业结构，向航空运输主业上下游产业拓展，进行机场管理试点，做强酒店旅游板块，形成更加合理的产业链条，增强集团抵抗市场风险的能力。

对于需要实现规模效应的海航而言，在国内民航重组大潮即将到来的时候，率先走重组之路，是唯一的选择。

最开始，海航收购的对象为航空公司。2000年8月，海航集团与海航股份一道重组长安航空的时候，陈峰手中的“资本魔方”已经开转。很快海航集团就将所持47%长安航空股权转让给海航股份。海航成功重组长安航空，是民航重组方案公布以后，民航业内第一起地方航空公司之间自发的重组事件，为海航集团进入中原、拓展西部市场奠定了坚实的基础。重组之后，海航充分利用西安的地理优势，将集团所有支线航班划归长安航空管理，进一步推进了集团的支线战略。

同年同月，海航集团和股份公司共同投资 4.05 亿元成为美兰机场有限责任公司的第一和第二大股东。海航成为国内第一家运营机场的航空公司。美兰机场加入海航集团以后，海航集团的产业格局发生了深刻的变化，以航空公司和机场为两大板块的主业格局得以形成，对海航集团下一步发展产生了深远的影响。重组两年后，美兰机场顺利登陆香江联交所。

2001 年 2 月，民航重组方案刚出台，海航集团便将目标移向了北京。由于神华集团和国航携手重组新华航空的计划流产，海航集团和海航股份迅速从神华集团总裁叶青手中收购了新华航空 9% 和 51% 的股份，并很快统一航班号，把这家北京基地的航空公司纳入旗下。新华航空在首都机场和天津的运营基地对于完善海航集团全国航线布局具有重要的价值；新华航空拥有的从北京始发的 50 多条黄金航线为海航集团进入北京航空市场提供了重要的通道。

山西航空的重组成为下一步棋，这次由海航股份和长安航空出面，分别以 89.06% 和 4.69% 的持股比例入主，之后又增持为 92.51%。重组山西航空公司，为海航赢得了 40 余条支线航线。重组后的山西航空主营支线业务，与长安航空遥相呼应，进一步完善了集团的支线网络布局。

随后，海航集团与海航控股进行资产置换：将集团持有的 9% 新华航空股份与海航股份所持金鹿公务机有限公司的 30% 股份进行差额置换。这一举动将目前经营状况不佳的公务机业务完全从股份公司中剥离，同时也将优质的干线航空股份植入体内。

为了得到更多投资者的信任，陈峰大刀阔斧将所有潜在的负面业务都剥离出主体，目的是在 A 股和 B 股市场增资扩股时，一招过关。作为一个资本运作高手，此时陈峰已步入炉火纯青之境。

2002 年 5 月，海南省省政府将所拥有的海南机场股份的全部股权（36%）委托给海航集团代管，托管期限为 2 年。实质上就是将凤凰机场的托管权短期移交给海航集团。同年 8 月凤凰机场正式在海航旗下投入运营。

陈峰并不满足于仅作为三亚机场托管方这一角色，尤其在海南即将开放航权的背景下，三亚在旅游资源方面的优势使其比海口更具有成为枢纽港的潜力。加上三亚凤凰国际机场是国内干线机场，飞行区等级为国际民航组织制定的 4E 级标准，凤凰机场在全国 140 多个机场中旅客吞吐量名列第 29 位，已开通航线 106 条。三亚机场的潜力，陈峰心里一清二楚。三个月之后，陈峰如愿以偿地得到了三亚凤凰国际机场。之后，三亚凤凰机场经过改革，全部资产重置后实现第一次性盈利，这一系列成功经历被媒体称为“金钥匙是如何开启的”。

海航目前有六家机场，并且在不断增加，有望成为中国最大的机场管理公司。海航成功重组机场的经验为中国机场业发展走出了一条崭新的道路。

此后，陈峰的目光转向了西北。

2003 年 9 月 1 日，海航开通新疆区内航线，乌鲁木齐—伊宁，海航计划以此条航线的开通为起点，全面编织新疆地区支线航空网络，陆续开通乌鲁木齐至阿勒泰、库车、塔城、阿克苏、喀什等支线航班。同时，海航集团随即接管了乌鲁木齐机场。

同时，战线在东部也拉开。2003 年 12 月 18 日，山东省潍坊市人民政府与海航集团在海口市举行合作签字仪式。根据协议，双方将利用潍坊机场及相关设施发展航空运输业，把潍坊机场逐步建设成山东半岛城市群中的一个重要支线机场，并以航空业合作为基础，在物流、商业及其他领域开展充分的合作。接着，潍坊机场也交由海航集团接管。

2004年7月，海航参与组建石林航空公司，该公司的注册资本为7.7亿元，海航以290万元现金及三架多尼尔客机，顺利完成了石林航空公司的组建工作。

2005年10月，海航集团与安庆市政府在就航线开辟、机场管理等签订了合作协议，海航集团正式控股安庆机场，至此，海航集团旗下机场已达8家。与此同时，海航集团发起组建的云南祥鹏航空有限责任公司已正式向民航总局申请公共航空运输企业经营许可证，该公司企业标志、飞机的外部喷涂方案已获得民航总局批准。

作为国内第四大航空公司，海航一方面正在加快国际航线的开拓，另一方面积极购进飞机，大力发展国内支线航空。包括先前的收购宜昌三峡机场和开航新疆，以及参与组建石林航空，海航在国内的扩张大部分都集中在我国中西部旅游资源丰富的区域。

由此可见，海航正在走“开拓航线+发展旅游”的路线，在旅游、酒店、物流等方面开展多元化经营，以促进当地经济发展的同时提高企业自身的效益。

五、“大新华”——开拓发展新平台

陈峰深谙“做得越大越安全”的行业规则，刚刚安全渡过民航业重组浪潮的海航很快就开始通过不断购置飞机的方法大举扩张。然而，这条“求生之道”给海航带来更大的资金压力。特别是2003年，海航出现历史上首次亏损，当年报亏10亿余元，海航进入最危险的时刻。

2003年一场SARS使得海航元气大伤。

海南航空在2003年年报中表示，由于“非典”疫情影响等原因，公司2003年实现利润总额为-14.74亿元，比上年下降了1 145.39%。其中：主营业务利润比上年减少11.50亿元，为0.45亿元，下降了96.23%；而毛利率从上年的23.78%下降为8.43%，降低了15.35%，致使净利润为-12.69亿元，比上年下降了1 332%；每股收益-1.74元，每股净资产1.53元，调整后的每股净资产0.80元，净资产收益率-113.70%，经营活动产生的现金流量净额-6.45亿元，每股经营活动产生的现金流量净额-0.88元。

海南航空2003年半年报也“惨不忍睹”。半年报显示，净利润-9.80亿元，下降1826%，净资产收益率-69%，每股收益-1.34元。虽然每股净资产仍有1.96元，但调整后只剩下0.86元/股，已然低于面值。

另一方面，长期以来，海南航空的资产负债率一直居高不下，甚至出现了一年比一年高的趋势。这直接导致财务费用节节攀升而吞噬大量利润，这是海航亏损最深层次的原因。

过高的资产负债率使财务费用“水涨船高”。2003年，海南航空合并报表反映的公司财务费用7.39亿元，而2002年为5.56亿元，增幅为33.09%。其中，2003年利息支出7.24亿元，比2002年的5.25亿元增加37.90%。

财务费用在主营业务利润中所占的比例，通常被当做是衡量资金运行正常与否的标准。按海南航空年报提供的数据，1998年和1999年分别为19.6%和20.2%，2000年达到41.3%，2001年上升为51.8%，2002年下降为43.6%，2003年则飙升至164.2%。2003年的巨额亏损，意味着海航三年的营业业绩没有了，也就失去了再融资的资格。

为摆脱危机，陈峰高超的手腕再次起了作用。2004年，他正式提出成立大新华航空集团，以海航集团作为主发起人，将海南航空股份有限公司、中国新华航空有限责任公司、长安航空有限责任公司、山西航空有限责任公司、金鹿公务机有限公司和扬子江快运航空有限公司等6家航空公司包含在大新华旗下。为取得海南省政府的支持，陈峰表示要“与海南共进退”，大新华航空集团的总部仍设在海南省。此举果然奏效，为SARS所累的海航得到了海南省政府的巨额财政补贴。

通过陈峰的各方疏通，大新华航空的筹建平台新华控股获得了来自各方的现金支持。海航还连连出手，到处跑马圈地，重组甘肃机场集团、收购香港中富航空、组建云南祥鹏和重庆航空以及开通西藏航线，所有这些无不是为其大新华航空集团的梦想铺路架桥。

2004年1月，海航集团获得国家民航总局批准，拟将旗下海南航空、新华航空、山西航空、长安航空重组，成立大新华航空。按照规划，由海南航空逐步收购另外3家航空公司少数股东的权益，最终完成4家公司100%的合并，整合完成后，新华航空、山西航空及长安航空的名字都将消失。而新成立的新华航空控股有限公司将收购海南航空的股份，成为其大股东，并最终更名为中国新华航空集团。实际上，无论是海航更名为“中国新华航空集团”，还是打算将总部搬迁到北京，都预示着海航不满足定位为一个地方性航空公司，而是想要成为全国性的集团公司。此次重组也是海航努力成为主流的最为关键的一步。

“大新华”的组建分为四个阶段。第一个阶段为筹备阶段，这个阶段早在2002年就已经开始。当时中国航空业处于全面整合的阶段，三大航空公司的组建给在后面追赶的海航带来极大的压力，本以为航空业洗牌还得推迟几年的海航，也开始对旗下海南航空、新华航空等4家公司合并运行。

据悉，该阶段原本预计筹集30亿元，随着国家发展银行通过海南省政府给海航的15亿元和索罗斯的资金注入，这个阶段的任务初步完成。

第二阶段为私募阶段。到2005年年底以前，海航将继续引入战略投资者，其目标是私募金额至少达到50亿元，完成私募工作，并在海口挂牌成立新华航空集团。

接下来是海外上市，这将成为海航继A、B股融资后最新的融资发动机。据悉“大新华”将会选择在香港H股上市，并在公募时引入战略投资者，并同时进行管理者、员工入股，初步计划是募集30亿股。大新华将成为海航控股的、外资占有很高股权比率的、管理层和员工持股的H股上市公司，这正是海航对其资本结构改变的目标，大新华对国内资本市场的依赖将大大降低。同时，“这将使海航的资产负债率降低到70%~80%的水平”。

私募和上市将是不断产生溢价的过程，私募的每股价格将远远高于账面的每股净资产，而IPO价格也将高于私募价格，在IPO设计中将安排策略投资者的退出机制。

最后则是资产收购阶段，根据海航的初步设计，“大新华”将逐步全资收购海航股份、新华有限、长安航空和山西航空的股权，原来这些公司名义上作为分公司，实际上作为基地而存在。目前海航分别拥有新华航空60%、山西航空93.75%、长安航空81.16%的股权。

在海航资金链如此紧张的情况下，海航面临的已经不仅是不得不做大的问题，更是在未来的竞争中生存的问题。而重组大新华航空，除了可以改变海航目前复杂的股权结构外，也可以在海外资本市场获得更多的机会。

按照海航的计划，这次资本运作完成后，海航集团航空运输主业的核心资产和品牌概念都将被“大新华”所取代。通过“大新华”把海航其余几家旗下的航空公司（新华、山西、长安）一起整合起来，组成一个大的、资源能够共享、统一运行的平台。按照民航总局现行规定，每家航空公司都有各自的航线经营权，相互是不能“串飞”的，要变通就要签协议，租哪家公司的飞机才可以飞哪家的航线，资源无法共享。海航收购了三家航空公司，但还是一个个独立运行的企业，失去了收购的意义。未来的“大新华”就是把这四个航空公司组织到一个以市场为导向、以资本为纽带的大平台，实现 1 +3 >4 的效益。

按照陈峰的预期，“大新华”未来五年的发展目标，一是创造中华民族的世界级航空运输品牌，二是为中华民族创造一个世界级企业。这有三个标志，一是机队规模，二是旅客认同度，三是海航品牌的国际知名度。为此陈峰表示要把“中国新华航空集团”带到海外上市。有理由相信，这位真正的商业高手，将在中国航空业乃至整个资本市场上续写更多的精彩故事。

六、资本运作下的创新管理

海航是资本运作和高负债发展的典型，从当年1 000万元起家，发展到现在拥有总资产过百亿，的确是个奇迹。海南航空的发展是资本运作的成功典范，成功的背后一方面是它抓住了资本市场的每一次机会，但更重要的是到位的管理模式。

在2005年的第十届全国企业管理创新大会上，海航集团《以创建国际一流航空公司为目标的战略决策与实施》成果被评为一等奖。海航经过8年发展，建立了规范、有效的现代企业制度，具有明显的体制优势，在国内航空市场上形成了一定的品牌优势。

1. 不断创新发展的集团管理模式。海航集团有限公司成立于2000年1月。组建后，以资产为纽带的成员公司不断增加，经过近9个月的摸索，在2000年年底，海航首次系统地提出集团化管理模式。在具体管理权限上，集团化管理的原则是“抓大放小”，即重大事项由集团管理，管住管好；小的问题由各企业管理，放开放活。集团管理重点是抓住人事、财务两条主线。

随着海航集团业务的拓展，集团内成员数目不断增加，在新的国内外经济形势下，现行的管理模式的不足逐渐显现，集团对成员公司的干预过多，管理过多，而且随着集团化管理经验的不断丰富，对集团管理模式进行再调整已成为海航持续发展的关键。于是，2001年年底，海航再次对集团化管理模式进行了大的调整。海航集团实行以资产为主要连接纽带的母子公司管理体制，并辅之以契约性支配方式。母公司根据公司合同、公司章程、集团章程以及集团公约等的规定并遵循企业集团管理惯例和通行做法，依法享有资产受益、重大决策和选择经营者等权力。集团总部只在集团发展战略、发展规划、宏观政策指导、监督考核、对重大事项作出决定、协调成员公司间利益关系等方面进行指导。随着集团管理职能的明晰，集团对职能权限完全下放并大幅缩减岗位进行减编减员，顺利实现了海航集团总部“职能调整、机构精简、编制压缩”的平稳过渡。

作为国内民航走联合重组之路的探索者，海航创造性地建立了航空运输板块合并运行的管理模式，形成“集中决策，统一控制，专业化管理”的运营模式。于2002年10月27日起，海航集团所属海南航空股份有限公司、中国新华航空有限责任公司、长安航空有限责任公司、山西航空有限责任公司统一以HU两字代号合并运行：由海南航空股份有限公司统一负责飞行安全，统一承担客货运输法律责任，统一签署各类代理协议，使用统一的飞机标志，使用统一的运输凭证，执行统一的运输总条件和业务手册。航空运输板块合并运行实现了集团范围内资源的优化配置，提高了飞机利用率和航线利用率，强化了航空运输主业的安全与服务质量，增强了企业竞争力，并以此带动了整个海航集团管理和产业的整合提升。

随着成员企业不断增加，所涉及的业务领域不断拓宽，海航集团规模迅速扩大，业务量急剧增长，集团迫切需要规范的基础信息和基于网络的高效沟通、决策手段，以及高效、灵活、科学的业务模式，以适应集团发展的需要。由此，海航航空信息系统有限公司研发了IMP. NET集成管理平台解决方案，并在海航集团内部广泛推广使用，从而形成了集日常办公、行政管理、业务决策支持等多种功能于一身，并整合专用业务系统的综合管理平台。IMP. NET平台成为了海航统一的集团管理门户，实现了信息资源整合和专用业务系统集成；并通过对业务流程的优化和重组，实现了自动化、电子化的办公模式，大大提升了管理水平和企业运转效率。

2. 标准化的运营管理。自成立以来，海航一直致力于标准化建设，成长为中国标准化意识最强、标准化程度最高的航空企业。

海航的标准化建设始于进入国际资本市场的实践。创业之初，海航就聘用国际四大会计事务所之一的普华永道做财务顾问，会计制度达到国际标准；聘请美国最大的律师事务所——世达律师事务所做海航的法律文件；聘请国际航空运输业最权威的评估公司美国SH&E咨询公司对海航进行评估。由此，海航不仅成功获得了外资注入，而且其最重要的战略意义在于引进了国际先进的管理经验和技术手段，为海航走向国际化、标准化之路奠定了基础。在日后的资本运作中，海航秉承了这一优良传统，其旗下上市公司，多年来均聘请在全球享有极高信誉的普华永道会计师事务所，其独立公正、审慎客观、诚信合规的专业水准和执业操守为海航实现国际化、标准化发挥着积极作用。

海航的标准化建设逐渐在内部管理上与国际接轨，严格按照国际标准进行企业运作，借鉴了国际上先进航空公司统一实施安全生产和优质服务的做法，结合海航实际组建了生产运行中心，下设生产指挥、安全监察和服务监督机构，用高效的机构和精干的人员，一揽子推进航班运营、安全监理和服务跟踪。这种不同于传统做法的新体制在海航高速发展的阶段起到了明显作用，2000年海航连续创下了全民航安全第一、服务第一、正点率第一等“三项第一”，成为中国民航发展历史上前所未有的创举。

2002年上半年，安全问题成为了国际航空业共同面对的严峻挑战。为了强化安全第一的管理理念，海航用督促监察工作建立起安全服务的牢固屏障。海航督察体系由各级督察体系、网络建设、规章制度三部分组成。海航集团成立了集团安全服务监察机构作为一级管理本部，各地公司委派特派员，对各级安全进行垂直管理。网络建设由三条网编制而成：一是服务窗口网络，统一集团各企业设在各个窗口单位的“海航服务质量投诉及建议电话”24小时开通，反馈率100%；二是专兼职督察员网络，由在公司内部精心挑选的，经过ISO9000内审员培训的25名人员组成兼职服务质量督察员队伍长年进行内部监督，同时在社会上聘请常旅客作为特邀督察员进行外部监督；三是当日航班旅客意见征求系统，在各个航班上配备了“旅客征询意见卡”，由机组当场发放、回收，及时汇总交公司服务督察部门进行系统分析，掌握状态，奖优罚劣，稳步提升。体系中的规章制度由四部分构成，即《运输安全与服务质量标准》、《安全与服务质量奖励实施办法》、《安全与服务督察员管理办法》和《投诉管理规定》。质量体系的建立使全公司实现了“凡事有人负责、凡事有章可循、凡事有据可查、凡事有人监督”。

2003年，温家宝总理接见海南省企业界代表时指出，“海航是中国最好的航空公司”。这代表了国家领导人对海航标准化建设的高度评价。陈峰强调，“以行业标准甚至高于行业标准的努力，与国际先进管理机制快速接轨以应对时代的变革，是海航集团发展的关键，也是中国民族企业加快发展、应对挑战的关键。”海航的标准化建设也得到了国际投资者的肯定。

3. 以人为本的企业文化。有人评价说，海航的启示之一在于抓住机遇，而能抓住机遇是因为它能不断创新，不断创新又与陈峰的好学及其倡导的海航文化不无关系。

陈峰把制度、人才、企业文化形象地比作窗框、玻璃、粘胶，三者独立存在却相互依存。制度是刚性的，有缝隙；人才是个性的，须调教；而企业文化是柔性的，还可以弥合缝隙，教化人心。因而，作为一个企业家，他嘴边不离的却是文化。陈峰认为，海航要做百年老店，就要用制度和文化把店面建造结实，使它风雨不侵，这样，无论谁来做它的主人，无论里面做什么生意，它的基础都是牢靠的。

因此，海航高度重视企业文化建设，倡导“内修中华传统文化精髓，外融西方先进科学技术”的中西合璧企业文化，用中国传统文化赋予科学的现代企业制度更加丰富的内涵，为海航的可持续发展提供源源不断的动力。

海航文化凝聚着中国传统文化的精髓，它以“至诚、至善、至精、至美”为企业宗旨，以“为他人做点事、为社会做点事”为企业理念，以“创立一个公司，造就一批人才，创建一套制度，创造一种文化”为企业目标，以“大众认同、大众参与、大众成就、大众分享”为企业精神。同时，海航文化也闪耀着现代西方科学管理思想的光辉。海航文化把中西方精髓结合起来，强调以中学为原则做人、以西学为规则做事的结合，从而构建出提高自我修养、追求完美人生、服务社会与他人的文化氛围。

为使海航文化深入人心，海航进行了大量的推广和弘扬工作。海航员工从进入企业的第一天起就开始接受企业文化的教育。陈峰认为“要使海航成为一个人生的学校，让每一个从这里走过的人都有收获。”陈峰要亲自给新员工上课讲解企业文化，员工培训更是通过文化读本、录像、不定期考核等多种形式强化对企业文化的认识。在海航扩张重组企业的过程中，企业文化是“先遣队”，是把不同地区、不同行业的员工变成有共同目标的一家人的强有力纽带。海航管理者强调，企业文化培训是制度，文化背后有纪律。海航文化以塑造员工的健全人格为起点，统一了员工的思想和认识，规范了员工与社会、他人的关系，强化了企业的凝聚力，引导着员工与企业共同成长。

海航的企业文化又把个体的努力归结为企业的命运：“‘标新立异’一直是我们追求的东西。‘新’和‘变’是一个企业的内涵，是一个生命的内涵。人的生命存在于‘变’的存在。‘变’才有不变甚至永恒的东西存在。另一个就是‘新’，只有新的东西出现，才能使一个企业具有发展的延续性。”海航这种注重开发人的潜能的文化，给海航人提供了一个充分展现自我能力、实现人生梦想的舞台，激发员工追求个人价值的实现、积极参与公司变革，成为企业创新的原动力。

思考题：

1. 陈峰在海航的发展中起了怎样的作用？
2. 海航是如何通过资本运作起家，并使自己发展壮大？
3. 在21世纪初，海航面临什么样的挑战？它是如何应对的？
4. 讨论“大新华”的组建对海航未来发展的意义。
5. 海航如何通过内部管理使海航不断创新发展？

华为的自主创新之路

一、背景资料

华为技术有限公司，中国最大的通信设备制造商，成立于1988年，是由员工持股的高科技民营企业。从事通信网络技术与产品的研究、开发、生产与销售，专门为电信运营商提供光网络、固定网、移动网和增值业务领域的网络解决方案，致力于向客户提供创新的满足其需求的产品、服务和解决方案，为客户创造长期的价值和潜在的增长。是中国电信市场的主要供应商之一，并已成功进入全球电信市场。

华为在全球建立了100多个分支机构，营销及服务网络遍及全球，能够为客户提供快速、优质的服务。目前，华为的产品和解决方案已经应用于全球100多个国家，以及31个全球前50强的运营商，服务全球超过10亿用户。

18年来，华为从小到大到强，已经成为深圳乃至全国民营经济成功发展的缩影。2005年，华为的销售额已达453亿元（实际合同销售额666亿元），拥有员工3万多人。华为产品已经进入美国、英国、德国、法国等40多个国家和地区。华为在印度、美国、瑞典、俄罗斯以及中国的北京、上海和南京等地设立了多个研究所，61 000多名员工中的48%从事研发工作。截至2006年年底，华为已累计申请专利超过19 000件，连续数年成为中国申请专利最多的单位。一个技术上、管理上向世界水平逼近的中国高科技企业，已呈现在国人的面前。

二、艰辛的创业历程

华为创办于1988年，它是从小型局用交换机起家的一家通信设备制造公司。作为信息行业的后来者，要追赶世界著名公司，在十年内走完人家几十年已走过的路程，华为需要坚定的发展目标。

经过反复碰撞，华为确定了自己的奋斗目标：依靠锲而不舍的追求，成为世界级领先的电信设备供应商。为实现目标，华为人敢于“将鸡蛋放在一个篮子里”，致力于通信核心网络技术的研究与开发，发展高附加值的产品和服务。

创业的路是艰难的。创业初期，华为的研发部从五六个开发人员开始，在没有资源、没有条件的情况下，以忘我工作、拼搏贡献的老一辈科技工作者为榜样，大家以勤补拙，刻苦攻关，夜以继日地钻研技术方案，开发、验证、测试产品设备……没有假日和周末，更没有白天和黑夜，累了就在地板上睡一觉，醒来接着干，这就是华为“垫子文化”的起源。创业初期形成的“垫子文化”记录的是老一代华为人的奋斗和拼搏，是华为宝贵的精神财富。

十多年来，中国信息产业迅速崛起，每年通信基础设施的建设投资近3 000亿元。巨大的市场吸引了世界著名电信厂商纷纷加入，使之成为全球竞争最激烈的通信及信息产业市场，任何一家国内企业不得不直接面对全球竞争。

华为的竞争对手是全球各发达国家的世界级巨子，他们有几十年甚至近百年的积累，有欧美数百年以来发展形成的工业基础和产业环境，有世界发达国家的商业底蕴和雄厚的人力资源和社会基础，有世界一流的专业技术人才和研发体系，有雄厚的资金和全球著名的品牌，有深厚的市场地位和客户基础，有世界级的管理体系和运营经验，有覆盖全球客户的庞大的营销和服务网络。

面对这样的竞争格局，面对如此的技术及市场壁垒，没有背景的华为，也没有任何稀缺的资源，除了励精图治、开放心胸、自力更生，最多只能再加一个艰苦奋斗，别无他途。公司高层管理团队和全体员工的共同付出和艰苦奋斗，铸就了今天的华为。

华为在GSM上投入了十几亿元研发经费，不计其数的研发工程师、销售工程师为之付出了心血、努力、汗水和泪水。在1998年就获得了全套设备的入网许可证，但打拼了8年，在国内无线市场上仍没有多少份额，连成本都收不回来。

2G的市场时机已经错过了，华为在3G上又展开了更大规模的研发和市场开拓，每年近10亿元的研发投入，已经坚持了七八年，因为收不回成本，华为不得不到海外寻找生存的空间……

自创立那天起，华为就历经千辛万苦，一点一点地争取到订单和农村市场；另外，华为又把收入都拿出来投入到研发上。当时，华为与世界电信巨头爱立信、朗讯、阿尔卡特、诺基亚、摩托罗拉、西门子等的规模相差200倍之多。通过10多年的努力，2005年，华为销售收入首次突破了50亿美元，但与通信巨头的差距仍有好几倍。最近不到一年时间里，业界几次大兼并：爱立信兼并马克尼，阿尔卡特与朗讯合并，诺基亚与西门子合作，一下子使已经缩小的差距又拉大了。华为刚指望获得一些喘息，直一直腰板，拍打拍打身上的泥土，却不得不开始更加漫长的艰苦跋涉……

华为的高层领导虽然都经历过公司最初的岁月，意志上受到一定的锻炼，但都没有领导和管理大企业的经历，直至今天仍然是战战兢兢，诚惶诚恐的，因为十余年来他们每时每刻都切身感悟到做这样的大企业有多么难。18年来，华为的高级干部几乎都没有什么节假日，24小时不能关手机，随时随地都在处理问题。现在，因为全球化后的时差问题，华为总是夜里开会。多年来，唯有更多身心的付出，以勤补拙，牺牲与家人团聚、自己的休息和正常的生活，牺牲了平常人都拥有的亲情和友情，影响了自己的健康，经历了一次又一次失败的沮丧和受挫的痛苦，承受着常年身心的煎熬，以常人难以想象的艰苦卓绝的努力和毅力，才带领华为走到今天。

为了能团结广大员工一起奋斗，公司创业者和高层领导不断地主动稀释自己的股票，以激励更多的人才加入。华为高层领导用自己生命的那缕微光，在茫茫黑暗中，带领并激励着所有华为人艰难地前进。

18年的历程，10年的国际化，伴随着汗水、泪水、艰辛、坎坷与牺牲，华为一步步艰难地走过来了。面对未来的漫漫征途，华为人肯定还要坚定地走下去。

三、自主创新，人才为先

深圳市科技和信息局局长王学为总结华为自主创新经验时说，华为公司的业绩靠的是技术，其技术的拥有靠的是它的技术研发能力，而技术能力的取得靠的则是对人才的聚集。华为最让业界称奇的，是大手笔招募人才，曾有到大学把整班电子系毕业生全部聘用的纪录。在一段时间内，它几乎“独占”了国内各大院校当年所培养出来的IT人才。至少每年都从全国高校招聘1 000~2 000名毕业生，最高峰时，据称有六七千人。

华为有一个重要的人才观：人力资本增值比财务资本增值更为重要。依靠自己的核心价值观和无止境追求创新的科学精神，华为始终不拘一格储备人才、使用人才，更坚持每年拿出销售额的15%进行强制性科研投入。目前公司一万五六千员工中，从事研发的有七八千人，是支撑未来华为发展的生力军，而四五千市场人员，又是研发的先导与检验人员。他们建立了一整套集成产品开发的流程及组织体系，缩短了产品开发时间，一步步逼近国外先进水平。

在华为，人才之间是公平竞争的，不唯学历，注重实干。任正非的名言是：发展中的企业犹如一只狼。狼有三大特性：一是敏锐的嗅觉；二是不屈不挠、奋不顾身的进攻精神；三是群体奋斗的意识。企业要扩张，必须要具备狼的这三个特性。

任正非的这些特性让华为将中国巨大的人才优势得到了充分的发挥，在华为有19岁的高级工程师，有工作后第7天就被提升到高级工程师的记录，这都是“公平竞争，不唯学历，注重实际才干”原则在华为的真实体现。“领导500多人的中央研究部主任，以前就是一位年龄只有25岁的华中理工大学毕业生，年龄小，压不垮，有了毛病，找来提醒提醒就改了。”任正非如是说。

四、未雨绸缪，专注基础研发

华为没有可以依存的自然资源，唯有在人脑中挖掘出“大油田”、“大森林”、“大煤矿”……这是他们对知识经济的真切感悟。

从一开始，华为就把销售取得的点滴利润几乎全部集中到研究交换机及换代升级产品上，集中力量形成局部的突围，在国际品牌的夹缝中获得生存机会，并逐渐取得技术的领先和利润空间的扩大。十年磨一剑，华为在电信市场上逐步打开了局面。

从交换机起步，在获得一定成绩之后，华为没有停止思考和探索：尽管在信息技术领域西方公司暂时领先，但信息技术的日新月异使得在新技术发展面前，大家是平等的。要向世界一流的企业目标发展，一定要掌握规定信息社会主要内涵的核心技术。

于是，在交换机市场一片大好的形势下，从1993年开始，华为就开始探索数据通信、移动通信、光传输等关键技术。1995年起，华为公司分别设立了上海研究所和北京研究所，对短期没有回报的技术进行投入，主要任务是培训科技骨干，进行基础性和方向性的研究。这一创新之举，在随后几年就令业界为之刮目相看。1998年起，国内互联网热度迅速升温，电信行业发生了重大变化，IP技术成为重要的发展方向，而此时华为已不仅仅是交换机的主要供应商，更是国内数据通信、移动通信等领域的最早和主要的供应商。

只用不到一年时间，华为在接入服务器上，就从国际大公司林立的国内市场上抢占了30%的市场份额，后来扩大到60%。华为基础研究队伍一下子成了无价之宝，形成了拥有自主知识产权的核心技术体系。不仅数据通信产品、移动通信产品获得突破，成为市场的主要竞争者，而且在光网络技术方面也实现技术、市场突破，成功地开发出了世界一流的系列光通信技术，并走在了下一代网络发展的前沿。

1. 巨额的研发投入。

20年来，华为保持了将每年销售额的10%投入到研发中去的惯例。从2001年起，华为在技术研发上的投入年均超过30亿元。2004年华为研发总投入是45亿元，约占销售收入的10%，而2005年上半年研发投入高达35亿元，也超过了10%，已经达到全球领先企业的投入比率。这样的投入水平，在全国绝无仅有。目前，华为有47%的员工是研发人员，达1.4万多人，其中有3 000多名优秀的外籍研发人员。华为的研究所现在覆盖全球，除了北京、深圳、上海、南京、西安、成都的六大国内研究所外，华为还在海外设立了五家研究所，分处美国硅谷、美国达拉斯、瑞典、印度和俄罗斯。其中中国深圳总部的中央软件部和中国上海、印度、中国南京研究所都已经达到经 KPMG（毕马威）认证的 CMM 五级软件管理标准。

以华为的 3G 产品为例，华为的 3G 产品从 1995 年开始进行原型机的设计和研究，到 1998 年进入开发阶段，2000 年进入测试阶段，2004 年年底终于部署了 6 个 WCDMA 商用网络，并突破了西欧市场，这个“破蛹成蝶”的过程经历了整整 10 年的时间。在核心技术的突破上，持之以恒的研发投入是关键，目前累计的 3G 研发投入已经超过 50 亿元。

2. 审时度势，积极转型。

华为所处的电信网络可以分为基础网和业务网两个基本层面。华为目前的产品如光传输、窄带/宽带交换、移动通信等网络产品都属于基础网，而智能网、OSS（运营支撑系统）等则属于业务网。如果将整个电信网络比作鸡蛋的话，基础网就是蛋黄，而业务网就是蛋白。

正如任正非所分析的：由于客户前期投资的过剩以及网络更新换代速度的减慢，基础网络的建设短期内将很难有大的增长，包括华为在内的许多基础网设备商都将面临着价格竞争日趋激烈、利润日益减少的不利局面。虽然由于华为目前的成本较低，在与国际企业的竞争中会有很多机会，但是从长远来看，这种机会并不会给华为的持续成长带来长期的贡献。

为了适应电信行业的新变化，华为在产品线上做了很大的调整。一方面，华为将电信核心网业务整合成完整的解决方案，另一方面则计划将业务网的业务分拆出去独立发展，这些看似矛盾的举措其实有着背后的逻辑。核心网是电信的基础业务，同质化竞争的倾向非常明显，未来成本将成为各家厂商几乎唯一的竞争优势，因此只有整合在一起才会有成本优势；业务网是未来的希望所在，必须加大资源投入，并且以新的运作模式独立发展。

目前，华为已经将原来分散的光网络、接入、数据通信等各条固网产品线整合成了一个完整的网络解决方案；2G、3G、无线接入等产品线也被悉数注入移动解决方案当中。针对业务网，华为内部成立了独立于网络和移动之外的业务与软件产品线，已经开发出了如 IPTV、ICT（信息与通信技术）等业务网产品。目前这条产品线已经拥有 3 000 多名员工，并且还在扩充。

今天谁都知道 IBM 的终极目标就是成为全球 IT 建设的总架构师。而在对产业发展的认识上面，IBM 这家百年老店一直是华为的老师。“我们不应该以自己的产品满足运营商 50% 的需要，而是应该以 150% 的产品来满足他们 100% 的需求，这就需要我们将别人的产品和服务集成到我们的解决方案之中。”一位华为的高层认为，“再进一步，将来华为需要逐步发展到不需要自己生产但是却可以获取更高的价值。到那个时候，我们才可以说我们真正在向 IBM 靠拢。”

华为曾聘请了刚刚退休不久的英国电信（BT）技术官 Mick Reeve 担任公司战略顾问。英国电信本身就是从基础网服务转型到业务网服务的全球最领先的运营商之一。作为英国电信下一代全 IP 网络“21 世纪网络”的规划者之一，Mick Reeve 在运营商转型方面颇有经验。华为显然是希望通过引进像他这样的高端人才，加速对自己的“改造”，以满足运营商“100% 的需求”。

如果说今天的华为已经完成了从产品型企业向平台型企业的转变，那么它现在则正从平台向解决方案发展，而像爱立信那样从解决方案变成完全的服务型企业，才是华为最终的目标。

3. 重视专利，独占鳌头。

技术研究出来了，拿什么保护？华为紧紧抓住了专利武器。公司目前1 000人在专攻专利技术，主要的工作和职责就是负责专利输出、提交专利申请；另外有200多人专门负责提交可参与有关国际新标准制订的专利方案。

2002年以来，华为的专利申请量一直处于中国企业第一位，与业界跨国公司的年均申请量持平。据国家知识产权局统计，2005年上半年，华为以1 231件专利申请位居国内企业申请量首位。截至2005年9月，华为累计申请专利8 000多件，其中包括在美国、欧洲等20多个国家和地区申请的800余件次。在巨额投入下，华为2005年专利申请量突破3 000件，国外申请突破500件次，日申请量达10件。华为还以标准专利为战略目标，组织专门团队积极参与国内外标准组织的标准制定工作，目前在ETSI已经申请了46项基本专利，在NGN、xDSL、光网络、3G等新兴的领域，华为在技术和知识产权上已经达到了业界的先进水平，其中在3G领域，华为占有WCDMA领域的5%基本专利。

2004年12月8日，华为公司击败众多著名的电信设备供应商，同时获得两大欧美电信运营商的3G大单，一是承建荷兰移动运营商Telfort的全国3G网，另一个是美国NTCH公司的3G网络。华为的3G产品能成功地在3G技术的发源地获得商业应用，是欧美对华为3G系统技术领先性的全面认可。华为公司在欧美市场上的突破，依靠的是以自有技术为核心的竞争实力，产品在技术测试中获得多项第一。华为在海外市场的成功，是自主创新成果的全面体现，坚持自主创新终于结出了累累硕果。

在独立自主的基础上，开放合作地发展领先的核心技术体系，用卓越的产品自立于世界通信强手之林，是华为的开发原则。他们建立了自主的核心技术体系，并通过广泛的合作不断强化在核心技术的领先能力。目前，华为已经设计出40多种数字芯片，几种模拟芯片，年产500万片，设计水平也从0.5微米提升到0.18微米。拥有自主知识产权的芯片，极大地降低了系统成本，提升了竞争力水平。华为已有7种产品处于世界领先，四五种产品为业界最佳之一。

目前，华为已拥有自主知识产权的全套GSM产品、WCDMA产品和CDMA2000产品，成功为国内外80多个运营商提供移动通信解决方案和产品，服务于全球2 000多万用户，成为业界主要的移动通信设备供应商。而在3G领域，华为目前已经申请了800多项专利，香港的WCDMA、3G网络、阿联酋电信的全网WCDMA网络都由华为完成。

4. 积极融入知识产权国际市场“俱乐部”。

IPR（知识产权）是国际市场的入场券，没有它，高科技产品就难以卖到国际市场。华为虽然每年按销售收入的10%~15%投入研究开发，在研究经费的数量级上缩小了与西方公司的差距，也在IPR上缩小了差距，如华为目前已有8 000余项专利申请，但相对世界领先企业几十年的积累是微不足道的。

IPR投入是一项战略性投入，不像产品开发那样可以较快地在一两年时间内就看到其效果，需要一个长期的、持续不断的积累过程。多年来，华为一方面加大IPR研发的投入，一方面真诚地与众多西方公司按照国际惯例达成了一些知识产权的交叉许可协议，有些还在谈判并继续达成协议的过程中。华为以后主要的销售在海外，没有与西方公司达成的许可协议和由此营造的和平发展环境，这个计划就不能实现。华为是付出了少量专利许可费，但也因此获得了更快的成长。通过谈判，付出合理费用，就扩展了市场空间，对华为是有利的，至少可以拖动巨大的制造业前进。由于技术标准的开放与透明，未来再难有一家公司、一个国家持有绝对优势的基础专利，这种关键专利的分散化，为交叉许可专利奠定了基础，相互授权使用对方的专利将更加普遍化。

从近年来的发展趋势看，通信行业内部的竞争已经超越企业之间竞争的层面，常常演变成产业链之间的竞争。华为为了能在国际竞争中有一席之地，确立了标准化工作由低到高的“四层次”：

第一层次是积极跟踪和适当参与国际标准的制定，保证产品开发与国际标准的制定过程同步，避免产品推向市场的时间落后国外竞争对手过多而形成市场被动。

第二层次是深入研究和参与国际标准的制定，发掘出一些周边改进点，并以此为契机在国际标准中加入具有自主产权的专利，形成与国外大公司之间的专利交叉许可地位，避免在前沿技术上的全面竞争劣势。

第三层次是全面研究和积极参与国际标准的制定，在某些直接影响市场竞争格局的重大问题上形成突破，通过联合国内企业和部分具有相同利益的国外公司，争取主导或影响国际标准，使由国际标准规定的竞争格局向有利于国内企业的方向倾斜。

第四层次是通过参会，根据对国际电信市场的前瞻性研究分析，在国际范围内组织有实力的企业成立标准论坛，取得在某个市场区段内的全面技术领先地位，通过形成系列化的国际标准和相应的专利体系，开拓出新的规模市场并占据领导地位。

到 2005 年年底，华为加入了 ITU、3GPP、IEEE、IEIF、ETSI、OMA、TMF、FSAN、DSLF 等 70 多个国际标准组织，2005 年向这些组织提交文稿 1 000 多篇。随着华为在这些标准组织中影响力的增加，华为的标准工作人员在这些组织中担任了许多职位，包括 ITU - TSG11 组副主席、ITU - R8F 技术组主席、3GPPTSG SA2 副主席、OMA MCC 副主席及 OMA GS 副主席等。

5. 维权路漫漫。

这几年华为没少打知识产权官司，既有针对一些离开的员工的，也有针对国际巨头的。虽然每次都能获胜，却也是大费周折，耗费了不少精力和资源。

思科是世界最大的通讯设备企业，随着华为不断在国际市场上攻城掠寨，市场占有率不断上升，特别是大举进入美国市场，思科感到了前所未有的威胁。2003 年 1 月，思科在美国起诉华为侵权。一旦思科胜诉，华为的后果将不堪设想，而且由于思科的公关能量，国内外舆论当时呈一边倒的局势。在巨大的压力面前，华为没有放弃，组成“应讼团队”坚决应战。经过反复较量，2004 年 7 月，华为与思科的知识产权案最终以和解告终。通过这场官司，让世界全面了解和认识了华为，从而使华为获得了更多的商业利益和市场机会，在美国市场站稳了脚跟。成功进军美国市场对华为的影响可谓深刻，这在某种程度上意味着华为突破了欧美主流运营商的防线，与北电、朗讯等一流设备商同台竞技。

任正非曾在《科技日报》上发表文章，大声疾呼“鼓励自主创新更须保护知识产权”的问题：“我认为必须把知识产权作为自己国家发展所必需的国家战略来推行。”再比如，目前很多民营企业甚至还不能够享受完全的国民待遇，当外资企业享受着优厚的税收减免，我们自己的民营企业反而却被缚住手脚，难以有所作为。由此我们也就能够理解为什么近几年很多国内的民营企业都在不停地疾呼“要建立和完善国内的知识产权保护制度，要给予民营企业与国有企业和外资企业同等的待遇”了。

五、重视市场，基于客户需求

在中国联通 CDMA 项目招标中落选曾是华为人心中的痛。导致招标出局的原因是在产品选型上的判断失误。华为人在反思中发现，失败的根源是产品开发的思路错了。过去的产品开发是由技术驱动的，能研发什么就制造、销售什么，但如果技术超前太多，反而不易被人接受，华为人由此得出结论：在产品技术创新上，不是领先越多越好，领先竞争对手半步是最佳的选择。从此，华为的研发战略发生了根本性的变化，即从技术驱动转变为市场驱动，强调以新的技术手段实现客户需求。虽然华为公司仍然要瞄准世界顶尖技术，依然要建立一流的研发团队，但坚持不研发“卖不掉的世界顶尖水平”。为避免研发人员只追求技术的新颖、先进而缺乏市场敏感度，华为公司硬性规定，每年必须有 5% 的研发人员转做市场，同时有一定比例的市场人员转做研发。

除了技术创新，面向市场和客户的应用创新和业务创新也是创新的重要范畴，各种创新都是相辅相成的。中国是一个区域和城乡经济都极不均衡的巨大市场。在 2000 年左右，移动通信在中国还属于中高收入阶层的消费，大量的城镇、乡村都没有移动网络覆盖。为了让更多的消费者得以享受移动通信服务，华为和中国的移动运营商一块推出了边际网解决方案，这在业界是一个创新，引起了巨大的反响，就和移动运营商的广告词一样，“关键时刻一个电话的价值有多大?”今天中国的普通消费者无论身处何地都能随时随地使用移动通信服务，这一点在很多发达国家也没有实现。运营商获得了巨大的经济效益。2000 年年底中国移动和中国联通的移动用户数只有区区 8 500 万，经过短短 6 年时间，2006 年年底中国移动用户数超过 4.4 亿，增长速度举世罕见。在运营商取得经济效益的同时，困扰整个社会的农村信息化问题也取得了极大的进展，数字鸿沟得以消除，实现了运营商、消费者、政府多赢的局面，可以说是经济效益、社会效益的双丰收。

在业务创新方面，预付费业务值得一提。手机用户第一次使用移动通信大都是从神州行开始的，之前使用移动通信还是有比较高的门槛，比如需要入网费、月租费，需要提供个人身份信息等，这些都制约了用户的发展，大量消费能力不强以及一些经常流动的用户不得不与移动通信服务无缘。华为和中国的运营商在寻找市场突破点时，发现预付费业务是全球应用最广泛的移动智能业务。在一些发达国家，预付费用户占移动用户的 50% 以上，该业务对于移动通信消费能力有限或经常流动的用户具有巨大的吸引力。

1999 年 8 月，由华为承建的中国第一个移动智能网投入运行，并在 12 个城市开放自动漫游的“神州行”预付费业务。“神州行”用户不用交纳入网费、月租费，只要购买充值卡就能方便、灵活地使用手机，并能实现自动漫游和异地充值。一期工程的成功运营诱发了巨大的市场需求，“神州行”推出后很快成为手机消费的新热点，用户数量持续增长，学生以及大量消费能力不强的群体都使用上了手机。2002 年，华为智能网项目荣获国家科学进步一等奖，这是业界的最高荣誉，是对华为在技术创新和业务创新上的高度认可。

六、国际化大潮下的管理变革

国际化的发展需要与国际接轨的管理体系。在管理机制上，华为努力与国际接轨。华为同世界一流管理咨询公司合作，在集成产品开发、人力资源管理、财务管理、质量控制等方面进行深刻变革，引进业界最佳实践，建立了基于 IT 的管理体系。从 1996 年开始，华为开始引入国际著名企业为其做管理咨询，比如引入 HAY 做人力资源的制度设计，引入 IBM 做管理咨询，引入德国国家应用研究院（FHG）的质量管理顾问，聘请普华永道（PWC）做财务顾问，以及 KPMG 做审计等。

任正非对 IBM 等国际 IT 巨头的管理和技术都极为羡慕，甚至花费上亿元请 IBM 咨询部门为华为建立企业流程管理体系，虽然华为被视为“土狼”，但这只“土狼”学习和嬗变的能力让对手们吃惊，这种能力让任正非和华为充满自强不息的活力，成就了今天的华为。

最近几年，华为分别通过了英国电信、法国电信、Vodafone 等运营商的严格认证，认证涉及战略与规划、流程、管理体系、质量控制、人员等各个方面。《华为公司基本法》作为中国首部公司管理基本法，被业界视为中国企业在实践中探索职业化管理的经典文献。“以流程型和时效型为主导”的国际先进企业管理体系使得其对多变的国际市场具有快速的反应和决策能力。

在任正非的带领下，2003 年华为纵深推行端到端 IPD 集成产品开发管理控制产品开发流程，提升产品开发质量；ISC 集成供应链管理保证在实现供应链的过程中提高了客户的满意度，降低了供应链的总成本。通过这些管理变革，华为的管理逐渐走向成熟。目前华为研发系统已普遍实施 CMM 管理。2003 年 8 月，华为印度研究所正式通过 CMM 五级国际认证，成为极少数取得 CMM 五级认证的企业之一。华为悄无声息地在软件开发过程管理和质量控制方面达到了中国的最高水平。

思考题：

1. 华为在创业过程中，面临的行业环境是怎样的？
2. 根据案例中的描述，总结归纳：华为的创新表现在哪些方面？
3. 如何理解任正非的这句话：“必须把知识产权作为自己国家发展所必需的国家战略来推行”？
4. 在创新方面，华为的哪些理念和做法值得中国企业界借鉴？

参考文献

1. 鲍健强：《科学思维与科学方法》，贵州科技出版社 2002 年版。

2. 陈泽河、孟令君：《创新思维训练与自测》，山东人民出版社 2002 年版。

3. 高隆昌等：《思维科学概论》，西南交通大学出版社 2004 年版。

4. 梁作民：《当代思维哲学》，人民出版社 2003 年版。

5. 卢明森：《思维奥秘探索》，北京农业大学出版社 1994 年版。

6. 吕国欣、侯成亚：《科学思维的工具》，四川大学出版社 1991 年版。

7. 钱学森：《关于思维科学》，上海人民出版社 1986 年版。

8. 孙健敏、宁健：《创造性问题解决》，企业管理出版社 2004 年版。

9. 袁劲松：《柔性思维教练》，青岛出版社 2005 年版。

10. 张维真：《现代思维方法的理论与实践》，天津人民出版社 2002 年版。

11. 张晓芒：《创新思维训练》，企业管理出版社 2005 年版。

12. 赵光武：《思维科学研究》，中国人民大学出版社 1999 年版。

13. ［法］爱德华·德·波诺，冯杨译：《六顶思考帽》，北京科学技术出版社 2004 年版。

14. ［美］斯蒂芬·罗宾斯等，孙健敏等译：《管理学》，中国人民大学出版社 2004 年版。

15. 陈芝蓉：《举棋不定时　试试决策树》，《健康报》，2004 年 12 月 13 日。

16. 管新潮、唐卫峻：《决策与分析工具箱》，上海远东出版社 2006 年版。

17. 齐伟：《如何绘制思维导图》，《软件导刊》，2005 年第 7 期。

18. 孙福万：《“头脑风暴”与“思维导图”》，《中国远程教育（资讯）》，2005 年版第 9 期。

19. 彭兴韵：《金融发展的路径依赖与金融自由化》，上海人民出版社 2002 年版。

20. 汪良军：《企业成长与企业家活动分析：兼论企业成长的路径依赖及其超越》，经济科学出版社 2006 年版。

21. 奚恺元：《别做正常的傻瓜》（全新第 2 版），机械工业出版社 2006 年版。

22. 章志光：《社会心理学》，北京师范大学出版社 1995 年版。

23. ［美］拉塞尔等，张涛、赵陵译：《麦肯锡意识》，华夏出版社 2002 年版。

24. ［美］福格勒、勒布朗，欧阳绛译：《创造性问题求解的策略》，中央编译出版社 2005 年版。

25. ［美］霍尼格，谢芳译：《解决问题之旅——您的决策和成功指南》，上海人民出版社 2003 年版。

26. ［美］桑迪·波克拉斯，陈帆译：《团队问题解决》，云南人民出版社 2003 年版。

27. ［美］书卷出版公司，山风译：《你会解决问题吗》，商务印书馆 2006 年版。

28. ［英］S. Lan Robertson，张奇等译：《问题解决心理学》，中国轻工业出版社 2004 年版。

29. ［英］M. W. 艾森克，［爱尔兰］M. T. 基恩，高定国、肖晓云译．《认知心理学（第四版）》，华东师范大学出版社 2004 年版。

30. ［英］迈克尔·史蒂文斯，徐海欧译：《如何成为更好的问题解决者》，经济管理出版社 2004 年版。

31. 刘爱伦：《思维心理学》，上海教育出版社 2002 年版。

32. 彭聃龄：《普通心理学》，北京师范大学出版社 2001 年版。

33. 邵志芳：《思维心理学》，华东师范大学出版社 2001 年版。

34. 辛自强：《问题解决与知识建构》，教育科学出版社 2005 年版。

35. 朱宝荣：《现代心理学原理与应用》，上海人民出版社 2002 年版。

36. ［美］波利亚：《怎样解题》，科学出版社 1945 年版。

37. Kepner, C. H. & B. B. Tregoe: *The New Rational Manager*, Princeton Research Press, Princeton, N. J.

38. 杰克·吉多、詹姆斯·克莱门斯，张金成译，《成功的项目管理》，机械工业出版社 1999 年版。

39. 基恩·泽拉兹尼，刘军译：《用图表说话：高级经理商务图表指南》，长春出版社 2002 年版。

40. 何国玉：《人力资源管理案例集》，中国人民大学出版社 2004 年版。

41. ［美］西蒙：《管理行为——管理组织决策过程的研究》，北京经济学院出版社 1988 年版。

42. ［美］西蒙：《现代决策理论的基石——有限理性说》，北京经济学院出版社 1989 年版。

43. ［英］约翰·鲍威尔：《剑桥商务决策经典：决策案例分析》，上海远东出版社 2004 年版。

44. Moore C. L. *Executives In Action: A Guide To Balanced Decision-Making In Management*, Slough: MacDonald & Evans.

45. Nutt P. C. *Making Tough Decision: Tactics For Improving Managerial Decision Making*, San Francisco: Jossey-Bass.

46. Robert A. Lutz：《打破商业常规的 8 项法则》，电子工业出版社 2004 年版。

47. Rowe A. J.: *Management With Style: A Guide to Understanding, Assessing, and Improving Decision Making*, San Francisco: Jossey-Bass.

48. 黄孟藩、王凤彬：《决策行为与决策心理》，机械工业出版社 1995 年版。

49. ［日］土光敏夫、张惠民：《经营管理之道》，北京大学出版社 1982 年版。

50. 《简捷启发式决策胜于复杂模型》，《第一财经日报》，2006 年 6 月 7 日。

51. 黄孟藩：《决策概论》，浙江教育出版社 1989 年版。

52. 黄孟藩：《现代决策学》，浙江教育出版社 1998 年版。

53. 刘文瑞、孟超：《决策理论大师西蒙》，《管理学家》，2006 年第 7 期。

54. 马涛：《行为经济学对传统主流经济学的挑战》，《社会科学》，2004 年第 27 期。

55. 杨蕾、刘文瑞：《“我所沉迷的东西就是决策”——西蒙决策理论面面观》，《管理学家》，2006 年第 5 期。

56. 袁坤：《哈佛模式管理丛书：哈佛经营决策学》，中国三峡出版社 2000 年版。

57. ［美］珍妮·沃斯，［新西兰］戈登·德莱顿：《学习的革命》，上海三联书店 1998 年版。

58. 王滨：《超越逻辑——创造性解决问题》，上海科学普及出版社 2000 年版。

59. 赵继良：《思维与创造》，新华出版社出版 1997 年版。

60. 常修泽：《现代企业管理创新论》，天津人民出版社 1994 年版。

61. 杜靖、蔡翔：《企业管理创新：特点、行为主体与过程模式》，《生产力研究》，2005 年第 11 期。

62. 范立双：《论知识经济时代的管理创新》，《长春师范学院学报》，2007 年第 2 期。

63. 蒋黔贵：《探索管理创新的途径》，《企业管理》，2004 年第 4 期。

64. 蒋显荣、戴素芳：《管理创新的历史渊源和本质属性的哲学思考》，《科技情报开发与经济》，2005 年第 4 期。

65. 李必强：《20 世纪的企业管理创新》，《武汉理工大学学报》，2002 年第 6 期。

66. 齐文波：《论企业管理创新》，《科技情报开发与经济》，2005 年第 9 期。

67. 芮明杰：《现代企业管理创新》，山西经济出版社 1999 年版。

68. 王建等：《企业创新的理论与实务》，新华出版社 2000 年版。

69. 王中宁：《现代管理新视野》，经济日报出版社 1996 年版。

70. 阎玉梅、岳巍：《关于企业实现管理创新的几点思考》，《理论探讨》，2000 年第 5 期。

71. 杨明刚：《论管理创新的特征、原则与基本内容》，常州工学院学报，2001 年第 3 期。